国家"985工程"(二期)哲学社会科学创新基地重大成果
第三届中国出版政府奖图书奖　第三届三个一百原创图书出版工程奖

学术版

中国佛教通史

第十三卷

赖永海　主编

江苏人民出版社

图书在版编目(CIP)数据

中国佛教通史.第十三卷/赖永海主编.
—南京:江苏人民出版社,2010.9(2021.10重印)
ISBN 978-7-214-06479-0

Ⅰ.①中… Ⅱ.①赖… Ⅲ.①佛教史—中国
Ⅳ.①B949.2

中国版本图书馆 CIP 数据核字(2010)第 185011 号

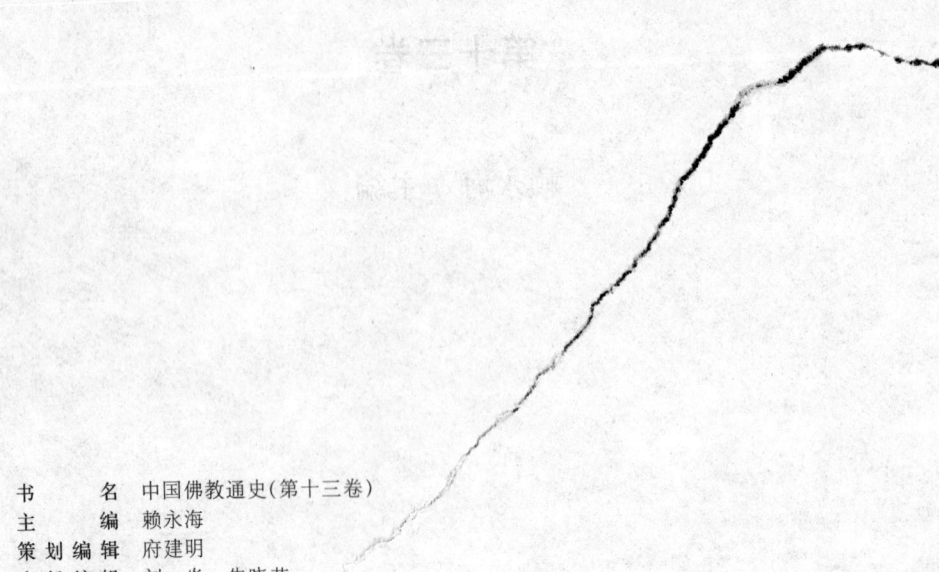

书　　　名	中国佛教通史(第十三卷)
主　　　编	赖永海
策 划 编 辑	府建明
责 任 编 辑	刘焱　朱晓莹
装 帧 设 计	吴赵铎　许文菲
责 任 监 制	王娟
出 版 发 行	江苏人民出版社
地　　　址	南京市湖南路1号A楼,邮编:210009
照　　　排	江苏凤凰制版有限公司
印　　　刷	江苏凤凰新华印务集团有限公司
开　　　本	652 毫米×960 毫米　1/16
总 印 张	549.25　插页 62
总 字 数	7100 千字
版　　　次	2010 年 11 月第 1 版
印　　　次	2021 年 10 月第 2 次印刷
标 准 书 号	ISBN 978-7-214-06479-0
定　　　价	2280.00 元(全 15 卷)

(江苏人民出版社图书凡印装错误可向承印厂调换)

本卷主要撰稿人（以姓氏笔画为序）

王建光

哲学博士。现为南京农业大学人文社会科学学院副教授。主要著作有《中国律宗通史》。

撰写内容：第七章。

朱丽霞

哲学博士。现为河南大学哲学与公共管理学院副教授。主要著作有《宗喀巴佛教思想研究》、《佛教与西藏古代社会》等。

撰写内容：第九章。

刘立夫

哲学博士。现为中南大学公共管理学院教授、博士生导师，湖南省佛教协会船山佛教文化研究中心秘书长。主要著作有《〈弘明集〉研究》、《佛教与中国伦理文化的冲突与融合》等。

撰写内容：第五章。

李　勇

哲学博士。现为辽宁大学哲学与公共管理学院教授。主要著作有《三论宗佛学思想研究》。

撰写内容：第六章。

张　华

哲学博士。现为江苏省民族宗教研究中心副主任。主要著作有《杨文会与中国佛教近代思想转型》、《晚明佛教与中国士绅社会的形成》。

撰写内容：第一、二、三章。

陈永革

哲学博士。现为浙江省社会科学院哲学研究所副所长、研究员，杭州师范大学双聘教授、博士生导师。主要著作有《法藏评传》、《晚明佛学的复兴与困境》、《阳明学派与晚期佛教》。

撰写内容：第四、八章。

目 录

导言 1

第一章 清代佛教的社会文化背景 1
第一节 清初及"康乾盛世"时期的社会概况 2
第二节 清代学术风气的演变 10
第三节 清初遗民与儒佛关系 14
第四节 晚清社会思潮中的佛教 23

第二章 清入关前的佛教状况 27
第一节 努尔哈赤与佛教 27
一、满洲崛起：以佛法护国 28
二、在赫图阿拉建七大庙 29
三、囊素喇嘛来归 30
第二节 皇太极与佛教 32
一、迎喇嘛献金佛，建实胜寺供奉 32
二、"曼殊师利大皇帝" 36
三、与五世达赖建立联系 39
第三节 清入关前的佛教政策 43
一、关于羁縻蒙藏 43
二、关于尊佛而不佞佛 46

1

第三章　清初诸帝与佛教　49

第一节　顺治帝与佛教　50
一、黜邪崇正　51
二、册封达赖　55
三、染指宗乘　59

第二节　康熙帝与佛教　76
一、黜异端，崇正学　78
二、巡幸名山佛寺　82
三、修庙远服要荒　88

第三节　雍正帝与佛教　93
一、藩邸清闲，用心参禅　95
二、勤劳国政，整肃弊风　99
三、介入僧争，提倡圆融　109
四、戛戛独造，柔远能迩　124
五、三教同原，牖世觉民　127

第四节　乾隆帝与佛教　131
一、清厘僧道，废除度牒　133
二、兴盛黄教，力挽颓风　146
三、刻译大藏，立国之本　156

第四章　清代的僧官制度与僧籍制度　166

第一节　清代的僧官制度　166

第二节　清代的僧籍制度　174

第五章　清代禅宗　183

第一节　清代禅宗概况　183

第二节　清初禅门之争　197

第三节　清代临济、曹洞宗匠的禅学思想　207
一、玉琳通琇的禅学思想　208
二、破山海明的禅学思想　213
三、为霖道霈的禅学思想　217
四、觉浪道盛的禅学思想　222

第六章　清代净土宗　226

第一节　净宗三祖　226
一、清代净土宗概况　226
二、行策　229
三、省庵　234
四、彻悟　238

第二节　禅、台、贤、律与净土的合流　243
一、禅净合流　243
二、台净合流　247
三、贤净合流　249
四、律净合流　253

第三节　清末净土信仰的特点　254
一、散心往生的争论　254
二、净土宗的入世性　259

第七章　清代律宗　263

第一节　清代律学的复兴　263

第二节　弘赞的律学思想　269
一、弘赞与鼎湖山　269
二、弘赞的律学思想　271

第三节　清代宝华山律宗中兴　277
一、南山律在宝华山的传承　279
二、宝华山弘扬的律学思想和特点　287
三、宝华山律学的传播　304

第八章　清代华严宗　308

第一节　清初华严宗的弘传　308
一、清初南方的华严弘传　309
二、清初北方的华严弘传　313

第二节　道霈及其禅化华严　318

第三节　续法与清代华严再兴　326
一、生平与著述　326
二、思想与影响　337

第四节　华严观行及其信仰　340
一、周克复及其《华严持验记》　341

二、彭绍升及其《华严念佛三昧论》 343
第五节 通理与清代华严的影响 354

第九章 藏传佛教的发展及其与清廷的关系 358
第一节 藏传佛教的发展 358
第二节 清政府对藏传佛教的管理 362
  一、扶持格鲁派 362
  二、喇嘛的等级及其管理 365
  三、规范朝贡制度 369
  四、"金瓶掣签"制 372
第三节 藏传佛教制度 374
  一、政教合一制度 374
  二、活佛转世制度 386

人名索引 399

导 言

清朝是中国历史上最后一个封建王朝。从顺治元年(1644)清军入关,到宣统三年(1911)溥仪逊位,清朝统治天下长达 267 年。如果从努尔哈赤统一女真诸部族、万历四十四年(1616)在满洲称汗建大金国、建元天命算起,则有将近 300 年的历史。清代历史以 1840 年鸦片战争为界分为清前期和后期,清后期属于中国近代史范畴。本卷上溯至清太祖努尔哈赤建国,下限到 1911 年辛亥革命推翻清朝统治。

伴随着清代历史的兴衰,整个有清一代的佛教大致经历四个阶段,即清入关前满洲时期(或曰开国时期)的奠基阶段,到清初顺康雍乾时期佛教臻于全盛,嘉庆以后随着国势陵替佛教日益衰微,清末光绪年间佛教"剥极而兴"。① 清代佛教的兴衰见证了清王朝崛起、兴盛、转衰和危亡的全部历史。清初由于帝王优礼名僧,护持佛教,寺僧佛教在衰落趋势中仍勉强维持。但清中叶后僧团素质整体走低,僧侣不是为了寻求精神的觉悟而是为了谋生才被迫出家,职业化的特点更加明显,居士佛教代

---

① 刘锦藻著《清朝续文献通考》在谈到清代佛教情况时说:"我朝顺治至乾隆最盛,嘉庆以后寖衰,咸丰时,洪杨扰攘,以耶稣教为号召,排斥异教,寺观为墟,然剥极则复,光绪年间又勃然兴起矣。"(第 8486 页,浙江古籍出版社,2000)

之而兴,承担起续佛慧命、弘法利生的佛教使命和实践。从彭际清(绍升)到杨文会(仁山),清代居士佛教上承晚明佛教复兴余绪,下开近代佛教复兴之先河。在近代社会大变革的条件下,传统佛教经历革新后汇入世界范围的佛教复兴之潮流。

在清入关前的满洲时期,清太祖、太宗皆优待喇嘛,崇奉喇嘛教,确定以佛法护国的方略。清王朝入主中原后,吸收汉民族先进文化,确定以儒治国的方略,佛道教处于"有补于治化"①的地位。清初诸帝从顺治到乾隆,不仅尊崇优礼喇嘛教,也都不同程度地信佛参禅,赞护汉传佛教。顺治帝好参禅,先后召诸多江南禅僧进宫弘法,并尊玉琳通琇为国师②,以示对汉地佛教推崇。康熙帝六下江南,也视佛门为风雅之地,几乎每次都要参礼佛寺,延见僧人,并赋诗题字。雍正帝更进一步,不只喜欢禅学,并以通禅自负,因而自号为圆明居士,还编了《御选语录》等,大讲禅道。乾隆帝笃嗜佛典,继续先世译刻大藏经事业,废除度牒之制,也都是优待佛教的表现。于是上行下效,清初佛教有一时兴盛的景象。

清初诸帝崇奉佛教的同时,都一以贯之地在现实政治框架下来考虑佛教问题,对佛教流弊有十分清醒的认识。他们将佛教纳入国家控制的行政管理体系,一方面设置僧官机构,另一方面修订《大清律例》,当中有涉及佛道教者,对佛道教实施刚性的法制约束,对建寺庙、度僧尼等都有严格限制,对僧尼触犯王法也严厉治罪。满洲时期皇太极就开始采用明制,设立僧官制度。清入关后建立全国性政权,僧官制度仍大体沿袭明制,不过略有损益,在僧官中实行正副印制度和候补制度。僧官制度作

---

① 雍正八年(1730)谕:"域中有三教,曰儒曰释曰道。儒教本乎圣人为生民立命,乃治世之大经大法,而释之明心见性、道家之炼气凝神亦于吾儒存心养气之旨不悖,且其教皆主于劝人为善戒人为恶,亦有补于治化。"
② 宋释志磐撰《佛祖统纪》卷四三述国师称号的由来时说:"自古人君重沙门之德者,必尊其位,异其称,曰僧录、僧统、法师、国师。入对不称臣,登殿赐高座,如是为得其宜。"因此,后来有些学德兼备的高僧,常被当时帝王尊为国师。玉琳是清代汉族佛教中唯一享有国师尊号的僧人。

为中国历史上一种特殊的职官制度,位阶虽不高,但存在了一千五百多年,至清亡后"中华民国"成立,才被废除。

从寺庙和僧尼人数看,有清一代汉传佛教,据康熙六年(1667)礼部统计:各省官建大寺6 073处,小寺6 409处;私建大寺8 458处,小寺58 682处。僧众110 292人,尼众8 615人。寺庙共79 622处,僧尼合计118 907人。① 但自乾隆元年(1736)至四年(1739)止,共颁发各省度牒部照340 112纸,并令师徒相传,合计大约有60多万人。其后私度的人渐多,乾隆十九年(1754)便通令废止给牒。至于清末时,寺庙遍布全国各地城乡村镇,僧尼约有80万人②,不出家而拜佛菩萨的难以计数。这种数字的变化,一定程度上反映了清代佛教政策限制越来越松懈;但考虑到17世纪以来国家人口可能已经翻了三、四番,那么这种增长是不大的。这种低增长率可能反映了政府对宗教的控制,特别是法律对建新庙和僧道人数的限制仍然有一定效果。③

清代佛教各宗情况:"言其盛衰,则律宗自明末宝华山三昧律师后,代有闻人;禅宗分派,临济为盛,高僧不可缕指;贤首宗明季式微,国初柏亭大师成法出,撰述宏富,大阐宗风。天台宗自明末蕅益(智旭)大师后,兼开净土法门,灵乘、灵耀,宏宣此宗。康熙时净土宗大师有省庵梦东、达默古昆。瑜珈宗久亡,慈恩、三论诸宗更无人顾问矣。"④清代佛教宗派以禅宗和净土宗最为兴盛,几乎成为各宗的共修法门。清初期以禅宗为

---

① 《大清会典》卷一五,礼部,方伎。
② 太虚:《整理僧伽制度论》,"如是我闻:今中国本部之佛教僧伽,有八十万人俱"。《太虚大师全书》第9编制议,第5页,台北,善导寺佛经流通处发行,1998。
③ 《大清会典事例》给出1667年全国僧道总数大约14万人。高延(De Groot)由此推断说,从唐代固定僧道总额在12.6万,一千多年来佛、道这两个宗教人数很少有什么进展。差不多在三百年后的民国时期,僧道总数估计在50万到100万之间。无疑,政治上控制和敌视宗教大大减少了寺观的数量。进一步说,不断的警告和镇压异端教派改变了大众对宗教会社中的成员的态度,认为其不仅可疑而且有可能带来破坏。有身份有地位的人极少从事这样的冒险。这种态度有助于减少僧道的数量,降低其社会地位。参见杨庆堃《中国社会中的宗教》(英文版),第213页,加利福尼亚大学出版社,1967。
④ 《清朝续文献通考》,第8486页。

盛,尤其临济宗高僧被召入宫廷,使禅法走红京师。而明清易代之际,遗民逃禅现象一时成风,遗民卷入佛教导致新旧势力僧诤更具政治意味①,反清复明思想也波及佛教界②。雍正帝因害怕僧人与具反清意识的士大夫结交,刻意地抑禅扬净,特别表彰云栖袾宏所倡导的净土思想。进而鼓吹儒、释、道"三教同原",不只倡导佛教内部宗与教、禅与净融合,更且主张三教"异体同用、并行不悖"。清中叶后禅门衰微,净土宗发展超过禅宗,有独擅胜场之势,随即居士佛教兴起,多修习净土为"往生资粮"。

综观有清一代佛教,藏传佛教相对兴盛,而汉传佛教日趋式微。在清王朝扶植下,喇嘛教在全国、特别是在蒙藏和东北地区有相当大的发展。乾隆二年(1737),仅据藏地统计,属达赖的寺庙3 150多所,喇嘛302 560人,农奴121 438户;属班禅的寺庙327所,喇嘛13 670人,农奴6 752户。总计属格鲁派(黄教)的寺庙3 477所,喇嘛316 230人,所属农奴128 190户。到光绪八年(1882),格鲁派大寺庙1 026所,僧尼491 242人,加上其他派别的(包括部分甘、青、康藏族地区),总计寺庙25 000余所,僧尼76万余人。③ 藏传佛教的兴盛在清入关前的满洲时期就奠定了基础,清王朝对藏传佛教的支持,是其整个统治政策的组成部分。入关之前,清统治者采用满、蒙联合的手段对付明王朝。入关以后,为了巩固统治,清王朝根据满、蒙、藏民族相似的文化、宗教、历史背景,力图用喇嘛教来激发他们共同的思想感情,并通过喇嘛上层控制边疆地区,拓展或维持疆域安定。

---

① 陈垣:《新旧势力之僧诤》,《清初僧诤记》卷三,《明季滇黔佛教考》下册,石家庄,河北教育出版社,2000。
② 明王朝灭亡以后,反清复明思想也波及佛教界,一部分明官宦子弟甚至宗室成员,削发为僧。明遗民的为僧或扶植佛教的现象,增强了佛教特别是禅宗不满清王朝统治的政治倾向。参见于本源《清王朝的宗教政策》,第120页,北京,中国社会科学出版社,1999。
③ 杜继文主编:《佛教史》,第450页,南京,江苏人民出版社,2006。

第一章　清代佛教的社会文化背景

明王朝被李自成领导的农民起义军推翻之后,关外的清军打着为明朝"复仇"的旗号于顺治元年(1644)三月长驱直入,问鼎中原,定都北京,建立了全国性政权。为了巩固其统治,清朝既沿明制又增新章,确立了"首崇满洲"或称"满洲根本"的基本国策,同时,又推行"满汉一家"、"以汉治汉"方针,对广大汉族地区实施严厉镇压和安抚怀柔的两手政策,迅速稳定了统治秩序。接着又陆续扫除南明残余势力,平息了"三藩之乱",并顺利收复台湾,奠定了寰宇清平、一统天下之新基。在用武力征服天下的同时,清朝统治者亦调整了土地占有关系、赋役关系,使经济迅速恢复,社会安定。为了维护统一的多民族国家,清朝还多次用兵边疆,迅速、果断地平息了蒙古、西藏等地上层统治者的分裂叛乱,捍卫了国家的统一。

从清中叶起,清王朝的统治盛极而衰,由于土地兼并日益严重,社会矛盾日趋尖锐,各地教军蜂起,出现了川、陕等五省红阳教组织的农民大起义。起义被镇压以后,清王朝也从发展的巅峰跌落下来,民间秘密结社的反清活动仍然接连不断地发生,庞大的清王朝危机四伏。正当清朝的统治处于腐朽和没落之时,道光二十年(1840),鸦片战争爆发,以英国为首的西方殖民主义者用大炮打开了闭关自守的中国的大门,尔后又经过第二次鸦片战争、中法战争、中日甲午战争和八国联军侵华战争,中国遂逐渐沦为半殖民地半封建的社会。在内外交困的情况下,太平天国起义、捻军起义、边疆地区少数民族起义,犹如雪上加霜,动摇着清王朝的统治根基。最后,清王朝被孙中山领导的辛亥革命推翻,"中华民国"建立,中国封建社会的历史寿终正寝。

清代佛教在中国佛教发展的历史长河中虽处于"江河日下"的总体衰落趋势之中,但就有清一代言之,基本上与清朝的国势和社会发展同步。清前期国势兴盛,社会繁荣兴旺,佛教亦臻于全盛;清后期随着国势陵替,特别是近代以降,内忧外患接踵而来,社会危机重重,佛教亦衰微日甚。

第一节 清初及"康乾盛世"时期的社会概况

清的先人原来是东北地区的女真部落,在努尔哈赤时期发展成为民族。这是一个新兴的、生气勃勃的民族,但在文化上远远落后于汉民族。观满洲初兴之时,尚无文字,而借蒙古文字合满洲语音以创满文。[①] 当清王朝入主中原后,认真学习先进的汉文化,注意吸收前代特别是元、明两代的统治经验和教训[②],实行以"文教治天下",确立"崇儒重道"的治国方针,基本上采取励精图治、与民休息的政策,出现了持续百余年的"康乾

[①] 阿桂、伯麟等编撰《皇清开国方略》记曰:"己亥年(明万历二十七年,1599),创制国书,时国中文移往来,皆习蒙古字,译蒙古语。太祖命巴克什额尔德尼、噶盖以蒙古字改制国书。二臣辞曰:'蒙古字,臣等习而知之,相传久矣,未能改制也。'太祖曰:'汉人读汉文,凡习汉字与未习汉字者皆知之;蒙古人读蒙古文,虽未习蒙古字者亦知之;今我国之语,必译为蒙古语读之,则未习蒙古语者不能知也。如何以我国之语制字为难,反以习他国之语为易耶?'二臣对曰:'以我国制字最善,但臣等未明其法,故难耳。'太祖曰:'无难也,但以蒙古字合我国之语音,联缀成句,即可因文见义矣。'太祖遂以蒙古字合之国语,创立满文,颁行国中。"(载《钦定四库全书》史部)

[②] 中国人民大学清史研究所编《清史编年》第1卷顺治朝记:顺治十年(1653)正月二十九日(2月26日),顺治帝至内院阅《通鉴》,问大学士陈名夏等:"自汉以下至明代以前,何帝为优?"陈名夏以唐太宗对。帝曰:"朕以为历代贤君莫如洪武。何也?""洪武所定条例章程,规划周详,朕所以谓历代之君不及洪武也。"(第362页,北京,中国人民大学出版社,2000)。

盛世"。

清朝定鼎中原之初,即已深悉致力于政治、军事、社会、经济及文化等方面的建设,乃是巩固政权的基本工作,对于"怪力乱神",并不迷信。顺治年间(1644—1661),清朝政府一面禁止聚众烧香、伪造符契、妄谈祸福,一面开始制订新的文化政策。清统治者深信儒家思想有利于政权的巩固,顺治十年(1653)四月,礼部遵旨将"崇儒重道"定为基本国策,于各省设立学宫,令士子读书,各治一经,以培养教化①。这种国策的制订,反映出顺治年间的开国气象,已经颇具规模。

顺治朝天下尚未统一,社会很不稳定,民生多艰。从顺治元年(1644)至康熙三年(1664)的二十年间,清统治者在以武力统一全国的过程中,推行了极其残酷的民族高压政策,诸如圈占汉人土地、令汉人薙发和改穿满族衣冠,强迫汉人"投充"作满族贵族的奴仆,等等。正是这种民族高压政策,激起了汉族(包括其他一些少数民族)各阶层人士的强烈反抗,使民族矛盾上升为社会的主要矛盾,成为清初二十年战争的主要原因。但在顺治时期,也运用了一些怀柔政策,有限度地采取了一些争取人心的措施。康熙帝自幼熟读经史,对汉文化的学习尤其在崇儒重道方面又比顺治帝更进了一步。他在谈到秦末农民大起义时指出,久乱之民思治,沛公入关,首行宽大之政,与父老"约法三章",民心既归,奠定了王业根本。康熙帝认为孔孟之道、朱熹之学,远较佛、道空寂之说,更有利于政治。他深信儒家的纲常名教,君臣、父子、夫妇、朋友之伦,上下尊卑之序,就是社会秩序赖以维系的基础。康熙九年(1670)十月初九日(11月21日),严申正风俗重教化,进一步将顺治年间制订的"崇儒重道"国策具体化,提出了化民成俗、文教为先的十六条"圣训",包括敦孝悌以重人伦,笃宗族以昭雍睦,和乡党以息争讼,重农桑以足衣食,尚节俭以惜财用,隆学校以端士习,黜异端

---

① 《清世祖章皇帝实录》卷七四,顺治十年四月十九日,谕旨,第13页,北京,中华书局,1985。

以崇正学,讲法律以儆愚顽,明礼让以厚风俗,务本业以定民志,训子弟以禁非为,息诬告以全良善,诫窝逃以免株连,完钱粮以省催科,联保甲以弭盗贼,解仇忿以重身命。①圣训的范围很广,自纲常名教之际,以至于耕桑作息之间,凡民情所习,无论本末或公私,都包含在内。康熙年间所公布的十六条圣训,可以说是清朝的治国纲领,也是基本的文化政策。

顺治、康熙两朝都以"崇儒重道"为治国方略,其根本目的就在于以儒学统一思想,确立清王朝的基本道德规范,从而使儒家思想成为正统、主流思想,而佛道教则居于辅助的地位。佛教与道教,虽然是正信宗教,但清代统治者为了贯彻崇儒重道的立国方针,积极提倡孔孟正学,以树立正统,而对佛、道二氏颇多批评。康熙帝曾与大学士熊赐履讨论其对释、道信仰的态度,认为治世以尧舜之道方为正道,而佛、道二氏教义的滥用,并非正理。②于是,提倡尧舜之道,孔孟之学,辟异端,黜邪说,崇正学,就成为崇儒重道的具体措施。这在清初社会重建中,扭转晚明社会奢靡之风习,敦风厚俗方面起了一定作用。这些都牵涉到佛道二氏在民间社会的影响。如康熙与身边大臣讨论到江南民间好佛老,民间丧事"伤财败俗"等等,其间反映的是儒佛观念的冲突。举例来说,吴下风俗

---

① 《清史编年》康熙十一年(1672)二月二十八日曰:"自古人主好释老之教者,无益有损。"(第128页)康熙二十五年(1686)四月初十日(5月2日),命礼部翰林院制定办法,征集各地善本图书,或收购采集,或借本抄写。闻四月初七日,定征集办法。有旨:"搜访藏书善本,唯以经学史乘,实有关系修齐治平、助成德化者,方为有用。其他异端邪说,不准收录。"(第523页)参见朱德宣《康熙思想研究》,第299页,北京,中国社会科学出版社,1990。
② 《康熙起居注》第1册康熙十二年(1673)十月初九日,熊赐履进讲《论语》后,康熙帝表示他生来便厌闻西方佛法。熊赐履覆奏,称:"二氏之书,臣虽未尽读,亦曾穷究,其指大都荒唐幻妄,不可容于尧舜之世。愚氓惑于福果,固无足怪,可笑从来英君达士,亦多崇信其说,毕竟是道理不明,聪明误用,直于愚民无知等耳。皇上质聪哲哲,允征二帝三王之正统,诚万世斯文之幸也。"康熙帝谕云:"朕观朱文公《家礼》,丧礼不作佛事。今民间一有丧事,便延集僧道,超度炼化,岂是正理?"熊赐履覆称:"总因习俗相沿,莫知其非。近见民间丧家,一面修斋诵经,一面演剧歌舞,甚至孝子痛哭,举家若狂,令人不忍见闻。诸如火葬焚化、跳神禳赛之类,伤财败俗,不可殚述。皇上既以尧舜为法,一切陋习,力行禁革,转移风教,嘉与维新,化民成俗,未必不由此也。"(第127页,北京,中华书局,1984)

在丧葬方面,颇受明代商业经济发达后沿习而成的奢靡之风及佛教超度观念的影响,如有告示《禁闹丧阻葬示》即提到民间多费巨资,在发丧前一日,先期作乐,延宾张筵演戏,名曰"闹丧"。正统士大夫认为,民遇亲人亡故,应该是哀痛不及,尤其是如遇父母亡故,应让其早入土为安。而为亡者超度之俗,实乃世俗惑于释典,认为可以超度亡者前世之罪孽,殊不知,为子者应"反身求德"才是尽孝之道,将这些花费广置祀田,方能福延子孙。① 而据福建地方志记载,在清初时,闽地风俗浇薄,如在德化县、同安县、汀州府与兴化府、绍武府、漳州府、海澄县等地,释、老风行,好巫鬼,以至不遵儒之《家礼》者,触目多见。②

在清统治者看来,江南地区风俗之颓坏,是由于江南社会商品经济发达,本末倒置,人心浇薄,对于崇本抑末的社会经济秩序形成挑战。明清易代之后,风习不改,所以,清统治者就从整顿风俗着手,致力于清初社会重建,恢复经济。康熙帝于二十三年(1684)十一月初四,南巡回銮时,即特别强调亟于整顿江南,上谕曰:"朕闻江南财赋之地,今见通衢市镇似觉充盈。至于乡村之饶,人情之朴,不及北方,皆因粉饰奢华所致……念吴地逐末者众,侈靡成习,而民实贫困,特命守土重臣严立教条,崇本抑末,以挽颓风,是以正风俗厚民生也。"③其谓"南人俗靡,家无储蓄,日所经营,仅供朝夕",奢靡之风表现在衣服制度之违制,连官员都受影响,上朝与退朝后居家服饰竞尚奢华,喜穿貂皮而致衣裘价贵。④ 逐利之情而至好靡费,比比皆是,除前面提及的丧葬之俗外,另受奢靡之风影响,民间动辄演戏谢神,亲友宴会,亦耗费巨资:"搭台唱戏向有严禁,讵闽俗凤尚奢侈,或藉平安赛愿,或因亲友宴会,动演优俳,喧闹庭堂。

---

① 吴元柄:《正谊堂集》卷五上,告示,载《北京图书馆古籍珍本丛刊》集部,第2326、2562—2563页。
② 《福建通志》卷五六,土风,载《北京图书馆古籍珍本丛刊》,史部·地理类,第2545—2551页。
③ 吴元柄:《正谊堂集》卷五上,告示,第1249、1724页。
④ 王尔敏:《清廷圣谕广训之颁行及民间之宣讲拾遗》,《近代史研究所集刊》1993年第6辑,第255—261页。

殊不知富人一席,贫人半年。且人众杂集,每起风波,小则斗殴,大则构讼。富者花费银钱,贫者妨农失业。甚至寺庙中之妇女,拥挤而不知丑,街市内之盗贼,混杂而不知防……嗣后须各安生业,如有仍前不遵者,许两邻据实呈首州县……枷示,仍罚米十石,如两邻容隐不报者,亦各罚米五石,以备赈济。"①

需要指出,尽管保守的理学家常常将佛道置于"异端"境地,但清帝出于统治的需要而未必能完全赞同理学家的"辟异端",或者以佛道为异端而不加正信、邪说的区别。康熙身边大臣多有崇儒辟佛的言论,如明珠曾奏康熙帝说:"自古惟孔孟之道大有益于世,其失于释老之教者,盖亦多矣。"如熊赐履、徐元文也屡屡进言崇儒道为正统、辟佛老为异端。②康熙五十四年(1715),帝曰:"理学之书,为立身根本……宋明季世,人好讲理学,有流入于刑名者,有流入于佛老者。昔熊赐履自谓得道统之传,其没未久,即有人从而议其后矣。今又有自谓得道统之传者,彼此纷争,与市井之人何异?凡人读书,宜身体力行,空言无益也。"③雍正曾论理学,认为:"必有明理见道之儒,始有致远经方之用",训诫士子研究理学"必贵乎实心理会,实力施行"。谕又言:理学有真伪,假理学排诋释道之教,自命理学,以为欺世盗名之计。而"佛仙之教,以修身见性、劝善去恶、舍贪除欲、忍辱和光为本,若果能融会贯通,实为理学之助。彼世之不知仙佛设教之意,而复不知理学之本原,但强以辟佛老为理学者,皆未

---

① 吴元柄:《正谊堂集》卷五上,告示,第 2335—2336 页。
② 参见中国人民大学清史研究所编《清史编年》康熙朝上册,十二年十月初二日,第 166 页。康熙十二年(1673)十月初二日辰刻,康熙帝御弘德殿,熊赐履进讲"子曰以不教民战"等章后,康熙帝面谕熊赐履称:"朕生来不好仙佛,所以向来尔讲辟异端崇正学,朕一闻便信,更无摇惑。"熊赐履称:"帝王之道,以尧舜为极。孔孟之学,即尧舜之道也。外此不特仙佛邪说在所必黜,即一切百家众技,支曲偏离之论,皆当摈斥勿录,庶几大中至正,万世无弊。"亦参见《康熙起居注》第 1 册,第 125 页,北京,中华书局,1984。康熙二十八年(1689)闰三月初八日(4月27日)经筵讲毕,帝问讲官徐元文曰:尔所撰讲章内,"所谓异端者何所指也?"徐答:"诗书礼皆圣人之实教,若佛老虚无,乃异端也。"帝曰:"江南人崇信佛老者多矣!"
③ 参见中国人民大学清史研究所编《清史编年》康熙朝下册,康熙五十四年(1715)十一月十五日(12月2日),第 434 页。

见颜色之论也。"①

　　清王朝为了安定社会,尤为注重加强思想统治,消除汉族人民尤其是知识分子的抗清意识,也采取怀柔和高压的两手政策。一方面采取笼络手段,用科举考试网罗天下读书士子尽入彀中;另一方面大兴文字狱,残酷镇压具有反清思想的汉族知识清流。清初在未统一全国以前,即已采取科举办法,考选秀才、举人。顺治年间科举制度基本定型。全国统一以后,于康熙初年在全国范围内推行。清代科举制度基本上沿袭明代。② 清代科举重八股文,八股格式更加机械化,形式死板,内容空泛。四六骈体的殿试策,颂联套语,千篇一律,竟成了登上仕途的主要手段,实际上是束缚知识分子思想的桎梏。康熙十七年(1678),曾开设"博学鸿儒科",由在京三品以上大臣,在外各地督抚,保荐有一定才学和声望的知识分子,直接进行殿试,只考诗赋,不考八股,一经录取,即授翰林院官职。这一次"特科",罗致了汉族知识分子中的"名儒"如朱彝尊、汤斌、毛奇龄等一百四十三人。其中五十人分别授侍读、侍讲、编修、检讨等职。除了通过科举考试这一"正途"入仕而外,康熙十二年(1673)还诏举"山林隐逸",实际上就是要罗致那些明亡之后不肯仕清的汉族士绅。翌

---

① 《雍正上谕内阁》,参见中国人民大学清史研究所编《清史编年》雍正朝,十一年(1733)三月十四日(4月27日),第564—565页。
② 清代科举,大致为四级,即童试、乡试、会试、殿试。尚未取得生员资格者都叫童生,童生经过县试、府试、院试,统称为童试,童试考中的叫秀才。举人可参加每三年在京城由礼部主持的会试,会试考中的叫进士。然后皇帝在殿廷对会试考中的进士进行考试,叫做殿试。殿试中式者分为三甲:一甲取三人,状元、榜眼、探花,赐进士及第,状元授翰林院修撰,榜眼、探花授翰林院编修;二甲取若干人,赐进士出身;三甲亦取若干人,赐同进士出身。殿试中式者,除一甲三人外,还须进行一次朝考,试毕分别授职。考中者授翰林院庶吉士,再入院读书,然后取得高官厚禄。未中者分别用为主事、中书、知县等。清初,对于满洲、蒙古八旗子弟采取另外一种类似科举的特殊考试,即在试题内容上只有汉文译成满文和蒙古文,称为"翻译科",录取分满、汉两榜。雍正开始,满汉一体考试,录取时同榜张贴。除正常进行的四级考试外,有时奉"特旨",举行特殊考试,称为"特科",如"博学鸿儒科"、"经济特科"、"孝廉方正科"、"恩科"等。清代统治者对科举考试极为重视,曾经颁布严格的《科场条例》,但考场作弊、士子贿赂、主考舞弊的案件仍接连不断。清代的科举制度一直延续到光绪三十一年(1905),才由清廷下令废止。

7

年,又颁行捐纳制度,即向朝廷捐款纳资,以购买官位和职衔。捐纳制度弊端丛生,不仅使清皇朝的封建官僚机构恶性膨胀,同时也导致吏治的日益败坏。

清朝统治者对不利于他们统治的思想言行,采取严厉的镇压措施,严禁文人结社,大兴文字狱。中国封建社会历史上,历代封建王朝屡兴文字之狱,而清代文字狱次数之多,处罚之严,实为历代所罕见。清初统治者忙于军事征服,没有余力来解决思想领域的问题。在全国统一战争基本结束、国内的民族矛盾和阶级矛盾仍然十分尖锐的情况下,清朝统治者为了强化其在思想领域的统治,企图通过暴力手段,来扑灭汉族人民的反抗意识,钳制言论,禁锢思想,于是屡兴文字之狱。凡是不利于清皇朝统治的文字、著述和言行,一概被斥为"悖逆"和"狂吠",罗织罪名,然后施以重典。从康熙到乾隆,前后大约一百二十年,据不完全统计,大小案件有九十多起,大部分集中在雍正、乾隆年间,其中乾隆四十三年至四十七年(1778—1782)五年之间,就有将近四十起,文字狱的规模是空前的,其给知识分子的惨痛影响深入骨髓,危害也是无法估量的。

总而言之,清初诸帝能够顺应时代潮流,在各方面采取了许多有力措施,孜孜求治,把握人心动向,因势利导。于是在他们统治的百多年间,出现了政治统一、社会安定、文化繁荣的局面。从康熙到乾隆(1662—1795),内服诸藩,外御侵略,疆域东起诸海,西至帕米尔,北自萨彦岭,南到南沙群岛,建立了统一、多民族的大清帝国。其疆域幅员之辽阔,为"汉唐以来未之有"。人口"岁有增加",从顺治十八年(1661)的19 203 233人,到康熙五十年(1711)的24 621 324人,再到乾隆六十年(1795)的296 960 545人,在130多年中增加了2.7亿多人。① 与此同时,国库充盈,康熙四十五年(1706)库存帑银5 000余万两,雍正年间增

---

① 清代疆域和人口,分别参见《清史稿》第八册卷五四《地理志一》,第533页,第十三册卷一二〇《食货志一》,第935页,北京,中华书局,1977。

至6 000余万两,乾隆三十年至六十年(1765—1795),库银长期保存在6 000万两以上,最多时达8 000余万两。

清初文化事业也很昌盛,最值得注意的是,康熙朝编纂了继明《永乐大典》以后最大的一部类书《古今图书集成》,乾隆朝亦修纂了7.9万余卷的《四库全书》等大部头丛书。《古今图书集成》在康熙时由陈梦雷等纂辑成书,但未刊刻。雍正即位后,又命蒋廷锡等重新编校。雍正四年(1726)用铜活字排印,共印64部。全书10 000卷,分为6编32典,6 109部,约1亿字,内容囊括了当时的全部知识。从其组织体系及编辑体例上考察,远远超过以前的类书。《四库全书》是继编纂《古今图书集成》之后的一次更大规模的文化工程。这部大型丛书,从乾隆三十七年(1772)下诏有计划地征求当时国内所有存书起,共花费了13年时间,集中了大批人力物力修纂而成。其内容包括经、史、子、集四大部分,共编辑了从古代到当时的3 457种著作,计有79 070卷。

由此,清朝进入了人们赞称为文治武功兼备、疆域空前辽阔、社会繁荣、文化发达的"康乾盛世"时期。清史学家用"落日的辉煌"这样的词语来形容"康乾盛世",意味着清代作为中国历史上最后一个封建王朝在政治、经济及文化上取得了可观的成就,但也不可估计太高,因为这毕竟已处在中国封建社会的衰老阶段。再者,盛世之中亦早已孕育着衰败的迹象。乾隆帝当政六十余年,既为清王朝建立了不世功业,亦留下了衰落疲败的种因。例如,乾隆中期以后,他仿康熙帝六次南巡之例,亦六度南巡,而"供亿之侈,驿骚之繁,转十倍于康熙之时"。尤其他宠幸的和珅,弄权贪污,导致吏治严重败坏。至乾隆末年,"康乾盛世"之谓已徒有虚名。即使就以上官修大型类书丛书而言,其对文化事业的影响亦具有两重性。

其一,通过国家政府的组织,发挥了知识分子的集体力量,对中国的传统文化进行了大规模的总结,有利于中国文化事业的发展。像《古今图书集成》、《四库全书》这样的鸿篇巨制,如果靠个人的能力,是无论如何也不能完成的,而清代采取官修的方式,集中群体力量和智慧把它完成了。此外,清代还编纂了很多私人无法完成的著作,如《大清一统志》、《八旗通志》,各种"则例"、"方略"等大量涉及官方档案资料的著作等。显然,这对于中国文化的继承和发展是一个重大的贡献。

其二,清代官修图书几乎遍及思想文化的各个领域,而这些书籍又大都注明是"钦定"、"御定"的,因而成为最高权威性著作,没有人敢去指责其中的谬误。因此,随着一部部"钦定"书籍的出现,学术界就失去了一块又一块学术争鸣的阵地,逐渐形成了"万马齐喑究可哀"的局面。有研究者认为,清代文人学者钻进故纸堆从事考据工作,最后形成"乾嘉学派",是由于文字狱的恫吓,其实,更主要的是由于清代"钦定"禁区太多,限制了学术争鸣,使人们的思想不敢越雷池一步所造成的。从这个角度考察,清代的官修图书事业又严重地阻碍了文化事业的发展。清朝统治者以文化保护者自居,借官修大型丛书之名以网罗知识分子,同时,又收缴、销毁和篡改不利于清王朝统治的书籍,可谓"一石三鸟"之策。

第二节 清代学术风气的演变

清代学术风气的转变,起于明末清初易代之际,以顾炎武、黄宗羲和王夫之等明遗民为代表。他们经历亡国之痛而反思败亡之因,极力反对明末空疏的学风、颓废奢靡的士风和世风,而提倡经世致用的"朴学"①。中经乾嘉时期,考据学兴起,形成"汉学"。从道咸以至清末,则由今文经学而至维新变法思潮,逐渐成为近代社会思想主潮。这几个时期的思想演变,大体都与清代社会历史的发展密切相关。著名学者王国维曾概括清代学术思想的特点,他说:"国初之学大,乾嘉之学精,而道咸以来之

---

① 中国思想史学术史中时代的标志和象征,依次为汉代经学、魏晋玄学、隋唐佛学、宋明理学,接下来就是清代朴学。

学新。"①

有清一代,学术思想几经演变,内容丰富而复杂,但特征也很鲜明突出。清代思想主潮在不同的历史时期有着不同的特点和内容,反映了清代各个历史阶段的时代精神。思潮的演化是一个渐变的过程,不会如政权更迭那样,有明确的时间标志。清初的思想和学术发展,上承晚明学术开启的路径,通过众多杰出思想家的阐发而显示出博大恢弘的气象。乾嘉学派因袭了清初务实致用的学风,在政治压力的缝隙之中,用广博的学识和深厚的功力,努力填补因宋明理学的没落而造成的学术思想领域的真空,形成了清代汉学的考证之风。晚清学术思想以今文经学的复兴为开端,对"微言大义"的新解成为变法图强的理论依据,而挽救民族危机的紧迫感和西学的涌入,使清末的各种社会思潮成为近代早期思想史的主旋律。

1644年的甲申之变,在中国历史上是具有划时代意义的界标。明亡清兴的历史变迁,既有中国历史上王朝鼎革的共性,又有本朝的个性。清王朝是继元代蒙古人统治中国之后的第二个少数民族入主中原,在文化上说,有"以夷变夏"的异民族介入的历史特性,既有政治上的王朝易主,更有文化上的异质文化交锋。正因有了异民族的介入,使这次朝代间的转折具有了特别的残酷性和震动性。它所引起的社会震荡,尤其是带给明遗民们的心灵冲击和精神创伤是空前的。明遗民既未殉亡明,又不肯出仕清朝,以明其坚贞志节。他们中不少人在明亡之后投笔从戎,直接参加了抗清斗争;武装斗争失败后,又以笔作枪,或退居山林,或流亡江湖,埋身荒野,著书立说。

清初文人学者中有三大儒,以顾炎武、黄宗羲、王夫之为代表,他们都坚持不为清廷服务,而以"明遗民"立身行世,他们具有反抗清廷的民族思想和反对君主专制的民主思想。值得注意的是,他们亦都不出家为

---

① 王国维:《沈乙庵先生七十寿序》,《观堂集林》卷二三,北京,中华书局,1958。

僧,而与佛门中人却有密切联系。他们是典型的明清之际的儒者,因亡国之痛而反思,在学术上提倡"经世致用",反对明末学术的空谈心性,提出"舍经学无理学"的主张,开始转变明末空疏的学风。作为挽救社会危机的经世思潮,初兴于晚明。以徐光启和复社中的文士为代表,他们激烈批判空疏学风,提倡实学,学以致用。受经世致用思潮的直接影响,出现了徐光启的《农政全书》、宋应星的《天工开物》、徐弘祖的《徐霞客游记》等具体实用的专门著作。此外,西方文化的不断传入,也对久已封闭的中国产生了影响。经世之学所具有的批判精神,促使思想界尖锐地抨击理学家空谈心性的言论,同时也酝酿着一种以独立思考、离经叛道为特色的思想倾向。明清之际的社会动荡,明朝灭亡的惨痛结局,使得明末清初思想家不约而同地把亡国的原因归结为明末统治的腐败和宋明理学的空谈误国。以宣传反清复明开其端的明末清初思想家,在清朝统治渐趋稳定之后,依旧把提倡经世致用之学和批判宋明理学作为他们思想观点的主要内容。

清初思想以博大见长。清初思想家多有丰富的社会实践经验和深厚的文化素养,他们总结了中国古代哲学家的思想观点,在批判继承前人思想遗产的基础上,提出了自己的见解,在许多方面达到了古代哲学的最高点。顾炎武的博学通贯,黄宗羲的社会政治思想,王夫之的哲学思想,方以智与自然科学相结合的"质测"之学,颜李学派的"实学、实习、实用"之学,傅山(青主)对先秦诸子的研究,万斯同的明史研究,顾祖禹的历史地理学研究,等等,均显示出了清初学术思想的博大气势。其中所贯穿的经世致用思想,与脱离实际的空疏学风形成鲜明对照。清初诸大家,一般都对理学进行了坚决批判。王夫之指出朱熹学说与"圣人之言异",顾炎武强调"经学即理学",颜元则进一步揭露说:"果息王学而朱学独行,不杀人耶?果息朱学而独行王学,不杀人耶?"否定了理学的正统地位。对宋明理学的批判,造成了对经学的回归。顾炎武学贯经史百家,典章名物、天文地理、河漕兵书、音韵训诂无所不通,乾嘉学派则直接继承了顾炎武的治学方法,但顾炎武学术的"治道"精神却没能进一步得到发扬,这是乾嘉时期与清初在学术思想上的不同之处。乾嘉考据方法,不应该被简单地视为只是文字训诂方法。乾嘉考据重怀疑、重证据和实事求是的治学原则,在方法论方面,都达到了中国古代学术思想史的高峰。朴学学风是对于宋明以来"束书不观、游谈无根"空疏学风在实际行动上的否定,反理学的性质不言自明,深研音韵、文字、训诂之学的汉学大师戴震,以揭出理学"以理杀人"而基本上终结了理学。

清初学者不约而同地用经学取代理学的位置。这种现象,在乾嘉时期表现为汉学的复兴,在道咸时期表现为今文经学的复兴。顾炎武所说的"读九经自考文始,考文自知音始"的研究途径,在阎若璩、胡渭、毛奇龄等人的共同实践中,为乾嘉学派所接受。乾嘉学派的形成原因,是由多方面的因素组合而成的:康乾盛世造成的安定局面、政治压力使人不能涉及现实等,应视为外因和近因;用经学取代已趋瓦解的理学的统治地位,对两千年积累下来的中国古代文化典籍进行总结性的大规模研究和整理的时机的成熟等,应视为内因和远因。乾嘉时代涌现出了一批一流的以考据见长的大学者,如惠栋、戴震、段玉裁、程瑶田、王念孙、王引之、孙诒让、孙星衍、王鸣盛、钱大昕、焦循、阮元,等等,在学界如群星璀璨,交相辉映。他们以系统精熟的考据学为标志,形成了中国古代继宋明理学之后的又一个主要学术流派,清代汉学遂显扬于世。正如钱大昕所言:"汉学之绝者千有五百余年,至是而粲然复章矣。"作为乾嘉考据的重要内容之一,乾嘉史学也成就斐然。钱大昕、王鸣盛、赵翼被誉为"乾嘉史学三大家"。章学诚从古代史学的发展中提炼出了"六经皆史"、"经世致用"、"史德"、"史意"等一系列有见识的史学思想,并加以阐述,在乾嘉史学中独树一帜。崔述的疑古史学对近现代史学产生了重要影响。乾嘉学派以其精确严密的考据方法,完成了对中国古代文化典籍的大规模整理,为保存、研读、理解、使用古代文化遗产做出了巨大贡献。

道、咸以降,汉学考据因其盲目尊信汉儒经说,并且在方法上也失于繁琐,从而逐渐衰微。同时,清王朝的统治已经明显没落,社会危机严重。以龚自珍为代表,进步思想家开始批判专制统治,主张改革变法,倡言今文经学,主张学术应经世致用,抨击汉学和宋学。晚清学术思想在治今文经学与经世思潮的合流中,开始表现出新的内容和特征。鸦片战争以后,亡国灭种之祸迫在眉睫的危机感,造成今文经学在思想领域的复兴。讲解微言大义以干预时政,发挥"公羊三世说"以提倡变法改制,又讲求兵农河漕、边防海防等实用之学,成为当时流行的进步思潮。为了救国图强,魏源等人还主张学习西方的先进技术,以达"师夷长技以制夷"的目的。随着洋务运动的开展,久已封闭的国门不得不对外打开,西学的涌入,为康有为、梁启超、严复等维新派倡言新学提供了条件。中国思想史步入了近代化的历程。学习西方、变法图强运动随之高涨。清末,受西方政治、经济制度和伦理道德的影响,主张兴民权,传播自由、平等、博爱思想,强烈抨击君主专制政体和传统的纲常伦理道德,成为思想界的主流。孙中山的三民主义作为民主革命的理论纲领,第一次提出了民族、民权、民生的要求。国粹主义思想、无政府主义思想等社会思潮也同时兴起。为了挽救民族危亡、抵御外国侵略、实现国家振兴这一总体目标,近代学术文化思想向着更高层次和更广阔的领域继续发展,而清王朝则走向灭亡。

第三节 清初遗民与儒佛关系

清初遗民是亡明遗臣,是明清易代之际衍生出来的一个不仕新朝的特殊士人群体。这个群体的最明显标志是"多怀故国之思",不与新朝合作,不投降做顺民。明清易代,对于汉族士人尤其是遗民来说,不仅意味着民族政权的移易,而且象征着汉文化面临"夷夏之变"的严峻挑战,甚至中断之虞。所以他们除了参加抗清斗争和反清复明的行动外,还在思想文化上进行深刻反思,孜孜矻矻于保存与赓续中华文化命脉。易代之初,遗民们大都投笔从戎,举义抗清;武装反抗失败后,他们又转入文化抗争的战场,以笔作枪,为中华文化之存亡继绝而著书立说。

然而,遗民毕竟是一种"时间性现象",随着清初社会的由乱而治和满汉文化由冲突到调融再到整合的历史变迁,遗民们对待清廷的态度也发生历史性的蜕变:由初期的抗争,转而为徘徊、分化,终而亲附合流。有研究者说,在明清更迭的历史进程中,"遗民因素"几乎始终是一个影响全局的变量,它直接影响和制约着清初社会秩序的重建。就清初遗民史的演绎而言,遗民现象随明清易代而衍生,因满汉文化冲突而凸显,也谐应着清廷政治的稳定和文化的整合而消解。其中,康熙"博学鸿儒科"的诏举无疑为遗民蜕变的枢纽。就主旨而言,博学鸿儒科既不在于粉饰太平,也不在于彰显文治,更不在于招揽人才,而在于笼络遗民士人。所以,是科虽有考试的形式,却只有游宴的实质;虽以"揽才"相标榜,却以"揽心"为归趣。一旦遗民认同了清王朝的合法统治地位,他们以"遗民"立身处世的概念也就不复存在了。当然,遗民留下了许多可歌可泣的诗文,所谓浩气之长存、精魄之不散,由此中寻觅即可略知一二。披阅易代之际国破家亡后遗民皈依佛门的史料,是解读清代佛教历史和思想特点的一个极好视点。

清代佛教延续晚明佛教的余绪,以禅宗之临济和曹洞两派最为兴盛。"遗民逃禅"是明末清初佛教史上的一种影响巨大的社会文化现象。这一独特文化景观的形成,一方面有晚明以来禅宗的风靡、禅悦之风的兴盛为铺垫,以明清易代的社会大变革为契机;另一方面也是清初严峻形势所迫,特别是清统治者在征服汉民族过程中实施野蛮的"留发不留头"的政策,使得剃发披缁"以明志节"成为最好的选择。而根据《南疆逸史》等资料,我们发现,迫使南明反清义士出家从而放弃抗清斗争,似乎亦是清统治者的一项既定策略。如南明永历四年(即顺治七年,1650),桂林陷落,瞿式耜和张同敞被清军孔有德俘获,经劝出家为僧,不屈而死。"(孔有德)使吴人按察史王三元、苍梧道彭旷劝之曰：'国家兴亡,何代无之,两公何必仅守拘儒之节？不然者,且为僧。'式耜曰：'僧者,降臣之别名耳。'同敞则不答。"①瞿式耜为何认为出家为僧就是投降？原因是他认为出家就要薙发,"薙发则降矣"。明遗民中像瞿式耜这样视薙发为僧就意味着投降者并不多见,当时的士大夫纷纷逃禅,说明这是他们可以接受的一种生存方式。张同敞的沉默或许也说明了这一点。

陈垣在《明季滇黔佛教考》中,对明清易代之际以"逃禅"为斗争手段而拒不出仕新朝的二十多位遗民予以表彰,他们祝发为僧并非全然向佛,而是一种明以志节的抗清行为,多怀故国之思。这些遗民大致可概括为四类：第一类,明亡即祝发为僧,此类多为文人。如唐泰,"阅数年世变日亟,乃从无住受戒",改名普荷,"以书画诗禅自掩,绝口不谈世事。"第二类,为抗清失败即逃禅,此类多武人。如邓凯,膂力绝人,曾与沐天波护卫永历帝入缅甸,后"闻永历死,乃祝发为僧,号邓和尚",结庵于阳光寺,"以诗自娱,时复狂啸,或痛哭,数年归去"。滇将胡一清于大榕江一役败,后为清将所困,"乃披剃为僧,与其徒种山而食"。皮熊原是武将,功封定番伯,明亡后逃禅,而志在复国,因招集部曲事泄,被吴三桂执至云南,"诸降将往省之,熊称引古今忠义,追叙国家败亡之故,词意慷慨,积十三日不食死"。第三类,明亡抗清失败,先隐居而后逃禅。如钱邦芑、陈起相等,他们与佛门多有往来,明亡后心怀故国,拒不仕清,任凭百般威逼,宁死不屈。钱邦芑被逼降十三次,甚至封刀行诛杀,义不为所动。遂剃发为僧,号大错和尚,陈垣称赞他"严辨忠奸,激扬节义"。第四类,因师徒、主仆关系逃禅。如钱邦芑祝

---

① 温睿临：《南疆逸史·列传第十七》卷二一,第146页,北京,中华书局,1959。瞿式耜(1590—1651),字起田,号稼轩,苏州常熟人,万历进士。崇祯时任谏官,弘光帝时任广西巡抚。隆武二年(1646),官至吏部、兵部尚书及文渊阁大学士,留守桂林。张同敞(？—1651),号别山,江陵人,张居正曾孙。崇祯时任中书舍人,追随隆武帝,袭锦衣卫,有文武才。在全州,以总督兵部侍郎监军。桂林陷落后,随瞿式耜不屈而死。瞿氏之不肯为僧,也可能因其已受洗而入天主教,而天主教信仰也不妨其忠于故朝。

发,他的朋友门生三天之内随他出家的十一人。胡一清剃度,其部属也多入佛门,种山而食。①

陈垣对此逃禅遗民不忘故国、不仕新朝、大义凛然的爱国行为予以热情歌颂。陈垣指出,遗民中有的人功过皆有,不能因其过而抢其功。只要是事关民族气节的原则问题,都应严正做出评价,毫不含糊。这就是说,凡是坚守民族气节者,不让他受到掩盖或曲解;而凡是辱没气节者,亦不让他谬得虚名。故陈垣后来在《清初僧诤记》中突出评说了木陈和澹归两个反面典型,鞭挞其变节行为。如卷二写木陈在未应顺治召以前,"深于故国之思,与忠义士大夫等,《荐严》有疏,《春葵》有风,不胜原庙之悲,极写煤山之痛。然曾几时,走马应新朝之聘矣";应召之后,他踌躇满志,以新贵姿态骄矜欺压其他僧人,当时即被费隐斥为"大坏法门"。澹归系崇祯进士,官至给谏,清入关后,从亡西南,"为不甘臣异姓",永历后为僧,"其大节多可观"。但日后"竟亡所自",成为一个"领众募缘俗汉",竟至沦为"甘为异姓之子"的变节者。黄宗羲有《阅澹归语录诗序》说,"阅其《遍行堂集》,尤为滥恶不堪"②。木陈有《北游集》,后为雍正贬斥,澹归之《遍行堂集》亦遭乾隆毁板。此二人既变节投降,遭士人、僧人唾骂,然又终不为清廷所认可,没落得好下场。

"僧之中多遗民","逃禅又杂儒"③,在明清易代之际既引人注目,又颇招争议。黄宗羲屡次提到,"兵火奔播,丛林之黠者,网罗失职之士,以张其教"④。士人当此际逃禅为保存节操,而有关批评的严厉处,亦正在指此"逃"为失节。故而王夫之拒绝逃禅,其《南窗漫记》有"方

---

① 陈垣:《明季滇黔佛教考》上册,第389—413页,石家庄,河北教育出版社,2000。
② 陈垣:《清初僧诤记》,《明季滇黔佛教考》下册,第542、559页。又参见周霞《中国近代佛教史学名家评述》,第281页,上海,上海社会科学出版社,2006。
③ 参见赵园《明清之际士大夫研究》,第290、292页,北京,北京大学出版社,1999。
④ 参见《刘伯绳先生墓志铭》,《黄宗羲全集》第10册,第307页,杭州,浙江古籍出版社,2005。

密之阁学逃禅洁己,受觉浪记莂,主青原,屡招余将有所授……余终不能从"①云云。其实遗民逃禅往往系于患难余生的体悟。如施闰章说方以智,"去而学佛,始自粤西遭乱弃官,白刃交颈,有托而逃者也。后归事天界浪公,闭关高座数年,挢心濯骨,涣然冰释于性命之旨,叹曰:'吾不罹九死,几负一生!'古之闻道者,或由恶疾,或以患难,类如此矣"②。徐枋出儒入释,对遗民之"出、处"境遇作了比较,深刻体味儒佛应对世变之见,有非其时"粹儒"所能想见者,"夫儒者以全道为重,故重其在我,每以'处'优于'出';而佛法以行道为亟,故利存徇物,每以'出'优于'处'。(中略)而瞿昙设教,誓入五浊;神道应化,不耻乱朝。苟可续慧命,济群品,则举身以徇之,岂同儒者规规然,以洁己为高者?"③其时也确有由儒入释,一往而不返,以衣钵晦迹既久,即嗣法上堂,俨然佛门老宿者。如全祖望所说,"当其始也,容身无所,有所激而逃之。及其久而忘之,登堂说法,渐且失其故吾。"④更有为僧而不屑于稍掩其遗民心迹和形迹者,如祝发为僧仍"谋兴复"的皮熊⑤,如"但喜议论古今,不谈佛法,每及先朝则掩面哭"的咒林明大师⑥。遗民虽出家仍不忘复故国,此全祖望所谓"易姓之交,遗民多隐于浮屠,其不肯以浮屠自待宜也。"由此种种,不难想见其时法门百态。

而遗民逃禅最深刻的思想依据,源自晚明以来儒佛两家共同"会通儒释"乃至融贯"三教"的学思趋向。吴伟业说"唐宋之讲学儒释分,而我明之讲学儒释合",且以为"得乎儒释之合而探其原",是值得追求的学术目标。由此,易代之际法门名宿也循袭儒释融会之风气。如黄宗羲记

---

① 参见王夫之《船山全书》,第 15 册,第 887 页,长沙,岳麓书社,1996。
② 施闰章:《炁可大师六十序》,《施愚山集》文集卷九,第 166 页,合肥,黄山书社,1993。
③ 徐枋:《送去息和尚夫椒住祥符寺序》,《居易堂集》卷六,1919 年上虞罗氏刊本。
④ 全祖望:《周思南传》,《鲒埼亭集》卷二七,四部丛刊本。
⑤ 陈垣:《明季滇黔佛教考》上册,第 413 页。语曰:"熊于己亥年(顺治十六年,1659)祝发为僧,隐水西山中,谋兴复不克。康熙四年(1665)正月,吴三桂灭水西,熊被获不屈死。"
⑥ 全祖望:《祁六公子墓碣铭》,《鲒埼亭集》卷一三,四部丛刊本。

汉月法藏与士人,"说《论语》、《周易》,凿空别出新意"①;徐枋称道弘储继起,"何其深有合于圣人之道也!"②方以智更是致力于会通三教,他家学渊源,深通《周易》之学,而披缁后的学术取向,则以《易》理通乎佛氏,又通乎老庄,每语人曰:"教无所谓三也,一而三,三而一者也。譬之大宅然,虽有堂奥楼阁之区分,其实一宅也。门径相殊,而通相为用者也。"③钱穆在给余英时《方以智晚节考》所作的序文中,论及方以智三教合一之说,指出"此乃晚明学风一大趋向,然亦可加分疏","至如密之(方以智)则逃儒归释乃其迹,非其心"④。由此而知,会通固然是在优容与严辨儒佛分济之夹缝中采取的态度,但更显真知灼见的还是黄宗羲"学儒乃能知佛",不失为真正的儒佛融通之学术命题。如其所谓,唯儒者能究佛学底蕴,"昔人言学佛知儒,余以为不然。学儒乃能知佛耳"。他甚至认为,"自来佛法之盛,必有儒者开其沟浍","万历间,儒者讲席遍天下,释氏亦遂有紫柏、憨山,因缘而起"。其所撰钱启忠墓志铭说:"道非一家之私,圣贤之血路,散殊于百家,求之愈艰而得之愈真。虽其得之有至有不至,要不可谓无与于道者也。"⑤黄宗羲同时指出,明末士大夫之学道而"类入宗门"者,尽有"以忠义垂名天壤",然而仍不能以此而模糊了儒佛分际。"夫宗门无善无不善,事理双遣,有无不著,故万事瓦裂。恶名埋没之夫,一入其中,逍遥而便无愧怍。诸公之忠义,总是血心,未能融化宗风,未许谓之知性。后人见学佛之徒,忠义出焉,遂以此为佛学中所有,儒者亦遂谓佛学无碍于忠孝,不知此血性不可埋没之处,诚之不可掩吾儒真种子,切勿因诸公而误认也。"

如果说儒佛之争仍是明末推进有关思考的动力⑥,那么,明亡后遗民

---
① 参见《苏州三峰汉月藏禅师塔铭》,《黄宗羲全集》第10册,第517页。
② 徐枋:《灵岩树泉集序》,《居易堂集》卷五,上虞罗氏刊本,1919年。
③ 施闰章:《丕可大师六十序》,《施愚山集》卷九,第166页。
④ 余英时:《方以智晚节考》,钱穆序,第3页,北京,三联书店,2004。
⑤ 《黄宗羲全集》第10册,第341、442、443页。又参黄宗羲:《明儒学案》卷五七,第1369页。
⑥ 参见赵园《明清之际士大夫研究》,第41—42页。

之皈依佛教、遁入空门,其"亦僧亦儒"的形象和儒佛融合的思想归趣,不仅给佛国世界注入了一股新鲜血液,使儒学"血性"获得了渗入佛学的最佳心理氛围与思想基因,从而使中国思想文化史上长达千余年的儒释道三教融合达到了一种全新的境界,而且使佛教与文人士大夫的关系也出现了一种前所未有的新气象。其中感人至深者,当数遗民僧的"以忠义作佛事",虽未载入官方史册,但在僧史之中照样彪炳千秋,熠熠生辉。易代之际僧人与士人的患难与共,僧人的"忠义感激",并非激于一时意气,而是由来有自。宋代大慧禅师的名言:"予非学佛,而爱君忧国之心,与忠义士大夫等",明亡之际士人耳熟能详。紫柏怒斥侍者不哭忠义,至欲推堕崖下,则是明代法门的著名故事。明亡以后,一部分明官宦子弟,甚至宗室成员,削发为僧者大有人在。如八大山人、石涛、石溪、渐江,均以擅画著称,被称为清代"四大画僧"①。这些遗民僧人寄情诗画,别树一帜,内藏中锋,笔墨雄豪,自有世外风韵。然遗民僧中亦有倡"以忠义作佛事"者,如临济宗法藏系下弘储继起②,曹洞宗天然函昰一系③,分别吸

---

① 八大山人,俗名朱耷,为明朝宗室,明亡出家,又号"人屋"。其言曰八大者,四方四隅皆为我大而无大于我者也。久居南昌,擅画山水、花鸟、木石,不泥成法,画笔以简劲胜。石涛,名道济,亦明宗室贵族,俗名朱若极,号大涤子、苦瓜和尚等,擅画山水、花果、兰竹,被称为清代"江南第一画家",郑板桥极推重他的兰竹。石溪,名髡残,自号残道人,受觉浪道盛衣钵,住金陵牛首山,每以笔墨作佛事,所画山水有奇逸风格。渐江,名弘仁,善山水,好画黄山松石,晚学倪云林笔法,自成一家。

② 弘储继起(1605—1672),号退翁,嗣法三峰,为临济宗第三十二世。弘储在当时遗民社会影响颇大,事迹见全祖望《南岳和尚退翁第二碑》及其弟子南潜所作《灵岩退翁和尚编年备谱》,其著作行世的有《南岳继起和尚语录》,另外,苏州灵岩山寺还藏有《祥符录》、《浮湘录》、《虎丘语录》、《辛亥录》、《升座语录》等康熙刻本各一册,《灵岩退翁和尚近录》抄本四册。

③ 天然函昰(1608—1685),字丽中,广东番禺曾子。少习经史,1633年举乡荐,次年从宗宝道独出家,成为曹洞宗三十四世传人,为博山无异元来法孙。天然著述甚丰,法席兴盛。其门风高峻,气节凌然,甚受明遗民的崇敬。其门下嗣法有十人,号称"十今"(今无、今摩、今释、今壁等)。其中以今无(1633—1681)和今释(1614—1680)最为突出,二者堪称天然门下两大龙象,极为有力地推动了天然法门在岭南的发展。今释即澹归和尚,俗名金堡者。明崇祯间进士,官至给事中,南明亡后出家,投天然为徒。澹归与天然,都因为出入佛儒,而又融合儒佛,在行为上显现出是一个隐遁山林的僧人,在理性上一个是消弭心头矛盾的智者。天然一系念念不忘曹洞博山法脉。"博山三十年缜密家风",为天然一系喜用之辞,这与曹洞宗历来以笃实绵密见长的士民风格是一致的。

引、凝聚了东南和岭南的不少遗民;而觉浪道盛一支,门下有药地(方以智)等,亦都是能尽忠尽孝、具有民族气节的著名义士。饶宗颐先生曾言及:"明季遗民遁入空门,一时才俊胜流,翕然趋向。其活动自江南迤至岭南,徒众之盛,实以金陵天界觉浪上人一系与番禺海云天然和尚一系最为重镇。"①

弘储是一位寓忠孝于佛理,儒释融通的遗民和尚。自称为弘储"白衣弟子"的徐枋说:"惟吾师一以忠孝作佛事,使天下后世洞然明白,不特知佛道之无碍于忠孝,且以知忠孝实自佛性中来。或曰:吾师之以忠孝作佛事,可得闻乎?沧桑以来二十八年,心之精微,口不能言。每临是讳,必素服焚香,北面挥涕,二十八年直如一日。"②弘储门下多有遗民聚集,且以保护士人为道义责任。张有渔、熊开元均系其弟子,丁日昌《明事杂咏》遂有"大丞相与大司农,左右灵岩侍退翁"之句。③ 全祖望曰:"丙戌(顺治三年,1646)以后,东南之士,濡首没顶于焦原,相寻无已,而吴中为最冲。退翁皆相结纳,从之者如市,辛卯竟被连染……"辛卯即顺治八年(1651),舟山之役,甬士殉难者无数,退翁和尚(弘储继起)当时开法天台,与木陈和尚"同遭白简","赴鞫东瓯,庭决大杖归"。④

天然一系为当时大量的岭南遗民所依止。天然弟子今辩所作的《天然行状》曰:"师生平古道自持,壁立千仞,提倡纲宗,眼空今古,婆心为物,至老不衰。(中略)吾粤向来罕信宗乘,自师提持向上,缙绅缝掖,执弟子礼问

---

① 参见姜伯勤《石濂大汕和澳门禅史——清初岭南禅学史研究初篇》,饶宗颐序,上海,学林出版社,1999。道盛(1578—1657),号觉浪,别号杖人,闽人。住金陵天界寺,与明盂、弘储并以忠孝名天下。此遗民传记中所谓的"忠孝",自然是指忠于故国而言。觉浪道盛与三宜明盂、弘储继起等禅师之所以并以忠孝名天下的一个重要标记,乃在于当时三人门下皆收容了众多坚决不仕于清的亡明士大夫。觉浪嗣法曹洞宗,但五宗并举,三教并弘,与方以智晚年会通三教之旨同。
② 徐枋:《退翁老人南岳和尚哀辞》,《居易堂集》卷一九,1919年上虞罗氏刊本。
③ 参见赵园《明清之际士大夫研究》,第306页。
④ 参见全祖望《鲒埼亭集·退翁和尚第二碑》;陈垣《清初僧诤记》卷二,《明季滇黔佛教考》下册,第523—524页。

道,不下数千人,得度弟子,多不盛纪。尤喜与英迈畅谈,穷其隐由,以发其正智,于生死去就,多受其法施之益。即一阐提,与自负奇才而不可一世者,见之无不心服。"① 由此可见天然法门之兴盛。其法门中遗民之盛,可以说是一个不争的事实。《天然和尚年谱》曰:"顾天然虽身处方外,仍以忠孝廉节垂示及门。迨明社既屋,文人学士,缙绅遗老,多皈依受具,一时礼足凡数千人,创立海幢、海云、别传诸刹,呜呼!何其盛哉也。"②

觉浪门下,遗老亦众,啸峰倪嘉庆、丞可方以智,最为著名。顺治五年(1648),觉浪曾以论道书中有"我太祖皇帝"等字,为忌者所告,系狱一年,后以其书作于崇祯间,牢狱始解。③ 牧云《懒斋别集》六,有《与木陈书》,作于此际,曰:"古人弘法罹难,何代无之?如石门、栖贤、觉范,皆英伟奇杰之人,自经世患,而光明愈赫赫难掩。苟不经世患,又谁见其英伟奇杰也!"陈垣于此说,"言虽如此,然大难当前,非养之有素者,鲜不张皇失措"。故全祖望所撰《退翁第二碑》说,辛卯之难,寺中星散,南潜"独负书策杖入山,以是尤为时所重"。陈垣以为,"即此可见,世变之来,宗门不能独免,虽已毁衣出世,仍刻刻与众生同休戚也"。当宗门罹祸时,士人的皈佛亦诚勇壮之举,颇为时论所重。而佛门"失节于中途"者则为僧俗两界所鄙,也就不难想见了。木陈应诏入京,气焰煊赫,在时人眼中正如得新朝宠遇的失节遗民。僧家因"修行不密"见知于当道,亦如遗民的避世不远,终坠世网,均被目为节操问题。

明清易代之际乃中国历史上士人殉节现象最突出的时代。钱穆在给余英时《方以智晚节考》一书所作的序文中开首即说:"晚明诸遗老之在清初,立节制行之高洁,成学著书之精严,影响清代两百六十年,迄今弗衰。"方以智在顺治十年(1653)赴金陵天界寺,受大法戒于觉浪。方以

---

① 参见《庐山天然禅师语录》今辩序,载明版《嘉兴藏》第三十八册,台北,新文丰出版公司印行,1987。
② 汪宗衍:《天然和尚年谱》,载蓝吉富主编《大藏经补编》卷二二,第889页,台北,华宇出版社,1984。
③ 陈垣:《清初僧诤记》卷二,《明季滇黔佛教考》下册,第524页。

智晚年罹祸死节,余英时考证甚详,据说亦与遗民复明运动有关。余英时说,"密之事迹在晚明诸遗老中最为隐晦",而"密之一生,大节凛然……及乎国亡不复,则去而逃禅。虽顾亭林之坚卓,王船山之苦隐,又何以过之? 是密之之遗民志节,亦早为天下后世所共仰,而无待乎更有所渲染也。"经翔征博引,索隐探微后,余英时说,"吾人今日已无由再信密之披剃后与复明活动完全绝缘之说"。①

综而观之,清代佛教在清初能维持一段兴盛,而清中叶后走向衰落,从社会文化背景来看,其中一个重要原因就是明清易代之际大量遗民遁入佛门,披剃为僧,为佛教增加了新的血液,提升了僧团的整体文化素质,而当清代统治逐渐巩固,并且采取了多种吸引士人的机制,一切又恢复到社会从前那样的状况后,精英士子都走读书取仕的道路,法门冷清再度出现。乾隆中叶,明遗民凋零已尽,一般士人作为社会精英大都疏离佛门,亲近佛教者亦宁愿为在家居士学佛,非不愿出家为僧,实乃可依止之师僧无多,而佛教僧徒流品芜杂,寺庙又几成为游民托足之所,至此佛教之衰颓可想而知。

第四节 晚清社会思潮中的佛教

佛教在清代虽已处于衰颓状态,但流传依然广泛,并对中国社会的各个方面产生了不可忽视的作用。在政治上,佛教在巩固和维护清朝封建统治、消弭人民抗清斗志方面仍起有一定的作用。所以,清统治者在统一全国的战争中,对于不投降的抗清义士,若不杀之,则宁愿让其遁入空门。而与此同时,明遗民也多接受遁入佛门的生存方式,以明其不做降臣的志节。在经济上,由于佛教寺庙也占有大量土地,使

---

① 方以智(1611—1671),字密之,自署其号曰浮山愚者,披缁后无常名,如弘可、五老、药地、墨历、极丸老人等,皆其别号。早岁主盟复社,与宜兴陈定生、广陵冒辟疆、商丘侯方域并称"海内四公子"。其几段引文分别参见余英时《方以智晚节考》,第1、3、200页。

清朝中叶的土地兼并愈演愈烈。另外,"为僧多清闲",他们不参加生产劳动,也不向封建官府交纳赋税和负担差役,乾隆谕旨中就有"僧道不耕而食,不织而衣,耗费民财,多一僧道,即少一农民"的忧虑。也正是这样,清末时期朝野上下的一些有识之士,例如湖广总督张之洞等就提出"庙产兴学"的主张,致使佛教面临生死存亡之挑战。在思想文化上,佛教的影响深入到作为社会主流思想的儒学之内核,致使三教融合而并行不悖思想进一步发展。与前代相差无几,清代的儒家学者不少人"面目是孔孟之儒,而心神却是佛道"。佛教对清代的文学影响也很大。被誉为融高度思想性和艺术性于一体的不朽的现实主义杰作《红楼梦》,其中充满了佛道思想影响的痕迹。清代的诗僧、画僧人数颇多,为繁荣当时的诗坛、画坛作出了有益的贡献。佛教思想的通俗化在民间宗教中也有很大影响。

晚清社会文化思潮处在一个新旧杂糅、酝酿变革的时期。晚清时期佛学复兴,自龚自珍、魏源等今文经学的健将归心佛教,以经世致用思想研究佛学,到康有为、谭嗣同等维新人士转向从佛学中吸取思想资源,鼓吹佛教的救世精神,表明晚清学术的重大变化。鸦片战争、太平天国起义、中日甲午战争等一连串近代史上的重大事件,均导致近代知识界思想观念的急剧变迁,开始探索向西方寻找救国救民的真理之路。另一方面,当他们对正统儒学失去信心,他们的选择并不绝对是西方的,也有可能是以前被认为非正统或异端的其他学派,如墨家、道家或佛家。因而,近代许多维新派或革命派尽管都是西方的崇拜者,但同时他们也是自己文化传统的辩护人或守卫者。他们并不简单地哀叹儒学之不切实用,而是积极寻求支撑中国传统的思想资源和精神武器。这样,儒学的衰退并未导致中国文化失去方向,而是使之重新定位,佛学因而在清末的社会政治和文化思潮中发挥了积极作用。

佛学在晚清政治思想变革和文化转型中引人注目。这也意味着,晚清佛教呈现出不同于过去佛教的特点,在维新派或革命派的共同倡导下,展示了一种积极的救世精神和入世取向。换句话说,只有那些在文化上和政治上有积极作用的佛教思想才被强调。所以梁启超称之为"应用佛教"。佛教被证明是此岸而非彼岸的,既是自利又是利他的。在革命道德修养中,他们相信佛教能培养勇气、希望、信念和大无畏精神。近代维新人士逐渐认识到西方帝国主义除了军事、政治、经济的强势侵略和压迫,还有以基督教为代表的西方文化的优势。沈葆桢说:"通商图利,情尚可容;邪说横行,神人共愤。"李东渭说:"通商则渐夺中国之利,传教则并夺华人之心。"[1]可谓一针见血。这时他们用佛教来抗衡西方基督教,以维护中国文化在精神领域的自信心。因此对晚清思想家来说,佛教不再是局限于寺庙的遥远的山林里的宗教,而是他们那个时代能有助于拯救国家事业的政治思想的一部分。遗憾的是,近代佛教思想的转型被宏大的政治变革和社会转型所掩盖。至少说,这在一定程度上是由于人们习惯地认为佛教是悲观消极的宗教这样一种根深蒂固的错误观念所造成的。

　　大量的历史资料说明,佛学在近代中国哲学中占有相当重要的地位,并对近代中国哲学的发展有着广泛和深刻的影响。中国近代佛学的开展,并不是中国古代佛学的简单延续,而是伴随着西学的输入而重新振兴起来的。它受到当时西方研究佛学风气的影响,是在相当程度上糅合了西学内容和方法的佛学。近代佛学的兴起,最初被一部分思想家看做"西学"可接受的某种理论上的连接点。他们一方面或认为西学的某些理论内容和方法包含在佛学中,与佛学相一致,而佛学则是我国民众所熟悉的传统文化之一,如梁启超在《治国学的两条大路》中就曾说过,佛教是我们国学的第二源泉;另一方面或认为,佛学的某些理论和方法比之西学更为丰富和深刻,因而可用之于改造和发

---

[1] 沈葆桢语见《总理船政前江西巡抚沈葆桢奏附条说》,《同治朝筹办洋务始末》卷五,第13页。李东沅语见《洋务扶要·论传教》,收入葛士浚辑《皇朝经世文续编》,卷一一二,洋务十二。参见释东初《中国佛教近代史》上册,第47页,台北,东初出版社,1974。

展中国的传统哲学思想。正因为如此,研讨佛学成为中国近代史上的一种时代潮流。许多著名的进步思想家、学者,都对佛学研究饶有兴趣,并受到很深的影响。正如梁启超在《清代学术概论》一书中所说的:"晚清所谓新学家者,殆无一不与佛学有关系。"因此,探讨佛学与近代中国哲学的关系,是一个极其重要的课题。研究中国近代哲学如果只注意到西学的影响,而忽视佛学的影响,那是不可能深入了解近代中国哲学的全貌和特征的。

第二章 清入关前的佛教状况

明万历十一年(1583)五月,努尔哈赤以其父遗留下来的十三副铠甲起兵辽东,开始了他创立清王朝的宏图大业。万历四十四年(1616)正月,努尔哈赤统一了女真诸部族,在赫图阿拉(今辽宁新宾县)称汗,建立"大金"国,以"天命"为年号,史称后金。随着后金政治、军事势力的发展,崇祯八年(天聪九年,1635)十月,皇太极宣布废除"女真"称号,正式定"满洲"为族名。次年(1636)四月,皇太极去汗号称皇帝,定国号"大清",改元"崇德"。至顺治元年(1644),清军挥师入关,入主中原。满洲崛起经历六十年,一般称之为清朝开国时期。这个时期基本上是清入关以前的历史,清王朝在连绵不断的征战中崛起,登上中国历史舞台。

第一节 努尔哈赤与佛教

满族的先祖是女真人,努尔哈赤时发展为民族。明朝初年,女真人分成三大部,即建州女真、海西女真和东海女真(又称"野人女真")。建州原为唐代渤海国的地名,在牡丹江流域,故城名为"斡朵里"(今吉林敦化市)。海西即海西江,今松花江上游。东海女真分布在黑龙江、乌苏里江,直到东海之滨。三部女真几经辗转迁徙,建州女真南下定居在苏子河、浑河流域。海西女真也由北向南迁徙,其中一部分移居辽宁开原边外,分为叶赫、哈达、乌拉、辉发四部,合称"海西四部"。东海女真则仍生活在黑龙江中、下游一带。明廷为了加强对女真人的统治,设立了奴儿干都司及其卫所,努尔哈赤的祖先曾被明政府封为建州卫指挥使。建州女真与周边汉、蒙等民族交往深,互相影响大。

一、满洲崛起:以佛法护国

努尔哈赤属于建州女真一支,《满洲实录》所记之女真三大部,"满洲国"即是建州女真。建州女真被努尔哈赤统一起来,逐渐以"满洲"①闻名于世。为方便起见,建州女真在文书中遂被称为"满洲"。努尔哈赤用了三十四年的时间,以兼并战争完成了统一女真各部的事业,将四分五裂的女真族重新纳入一个统一的民族体——满族,这对本民族的社会发展起到了巨大的推动作用。应当说,努尔哈赤是满族的民族英雄。努尔哈赤起兵之初力量单薄,但他完成了历史赋予的统一女真的使命。女真诸部的统一为努尔哈赤"脱明立国"奠定了坚实的基础。努尔哈赤之所以建国号为"金",意在激起女真诸部族重振历史上金朝铁蹄灭宋的雄心壮志,他把自己建立的国家看做金朝之复兴和继续,因此史称"后金"。后金的建立,标志着努尔哈赤摆脱了与明政府二百余年的隶属关系,开始了同明朝分庭抗礼的新阶段。

为了与明朝对决,努尔哈赤不但统一女真诸部,还试图征服蒙古族。在统一女真的战争中,他始终坚持"恩威并行,顺者以德服,逆者以兵临"的方针。可他深知,蒙古各部信仰喇嘛教已有很长历史,喇嘛教在蒙古地区的政治、经济、文化等方面有很大的影响和潜在势力。因此,他除了用军事势力外,还特别重视运用文化手段。努尔哈赤于1616年建立大

---

① 谈玄在论及清代之起源与佛教时说,"满洲二字本非种族,原出佛典,则曼殊之转声也。初以信仰喇嘛教,以此曼殊而为国号。意谓曼殊师利大皇帝,殆为崇信佛教之象征欤?"见于张曼涛主编《明清佛教史篇》所收《清代佛教之概略》,第133页,台北,大乘文化出版社,1977。

金政权后做了两件重要的事：一是废女真文字,联缀蒙古字发语音,创制满洲文字①;二是以蒙古人笃信喇嘛教,延请西藏喇嘛,令布其教。满文的创制与使用有力地巩固了新聚合的满族共同体。而清王朝的开创者特别优待喇嘛,确立以佛法护国的方针,增强了对喇嘛归附的吸引力,进而对征服与招抚蒙古各部,绥靖蒙藏民族产生了深远影响。

满洲人的原始宗教信仰是萨满教,《东华录》卷一记载,万历二十一年(1593),努尔哈赤与九部大军开战时,"拜堂子而启行"。堂子为满洲萨满教祭天、祭神的祠堂,浴佛日也被用来祀佛。②满族在与汉人接触的过程中,受到汉人民族宗教文化的影响,最后连释迦牟尼佛、观音大士、城隍、关公、灶神、财神等佛道两教的神佛,也都登上了萨满信仰的神坛,成为满洲宫廷及民间顶礼膜拜的神祇。佛教的思想或诸佛菩萨像乃至宗教仪式,也统统被萨满教所吸收,不论是宫廷祭典或民间祭祀,都可见到佛教的影子。满洲人在接触到佛教信仰后并不排斥,反将其佛菩萨吸收过来成为众神之一。

二、在赫图阿拉建七大庙

清太祖努尔哈赤在建立大金国前夕,即明神宗万历四十三年(1615)夏四月,开始在赫图阿拉城东土山阜建佛寺及玉皇诸庙,历时三年,共修建七座寺庙。③

当时努尔哈赤正全力进行满族内部的一统大业,连绵不断的战争,消耗了大量的人力和财力。他以有限的财力和物力兴修佛教寺庙,这

---

① 《文教志》云:从来女真文字废除后,以蒙古字联缀所发语音,创满洲文字,皆蒙古喇嘛之献计耳。参见谈玄《清代佛教之概略》,载于张曼涛主编《明清佛教史篇》,第134页。
② 《清朝史略》卷一,第3页上,"堂子,满洲祭天、祭神、祭佛之公所,而圆殿神名纽欢台吉木贝子,神亭建于堂子东南隅,浴佛日于堂子祀佛而祀圆殿神"。
③ 王先谦编《东华录·天命一》第21页记,万历四十三年(1615)夏四月,"始建佛寺及玉皇诸庙于城东之阜,凡七大庙,三年乃成"。玉皇庙乃道教之庙,这表明满清入关之前早就受到佛道教的影响。

些寺庙作为后金初具国家规模的建筑,充分反映了其对佛教的重视程度。另外,再从满族所崇奉的萨满教的堂子在当地仅有一座这个事实来看,也说明努尔哈赤对佛教的尊崇远远超过了萨满教。以后,努尔哈赤占据了辽沈地区,又多次下令,严厉禁止任何人毁坏佛教庙宇。投降清朝的一位朝鲜官员李民奂曾记载,努尔哈赤"常手持念珠而数之",而他的部将也"颈系一条巾,巾末悬念珠而数之"。① 由此可见,满洲初兴时受到佛教很大的影响。

努尔哈赤修建的七大庙,有三世诸佛庙、玉皇庙、十王殿等佛、道教的庙宇。而种种迹象表明,满洲人通过与蒙古部接触可能更加了解和熟悉喇嘛教,并且像蒙古人一样,他们感到喇嘛教更接近于他们所信仰的萨满教。至于七大庙中是否有喇嘛庙,因无文献为证不敢妄断,但其兴建佛寺足以显示出后金奉佛的意愿,这一举措很快在蒙古喇嘛中产生了很大的吸引力。

三、囊素喇嘛来归

天命元年(1616),一个名叫斡禄达尔罕囊素的西藏喇嘛带领他的一些弟子,从蒙古科尔沁部到后金传教,努尔哈赤如获至宝,奉为上宾。囊素喇嘛"入汗衙门时,汗起身与喇嘛握手相见,并坐,大宴之"②。努尔哈赤对该喇嘛"敬谨尊师,倍加供给"。囊素喇嘛对满族后来的宗教信仰有着重大而深远的影响。天命六年(1621),该喇嘛圆寂西归,努尔哈赤下令为他修建宝塔,敛藏舍利。但因征伐之故,未能建成。直到天聪四

---

① 参郑淑莲《清入关后顺治帝的宗教政策》,台湾,《弘光通识学报》第1期,1991年5月刊。满洲人在入关之前,除信仰萨满教外也受到佛道教影响,此乃肇因于明朝初年,为开发辽东,曾兴建不少佛寺。如洪武年间在铁岭兴建的圆通寺,永乐年间在黑龙江下游落成的观音堂、永宁寺等,都是著名古刹。这些佛寺的兴建,虽然可以视之为汉人移垦与开发东北的历史见证,但也正好说明了当地女真人受佛教熏染的必然。
② 中国第一历史档案馆藏:《满文老档》记,天命元年五月二十一日,囊苏喇嘛来朝,第203页。又参德格勒编著《内蒙古喇嘛教史》,第130页,呼和浩特,内蒙古人民出版社,1998。

年(1630),清太宗皇太极才整建完成,这就是莲花寺宝塔。有碑文为证:

> 法师斡禄打儿罕囊素者,乌斯藏人也。诞生于佛境,边演真净,既已演通大法,复急于普度众生。由是不惮跋涉,东历蒙古诸部,阐扬圣教,广散佛惠。蠢动含灵之类,咸沾佛性。及至我国,太祖皇帝敬谨尊师,倍加供给。天命辛酉(六年,1621)八月七日,法师示寂西归,太祖勒令修建宝塔,敛藏舍利。缘屡代征伐,未建筹成。今天聪四年(1630),法师弟白喇嘛请,钦奉皇上敕旨,八王府令旨,乃建宝塔。事竣,镌石而志其胜。大金天聪四年,岁次庚午孟夏吉日,同门法弟白喇嘛建。①

囊素喇嘛由西藏而"东历蒙古诸部,阐扬圣教,广散佛惠",说明他在蒙古诸部弘法影响很大。史载他从科尔沁部前去投靠后金,可能是为了向后金统治地区,特别是在满族中传播佛教,也可能出于其他原因。更可能是当时努尔哈赤已经通过联姻等方式,与蒙古诸部建立起亲善关系,以致科尔沁、札鲁特部都归附了建州。② 无论如何,囊素喇嘛的投靠举动,正好符合努尔哈赤笼络蒙古诸部和喇嘛教的意图。因此,努尔哈赤对他特别敬重和优礼。这可能是蒙古地区喇嘛教同清朝统治者之间发生联系的最早事例。③

努尔哈赤及其后继者深知,"外藩蒙古惟喇嘛之言是听",因而采取以佛法护国、优礼喇嘛教的政策,这成为贯穿整个清代的一项重大国策。莲花寺是现存的清开国时期的佛教著名古刹,另一个规模宏伟的佛教建筑是清太宗皇太极所建造的实胜寺,蒙古人称之为"嘛哈噶喇庙"。

---

① 辽阳市莲花寺《大金喇嘛法师宝塔碑》,见于稻叶君山著《清朝全史》,但焘译,第八章,第104页,上海,上海社会科学院出版社,2006。
② 满蒙的联姻是一种特殊的联姻,它是清统治者笼络蒙古贵族、巩固其政治统治的有力工具。参苏日嘎拉图《满蒙文化关系研究》,中央民族大学博士学位论文,2003。
③ 参德格勒编著《内蒙古喇嘛教史》,第131页。

第二节　皇太极与佛教

二十五岁起兵的努尔哈赤,驰骋沙场四十多年,无往而不胜。不料在天命十一年(1626)二月攻打宁远城时,为守将袁崇焕所击败,负重伤还,使他悒悒不乐。当年七月,背生毒疽。八月十一日,努尔哈赤崩于盛京郊外,终年六十八岁。清太祖第八子皇太极九月庚午朔嗣位,诏以明年(1627)为天聪元年。遵汗父临终旨意,皇太极与代善、阿敏、莽古尔泰四大贝勒"南面坐受"朝拜,共商国是,史称为"四尊佛"执政。皇太极即汗位之后,一方面加强大汗集权,削减诸王旗权;另一方面纠正努尔哈赤晚年的一些弊政,如改变努尔哈赤的"戮儒"政策,而重用儒生,大力选拔汉族人才,改变了后金政权的组成成分,扩大了统治基础。皇太极认识到:"自古国家,文武并用,以武功戡祸乱,以文教佐太平。"他还清醒地看到,与明朝抗争,必须先解决好朝鲜、蒙古问题,以免腹背受敌,进退维谷。其中重要的是,皇太极继承了努尔哈赤的佛教政策,将尊崇喇嘛教视为"驭藩之具"。

一、迎喇嘛献金佛,建实胜寺供奉

在百废待兴的局面之下,皇太极采取有效措施,强化了优礼喇嘛、尊崇喇嘛教的国策,不断吸引边地喇嘛前来归附。皇太极对于前来投靠的上层喇嘛,一概采取优礼政策,给予奖赏和优待,其中有些人还委以重任,量才重用。如卫征囊素喇嘛、察汉喇嘛等,都给予了特别的优礼。因为这些喇嘛前来归附时,大都提供了蒙古地区的重要的政治军事等情报,以后便充当了清廷重要顾问。如卫征囊素喇嘛,作为大清同明朝和蒙古各部的谈判代表,于天聪六年(1632)十月,受皇太极派遣,赴宁远递国书,并谈判清军通过明境征讨察哈尔林丹汗等事宜。察汉喇嘛是斡禄达尔罕囊素的弟子,是跟随囊素喇嘛来归附清朝的最早喇嘛之一,他参与了清开国时期的许多重要政治活动,多次出使蒙古和西藏地区,又为皇太极平定林丹汗立下汗马功劳,因而深受清廷信任。①

最引人瞩目的事件是护法神嘛哈噶喇金身佛像的来归。天聪八年(1634)十二月丁酉,察哈尔墨尔根喇嘛载护法神嘛哈噶喇金身归附清朝②,"墨尔根喇嘛见皇上威德遐敷,臣服诸国,旌旗西指,察哈尔汗不战自遁。知天运已归我国,于是载佛像来归。上遣毕礼克图囊苏,迎至盛京"③。这尊嘛哈噶喇金身佛像(高一尺二寸,重一千两),是元朝忽必烈时期帝师八思巴为元朝皇室所制造,最早祀奉在五台山,被尊为元朝皇室的护法神、蒙古族的战神,膜拜为胜利的象征。元代每遇战事出征时,均要祭奉此护法神,以祈旗开得胜。元朝败亡后,此金身佛像移至蒙古草原供奉。后来由于察哈尔部是成吉思汗的嫡系后裔,故归察哈尔部供奉。④

天聪六年(1632)四月一日,皇太极以强大军事攻势,亲征察哈尔部,林丹汗自知不敌,渡黄河西走。天聪八年(1634),林丹汗逃往青海而病亡。次年,林丹汗妻苏泰太后和子额哲率众出降,献元朝传国玉玺;而林丹汗宫廷中供养的宗教顾问沙尔巴呼图克图也即墨尔根喇嘛

---

① 明亡清兴之际,喇嘛参与军国大事并不鲜见,袁崇焕也派李喇嘛等作为使节去满洲吊努尔哈赤之丧,并贺皇太极即位,实际上是察看满洲军情。参德勒勒编著《内蒙古喇嘛教史》,第134页。
② 王先谦编:《东华录·天聪九》,第20页。
③ 《清太宗文皇帝实录》卷二一。参忽滑谷快天《中国禅学思想史》,朱谦之译,第850页,上海,上海古籍出版社,1994。
④ 德勒格:《内蒙古喇嘛教史》,第134页,呼和浩特,内蒙古人民出版社,1998。明朝后期,蒙古草原分成三大部落,即漠南、漠北和漠西蒙古。这时,漠南蒙古势力日益强大,占据元朝后裔所居之地,东自吉林,西达贺兰山,南起长城,北至瀚海。其中察哈尔部最为强悍,首领林丹汗拥有八大营二十四部,自称蒙古大汗,"士马强盛,横行南汉"。他们控制了"东起辽西,西尽洮河"的广阔地带,经常骚掠周围诸部。因而,漠南蒙古各部对林丹汗的欺凌十分不满。努尔哈赤起兵辽东,漠南蒙古就成为明朝与后金争取的对象。林丹汗决计依靠明朝,巩固他在漠南蒙古的统治,遏制后金西进。而东结朝鲜,北联蒙古,又是明朝防御后金的战略部署。明朝为了实现"以西夷制东夷"的策略,大力支持林丹汗,每年赏赐丰厚的钱财,时有所加。皇太极针对蒙古状况,采用"恩威相济"、征抚并用的方针,积极争取蒙古为同盟军,扩大反明阵线。

见"天运"已归大金,便载嘛哈噶喇金身佛像,到盛京献给皇太极。得到传国玉玺,皇太极大喜过望,而对于墨尔根喇嘛献金佛之举,亦极为重视。因为后者不仅是政治上的一大胜利,更是从宗教信仰上争取蒙古族的重大胜利。

皇太极以大礼迎接嘛哈噶喇佛像,命工部于盛京城西三里外建寺供奉之,并集中境内蒙藏喇嘛供养在该寺,以扩大影响。此后,又将嘛哈噶喇佛尊为清军出征的护法神。该寺动工兴建于崇德元年(1636),三年(1638)后建成,赐名莲花净土实胜寺(简称实胜寺)。实胜寺举行落成典礼时,皇太极亲率贝勒大臣、蒙古诸部王前往礼佛,行三跪九叩首礼。此后每年重大节庆,清太宗必亲诣实胜寺礼佛,凡蒙古诸部使者喇嘛亦多宿于此。实胜寺成为清入关前盛京最大的喇嘛寺院。值得注意的是,皇太极虽迎供嘛哈噶喇佛像,却告诫诸贝勒大臣云:"蒙古诸臣子,自弃蒙古之语名号,俱学喇嘛,卒至国运衰微。"以元朝之衰亡归因于喇嘛盛行。①

实胜寺(又称"皇寺")院内天王殿北的碑亭中,原有碑亭两座,置碑两通,一通刻满、汉两种文字,一通刻蒙古、西域两种文字,统称四体文字碑,于崇德三年(1638)寺建成时立。碑文汉字七百余字,见存于《清太宗实录》,主要记载了实胜寺兴建的缘由、地址、规模及年代等,国史院大学士刚林撰文,学士罗绣锦译满文,弘文院大学士希福译蒙古文,古式道木藏译西域文。碑记曰:

> 夫幽谷无私,有至斯响,洪钟虚受,无来不应,而况于法身圆对,规矩冥立,一音称物,官商潜运。故如来利见迦维,托生王室,凭五衍之轼,拯溺逝川,开八正之门,大庇交丧。于是玄关幽键,感而遂通,遥源濬波,酌而不竭,既而方广。东被教肄,南移周鲁,二庄亲昭

---

① 王先谦编:《东华录·天聪九》天聪八年条,第7页。参见忽滑谷快天《中国禅学思想史》,朱谦之译,第850页。

夜景之□,汉晋两朝并勒丹青之□。自兹遗文间出,列刹相望,其来盖亦远矣。至大元世祖时,有喇嘛怕斯八(即八思巴)用千金铸护法麻哈哈喇(即嘛哈噶喇),奉祀于五台山,后请移于沙漠。又有喇嘛夏儿把忽秃兔(沙尔巴呼图克图)复移于大元裔插汉儿灵丹汉(察哈尔林丹汗)国祀之。

我宽温仁圣皇帝征破其国,人民咸归。时有喇嘛默儿根(墨尔根)随载而来。上闻之,乃命众喇嘛往迎,以礼接至盛京西郊,因曰:有护法不可无大圣,犹之乎有大圣不可无护法也。乃命该部(工部)卜地建寺,于城西三里许得之,遂构大殿五楹。塑西方三大圣,左右列阿难、迦叶、无量寿、莲花生、八大菩萨、十八罗汉。天棚绘四怛的喇佛城,又有宝塔二座,供佛的曼拿罗,用黄金百两嵌东珠。内有须弥山七宝八物,又金壶一把,用黄金二百两,金镜二十一,银器俱全。东西廊各有三楹,东藏如来一百八龛脱生画像,并诸品经卷;西供麻哈哈喇。前天王殿三楹,外山门三楹,至于僧寮、神室、厨舍、钟鼓音乐之内,悉为之备。营于崇德元年丙子岁孟秋,至崇德三年戊寅岁告成,名曰莲华净土实胜寺。殿宇弘丽,塑像巍峨,层轩延袤,永奉神居。岂惟寒暑调雨旸,若受一时之福利? 盖世弥积而功宣,身逾远而名劭,行将垂示于无穷矣!①

上述碑记提到清太宗迎墨尔根喇嘛携佛金身来归时所说"有护法不可无大圣,犹之乎有大圣不可无护法也",这充分反映了他既以佛法护国而又以佛教护法者自居的思想和策略。关于实胜寺兴建的背景,另有两种提法值得参考:一是乾隆十四年在平定金川《御制实胜寺碑记》提到,"昔我太宗皇帝尝以偏师破明十三万众于松山、杏山之间,归

---

① 《莲华净土实胜寺碑记》,参见王晶辰主编《辽宁碑志》上编,第70—71页,沈阳,辽宁人民出版社,2002。该碑记得辽宁大学李勇鼎力相助,特此致谢。原文无标点,其中个别字难以识别。满汉文字碑1966年被砸毁,今只存碑身,粉色花岗石,碑四周边缘刻有卷云纹,碑阳为汉文,碑阴为满文。

而建实胜寺于盛京,以纪其烈。"① 二是说,兴文教的孔庙、倡忠义的关帝庙、笼络蒙古的喇嘛庙实胜寺等具有清开国规模的建筑,都是皇太极在天命十年(1625)努尔哈赤迁都沈阳后修筑的宫阙基础上扩建而成,以至沈阳成为"周围九里,八门已戴,方隅截然"的帝都,为清朝入主中原建立了巩固的根据地。

二、"曼殊师利大皇帝"

皇太极1626年即位后,用了近十年时间东降朝鲜,西征察哈尔,取得了决定性胜利,使大元蒙古、朝鲜国"悉入版图"。到天聪九年(1635)十月,皇太极宣布废女真族名而正式改称满洲。天聪十年(1636)夏四月,祭告天地,改年号为崇德,改国号为大清,采用汉式庙号太宗,时年四十五岁。皇太极之所以用大清替代大金作国号,是因为他决定抹去其羽翼未丰的政权与打上女真烙印的部落之间历史的联系,消除臣事明朝的记忆②;清既与金的音相近,而且"清"更像一个汉字,清字的水旁又含有"扑灭明朝之火"的寓意。这表明皇太极已经清楚地意识到,在大多数蒙古部落已被统一到他的麾下,朝鲜其实也成了他大金国的附庸这样的形势下,确立能使中国摆脱明朝腐朽统治的旗帜,而非以金朝女真征服者的姿态出现,这样会更具有号召力和宣传价值。显然,定满洲族名和改国号大清,均象征着一个新纪元的开始。

这些名号的改称都深有寓意,如果说"崇德"合乎汉文化的追求③、

---

① 参见《周叔迦佛学论著全集》第7册,第3284页,北京,中华书局,2006。
② 参见史景迁《追寻现代中国:1600—1912年的中国历史》,黄纯艳译,第31页,上海,远东出版社,2005。作者在同书第32页中说,在皇太极统治下,原来的女真族被改为满洲,满洲是一个新的术语,虽然是其确切含义尚不知晓,它可能取自佛教术语"妙吉祥",喻示着清王朝万象更新。
③ 天聪十年(1636)三月辛亥,改文馆为内国史、内秘书、内弘文三院,各设大学士一人,其下有学士,均以儒臣担任。谕令贝勒大臣子弟八岁以上、十五岁以下俱就学读书,以儒家思想之教育,培养忠君亲上的观念。八月,遣内秘书院大学士范文程致祭孔子,借以表示接受儒家为治国理想,将崇儒予以表征化。

"大清"为了针对腐朽的明王朝,那么满洲族名的正式确立应该含有巩固满蒙藏联盟的意味。这是因为满洲名称的起源与藏传佛教传来的佛名有关。① 日本学者有一种普遍的看法认为,满洲初兴时通过与蒙古部的接触,曼殊师利菩萨的名字被介绍给满洲人(那时他们还叫女真人),他们借用该菩萨的名字,给自己部落取了满洲的名称。努尔哈赤这个清王朝的开创者则被尊为曼殊师利的化身。② 其实,被称为"曼殊师利大皇帝"的人是皇太极而非努尔哈赤,这个称法最早见之于崇德七年(1642)西藏五世达赖遣使东来朝贡的喇嘛所献表册中。据史载:"考喇嘛归顺在太宗时。崇德七年,达赖、班禅谓东土有圣人出,特贡方物,表称曼殊师利大皇帝。翌年遣使存问,称之为金刚大士。"③

事实上,"曼殊师利大皇帝"的称号究竟属于努尔哈赤还是皇太极无关紧要,关键的是,从努尔哈赤确立的以佛法护国的国策也被皇太极遵循不替,发扬光大。这表现于崇德六年(1641)在东京(辽阳)新建弥陀禅寺和崇德八年(1643)敕建护国法轮寺。弥陀禅寺有碑,碑为螭首,方座,通高270厘米,宽94厘米。碑额阳面阴刻楷书"法轮常转"四字。碑阴刻职官题名,碑阳首题阴刻"东京新建弥陀禅寺碑记",其下阴刻楷书碑文曰:

> 粤自佛教流入东土,不知阅几帝几王,经几圣几贤,尊崇则有之,绝灭则未也。人有善念对如来则翻然动,所谓有种之良,一触即惺;有恶念对如来则报然愧,所谓未泯之真,一剥即复。盖含灵者,孰无佛性? 况今上仁恩惠政,乃大慈大悲之主,而孔王又菩提其身,

---

① 满洲旧称"满珠",即梵语"曼殊"之转声。乾隆四十一年(1776)命辑《满洲源流考》。谕称:"我朝肇兴时,旧称满珠,所属曰珠申,后改称满珠,而汉字相沿,讹为满洲,其实即古肃慎,为珠申之转音"。
② Kenneth K.S. Ch'en, *Buddhism in China History*, p.450, Princeton University Press,1964.
③ 《清朝续文献通考》卷八九,第8490页。

明镜其心哉！（按，孔王讳有德，恭顺，其封号也。）昔王为知苦海无边，回头是岸，叨宠荣于北阙，作藩瀚于东京。东京乃太祖定鼎之区，人臣何幸，获守兹土，伊谁之恩？九重之赐也。伊谁之佑？三宝之力也。是以孔王同信官人等，奋然发心，先捐己资，次募时势。叙王之知遇，叙王建寺之由，碑记以示不朽，铭曰：

神祖创基，于辽之阳。千峰岩岩，岱水汤汤。岩岩之峰，堪对灵山。卷之一掬，放之弥天。汤汤之水，可比法海。逝者如斯，慈航未改。佛法无疆，忻动孔王。莲台灿烂，金碧辉煌。□□□□，共建梵宫。禅关不锁，自有云封。助我哲后，大业早就。于万斯年，而臧而寿。庇我烝民，游象饮醇。太和在宇，皇庆维新。佛力君恩，并自难酬。天高地厚，怀抱悠悠。永享茅土，永守藩职。奉扬王休，请观斯石。①

弥陀禅寺的兴建，时在崇德六年辛巳仲秋，其意义非同寻常：一是其功德主非等闲之辈，系由降清明将孔有德、耿仲明、尚可喜所建，此三人都功高封王，分别为恭顺王、怀顺王、智顺王，是清开国之初统治阶级中汉官重臣；碑记所提"孔王"即孔有德，是该寺功德主之首领，其碑阴题刻二百二十二位功德主中，满汉高官也大有人在。二是该寺坐落在清太祖定鼎之区。秘书院大学士范文程撰该寺碑记说，"人臣何幸，获守兹土，伊谁之恩？九重之赐也。伊谁之佑？三宝之力也。"又说，"今上（清太宗）仁恩惠政，乃大慈大悲之主，而孔王又菩提其身，明镜其心。"此寺此文，既是汉官向清帝表忠诚，更显示君臣一心，都有共同的佛教信仰，"佛力君恩，并自难酬。天高地厚，怀抱悠悠"。

敕建护国法轮寺是盛京城外"四寺四塔"中的一座，起工于崇德八年（1643）癸未仲春，至顺治二年（1645）乙酉仲夏告竣。其时清太宗特敕

---

①《东京新建弥陀禅寺碑记》，参见王晶辰主编《辽宁碑志》上编，第71—72页。螭，传说是一种没有角的龙。

喇嘛鸠工,在盛京城外东西南北四面五里处,各建造庄严宝寺,每寺中安大佛一尊,左右佛二尊,菩萨八尊,天王四位,浮图(佛塔)一座。东为慧灯朗照,名曰永光寺;南为普安众庶,名曰广慈寺;西为虔祝圣寿,名曰延寿寺;北为流通正法,名曰法轮寺。可见,清太宗皇太极以佛法护国的理念,通过都城四周的佛教建筑得到了淋漓尽致的体现。故此法轮寺碑记曰:"法力维持乎八极,慈威镇慑乎群魔。大智静涵,灵源普挹。圣主道济苍生,化隆无外。念兹功德,允合瞻依"[1]。

三、与五世达赖建立联系

崇德三年(1638)八月,规模宏伟的实胜寺落成,这是大清确立后敕建的最令人瞩目的喇嘛庙,为大清笼络和招徕蒙藏喇嘛,巩固满蒙联盟奠定了更坚实的物质象征。诚如实胜寺碑记所云,是寺之兴建非为"受一时之福利",而为"垂示于无穷"。清朝统治者在与喇嘛教接触过程中,深刻体会到要巩固和强化对蒙古地区的统治,必须充分利用喇嘛教,最好的办法是联络该教中以达赖和班禅为代表的上层人物。于是,清太宗于次年便遣使远赴西藏地区,联络藏区喇嘛教上层。对于清太宗联系达赖的动机,入关后的顺治帝于顺治九年(1652)九月提供了明确的解释:"当太宗皇帝时,尚有喀尔喀一隅未服,以外藩蒙古惟喇嘛之言是听,因往召达赖喇嘛。其使未至,太宗皇帝宴驾(即驾崩)。"[2]

崇德四年(1639)九月,皇太极派遣以察汉喇嘛为首的九人使节团去西藏修好,致书图白忒(藏)汗,迎请西藏圣僧前来传教。书云,"大清国宽温仁圣皇帝致书于图白忒汗。自古国君所制经典,朕不欲其泯绝不传,故特遣使迎请圣僧。尔图白忒之主能施佛教于天下之贤人,

---

[1] 内翰林国史院大学士刚林撰《敕建护国法轮寺碑记》,参见王晶辰主编《辽宁碑志》上编,第72—73页。
[2] 王先谦编:《东华录·顺治十九》,第6页。

倘即敦请前来,则朕心甚悦矣"①。当时西藏地区正处于固始汗(一作顾实汗)攻打藏巴汗的战乱时期,这个使节团未能到达藏区而中途返回。

与此同时,西藏格鲁派五世达赖、四世班禅与蒙古厄鲁特固始汗进行了会商,商定与清王朝建立联系,还确定了进藏消灭藏巴汗的行动计划。崇德三年(1638),固始汗伪装成香客来到拉萨,达赖授予他"持教法王"称号。崇德七年(1642),固始汗一举摧毁藏巴汗的噶玛政权,仿照元朝忽必烈供养八思巴之例,将收回的十三万户土地献给五世达赖作为供养,使五世达赖取得藏传佛教领袖地位。五世达赖利用固始汗的军事实力打败了自己的敌对势力,稳固和提高了他在西藏佛教界的地位和威望,固始汗也心甘情愿地出兵为他效劳,最后得到了统治西藏的实权。②也正是在这一年,西藏的五世达赖、四世班禅和固始汗都以政治家的敏锐眼光,洞察天下形势的变化,为了及早与清王朝建立联系,经商议决定,派伊拉固克散(一作伊拉古克三)呼图克图和色钦曲杰(车臣法王)为首的使团去盛京,一方面与皇太极通好,另一方面弘传佛法。伊拉固克散作为固始汗之侄鄂尔齐图的第三子,是来往于满蒙藏之间具有特殊身

---

① 《清朝史略》卷二,崇德四年。参德格勒编著《内蒙古喇嘛教史》,第135页。
② 17世纪前半期藏传佛教格鲁派危机四伏,崇德二年(1637)信奉格鲁派(黄教)的和硕特部固始汗在青海建立势力,并于崇德四年(1639)赴中央西藏(前藏)谒见五世达赖,获"护教王"尊号,而誓为格鲁派护卫。崇德六年(1641)固始汗应达赖邀请,率军大破"藏"军,杀藏巴汗。固始汗把前、后藏分别委托达赖、班禅管辖,并派遣二儿驻扎。其后固始汗受让西藏全土主权给五世达赖。至于固始汗与达赖的上下位关系,虽不知其详,但达赖的领地由固始汗指定,而其政务却倚赖达赖的宗教统率力以施行,因此两者关系的焦点,实在于配合现实的要求,而不在于所谓上下位关系。固始汗终于居"大檀越"的地位而满足,未统辖西藏的领地,究其原因,实是固始汗判断现实的情势,自知和硕特部的国力不足,而且蒙古的文化低于西藏的文化,因而自行断念的。总之,固始汗护达赖、班禅以宣扬格鲁派势力,使蒙藏关系在宗教与文化方面形成一体化。固始汗对于西藏和清朝的交涉,也付出极大努力。参见林茂松《明末清初蒙藏间的喇嘛教关系》,见于张曼涛主编《明清佛教史篇》,第126—127页。另参见王先谦编《东华录·崇德五》第7页记,冬十月,有书报喀尔喀部札萨克图汗曰:遣往图白忒部喇嘛等已至归化城,因尔言不果,是以不遣。

份的喇嘛。① 他们经过几千公里的长途跋涉,于崇德七年(1642)十月抵达盛京。

清太宗对于五世达赖使者的到来格外重视,在礼仪上破格予以隆重的接待。皇太极除了率领亲王、贝勒、大臣等出城迎接外,他本人还亲自对天"行三跪九叩"之礼。入城后,设大宴于崇政殿,又亲自到伊拉固克散呼图克图下榻处看望。使者晋见递交西藏各方面书信时,皇太极又站起来亲自接受。这都是破格的优礼,充分体现了争取西藏喇嘛教是清廷一项既定国策。伊拉固克散一行在盛京居留了八个月,其间色钦曲杰法王为皇太极和后宫传法,与未来皇帝福临接触较多,并对他预言说:"如能尊崇供养宗喀巴圣教(黄教),做其施主,将于某年某月某日,可成为转轮王(意即可得天下)"②。

崇德八年(1643)五月,达赖使者还,清太宗率诸王贝勒等送至演武场,为之饯行,赠送大批金银器具、绸缎等礼物,还派专使同伊拉固克散一起进藏。并致书达赖和班禅等西藏宗教领袖,表达"欲兴扶佛法"的理念。谕达赖喇嘛曰,"宽温仁圣皇帝致书于金刚大士达赖喇嘛,今承喇嘛有拯济众生之念,欲兴扶佛法,遣使通书,朕心甚悦。兹特恭侯安吉,凡所欲言,俱令察千格龙等口悉之"。谕班禅呼图克图书内容同达赖书。另有谕红帽喇嘛噶尔玛及其他呼图克图书,内中说,"自古帝王创业,佛法未尝断绝。今将敦礼高贤,以普济群生"③。同时,又给西藏当时两大政治势力人物固始汗和藏巴汗致书。给固始汗的信说:"朕闻有违道悖法而行者,尔已惩创之矣。朕思自古圣王致治,佛法未尝断绝。今欲于图白忒部敦礼高僧,故遣使与伊拉固克散呼图克图偕行,不分服色红黄,随处咨诉,以宏佛教,以护国祚,尔其知之。"④而给藏巴汗的信说:"尔书

---

① 参德格勒编著《内蒙古喇嘛教史》,第136页。下文关于达赖使者至盛京参皇太极受优礼之事也参此书。
② 拉科·益西多杰编译:《藏传佛教高僧传略》,第289页,西宁,青海人民出版社,2007。
③ 王先谦编:《东华录·崇德八》,第4页。
④ 《清太宗文皇帝实录》卷六四。

云,佛法裨益我国,遣使致书。近闻尔为厄鲁特部落顾实贝勒所败,未详其实,因遗一函相询。自此以后,相好勿绝。"①

综上所述,清太宗皇太极对当时西藏两大政治势力和各教派,采取了平等对待的态度。这是为进一步巩固对蒙古地区的统治,进而达到统治西藏的政治目的所做出的明智决策。但其笼络藏区僧俗统治者的怀柔政策是先僧后俗,略有区别。如通藏使团献给达赖、班禅、大萨迦、噶尔玛、济东、布鲁克、达克龙七位呼图克图以金龙黄书,给藏巴汗、固始汗二人无金黄书。②皇太极从达赖使者那里可能了解到西藏局势的一些情况,因而给固始汗和藏巴汗的信也有所差别。而给藏区各教派主要高僧的书信中所体现的礼节,明显低于达赖和班禅。这表明皇太极对达赖和班禅所代表的格鲁派的优崇。

最可注意的是,清太宗皇太极前后两番致书统治西藏地区的政教首领,都诚挚表示对佛教的信仰,并以护法者自居。如崇德四年致书迎请西藏高僧,"欲施佛教于天下",而"不欲其泯绝不传";崇德八年又致书曰:"自古帝王创业,佛法未尝断绝",要求藏部派高僧东来弘扬佛教,以护国祚。可当崇德八年(1643)九月固始汗再次遣使致书清帝时,清太宗皇太极已于一个月前驾崩。固始汗书曰:"达赖喇嘛功德甚大,请邀至京师,令其讽诵经文,以资福佑。"③

清太宗崇德年间,五世达赖派遣使者向清廷朝贡通好,表称皇太极为"曼殊师利大皇帝"。太宗极为隆重地接待了使者,并向达赖、班禅赠送了金碗、银盆等厚礼。这是西藏和清廷直接通好的开端,也是清廷崇奉藏传佛教的开始。清朝和达赖的进一步联系,五世达赖进京朝觐清朝皇帝,直到清入关顺治亲政后才真正实现。

---

①《清太宗文皇帝实录》卷六四。
②任树民:《清朝入关前的通藏文书译稿之评述》,《西藏大学学报》2002年第3期。
③《清世祖章皇帝实录》卷二。

第三节　清入关前的佛教政策

　　清入关前的满洲时期,由于满族与周边汉、蒙等民族交往日深,互相影响增大,体现在宗教信仰上,除了信仰本民族的萨满教,还信仰汉人的佛道教,但其比重相对来说并不大,最大的恐怕就是蒙古地区流行的喇嘛教了。满蒙信仰喇嘛教的一体化,固有赖于蒙古地区的西藏喇嘛东来布教,但很大程度上是清统治者提倡所致。

一、关于羁縻蒙藏

　　清统治者优礼喇嘛,以佛护国,很明显是抱有政治目的,也就是为了征服蒙古,羁縻蒙藏,巩固满蒙联盟。这种以藏传佛教作为维系边疆民族的精神纽带的国策,在一定程度上确实增进了满蒙藏民族之间的情谊,促进和加强了彼此的联系。从当下作用看,扩大了反明联合阵线,解除了进取中原的后顾之忧;从长远效果看,共同的佛教信仰犹如坚不可摧的精神屏障,成为无可比拟的坚固长城,维护和拓展了边疆的安定。①

　　明亡清兴之际,从文献中我们看到关外满洲大地上喇嘛活跃的身影。在民间,可看到他们为人"念经治病";在后宫,可看到他们与僧道一起为宸妃"讽诵经文";在朝廷,可看到他们作为外交使节,递交国书,享受极大优礼;也可看到他们来往于军营,作为谈判代表,甚至运用佛法来罢息干戈。满洲制定了优礼喇嘛、以佛法护国的政策,交战时明军也以喇嘛和佛法与清军谈判、沟通。宁远之战努尔哈赤负重伤还,不久去世,袁崇焕即派遣李喇嘛等三十四人至满洲吊努尔哈赤之丧,并贺皇太极即

---

① 如康熙朝外蒙喀尔喀部归附,哲布尊丹巴率诸部众来归。乃至民国年间班禅因受达赖及亲英势力排挤,走归内地而未流亡国外。这两个实例都说明了佛教信仰这个精神纽带为防止民族分裂和维护边疆安定起了重大作用。

位,"以乩虚实"。

从李喇嘛和清廷的来往文书中,我们不仅得以窥见李喇嘛的佛学造诣,也可从一个侧面了解清开国时期的佛教状况。天聪元年(明天启七年,1627)三月,李喇嘛书曰:"我自幼演习秘密,朝礼名山,上报四恩,风调雨顺,天下太平,乃我僧家之本愿也。上年袁巡抚念先汗盛德,遣我上纸,承汗及各王子供养美馔并赠礼物,又遣官远送我,铭刻五内。至宁远备述,袁巡抚甚喜。因书函外面字样未经开看,至第三次换来,见书中有'仍愿兵戈'一语,恐朝廷不喜,未曾转奏。谅汗并各王子具有福智心地,明白我佛教慈悲为体、方便为用,须要救济众生消除瞋恨,以成正果。我佛家弟子难行处能行,难忍处能处,解度为体,劝化为用。我佛祖留下法门,有欢喜无烦恼,止有慈悲活人,更无瞋恨损物。若汗说'七宗恼恨',固是往因,然天道不爽,再一说明,便可放下。袁巡抚是活佛出世,有理没理,他心下自分明。所说河东地方人民诸事,汗当斟酌,良辰易遇,善人难遇,有我与王喇嘛在此随缘解说,事到不差,烦汗与各王子放得下。放下了,难舍者舍,将来佛说,苦海无边回头是岸,干戈早息即是极乐,种种譬喻无非衍我如来大乘慈悲至教也。"①

四月,满洲方面即有回应,皇太极对李喇嘛佛学造诣颇为赞赏,在其《答李喇嘛书》中先说:"观来书以佛门弟子为介绍之人,欲成两国之好。尔喇嘛博通理道,明哲人也。我两国是非讯问明白,曲在我则规我,曲在彼则规彼,宜无偏袒之心,故我以衷言相告。自古以来或兴或废,何代无之,焉可枚举?如大辽天祚无故欲害金太祖而兵起,大金章宗无故欲害元太祖而兵起,万历无故侵凌我国偏护叶赫,而我两国之兵起……及皇考升遐,尔喇嘛来吊,意谓此天欲我两国和好时矣,故具书议和,造官谐往,又以书式不合封还,至再,今尔喇嘛又云有仍愿兵戈一语难以转奏。"该答书衷言直指李喇嘛轻听偏信、袁巡抚来书"强相陵制,是不欲成两国

---

① 王先谦编:《东华录·天聪二》,第2页。

之好也"。而后对李喇嘛的善意佛语又反唇相讥:"尔来书云'良辰易遇,善人难逢',我因尔喇嘛以修好来,其意甚善,即遣使相报;若不以尔为善人,何遣使往来不惮烦乎!又云'苦海无边,回头是岸',此言是也。然向我言之,亦当向明朝皇帝言之,若肯回头,共臻极乐,岂不甚善!尔喇嘛既深通佛教,明达道理,何独向我喋喋耶?从前辽东、广宁诸臣妄肆欺凌,启衅召兵,自贻伊戚,今犹未鉴前车而不自醒悟乎?语云'人相敬则争心息',若徒事欺凌,不惟新好难成,即旧好必败,尔喇嘛岂不知之!"①

以上是满洲时期清统治者重视佛教在政治军事中发挥作用的一个实例。而对于清统治者羁縻蒙藏的怀柔宗教政策,有日本学者分析得相当透彻:"清太宗用宗教对蒙古施以怀柔,其效果遂使蒙古不将清朝皇帝视为异族的统治者,精神上反与清室融为一体了。实胜寺可谓清初最值得瞩目的佛教建筑,使大清帝国基础更加强固。此种宗教政策之表征,实寓意深远。"中国台湾也有学者作了类似分析:"从努尔哈赤1616年建国号大金,至皇太极1636年建国号为大清,这期间二十年的发展,整个帝国规模已经具备了。为了征服与招抚蒙古各部落,以能专力对付明朝,藏传佛教的利用成了最佳的羁縻之方。从清太祖努尔哈赤礼敬藏传佛教,至清太宗皇太极强化对藏传佛教的信仰,以护法者自居,使蒙古不视满洲为异族统治者,而是共同融合于一宗教信仰之内,藉此巧妙地一统蒙藏地方,消除其对清朝在辟疆拓土上可能造成的压力和威胁,再进而图谋跃马中原,取代明朝。"②

此一宗教怀柔政策对后来的清朝政治有很大的影响。入关之后的清帝遵循此一宗教思想与政策,以藏传佛教为精神利器,建立满蒙藏的情谊,加强彼此之间的联系,使之诚心归附,的确收到了某些效果,但也不可高估。因为宗教政策运用之灵妙,从来都是和国家实力、武威军事

---

① 《皇清开国方略》卷一〇,第5—8页。
② 此处两段引文均参郑淑莲论文《清入关后顺治帝的宗教政策》,台湾,《弘光通识学报》第1期,1991年5月刊。

相配合的。

二、关于尊佛而不佞佛

以邪导人谓之佞。清太宗皇太极认为,"佛教本清净正直,以洁诚事之,自可获福,若以邪念事之,反生罪孽"。因此,从努尔哈赤到皇太极都尊奉佛教,以护国祚,但对佛教流弊也相当警惕。由于清太祖、太宗两代的尊崇和大力扶植,辽沈地区的佛教一时呈兴盛景象。由此所滋生的流弊,造成假喇嘛、假和尚充斥,或私创寺庙、逃避徭役,或不守清规、容留妇女,甚或有藏匿奸细者。这从天聪五年(1631)闰十一月皇太极谕旨中可略知一二:

> 奸民欲避差徭,多相率为僧。旧岁已令稽察寺庙,毋得私行建造。今除明朝汉官旧建寺庙外,其余地方妄行新造者,反较前更多。该部贝勒大臣,可再详确稽察,先经察过准留者若干,后违法新造者若干,其违法新造者,务治其罪。至于喇嘛、班第(即小喇嘛)、和尚,亦必清察人数。如系真喇嘛、班第、和尚,许居城外清净寺庙焚修,毋得容留妇女,有犯清规。若本无诚洁之心,诈称喇嘛、班第、和尚,容留妇女,不守清规者,勒令还俗。①

针对佛教流弊,天聪年间沿袭明制,设置了管理僧道的机构,施行了度牒制及其他一些规定,为入关后清朝佛教政策奠定了基础。皇太极认为:"释道二教,亦王化所不废,惟严其禁约,毋使滋蔓。"因此,天聪六年(1632),定各庙僧道,设僧录司、道录司总管。凡通晓经义、恪守清规者,给予度牒。定僧道不许自买人簪剃,违者治罪。天聪七年(1633),定喇嘛、班第出居城外清净处所。有请喇嘛念经治病者,家主治罪。又定喇嘛、班第有容留妇女,及不呈明礼部,私为喇嘛盖寺庙者,治罪。② 到了天

---

① 《清太宗文皇帝实录》卷一〇,天聪五年十一月庚戌条,第146—147页。
② 《古今图书集成》,释教部汇考,卷第六。

聪十年(1636),更加严厉规定:"各寺庙中和尚,有容隐奸细者,本寺庙中和尚全杀;隐藏逃走人者,将本寺庙中和尚为奴。旧册外私添者,与隐藏逃走者同罪……有私建庵观,俱拆毁入大寺。各处院寺若干,每寺和尚若干,某姓某名,一一开写明白,后有死亡增添者,照数查看。"此外,在同一谕旨中又特别指出,不得私自出家,"未奉上命私为和尚,为喇嘛,及私建寺院者,问应得之罪。"①

清朝开国者特别重视元亡的教训,对喇嘛教之危害也十分清醒。清太祖努尔哈赤对蒙古人因过度崇信喇嘛教而产生的流弊谆谆告诫,"所持者念珠,所称者佛号,而不息盗窃之风,遂遭天谴,俾尔诸贝勒自乱其心,殃及于国"②。他冀望诸贝勒大臣引以为镜。清太宗皇太极虽迎喇嘛、佛像,大建喇嘛庙,但他把元朝衰亡归因于喇嘛之盛行。前引天聪八年(1634)上谕云:"蒙古诸臣子,自弃蒙古之名号,俱学喇嘛,卒至国运衰微。"因此,皇太极不希望他的族人与喇嘛们过度往来,更不许满洲亲贵擅留喇嘛于家,以防止满洲部族的人过于迷信。虽然皇太极以尊崇喇嘛教为国策,对于喇嘛们的崇信与礼敬甚至有超过努尔哈赤的地方,也经常对喇嘛们赐宴、赏银,但在崇德元年(1636)三月的谕令,则表现出他对喇嘛们的观感,以及蒙古之所以失去尚武精神的原因:

> 喇嘛等口作讹言,假以供佛持戒为名,潜肆邪淫,贪图财物,悖逆造罪,又索取生人财帛牲畜,诡称使人免罪于幽冥,其诞妄为尤甚。喇嘛等不过身在世间,造作罪孽,欺诳无知之人耳。至于冥司,孰念彼之情面,遂免其罪孽乎? 今之喇嘛当称为妄人,不宜称为喇嘛。乃蒙古人等深信喇嘛,靡费财物,忏悔罪过,欲求冥魂超生福地,是以有悬轮、结布幡之事,甚属愚谬。③

---

① 陈捷先:《清史论集》,第51—52页,北京,人民出版社,1997。
②《清太祖高皇帝实录》卷八,天命七年二月壬午条,第119页。
③ 陈捷先:《清史论集》,第61—62页。原文引自《满文老档》,第1406页。

皇太极既然洞察出蒙古喇嘛"实乃妄人",故而谕令"嗣后有悬转轮结布幡者,宜禁止之"。皇太极对于怪力乱神之事不迷信,显示了理性的态度,更主要是他汲取元朝前车之鉴,以免重蹈蒙古人的覆辙,变得国弱民穷。因此,皇太极在宗教方面颁定的律法颇为严厉,更不容许有违法的喇嘛、和尚存在,尤其是那些身多败行的不法僧人,或为了逃避差役而假扮和尚、喇嘛的人。皇太极对宗教信仰的态度,反映出一个有作为帝王的政治远见,这种尊崇佛教而不佞信的态度,深刻影响其后代子孙,成为有清一代的宗教指导思想。

蒙古问题曾经困扰明朝二百多年,始终没有得到解决。清朝使蒙古问题得以解决,蒙古由明代北部的民族边患,变为清代北国的民族长城,成为清朝开国的柱石,追寻其中缘由,是清朝开国者采取了联姻、会盟、赏赐、编旗、朝觐、赈济、围猎等多种手段,特别是通过联姻建立满蒙政治军事联盟,而使用宗教羁縻的手段,采取崇佛却不佞教的态度,更是不可忽略的重要手段。清朝的兴起与强盛就奠基于此。入主中原后,清初顺康雍乾四帝均对这项宗教政策遵循不替,灵活运用。

第三章　清初诸帝与佛教

在清代历史上,清初四帝从顺治到乾隆,均称得上是励精图治之君,他们的统治历时一百五十余年(1644—1795),占了清朝三百年江山的二分之一。这是清朝入主中原后使中国由乱到治,建立统一的多民族国家,并出现康乾盛世的重要历史时期。盛世时清朝的经济、文化发达,尤其疆域辽阔,东起大海,西至葱岭,南达曾母暗沙,北跨外兴安岭,西北到巴尔喀什湖,东北到库页岛,总面积约1 300万平方千米。这不仅仅是清朝在军事上屡建奇功的结果,也得益于清初诸帝成功的民族宗教政策。尤为值得注意的是,他们始终在清晰的政治框架下对佛教进行扶植和利用,一方面绥靖以藏传佛教为主要精神信仰的蒙藏边疆少数民族,另一方面也争取信仰佛教的广大汉人民心;他们把理性地优崇佛教和严格管控佛教相结合,怀柔与高压巧妙运用,并发挥到极致。历史学家也认为,从顺治到乾隆是清代佛教的全盛时期。清初诸帝振兴佛教,支持佛教事业,比诸唐宋开国时亦毫不逊色。清初一百多年国势强盛,民生利乐,与清初诸帝尊崇三宝,政教并行不悖,两者是有内在联系的。①

---

① 《清朝续文献通考》在谈到清代佛教时说:"我朝顺治至乾隆最盛"。蒋维乔《中国佛教史》卷四第7页下有云:"顺治康熙雍正三朝之振兴佛教,比诸唐宋开国时,亦无逊色。至乾（转下页）

第一节 顺治帝与佛教

顺治帝名福临,生于崇德三年(1638),是清太宗皇太极的第九子。崇德八年(1643)八月,清太宗崩,福临在叔父摄政睿亲王多尔衮辅佐下,在盛京(今沈阳)即帝位,改元顺治,并于顺治元年(1644)九月,定都燕京,在太和门举行了登极大典,成为清入关后的第一位皇帝。顺治十八年(1661),顺治帝二十四岁因天花驾崩,庙号世祖,谥号章皇帝。他六岁当皇帝,虽然在位有十八年(1644—1661),但实际亲政只有后十年。

顺治短暂的帝王生涯与佛教结下了不解之缘。关于顺治与佛教的文献记载有三种材料:一是来自官方档案史料,如《实录》、《圣训》和《玉牒》,这些珍贵的历史资料,受到皇家的尊崇保护,它们在漫长的清朝统治时期,被专门安置在典藏皇史的金匮里,由专职守尉看护。其中的《实录》,是由继位的皇帝组织人员,依据各种文书档案,按照年月日的顺序,为去世的皇帝编写的事实记录。后世官书如《清文献通考》和《清朝续文献通考》以及《大清会典事例》、《东华录》、《皇朝通志》等也载有不少清代佛教史料。《清初内国史院满文档册》,是清朝初期内国史院这个政府机构为纂修国史而辑录的满文档案材料,它按年月日的顺序编辑,有关顺治与佛教的事实也可资佐证。二是来自僧侣的文献记载,如《大觉普济能仁国师年谱》、《续指月录·玉琳琇传》、《玉琳国师年谱》、《旅庵和尚奏录》、《敕赐圆照茚溪森禅师语录》、《北游集》

(接上页)隆帝则尽力于雕刻大藏经及翻译国语藏经,亦伟大之事业也。"在中国社会科学出版社2004年出版的雍正《御选语录》序言中有云:"康熙雍正乾隆三代之隆盛,在中国历史上可比于汉唐盛世。后人大多知道汉唐盛世得益于帝王内用黄老之术,而很少有人知道清朝帝王实深通于佛教禅宗心法,尤其是这三代盛世中承上启下的雍正皇帝,更有融法王兼人王之尊于一身的殊胜风采。"同时又有相反的观点,认为明清王朝交替没有带来唐宋朝代更换时那样的佛教的繁荣和大发展,而把清代佛教的衰落归于清代帝王对佛教的高压,倾向于强调清代佛教政策的负面影响。

等。这些僧人著述用语录及偈语的形式，记载了顺治与当时佛教上层僧侣的交往。另外在耶稣会教士、钦天监监正汤若望的回忆录中也提到顺治为佛教着迷的有关历史事实。三是主要存在于《顺治演义》、《顺治与康熙》等野史和文学作品中，如当时著名才子吴伟业（梅村）写的一组《清凉山赞佛诗》。综合这三种史料我们可大致看出顺治本人对佛教的态度、兴趣，等等。

顺治与佛教的密切关系，概括说来，大致可分三个方面：一是天下甫定，确立"黜邪崇正"的宗教政策；二是亲政伊始，敦请达赖进京朝觐并接受册封；三是从顺治十四年（1657）起，开始"染指宗乘"。最主要的就是他一改清王朝崇奉喇嘛的旧习，而推崇佛教禅宗，亲近汉地禅僧。日本学者忽滑谷快天指出："自满清之兴起，太祖、太宗皆不知禅道之为何，至世祖开始染指宗乘。玉琳通琇、木陈道忞赴京为帝所师事，其门下亦开法上都，以享受世荣便无不足，振兴已经坠落宗纲之力量，即不足也。"①此段话告诉我们两个历史事实，其一是清王朝兴起，尽管对汉传佛教并不陌生，但太祖、太宗都还不知禅道是什么，"染指宗乘"是从清世祖顺治开始的；其二当时禅门耆宿玉琳通琇、木陈道忞等均为顺治帝所师事，其门下也助其在京师弘法，他们虽然享受了崇高的世荣，却对衰落日甚的禅宗并无回天之力。

一、黜邪崇正

顺治帝于八年（1651）正月十二日（2月1日）亲政，时年十四岁，十九日追尊多尔衮为成宗义皇帝，诏云："当朕躬嗣服之始，谦让弥光，追王师灭贼之时，勋猷茂著。辟舆图为一统，摄大政者七年。"②二月初十日，顺治帝尊其生母为昭圣慈寿皇太后，十一日皇太后诰谕顺治帝曰："为天子

---

① 忽滑谷快天：《中国禅学思想史》，朱谦之译，第849页。
② 参王先谦编《东华录·顺治十六》，第1—4页。《清史编年》第1卷顺治朝，第270页。

者处于至尊,诚为不易,上承祖宗功德,益廓宏图;下能兢兢业业,经国理民,斯可为天下主。民者国之本,治民必简任贤才,治国必亲忠远佞,用人必出于灼见真知,莅政必加以详审刚断,赏罚必得其平,服用必合乎则,毋作奢靡,务图远大,勤学好问,惩忿戒嬉,倘专事佚豫,则大业鬷兹替矣!凡几务至前,必综理勿倦。诚守此言,岂惟福泽及于万世,亦大孝之本也。"①

　　福临天资聪颖,他秉承母后谆谆教诲,勤奋读书。为了使新兴的统治基业长治久安,他如饥似渴地吸收先进的汉文化。② 在研读汉文典籍中,他悟得了治国安民的道理,形成了他的治国思想,也很想有一番作为。亲政不久即谕礼部云:"帝王致治,文教为先,臣子致君,经术为本……朕将兴文教,崇儒术,以开天下。"他亲自撰《资政要览》、《孝经衍义》、《祖宗圣训》等,并开清朝内廷崇学之风,举经筵日讲以盛文化。顺治九年(1652),颁行《圣谕六条》:一训孝顺父母,二训尊重长上,三训和睦乡里,四训教训子孙,五训各守生理,六训勿作非为。③ 十二年(1655),顺治帝命内三院选择汉、满词臣中学问渊博者八人,充作日讲官。在众多儒家典籍中,其对《孝经》和《易经》特别推崇,以《易经》为治世之书,因此敕谕纂修《易经通注》,"当并加采择,折衷诸论,简切洞达,辑成一编,昭示来兹。尔等殚心研究,融会贯通,析理精深,敷辞显易,务约而能该、详而不复,使羲经奥旨,炳若日星"。借此能明天道之堂奥,"圣人以之开物成务,学者以之致远钩深;包罗天地之神奇,囊括阴阳之变态","天道远而无不可明,人事纷而悉有可据",致治事合宜、进退

---

① 中国人民大学清史研究所编:《清史编年》第1卷顺治朝,第282页。
② 道忞《北游集》记述顺治曾说:"朕极不幸,五岁时先太宗早已晏驾,皇太后生朕一身,又极娇养,无人教训,坐此失学。年至十四,王(多尔衮)薨,方始亲政。阅诸臣奏章,茫然不解,由是发愤读书。每晨牌至午,理军国大事外,即读书至晚,然顽心尚在,多不能记。逮五更起读,天宇空明,始能背诵。计前后读书,读了九年,曾经呕血。"他曾在座右自书"莫待老来方学道,孤坟尽是少年人",以警策自励。
③《大清会典》卷七七。这六条实则来自明太祖朱元璋的《六谕》,即"孝顺父母,尊重长上,和睦乡里,教训子孙,各守生理,勿作非为"。

有度。①

　　顺治帝亲政之时,各地抗清斗争连绵不断。其中南明永历政权得到大西农民军余部孙可望、李定国等的支持,在云贵、两广一带活动,郑成功率部坚持在闽浙沿海一带斗争,这两股最大的抗清势力,不断威胁着清朝的统治。清兵在战场上失利的警报不时飞向朝廷。各种矛盾错综复杂,而民族矛盾尤为激烈。因而顺治感到巩固统治的当务之急是收拢人心、安定社会。为此,他努力推行教化,以加强思想统治。顺治十年(1653年)四月,他有感于儒家思想有利于巩固政权,特谕礼部,将"崇儒重道"定为基本国策。儒家思想代表汉文化的政治理念和价值标准,而崇儒重道的要旨便在于以政治力量来主导学术走向与教化臣民,其目的在巩固大清政权与统御汉民。晚近学者王尔敏指出,清朝入主中原而能长治久安,以及其能绥服士庶的关键之一,在于文教上经由崇尚儒家学术,展现其崇奉儒家思想的"道统",充分代表中国文化道统之承绪。这些措施,大多肇端于顺治朝,再经康熙朝大力推动,而致卓越成效,影响所及,使清代儒化之醇厚,非历代汉族王朝所可比拟。

　　清王朝作为少数民族入主中原,从一开始即非常明确地以儒家思想作为柔化汉族、巩固政权的工具。这一点和其父祖以尊崇藏传佛教来笼络蒙古部族的政治手段有异曲同工之妙。"黜邪崇正"的宗教政策思想便是"崇儒重道"治国方略的自然延伸和运用。顺治九年(1652)九月十九日(10月21日),谕曰:"佛教清净,理宜严饬。今后凡僧人、道士、尼僧已领度牒者,务宜恪守戒规,穿戴本等衣帽,各居住本寺庙敬供神佛。如未领度牒,私自为僧、道、尼僧往来者,及假装喇嘛、穿戴喇嘛衣帽往来者,定行治罪。如有此等妄行,各寺庙庵观住持僧、

---

① 顺治十五年十月,傅以渐、曹本荣奉敕撰《易经通注》之《进易经通注表》,收入《四库全书》第37册,第2页。

道、尼僧知而不举,一体治罪。其京城附近寺庙居住喇嘛之徒弟,理藩院定就数目。若有喇嘛徒弟,不敷其定数,有本身愿作徒弟者,及有愿给与做徒弟之人,具禀问理藩院,该院酌量,应补其数者,记档给与。不许越理藩院定数,私自为徒弟及以人与喇嘛为徒弟。又有妇女或叩拜喇嘛,或叩拜寺庙观宇,必随本身丈夫同行,不许妇女私自叩拜喇嘛、寺庙、庵观,如违治罪。"①这与其说是顺治沿袭了天聪年间清太宗整肃假喇嘛、假和尚的有关规定,毋宁说是崇儒重道思想在佛教政策中的确立。顺治帝对汉地佛道教和喇嘛教一并加以严格规范和限制,其中蕴含着他对"佛教清净"的认知,显见此时他心目中的佛教并不是和儒家正统对立的异端。

顺治十三年(1656)禁邪教,更加明确揭示了"黜邪崇正"宗教政策的实际内涵。谕礼部曰,"朕惟治天下必先正人心,正人心必先黜邪术。儒释道三教并垂,皆使人为善去恶,反邪归正,遵王化而免祸患。此外乃有左道惑众,如无为、白莲、闻香等教名色,邀集结党,夜聚晓散。小者贪图财利,恣为奸淫;大者招纳亡命,阴谋不轨。无知小民被其引诱,迷惘颠狂,至死不悟。历考往代,覆辙昭然,深可痛恨。向来屡行禁饬,不意余风未殄,堕其邪术者实繁有徒。京师辇毂重地,借口进香,张帜鸣锣,男女杂沓,喧填衢巷,公然肆行无忌。若不立法严禁,必为治道大蠹。虽倡首奸民罪皆自取,而愚蒙陷网罹辟,不无可悯。尔部大揭榜示,今后再有踵行邪教,仍前聚会烧香、敛钱号佛等事,在京着五城御史及该地方官,在外着督抚按道有司等官,设法缉拿,穷究奸状,于定律外加等治罪,如或徇纵养乱,尔部即指参处治"②。他明确揭示"黜邪术以正人心"的宗教政策,冀望借由宣扬儒家思想以教化庶民,提倡正派宗教信仰以净化人心,进而能摒弃邪说异端,以稳定社会秩序,维护国家安全。这在一定程

---

① 中国人民大学清史研究所编:《清史编年》第1卷顺治朝,第343页。
② 同上书,第482—483页。

度上丰富和发展了清太宗以来的宗教政策思想,对后世以儒治国,取缔和镇压民间秘密宗教有深刻影响。

在顺治时代,遵照明代的宗教管理制度,设置僧官及道官,作为管理佛道二教的国家机构。佛教方面,自中央至地方,分别设置了僧录司、僧纲司、僧正司、僧会司。僧官的地位最高者是僧录司的长官,只有正六品;至于地方各县的僧会司,其长官的阶级仅得从六品,乃是官吏中地位最低者。尽管江山易主,朝代更替,而僧官制度的安排和设置,仍然保持一定的连续性。从上述顺治九年到十三年的这两道谕旨,可以看出顺治帝这个时候基本上是个"兴文教,崇儒术,以开天下"的儒家正统形象的少年天子。尽管他在理论上已经接受"儒释道三教并垂,皆使人为善去恶,反邪归正,遵王化而免祸患"的思想,并且认识到"佛教清净",但还谈不上对佛教有什么好感和浓厚的兴趣,进入他视野的多是一些亟须治理的佛教之负面影响,如不守清规戒律的僧、道、"尼僧"和泛滥不已的假喇嘛游荡社会,以及可能有伤风化的妇女私自叩拜喇嘛寺庙问题。值得注意的是,他也按照传统儒家的认识,把有助王化的佛道和以左道惑众的民间秘密宗教区分开,这里贯穿了他的"黜邪崇正"思想。

总之,为巩固政权、建立社会规范与伦理秩序,顺治年间确立"崇儒重道"的治国思想,以儒家思想为正道,制定"黜邪崇正"的宗教政策,打压左道异端的宗教信仰。对于在中土流传已久的佛教、道教,肯定其为善去恶的社会功能,但以政治力量统辖管理,对其发展加以控制;对藏传佛教,则遵循入关之前清太祖、太宗一贯的宗教政策,刻意扶持达赖、班禅的黄教,视为正统,极尽尊崇礼遇,以达到政治、外交的目的,使蒙藏诚心归附。

二、册封达赖

在清开国时期,太祖、太宗运用怀柔的优崇喇嘛教的宗教策略,主要是针对深受喇嘛教影响的蒙古诸部,对当时的满洲而言,宗教政策是民族政策的运用,也是政治策略的一部分,两者息息相关而无法分开。具有满蒙血统的顺治帝亲政后,以儒术治国,确立"黜邪崇正"的宗教政策,那主要是针对汉地宗教的现实;但对于蒙、藏边疆民族的统治,顺治帝仍然秉持入关之前清太祖、太宗以藏传佛教绥抚蒙藏的国策,继承清太宗联系达赖的既定方针,以期通过达赖喇嘛的威望和影响,解决外蒙喀尔喀尚未归附的问题,同时也解决与西藏建立联系而实现归附的问题,以达到巩固中央统治的政治目的。其实,这种怀柔政策的实施,在藏传佛教中着力扶持达赖、班禅的黄教,视之为正统,一定程度上亦是"黜邪崇正"宗教政策之体现。

清入关后多尔衮摄政时曾多次派专使进藏,敦请达赖喇嘛前来内地,达赖皆婉言谢绝,只是遣使向顺治帝问安和贡献方物。① 顺治九年(1652)三月十五日,经多方斡旋,终于促成五世达赖喇嘛从哲蚌寺启程前来朝觐,达赖随行人员多达三千余人,其中除一部分高级僧侣和蒙藏官员外,主要是武装保卫人员,这说明当时达赖对清朝还有一定戒心。是年八月抵达青海塔尔寺,达赖奏:"觐见之地,或在归化城,或在代噶,伏惟上裁。"当时,顺治帝曾考虑要亲自到归化城(今呼和浩特)或代噶(今乌兰察布凉城县,岱海湖畔)与达赖会见,召集诸王公大臣说:"当太宗皇帝时,尚有喀尔喀一隅未服,亦外藩蒙古唯喇嘛之言是听,因往召达赖喇嘛,其使未至,太宗皇帝晏驾。后睿王摄政时往请,达赖喇嘛许于(壬)辰年(1652)前来。及朕亲政后召之,达赖喇嘛即启程前来,从者三千人。今朕欲亲至边外迎之,令喇嘛住边外。外藩蒙古贝子欲见喇嘛者,即令在外相见。若令喇嘛入内地,年岁收甚歉,喇嘛从者又众,恐于

---

① 五世达赖喇嘛的青年时代,正是由噶玛政权统治西藏的时代。这时格鲁派寺院集团虽经前世达赖、班禅继承宗喀巴大师的事业而极力拼搏,其势力也非常强大了,但格鲁派始终处于受排挤的地位。因此,一世至四世达赖喇嘛在艰难的环境下度过了漫长的两个世纪,纵使格鲁派势力得到了长足的发展,但掌握西藏地方政教大权的愿望始终未能实现,而有敏锐政治眼光的五世达赖喇嘛则将前辈梦寐以求的宏愿变成了现实。参拉科·益西多杰编译《藏传佛教高僧传略》,第287—288页。

我无益。倘不往迎喇嘛,以我召之来又不往迎,必至中途而返,恐喀尔喀亦因之不来归顺。其应否往迎之处,尔等各抒所见以奏。"①满汉王公大臣们争论不一。满洲诸臣议:"我等往请,喇嘛即来,上亲至边外迎之,令喇嘛住于边外。喇嘛欲入内地,可令少带随从入内;如欲在外,听喇嘛自便。上若亲往迎之,喀尔喀亦从之来归,大有裨益也。若请而不迎,恐于理不当。我以礼敬喇嘛,而不入喇嘛之教,又何妨乎?"众汉臣议:"皇上为天下国家之主,不当往迎喇嘛。喇嘛从者三千余人,又遇岁歉,不可令入内地。若以特请之故,可于诸王臣中遣一人代理。其喇嘛令住边外,遗之金银等物,亦所以敬喇嘛也。"②

满汉王公大臣在顺治帝可否到边外迎接达赖喇嘛问题上意见分歧,满臣认为往迎表示对喇嘛之礼敬而不是入喇嘛之教,有何不可?汉臣则持皇权至上论,皇上为天下国家共主,不可屈尊往迎喇嘛。这反映了满汉两种文化在宗教问题上的微妙差异。汉人历来有皇权统驭教权的传统,而满人原来也有宗教羁縻之政治构想。顺治帝最后采纳大学士洪承畴、陈之遴等人意见③,而采取折衷办法,令达赖喇嘛将大部分随行人员留在代噶地方,只带少数随从进京朝见。当五世达赖一行离京不远时,顺治帝派人送来一乘金顶黄轿,赐予他乘坐入都。顺治帝以"猎田"为名,在南苑会见达赖。相会时赏赐黄金五百五十两、白银九万两和其他

---

① 《清世祖章皇帝实录》卷六九。达赖喇嘛原本同意进京朝见,但以内地疾疫甚多为由,一度要求改在呼和浩特或代噶地方觐见,其主要用意是身为黄教领袖,不愿纡尊降贵,故不拟在北京觐见。清朝官方对于迎接达赖喇嘛的地点、方式等有所争论。满洲大臣素与蒙古往来较密切,深知黄教对塞外的影响力,故主张亲迎;汉臣以"天朝上国,君临天下"的姿态自居,反对亲迎。几经转折之后,顺治帝遂以行猎之名义,在北京城外南苑行宫接见达赖。有关接见地点,由代噶地方巧妙地改变,移至北京,而终成宾主尽欢,聚会圆满,充分表现清世祖在处理满蒙关系史上的卓越智慧。参见陈捷先《略论清初三朝与喇嘛教之关系》,收入陈捷先《清史杂笔》第八辑,第53—60页,台北,学海出版社,1987。
② 王先谦编:《东华录·顺治十九》,第6—7页。
③ 从魏特的《汤若望传》中可知,顺治九年当五世达赖来朝时,谏阻福临出边迎的,也有汤若望。那时他"特上一很长的谏书,并且又亲自向皇帝面奏",而终于产生作用。参见魏特《汤若望传》,杨丙辰译,第284、287页,北京,商务印书馆,1949。

贵重礼物,以特殊礼仪优待。并专门为达赖建造了西黄寺①,供其居住。达赖喇嘛在北京住两个月,便向顺治帝提出"此地水土不宜,身既病,从人也病,请告归"。翌年(顺治十年,1653)二月,达赖喇嘛离京后,顺治帝派遣礼部尚书罗郎丘、理藩院侍郎席达礼等,携带满、蒙、汉、藏四体文字的金册、金印,赴代噶地方正式册封五世达赖喇嘛为"西天大善自在佛所领天下释教普通瓦赤喇怛喇达赖喇嘛",敕文曰:

> 朕闻兼善独善,开宗之义不同,世出世间,设教之途亦异,然而明心见性,淑世觉民,其归一也。兹尔罗布藏札卜素达赖喇嘛,襟怀贞朗,德量渊泓,定慧偕修,色空俱泯,以能宣扬释教,诲导愚蒙,因而化被西方,名驰东土。我皇考太宗文皇帝闻而欣尚,特遣使迎聘,尔早识天心,许以辰年来见。朕荷皇天眷命,抚有天下,果如期应聘而至。仪范可亲,语默有度,臻般若圆通之境,扩慈悲摄受之门,诚觉路梯航,禅林山斗,朕甚嘉焉。兹以金册印,封尔为"西天大善自在佛所领天下释教普通瓦赤喇怛喇达赖喇嘛",应劫现身,兴隆佛化,随机说法,利济群生,不亦休哉。②

当年太宗皇帝深谋远虑地主动与达赖建立联系,其实达赖也在危机四伏中洞明天下局势,故而早就遣使去盛京与满洲通好。因此顺治帝赞达赖"早识天心",相会之后,更觉达赖"仪范可亲,语默有度",甚至嘉许他"臻般若圆通之境,扩慈悲摄受之门,诚觉路梯航,禅林山斗",所以封他是"领天下释教"的"西天大善自在佛",这也是诏告天下释子,达赖喇嘛是蒙藏的宗教领袖。这是顺治帝在佛教层面上对达赖的认知,通过册封解决了西藏归顺的问题,也确认了达赖及其黄教在藏传佛教中的正统地位。而在政治层面上,顺治帝对于支持五世达赖的西藏政治领袖顾实

---

① 李尚英:《中国清代宗教史》,第48页,北京,人民出版社,1994。后来这座寺庙在清代起了很大的作用,达赖、班禅每年奉贡遣使,均在此住宿,此寺成为清朝政府与西藏地区联系的枢纽。

② 王先谦编:《东华录·顺治二十》,第23—24页。

汗(即固始汗),亦颁赐金册金印,正式承认其在西藏地区的实际统治地位,但要求他必须听命于清朝廷,维持边疆安定。敕文曰:"帝王经纶大业,务安劝庶邦,使德教加于四海。庶邦君长能度势审时,归诚向化,朝廷必加旌异,以示怀柔。尔厄鲁特部落顾实汗,尊德乐善,秉义行仁,惠泽克敷,被于一境,殚乃精诚,倾心恭顺,朕甚嘉焉。兹以金册印,封为遵行文义敏慧顾实汗。尔尚益矢忠诚,广宣声教,作朕屏辅,辑乃封圻。如此,则带砺山河,永膺嘉祉,钦哉!"

固始汗是早就归顺大清的蒙古厄鲁特部(一说和硕特部)①首领,在崇德年间年他就遣使觐见皇太极,并致书清帝请邀达赖至盛京弘法,这次达赖终于成行也多亏他从中协调。顺治帝在给固始汗的册封中毫不隐瞒他的政治意图,鼓励他要更加竭尽忠诚,广宣声教,做清朝之屏辅。顺治帝对五世达赖和固始汗的正式册封,确定了西藏地区与清朝之间的从属关系,标志着清廷的统治权达到了西藏地区。以后在清王朝的支持下,以达赖和班禅为宗教领袖的格鲁派(黄教)在西藏地区成为最重要的政治和精神力量。

三、染指宗乘

顺治帝亲政后清厘僧道喇嘛,册封西藏地区五世达赖,都是沿袭清太祖、太宗所开创的定制而丰富之,光大之。然从十四年(1657)起,他对佛教禅宗发生了浓厚兴趣,这深刻地影响了他今后的生活道路,也对清代佛教发展产生了不可估量的影响。关于顺治帝之参禅,近人蒋维乔有评:"顺治帝自统一中原以后,一改满洲专崇喇嘛之旧习,而归依禅宗,颇致力于参究;观其与玉琳秀和尚及其弟子茆溪森和尚之关系,可以知之……然顺治帝之参禅乃自憨璞和尚始。"②

---

① 大约在明朝后期,厄鲁特蒙古已分为准噶尔、杜尔伯特、土尔扈特、和硕特四部。明末清初,蒙古族分为漠南蒙古、漠北喀尔喀蒙古和漠西厄鲁特蒙古三大部。
② 蒋维乔:《中国佛教史》卷四,第3页上、下。

1. 召憨璞聪结制参禅

纪荫《宗统编年》载,十四年深秋,顺治帝狩南苑,驾幸海会寺,延见憨璞性聪,与语甚觉投契。遂于十月四日于万善殿召见憨璞聪,问佛法大意。复诏,结制万善殿。赐明觉禅师号。① 该书接着又记顺治帝对木陈忞语:"朕初虽尊崇象教,而未知有宗门耆旧。知有宗门耆旧,则自憨璞始。"②官书《东华录》也记了顺治帝对木陈忞所说的这段话,可以相互印证。可见顺治之崇佛参禅,憨璞性聪起了关键的作用。对于顺治如何与憨璞性聪相遇,之后又发生了什么,曾经担任过顺治经筵讲官和内翰林秘书院侍读学士的冯溥,在为憨璞聪和尚撰的《塔铭》序文中提供了他目击的更细致完整的记录。该塔铭记述:

> 师丙申(顺治十三年,1656)渡江,住都城南海会禅寺,盖而师之道法闻于帝庭矣。先是,丁酉(顺治十四年,1657)秋,师感异梦。迟明,世祖皇帝驾幸南海子,道出寺前,止辇,命近侍延师出。师云:山僧疏野愚昧,曷以仰见天表?近侍云:皇上为国为民,深重佛法,向和尚久矣。师便衲出山门旁立。上出辇顾视,久之,颇有怡色。命归方丈。暨回舆,即命近侍问师:俗名址籍,几岁出家,年若干岁,何缘挂锡海会。师具书委悉回旨。连遣官致问者三。次日驾幸海会寺方丈,师立门左。上喜。逾时而去。
>
> 十月初四日,僧录司传旨,延师入万善殿。命内院大人看方丈

---

① 《宗统编年》卷三二《诸方略纪》下:"冬十月,海会憨璞聪和尚结制万善殿。先是上狩南苑,因幸海会。延见聪,奏对称旨。复召入禁庭,问佛法大意。乃诏结冬万善殿,赐明觉禅师号。"据冯溥撰憨璞《塔铭》,"己亥(顺治十六年,1659)春,赐银印,敕书封明觉师号"。结制是佛教夏安居、冬安居之制度,结冬指冬季结制之安居,又作冬会。僧侣于夏安居之外,每年自十月十五日至翌年正月十五日间,禁止外出而专事讲学修养,称为冬安居。印度原始佛教以来,即盛行雨季期间之夏安居,然于西北印度与中亚一带,气候较寒,冬季多雪,间有霖雨,外出困难,故仿夏安居之制而行冬安居。诸部派之小乘律对此并无记载;而经典中,最早有冬安居之记载者为大乘律《梵网经》卷下。我国禅林亦行冬安居,然多行于北方,南地则普遍行夏安居。
② 顺治帝对禅宗发生兴趣,对"宗门耆旧"产生向往,憨璞聪厥为首功,《宗统编年》评论说,"憨璞固有造于祖庭者也"。

安单,别山禅师谐僧官陪侯。次晨驾至,安慰至再。至三夜漏五下,近侍传云:驾到不用和尚接送,不行礼拜。上至方丈,赐坐,问佛法公案。师应机酬对。上喜,赐紫衣。问答经句(文长载语录中)。师知上意欲留久住禁庭,奏云:臣僧愧领众匪徒,海会衲子望臣久矣。上鉴师愿力真切,遂送回寺。

戊戌(顺治十五年,1658)春,结制期毕,金佟、固山等请主延寿禅寺……秋九月,上幸海会问及,监院洞玄跪奏其故。上回,遣大人近侍,之延寿问慰。十八日,上亲幸延寿方丈,甚喜。承面召请师入内万善殿,结制开堂。上乘马屡顾,师谢恩,二十九日回海会。十月初一日,僧录司延入,赐紫,宣海会禅客百人,俱入结制。旨问道法,凡上堂,小参不辍。既而风扇大都,王公大人,三院内外,向师之切矣。①

为憨璞聪作塔铭者冯溥乃当时人,其描述性聪与顺治帝初见的细节,不惟生动,还透露了一些颇值得玩味的信息。如,皇帝"道出寺前",意味着必有得力之人特荐海会寺及性聪其僧。陈垣先生论,性聪有结交内侍之嫌。其实,性聪还与士人朝臣往来密切,不仅见诸往来文书,即由其语录之序文亦见,六位作序者皆为大官,太子太保胡世安、礼部尚书王崇简、吏部尚书金之俊以及身为国子祭酒的冯溥等。而序文之隆重,乃至其他几位应召的大和尚不能相比。

根据冯溥的看法,憨璞性聪不仅道眼精明,钳锤老辣,而且诚朴纯谨,有儒者之风,深得顺治帝欢心。顺治帝问他:"从古治天下,皆以祖祖相传,日对万机,不得闲暇。如今好学佛法,从谁而传?"憨璞聪回答说:"皇上即是金轮王转世,夙植大善根,大智慧,天然种性,故信佛法,不化而自善,不学而自明,所以天下至尊也。"顺治十六年(1659)春,赐银印,敕书封憨璞性聪"明觉"师号。敕书中说他"戒律精严,规模淳朴。迹超俗外,恒持不染之心;理寄忘言,了悟无生之旨。引入禁林,召开觉路,迈

---

① 参见《明觉聪禅师语录》,塔铭,收入清刻《乾隆大藏经》之此土著述,第161册。

次第之禅者"。又说他"始创宗纲于禁林,独为三觉之首也"。此中"三觉",即顺治封大觉、弘觉、明觉三师。顺治十六年春,玉琳应召进宫被封为大觉禅师,憨璞性聪同时被封为明觉禅师,后来木陈进宫也被封为弘觉禅师。①

从顺治十四年到十六年,两三年间顺治帝不断召见憨璞聪,结制参禅,并详细询问佛教界的耆宿。据载,憨璞聪应顺治之命提供了一份"南方尊宿"的名单,这份名单开列了一些南方佛教高僧如玉琳琇、木陈忞、玄水杲等,后来这些高僧都先后应召入京。② 顺治帝从憨璞性聪那里得悉的"南方尊宿",都属于当时临济宗龙池派的著名和尚。龙池幻有是临济二十九世,下开天童和磐山二系,玉琳为磐山系,木陈为天童系。憨璞聪系费隐通容法孙,费隐与木陈均嗣天童,故冯溥说憨璞聪乃天童法派之嫡系。然而,当顺治帝咨询南方耆宿时,憨璞聪为何不举费隐?事实是,憨璞不仅推举了费隐,而且进呈费隐撰《五灯严统》,请敕入藏。憨璞聪禅师语录有《进五灯严统表》云:

> 臣师祖现住浙江嘉兴府石门县福严禅寺,臣僧通容者,达磨四十一世之嫡裔、临济三十一代之正传也,生长八闽,受腊六十有七,历居十刹,阐法二十余年,德业过人,道风秀世。所虑法门凋敝,释典混淆,于辛卯年编辑《五灯严统》一书,类遵宋普济禅师《五灯会元》旧本,列宋元明大清近代禅宗一二传。疑悉依大藏《佛祖通载》,兼传世诸书旁搜确证,言言根据,订定无误,凡二十五卷。盖此书之名严统者,缘佛祖传流既远,时代浸遥,五代绪分,千灯续焰,未免宗支混滥,法谱淆讹,立说唱教者,乃似是而或非,后学参求者遂传虚

---

① 清初世祖敬重禅僧。憨璞性聪、玉琳通琇、木陈道忞等,先后入宫说法,各赐紫衣及尊号。憨璞称为明觉禅师。木陈称为弘觉禅师(清《尤西堂集序》及《八指头陀诗集》卷八均称为弘觉国师)。玉琳初称大觉禅师,继遣使加封大觉普济禅师,后又加封为大觉普济能仁国师,通称为玉琳国师,是清代汉族佛教中唯一享有国师尊号的僧人。
② "上又问南方尊宿,师单名奏起,复有大觉、弘觉之封"。(《乾隆大藏经》第161册此土著述之《明觉聪禅师语录》,通议大夫吏部左侍郎前经筵讲官内翰林秘书院侍读学士冯溥撰塔铭)。

而失实。臣师祖所以痛心扼腕，不惮艰劬，勒成此书，详核考正，字字无谬，十年心血，两眼冰霜，实式临之。释典之有《严统》，亦犹儒教之有正史，关系世道人心者非浅以鲜，正宜为世模范，典型百代，会事机不偶，湮没名山。原本已恭呈睿览外，仍将前二十五卷并解惑篇一册敬进御前，伏祈皇上钦定部集，敕谕入藏颁行，庶正宗藉以久传，道统因而广播，法门幸甚，世道幸甚！①

对于憨璞聪的鼎力推荐，顺治帝并未照单全纳，而分别于十五年(1658)九月召玉琳、十六年(1659)九月召木陈到京。费隐之不遇，可能因为十一年(1654)的江南禅门风波，曹洞宗人申论力攻《五灯严统》，复讼之有司，非毁板不可。顺治帝对此有所耳闻并洞察隐微。最终《五灯严统》未敕入藏，费隐荐而不召。②

近有新发掘的资料显示，顺治帝在憨璞性聪之前已经和别山禅师有所接触，从上述憨璞聪塔铭中我们也看到憨璞聪进万寿殿安单时，"别山禅师谐僧官陪侯"。这位别山禅师是曹洞宗的僧人，原来在景忠山知止洞内静修，顺治八年(1651)，帝来该山狩猎，在碧霞元君殿会见了住持海寿法师，得知有一位别山禅师在知止洞内静修了九年，就非常敬佩。顺治回宫后即在西苑的椒园(又名蕉园)辟出万善殿，召别山禅师入宫。但别山禅师在礼节性地入宫后，就拒绝了顺治的好意，回到景忠山继续住在石洞内修行。这件事使顺治帝知道了佛教，知道了佛教中有一些高世独立的人，他们的信仰与追求，是自己所不了解的。于是，顺治陆续延请了一些佛门中人入住万善殿，开始了同佛教的接触。而那位回了山洞的别山禅师，由于给顺治的印象非常深刻，在顺治十年(1653)又被召入西

---

① 憨璞性聪的《进五灯严统表》见诸清《乾隆大藏经》第161册此土著述之《明觉聪禅师语录》卷一，该表无年月，而此中说费隐受腊六十有七，则当为顺治十六年。
② 关于洞上诸公借力有司告费隐，事情详见陈垣《清初僧诤记》卷一之《五灯严统》诤。又参见张曼涛主编《明清佛教史篇》所收刘二《语录与顺治宫廷》第307—308页。按，刘二者，实为陈垣。

苑椒园,赐号"慧善普应禅师",并在椒园住了下来。①

　　顺治帝在接触憨璞性聪之前实际对禅宗已有所了解,而从他后来几乎为临济宗僧人所包围,似乎又可说明他更倾向于临济宗的宗风。② 从政治层面说,江南佛教兴盛,顺治不断召南方高僧进宫,也不排除他有以佛教怀柔南方的策略。妥善的说法是他对禅宗的兴趣和政治的需要达到了统一。顺治帝召见江南禅僧的政治意图还有待更充分的史料加以说明,而他个人对禅宗的强烈兴趣和精神需求,清史学家用顺治为江南著名禅僧所"包围"这样的词来形容,符合历史事实。尽管史料说顺治为国为民万机余暇学佛参禅,但在他英年早逝的最后四年间,他的生活中诚然再也没有离开过和尚。

　　其实南方佛教的问题清初几帝一直没有释怀,顺治帝对南方禅僧究竟知多少? 这方面史料虽然散乱,但仍然有蛛丝马迹可寻。这里有三则资料,其一茚溪行森曾对顺治帝说:"近三十年来,则世家公子、举监生员,亦多有出家者。浙直素称佛地,觉似不如广东矣。"③其二,牧云五论

---

① 史学界普遍认为,顺治帝接触佛教,开始于顺治十四年(1657)同京师海会寺住持憨璞性聪的会晤。但据中国第一历史档案馆保存的"内国史院满文档案"的佐证,晏子友先生论证,顺治帝应该是在顺治八年的秋冬,通过认识在河北遵化景忠山石洞内静修的别山禅师而开始了解佛教的。在景忠山上修行的,正是曹洞宗的僧人。他们同顺治之间的往来,被记载在景忠山上众多的碑文石刻上。清初内国史院满文档册记载,顺治八年十一月初七日(1651 年 12 月 19 日),顺治帝与皇太后、皇后一起行猎,驻于河北遵化。初八日住在高家庄,并在这一天,去了娘娘庙,赏和尚海寿千两银子。等到从滦州回銮的途中,在十二月初三(1652 年 1 月 13 日),再次去了娘娘庙,"赐京宗山……南洞之和尚伯三银一百两"。这里,娘娘庙是碧霞元君殿的原称,海寿即该殿的住持法师,而"京宗山"就是"景忠山","伯三"就是"别山",满文音译汉字不同。尽管是简单的记载,但将其与碑文石刻相对照,其登山原因、时间、别山禅师修行处所都是吻合的,正佐证了碑文石刻所述事实的真实性。
② 曹洞宗的参佛方法着重于从个体去体悟佛性,不是很适合顺治当时正值少年的文化基础,而且这种宗派的修身方法,也决定了海寿、别山等僧人的不善言辞。而临济宗的教法,重在通过师生问答的方法衡量双方悟境的深浅,并针对不同的悟境程度,对参学者进行说教,提倡通过交流使人省悟。这种重在交流而不是自省的方法,很适合顺治了解佛教。所以在与憨璞聪几次长谈后,顺治就对佛法产生了浓厚的兴趣,并请憨璞聪奏列了江南名刹的高僧姓名和情况,开始延请临济宗的高僧入宫弘法。
③ 参见修明《明末清初禅门"异端"——关于临济三峰宗的几点研究》,载《闽南佛学》2002 年第 1 期。

之《叛师论》:"伏闻世祖皇帝日应万几,留神内典,览三峰抗天童老人之书,雷霆赫然,斥为跋扈之夫。以此知佛祖之徒,虽处世外,而师尊弟卑,罔唯名教,孰谓三峰蔑伦害理,遂宽斧钺之诛乎!"其三,《北游集》卷三载:"(皇)上见《禅灯世谱》曰:此书老和尚集得极好,但幻有传和尚下,因甚不载雪大师?师曰:本有名字在磐山前,因雪师自谓上嗣云门,始刊去其名。"①这几则资料表明顺治帝接触茚溪和木陈后对南方佛教情况有进一步的了解,也透露了他更深入地知悉南方明遗民和佛教联系的真相。康熙帝六下江南,凡至名山大寺,往往书赐匾额。他步顺治后尘也将明末隐逸山林的高僧逐一引入京师,以便控制和吸引亡明人士。雍正帝撰有《御制拣魔辨异录》,把死去近百年的法藏重新提出作思想鞭挞,因为三峰法藏与天童圆悟同是明末江南的著名禅僧,与明遗民有诸多瓜葛。

自顺治十六年(1659)起,万善殿可谓热闹异常,入春之时,性聪那厢尚未解制,玉琳即已进入。玉琳欲走,皇帝又要其门徒行森随即入京。而至入秋十月,木陈又奉旨于此结制开堂。一时间,皇城宫禁之中高僧穿梭,西苑万善殿上,不是上堂,就是小参,禅僧受到清帝无比尊崇,真可谓空前绝后。《宗统编年》一书中是这样评价顺治惊觉世间无常而皈心佛祖、向道心切的:"帝驭金轮,诞膺天命,智圆方机,道融一贯,虚怀好问,念切生死。座右大书'莫到老来方学道,孤坟尽是少年人'之句以自警惕。与宗门耆旧、法苑禅学相见,不令称臣致拜,从容咨访,握手温颜,情逾师友。因马蹶而知解顿忘,闻雨声而得大自在。真乘愿再来,不忘灵山付嘱也。"

2. 封玉琳琇为国师,取法名为"行痴"

顺治十五年(1658)九月,帝遣使赴江南湖州报恩寺宣诏玉琳琇入京说法,玉琳琇先是辞谢不应,以示遗民僧风骨。顺治帝一再遣使征召,十六年(1659)正月玉琳琇才姗姗启程,二月十五日至京。一旦见帝,玉琳

---

① 陈垣:《清初僧诤记》卷二,天童派之诤;卷三,新旧势力诤。

琇施展其奇特之才和高深禅理,机敏巧妙奏对。顺治帝颇为其心折,而推崇备至。顺治十六年谕曰:"尔禅师通琇,临济嫡传,笑岩近裔,心源明洁,行解孤高。故于戊戌(1658)之秋,特遣皇华之使聘来京阙,卓锡上林。朕于听览之余,亲询释梵之奥,实获我心,深契予志。洵法门之龙象,禅院之珠林者也。"①玉琳琇与顺治帝的最初机缘对话,玉琳撰有《客问》一册,亦可见其禅学造诣之深浅。其问答云:

帝问:心在七处?不在七处?

琳曰:觅心了不可得。

帝问:悟道的,还有喜怒哀乐否?

琳曰:唤甚么喜怒哀乐?

帝问:山河大地,从妄念而生;妄念若息,山河大地,还有也无?

琳曰:如人睡醒,梦中之事,是有是无?

帝问:如何用功?

琳曰:端拱无为。

帝问:如何是大师?

琳曰:光被四表,格于上下。

帝问:本来面目如何参?

琳曰:不思善,不思恶,正恁么时,如何是本来面目?

帝问:如何是孔颜乐处?

琳曰:忧心悄悄。②

顺治帝万机余暇,向道心切,一时遇合,恨相见之晚,当即封玉琳为"大觉禅师"。顺治帝"恭绎纶音,尊崇备至",以禅门师长礼待玉琳琇,自

---

① 《清朝续文献通考》卷八九,第8487页。参见《周叔迦佛学论著全集》第7册《清代佛教史料辑稿》,第3139页。
② 《玉琳国师年谱》卷下。又参见《乾隆大藏经》第158册《大觉普济能仁玉琳琇国师语录》卷一,上堂一,载"己亥春(1659)诏迎入京,命住西苑",在记顺治与玉琳如上机缘问答后,"世祖退,命近侍传语云:恨相见之晚"。

称弟子,请其起法名。玉琳琇不敢起而再三推辞,顺治帝不许,并"要用丑些的字眼"。玉琳琇书十余字进览,顺治自选"痴"字,下用龙池派中的"行"字,即法名行痴。① 于是顺治又自号"痴道人",以后钤章还有"尘隐道人"、"懒翁"、"太和主人"、"体元斋主人"等。从此,凡请玉琳琇说戒或致信札,顺治均称弟子某某。玉琳之后,又相继征召木陈道忞、玄水杲等进京,"皆承诏对,不令称臣致拜。都门宗风自此大振。"

玉琳琇住万善殿两个月,多蒙对问。玉琳禅师上堂说法,"帝必躬行礼请,亲临听法;下座后,复亲至西苑万善殿禅师住处谢法。"除了大型法会,顺治帝和皇太后时常就参禅问题请师开示。帝问:"日对万机,还参得禅吗?"师曰:"若会得,日对万机即是禅,即是道。""从何处入门?""即向开口动念处会,穿衣吃饭处会。"又问:"悟道之人,随所去来,不被物转,是否?"答:"百花丛里过,一叶不沾衣。"一日皇太后坐禅参话头,境界现前,师开示:"皆是幻相,不可认为真也! 切莫随它所转,所谓佛魔到来,一齐剿绝。"又问:"思善思恶时如何?"答:"不思善不思恶,要一切处参,第一要动里参,动中得力,静中愈胜。""于忙时,不可厌忙;于有事时,不可怕事;事忙须耐烦理事。""若动中不善用心,静中必然悠悠忽忽,动静两失矣。"

玉琳撰《客问》中还有一段问答颇引人注目,客问:"学道如何不蹉路?"答曰,第一须发心谛当,第二须工夫谛当,第三须悟处谛当,第四须师承谛当,第五须末后谛当,第六须修道谛当,第七须为人谛当。此不知是否顺治所问,后被雍正编入《御选语录》卷一一,足见其重要,故此点出。② 顺治帝

---

① 参见《玉琳国师年谱》顺治十六年条。也参见《大觉普济能仁玉琳琇国师语录》:"世祖请师起名,师辞让,固谓师曰,要用丑些字眼,师书十余字进览,世祖自择痴字,上则用龙池派中行字。后凡请师说戒等御札,悉称弟子某某,即玺章亦有痴道人之称,然师珍重世相之深信,未尝形之口吻楮墨。凡师弟子,俱以法兄师兄为称。"据说,后来木陈道忞又为他取"山臆"为字,"幻庵"作号。
② 详见《乾隆大藏经》第158册《大觉普济能仁玉琳琇国师语录》卷五《客问》,又参见雍正《御选语录》卷一一。

参禅有省,后"因马蹶而知解顿忘,闻雨声而得大自在"。

顺治帝崇敬三宝之心时常流露于言语之间,有一次他评论崇祯皇帝极聪明,却不信佛法,将宫中历年所尊崇的佛菩萨像,命人用麻绳、铁索拽而出,其亵渎神明如此,"若我朝于三宝决不敢有轻忽也"。而玉琳是一位谙通世故的和尚,"语不及古今政治得失、人物臧否,惟以第一义谛启沃圣心",绝不干世事,尽为谈禅谈玄。史学家认为这一点与汤若望及木陈忞迥然不同而略胜一筹,正是这些禅悦润心才使这位已被日理万机弄得疲惫不堪的年轻皇帝感到慰藉,于是顺治帝对佛教的信仰愈加虔诚,盼识更多名僧之心亦愈加迫切。是年四月,玉琳琇请求南还,顺治帝赐黄衣、银印,遣官送归,并令使者召玉琳琇弟子茆溪行森至京。这年七月茆溪行森应召到京。

顺治帝是从玉琳琇语录中发现茆溪行森偈语最好,特指名召来。① 顺治在万善殿接见茆溪森,问答佛法过程中,顺治不断地"点首称善",而大慰平生。茆溪行森(1614—1677),惠州博罗人,俗姓黎。年二十七,"闻钟有省",遂弃家从宗宝道独削染纳戒。道独为博山无异元来之嗣,此一系乃曹洞宗法脉。之后,行森先是前往雪峤圆信处参;次又往参玉琳通琇,往来问答,得玉琳赏识,被命为首座,归宗为临济宗僧。据称行森"眉宇俊秀,骨相清奇,性情天放,如鹤立鸡群"。且因其机锋犀利,接机如鹏劈海,"丛林咸以茆铁棒称之"。其实,行森与玉琳年龄相仿,但出家晚,然其"博览群书,寓目会心",乃玉琳门中佼佼者。陈垣《语录与顺治宫廷》对行森事迹有详考:茆溪名行森,字慈翁,粤惠州博罗黎氏,茆溪其号也,《广东通志》误作茆溪。年二十七出家,参雪峤信,信许入室,呼为岭南长子。信寂,参玉琳琇,即日命居首座。顺治十六年,玉琳被召南还,上曰:"和尚(语)录中付门人

---

① 行森初参雪峤圆信,次参大觉通琇于崇福。通琇令作本来面目之颂。森云:"茆溪屈曲水潺湲,万迭关山一境闲,乍雨乍晴云散后,满天风月到人间。"琇云:"好与三十棒!"森云:"恩大难酬。"后奉师命分座报恩、崇福二山。顺治十六年(1659),通琇辞京还山,世祖云:"和尚座下有可语上首否?"琇乃推荐行森,且云"彼骨硬,惟善遇之",云云。行森寂于康熙十六年(1677),世寿六十四。雍正中,追封"明道正觉禅师"。

茚溪之偈最好,送和尚还山之舟,可载入京一面。"六月十五,玉琳回至湖州,茚溪即随舟入京,召对甚契。十七年七月,世祖坐马上有省,再请玉琳证道。十月十五,玉琳至京,闻茚溪为皇上净发,即命众集薪烧之。顺治帝闻,遽许蓄发乃止。是月二十八,茚溪辞归。十八年正月初二,顺治帝复差官迎茚溪为新逝保母秉炬。初七帝崩,亦遗诏请茚溪秉炬。

直至玉琳第二次入京,行森当一直伴随顺治,有说,"世祖于师始终恩遇……亘古以来仅见者"①。行森为顺治净发之事,尚未见有正史资料记录,诸多旁证描述出这样的线索,即,董鄂妃之逝,使早已感身心俱疲的顺治更趋万念俱灰,激化已有之出家念,索性落发;而性情天放之行森似乎也乐意为皇帝净发,甚至以此得意。据陈垣先生所见之康熙版《茚溪语录》之罗人琮所撰塔铭,录有行森临终偈,其偈云:"慈翁老,六十四年,倔强遭瘟,七颠八倒,开口便骂人,无事寻烦恼,今朝收拾了去,妙妙,人人道你大清国里度天子,金銮殿上说禅道,呵呵,总是一场好笑。"②行森作为玉琳琇的大弟子,足足有一年半的时间在京说法,伴帝最久。他与顺治帝相处时间最长,奏对默契,甚得帝宠。顺治帝曾多次欲封他为禅师,他因师父玉琳琇已获禅师名号,师徒不便同受封号,竭力奏辞。顺治帝亲笔大书"敕赐圆照禅寺"的匾额,命杭州织造恭悬于昔日他住持之浙江仁和县龙溪庵,以示荣宠。后来行森被雍正追封"明道正觉禅师"。

顺治帝时萌出世思想。他自己讲,"朕想前身确是僧,因每到寺院,见僧家明窗净几,则低回不能去"。又言:"财宝妻孥,人生最贪恋放不下,朕于财宝固不在意中,即妻孥,亦觉风云聚散,没甚关情。若非皇太后一人挂念,便可随老和尚出家去。"十七年(1660)十月十五日,顺治帝

---

① 参《明道正觉森禅师语录》罗人琮撰《塔铭》,收入《乾隆大藏经》第158册。
② 陈垣:《语录与顺治宫廷》。现见之《乾隆大藏经》所收《茚溪语录》,此偈已改云:"大清国里见天子,万善殿中说禅道。"在雍正严密文网之下,居然没被雍正皇帝批个体无完肤或毁了书,相反还被授封号,大概与其语录已经被删改有关,以致雍正没在玉琳及行森书中发现"装点夸张妄谬之说",玉琳师徒反成其褒扬的和尚。而后来雍正皇帝不满于木陈忞记事文字中有不少漏泄顺治宫廷秘事,对其后世弟子加以打压,致其衰落。

召玉琳二次到京。玉琳二度进京与顺治出家有关。此时的顺治宫廷,因皇帝之宠妃董鄂之逝,情形大变。顺治似乎身心俱疲,不唯更加依赖佛教,甚至已经有了出家的念头。《玉琳国师年谱》顺治十七年条,是关于顺治皇帝是否出家问题的重要旁证资料。此条谓,玉琳十月十五日到皇城西苑万善殿,"世祖就见丈室,相视而笑。日穷玄奥。世祖谓师曰:'上古惟释迦如来舍王宫而成正觉,达摩亦舍国位而成禅祖。朕欲效之何如?'师曰:'若以世法论,皇上宜永居正位,上以安圣母之心,下以安万民之业;若以出世法论,皇上宜永作国王帝主,外以护诸佛正法之轮,内住一切大权菩萨智所住处。'上欣然听决。"

顺治帝经玉琳劝阻而打消了出家念头。虽出家未遂,但顺治向佛之心已坚。十二月十五日,旨刊万善殿,"延请传佛心印临济正宗三十一世浙江省湖州府武康县金车山报恩寺敕封大觉普济禅师能仁国师为菩萨戒得戒大和尚"①。玉琳恩蒙皇帝崇信,加封为大觉普济能仁国师,并命选僧一千五百人在慈寿寺举行皇坛大戒,从玉琳琇受菩萨戒。玉琳为清初禅宗兴盛贡献可谓巨大。

3. 与木陈忞论诗艺禅

由于憨璞聪的推荐,顺治帝在玉琳琇离京前一月即闰三月遣使往浙江宁波天童寺召龙池派另一位名僧木陈道忞进京。② 十六年(1659)九月,木陈道忞携其弟子旅庵本月、山晓本晢等到京。木陈忞当时号称"临济正传,宗门法器"③,他的到来使顺治帝对佛教的信仰达到了一个新的高度。木陈奉旨结制于大内万善殿,其时已年届六十四岁。这时龙池派中的许多名僧大都云集京师,除上述诸僧外,其中还有木陈忞弟子天岸

---

① 《玉琳国师年谱》顺治十七年条。
② 与玉琳通琇同法脉之僧,同属于明代笑岩德宝至龙池幻有一系。所谓"龙池下三大老,天童、雪峤、磐山,风规各别"(《天童山志》卷八,今释"三尊宿手书后")。天童即密云圆悟,雪峤即圆信,磐山即天隐圆修。玉琳嗣法天隐圆修于磐山,而木陈则为密云圆悟门徒,乃天童系嫡脉,并在圆悟寂后继掌天童法席。
③ 《弘觉忞禅师语录》,诏书,收入清刻《乾隆大藏经》第158册,第391页。

本升、玉琳琇弟子慧枢行地、骨岩行峰、木陈忞侄孙玄水超昊等。顺治不时召见问对,在众多僧人的包围下,陶醉在佛家意境之中。

木陈忞自幼习儒,知识渊博,才华横溢,能言善辩,词锋犀利,并且深谙诸子、戏曲、诗词、书法等世学,深得顺治激赏、敬重,到京不久,便被封为弘觉禅师,受到特殊优礼。顺治直称他为"老和尚",他不时被召入内廷,顺治对他说:"愿老和尚勿以天子视朕,当如门弟子旅庵相待。"①木陈道忞在京期间的语录及相关活动和杂著,由门弟子整理为《北游集》六卷。道忞与顺治帝相关参修的往复问答,结为《奏对机缘》;与皇帝在辞章书画乃至家常话题的清谈闲聊,则另作《奏对别记》上、下卷。这些文字不唯详细生动地记录了顺治皇帝与木陈和尚间的交谈话题和内容,同时也展示了一位归心禅宗的皇帝借着与其敬重的僧人交谈所可能沉浸的别样世界,一种与权力争斗和血雨腥风全然不同的充满文人雅兴和出世情怀的悠然清净的世界,一种沉醉于中国传统文化的世界。木陈忞不仅以高深的佛学造诣,更以其特有的深厚文化功底,使顺治倾倒。这是二十岁刚刚出头的天子与年过花甲的老和尚的忘年之交,以至有一次他对木陈袒露心曲说:"朕极不幸,五岁时先太宗即已晏驾,皇太后生朕一身,又极娇养,无人教训,坐此失学。年至十四,九王(多尔衮)薨,方始亲政。阅诸臣奏章,茫然不解,由是发愤读书。每晨牌至午,理军国大事外,即读书至晚,然顽心尚在,多不能记。逮五更起读,天宇空明,始能背诵。计前后诸书,读了九年,曾经呕血。"木陈忞把诗艺与禅悦融为一体,妙趣横生,顺治与之交谈甚欢。他与木陈忞接触中无所不谈,无拘无束,两人除了参禅问佛以外,还道古论今,臧否人物,评议时政,话题广泛,语意投机。

顺治帝曾与木陈忞谈论古今词赋,他说:"词如楚骚,赋如司马相如,皆所谓开天辟地之文。至若宋臣苏轼前后赤壁赋,则又独出机杼,别成

---

① 《天童弘觉禅师北游集》卷三。以下有关木陈与顺治问答的引文也来自该集,恕不一一注明。

一调,尤为精妙。老和尚看这两篇前后孰优?"木陈回答说:"非前篇之游神道妙,无由知后篇之寓意深长。前赋即后赋,难置优劣也。"顺治帝说:"老和尚论得极当。"于是当即背诵一遍《前赤壁赋》。接着,顺治帝又说:"晋朝无文字,惟陶潜《归去来辞》独佳。"说罢又背诵一遍。接着他背诵《离骚》。顺治帝还爱看戏曲、小说,尤好读《西厢记》。不仅熟知《西厢记》,还对木陈忞说:"西厢亦有南北调之不同。"顺治帝很了解也很关心当时文坛情形,他曾说江南的慎交社"可谓极盛,前状元孙承恩亦慎交社中人也"①。他特别赏识当时的文学家尤侗②,并多次向木陈忞询问尤侗情况。他称赞尤侗"极善作文字",要人拿来尤侗的近作,"亲加批点","称才子者再"。他更要求取来"全帙,置案头披阅"。他还将极富文采的《讨蚤檄》一文展示给翰林院学士们说:"此奇文也。"他对尤侗所著的骚体赋"益读而善之。令梨园子弟播之管弦为宫中雅乐,以为清平调比之也"。顺治帝很同情尤侗的遭遇,"叹其才高不第,屈居下僚,复为上官论斥",并当木陈忞面表示准备"擢升"他。顺治帝还欣赏当时的文学批评家金圣叹。他问木陈忞说:"苏州有个金若采,老和尚可知其人么?"回答说:"闻有个金圣叹,未知是否?"顺治帝说:"正是其人。他曾批评西厢、水浒传,议论尽有遐思,未免太生穿凿,想是才高而见僻者。"木陈忞又说:"与明朝李贽同一派头耳。"

顺治帝对木陈忞的书法十分欣赏,赞他是"僧中右军"(王羲之)。他说,"朕极喜老和尚书法,字画圆劲,笔笔中锋,不落书家时套"。有一天,两人相对言书,共品名帖。顺治帝问木陈:"老和尚楷书曾学什么帖来?"木陈说:"道忞初学黄庭不就,继学《遗教经》,后来又临夫子庙堂碑,一向由不能专心致志,故无成字在胸,往往落笔即点画走窜也。"顺治帝说:"朕也临此二帖,怎么到得老和尚田地?"木陈忞的弟子们均多才多艺,机

---

① 彭孙贻:《客舍偶闻》,出版年月未详。
② 《华阴山志》(1865),卷一七,第2页下,尤侗在顺治十八年(1661)向顺治帝上奏宣称:"夫佞佛以祈福,愚夫愚妇之事也;学佛以了生死,士大夫之见也"。

锋敏捷。一日顺治帝与木陈忞共同欣赏尤侗以《西厢记》情节所作的一篇制义文:《怎当他临去秋波那一转》。顺治帝看到兴致高昂之时忽然合起书卷来说:"请老和尚下。"木陈忞说:"不是山僧境界。"这时天岸升首座在席,顺治帝便说:"天岸何如?"天岸升说:"不风流处也风流。"说得顺治帝大笑。顺治帝从禅宗和尚处找到了更多的共同语言,和尚们也以自己的思想影响着他。上行下效,此时宫中众多的太监、宫女乃至嫔妃也纷纷奉佛。其中包括顺治帝最宠爱的董妃和太监吴良辅。

木陈忞在京八个月,于十七年(1660)五月告辞南还,顺治帝非常留恋,请其留下弟子以早晚说话,木陈忞遂留旅庵月与山晓暂住持善果、隆安两寺。顺治帝特书"敬佛"两个大字及绘山水、蒲桃画各一幅赐赠。木陈忞也称颂顺治帝是"佛心天子"①,说他必将"光显吾宗"。十五日道忞离京南下。木陈忞离去后,顺治帝念念不忘,当年又两次遣官专程探问。是冬他又亲自书赠唐诗人岑参诗一首,诗云:"洞房昨夜春风起,遥忆美人湘江水。枕上片时春梦中,行尽江南数千里。"一望依恋之情跃然纸上。木陈忞去后,七月顺治帝再召玉琳琇进京。顺治几乎已完全离不开和尚,和尚们一直影响着他的生活,直到最后。

如果要比较这几位和尚在顺治帝那里的知遇程度,玉琳与木陈同辈,地位相当,似可比。不过其中之别,大概即如澹归今释评论天童与磬山,乃"风规各别"。但由于木陈对人对事辄有针砭,谈锋尖锐,在玉琳门弟子整理之《玉琳国师年谱》中,就可见针对性表述,反衬的该是木陈的风格。如其谓,玉琳第一次在京月余,其间一直是不曾卸帽不脱伽黎,这即意味着,玉琳乃时刻十分紧张地、钦敬地恭候着皇上。而且,"上如不问,则不敢强对,语不及古今政治得失、人物臧否"。木陈不然,于万善殿亦铺排其大道场派头,与皇帝问答间,非但不省言辞,且纵谈古今,禅学

---

① 所谓"佛心天子",是对南北朝时期梁武帝的一个称谓,见于宋禅僧圆悟克勤《碧岩录》第一则评唱,其曰:"武帝尝披袈裟,自讲放光般若……人谓之佛心天子。"故此亦尝指称倾心佛教的帝王。

内外,点评是非。甚至听说顺治帝"龙性难婴,不时鞭扑左右",也要借机训导皇帝曰:"参禅学道底人,于顺逆两境,亦须全身坐断,不可任情喜怒……一念嗔心起,百万障门开。"①居然评判到大清皇帝头上,这恐怕就是让日后的雍正皇帝反感其"干预世事"而禁毁其书的缘由之一吧。

4. 皈依禅门,垂谟深远

顺治十八年(1661)正月初七日,紫禁城里的第一位清朝皇帝顺治帝因患天花而崩于养心殿,距其宠爱董妃之死仅半年。二月初二日,顺治帝梓宫移至景山寿皇殿,停放百日之后于四月十七日,由茚溪森主持"秉炬",在寿皇殿前焚烧火化。有理由相信顺治帝最初对佛教产生兴趣,是出于争取广大信仰佛教的汉人的民心。但当他接触江南禅僧后,他对佛教禅宗的信仰兴趣愈来愈浓厚,万机之暇沉浸在诗艺禅悦和佛家意境中。而当其宠爱的董妃去世后,他哀痛至极,万念俱灰,竟欲出家遁入空门,这也符合实际逻辑。顺治帝不幸染上天花,英年早逝。外界对其早亡颇有疑议,猜测其可能逃禅出家。经考证,顺治帝确有出家的念头和行动,但出家无成,经玉琳等人多方劝解乃罢。无论如何,顺治帝短暂的帝王生涯与佛教结下了不解之缘,他是清朝历史上公开皈依禅门的一位皇帝。

清初一百多年国势强盛,是清代历史上的上升期、兴盛期,其中佛教对帝王影响占有多少比重,究竟发挥了多大作用还有待更深入研究,但它无疑是与清入关后实行尊崇佛教和政教并行不悖的政策很有内在联系的,这个政策从顺治帝开始,延及其后的清初三帝。顺治帝对佛教的政策尤其对禅宗的兴趣,在清开国时期和入主中原后的清初时期是前后相应的,他继承了清太祖、太宗以佛法护国的传统,奠定了君临天下后在崇儒重道基础上扶植利用佛教的国策,并且开创了清帝对佛教尤其禅宗进行亲身体验和深入研究的先河。诚如清史学家所

---

① 《天童弘觉禅师北游集》卷四,"奏对别记"下。

言,想当和尚的顺治帝,论政绩他不如康熙帝,论严政他不及雍正帝,论风流他不如乾隆帝,但他却是更富有人情味,并极具佛教慧根的一代英明君主。更令人称奇的是,顺治帝在他生命的最后几年对佛教表现出了那样强烈的兴趣和爱好,却丝毫没有影响到他的国家政治,导致像历史上的佛教帝王那样的不可收拾局面。相反,顺治帝为国为民万机余暇信佛参禅,缓解了他治国理政的紧张情绪和精神压力。因此,尽管顺治帝经常征召禅僧入内廷问道参禅,但并不见他有何佞佛之举。如果顺治帝不是英年早逝,撒手人寰,以他对禅宗的体悟和热衷来说,或许会使清代佛教开展出一个光辉期。

应当说,顺治帝这一生受到三方面的影响:儒教的影响、天主教的影响和佛教的影响。当时三种文化实际对顺治帝都有影响,但对他影响最大的还是儒家学说。清王朝作为少数民族入主中原,从一开始即非常明确地以儒家思想作为柔化汉族、巩固政权的工具。顺治帝从早年苦读汉文典籍中就领悟了儒家"文教治天下"的道理,他在推行汉化方面,既胜过他的父祖,又深刻影响到康熙帝等后代子孙。在文教政策上,他确立和倡导"崇正黜邪"的方针,提倡以儒治世,但并不排斥其他宗教。他最先接触天主教,受到耶稣会士汤若望的深刻影响。汤若望在顺治帝福临的心目中威信很高,福临对他几乎达到了言听计从的地步。当时的汉大臣龚鼎孳评价汤若望说,他"睹时政之得失,必手书以密陈。于凡修身事天,展亲笃旧,恤兵勤民,用贤纳谏,下宽大之令,慎刑狱之威,盘固人心,镞厉士气,随时匡建,知无不言。"[1]这是说从生活到政治等各个方面都向顺治帝提出建议。他曾上三百余封奏帖,顺治帝特"选择一批,藏皇帝个人文书库的另一格,在出宫游猎时,携带身边,以便阅读"。而顺治帝在逝世前立三子玄烨为皇太子,也是采纳汤若望建议的结果。他提出玄烨已经出过天花,再不会被"这种可恐怖的病症"所伤害,当然这是最有说

---

[1] 龚鼎孳:《定山堂文集》卷四,《汤道末七十寿序》。

服力的。因为清初进入中原的少数民族最害怕天花这种病症,这就是所谓"直陈万世之大计"的关键所在。顺治帝对汤若望的敬重以及言听计从、有谏必纳的情形,一直到顺治十四年(1657)他亲近佛教和尚方始改变。① 佛教的影响对他还是比较大的,但主要是在顺治帝弥留人间的最后几年。围绕他身边的禅僧们所宣扬的佛法理念,可能在一定程度上缓解了顺治帝治国的压力,满足了他的精神需求,而真正让他下决心放弃万乘之尊皈依佛门的,还是董鄂妃的离世。顺治帝痛失贤良温婉之董鄂妃,惊觉人世无常,顿时万念俱灰。最后命令禅师行森为他净发剃度,决意"披缁山林,孤身修道"。

总之,顺治帝不仅是一位政治家,在治国安邦方面卓有成就,而且其出世善根在历代帝王中也是极为罕见的。顺治帝六岁登基,十四岁总揽朝政,他表现出来的聪颖干练、英明仁慈的过人之处,与他接触的和尚在《奏对机缘》中有过评断:"今上十四总揽朝纲,不假霍光之辅,一皆出自宸断。尚以万机余暇,博综帝典王谟,帝及百氏家言,即承精一之传,复探西来大意。至若诗文小技、笔墨余长,犹善其美。"顺治一生虽短,但与佛教的关系却非常密切,其对后世清代佛教的影响,也是相当深远的。

第二节 康熙帝与佛教

康熙帝名玄烨,生于顺治十一年(1654)三月十八日,他八岁登极,在位六十一年,享年六十九岁,是中国历史上在位时间最长的君主。康熙

---

① 汤若望(1592—1666),德国人。明万历末年到中国传教。他以通晓天文、历法、数学、机械等学,受到欢迎。入清后更受重视,多尔衮命其修历法、编"时宪历",掌钦天监监印。顺治二年(1645)加太常寺少卿衔,成为正四品的清朝职官。顺治帝亲政后,汤若望的地位迅速提高,当年即被封为通议大夫、太常寺卿,十年三月赐名"通玄教师",十二年授为政通使,十五年诰封光禄大夫,秩为正一品。这完全是顺治帝重视信任的结果。后来顺治帝由于完全被和尚所包围,才与汤若望有所疏远,但对其始终怀尊敬信任之情。参见魏特:《汤若望传》,杨丙辰译,第276—277页、第283页。

是其年号。康,安宁;熙,兴盛——取万民康宁、天下熙盛的意思。清圣祖是其庙号,仁皇帝则是谥号。康熙一朝是清代汉化的重要时期,尤其在采取明代典章制度方面,而清朝真正的巩固与发展也是从康熙朝开始的。当时的大清,朝虽立而国未盛、民未安,守成和创业同等重要。上继父祖鸿业,下开后世太平,实现民众康宁、国家熙盛,是康熙帝面临的时代课题。事实证明,康熙帝承担起了这样艰巨的历史使命。康熙帝在位六十一年(1662—1722),一生勤慎治国,重务实而戒虚名,为清王朝的巩固和强盛奠定了坚实的基础,并进而开创了"康乾盛世"的局面。康熙帝可称是清朝历史上一个很有政绩和影响的皇帝,也是中国历史上一位杰出的封建君主及政治家。

康熙帝以仁厚宽大的典型儒家君主闻名,也相当尽力地推崇和扶持佛教。史载圣祖康熙巡幸所至寺院各有题词,遇山林学道之士优礼有加。其亲制《重修天竺碑》文有云:"能仁至量,等于好生;佛道之成,关乎民隐。将使般若之门随方而启,仁寿之域举世咸登。"蒋维乔在《中国佛教史》中说,康熙帝在位六十一年,对于儒教及各种学术,均积极整理,成《康熙字典》、《数理精蕴》、《历象考成》等巨著;而对于佛教,亦禀前代成规,特加保护。所至江南名刹多有题词,如康熙二十八年(1689),二次南巡,至苏州邓尉山圣恩寺,亲拈香礼佛,赐额曰"松风水月";至灵岩,赐书"翠岚"二字。又曾发帑重修普陀山普济寺,亲制碑文云:"海寇猖狂,寺宇梵刹,皆为灰烬。自康熙二十二年(1683),荡平台湾,海波永息,朕时巡浙西,特遣专官,虔修净供,敬书题额,永镇山门。复发帑重建寺宇,上为慈闱延禧,下为苍生锡祉。"蒋维乔又云:"康熙帝自言弱龄读诵经史,未暇览金经贝叶之文,观其所作碑记,乃抱儒释一致之思想,固未若顺治之能亲领禅悦,而其尊崇佛教,则犹先代之遗风也。"①

---

① 《清朝续文献通考》卷八九,第8487页。参见《周叔迦佛学论著全集》第7册《清代佛教史料辑稿》,第3139页。又参见蒋维乔《中国佛教史》卷四《康熙帝之崇佛》,第4页。

就扶植佛教方面来说,康熙帝在位期间六次南巡中,经常前往名山古刹参礼佛寺、延见僧人,以及重修庙宇、赋诗题字、撰制碑文等等,尤其康熙帝为佛寺所亲撰之碑文,更是不胜枚举。相对而言,康熙帝对于藏传佛教的扶持更有成就,他五次巡游五台山,并在承德建外八庙,修避暑山庄,在兴黄教、安抚蒙藏诸族上收到奇效;他虽然对汉传佛教也加以推崇,但由于其思想深受儒学的影响,其光辉略显黯淡。

一、黜异端,崇正学

玄烨自五岁起,便随众臣上朝值班,并进上书房读书,一直学到老而从不辍止。他学习兴趣广泛,精通多门学问,就连对西方的自然科学,也有极为浓厚的兴趣。对于西洋天文历法与制铳炮等西方技术,其他的如数学、音律、地理等西学,康熙帝都以开放的心态来学习。康熙帝更兼有文治武功,是以往帝王中少见的。最重要的是,康熙帝很懂得利用汉文化来争取汉族的知识分子,利用儒学来笼络儒生、网罗人才,并利用儒家所提倡的伦理道德来加强对汉民族的统治,强调儒家的"三纲五常"和"忠孝节义",把它们当做治国安邦的思想武器,以争取汉族上层集团的支持与合作。因此,康熙帝的尊道崇儒,犹如清太祖、太宗以尊崇藏传佛教来笼络蒙古部族,亦如清世祖推崇内地禅宗而亲身参禅问道,有异曲同工之妙,是清朝统治者运用政治怀柔手段的重要体现。

清初,顺治、康熙、雍正皇帝先后颁布以儒家伦理思想为核心内容的《圣谕六条》、《圣谕十六条》和《圣谕广训》,希望普天之下人人都"兴仁讲让,革薄从忠",以达"共成亲逊之风,永享升平之治"之目的。宣讲"圣谕"活动绵延两百多年,直至清王朝结束。从顺治九年(1652)至雍正二年(1724),七十二年间,三朝皇帝先后四次颁发圣谕,并要求在全国城乡范围大力宣讲。如此长时期大规模而且是一以贯之的社会教化活动,在历史上是少有的。清朝政府之所以如此重视讲"圣谕"活动,与其"崇尚德教、教民化俗"的政治理念和统治策略有直接的关系。清初统治者作为异族入主中原,非常注意吸取中国历代王朝兴亡的教训,而特别重视利用儒家思想作为柔化汉族、巩固政权的工具。

康熙帝的《圣谕十六条》在顺治帝的《圣谕六条》基础上扩充而成,仍以忠孝伦理为核心,但内容变得更为精致细密,正如雍正帝《圣谕广训》所述,"自纲常明教之际,以至于耕桑作息之间,本末精粗,公私巨细,凡民情之所习,皆睿虑之所周。"康熙九年(1670)严申正风俗重教化,谕礼部:"法令禁于一时,而教化维于可久。"十一月二十六日颁布《圣谕十六条》,通行晓谕八旗及各省府州县乡村人等,致力于巩固社会秩序,要求人们:敦孝悌,笃宗族,和乡党,重农桑,尚节俭,隆学校,黜异端,讲法律,明礼让,务本业,训子弟,息诬告,戒匿逃,完钱粮,联保甲,解仇恨。为确保教化政策得到切实贯彻,康熙将是否能着力兴行教化作为考核、举荐官员的重要条件。康熙十二年(1673)题准:"官员必能兴行教化,无未完钱粮盗案者,方准疏举卓异";"官员虽无钱粮盗案,而未能力行教化者,督抚司道府等官,滥举,亦照例罚俸。"①其《圣谕十六条》中提到"黜异端以崇正学"便关涉到康熙朝宗教观。②

在康熙帝心中,何为"异端"？康熙十二年(1673)十月初二日,帝谓熊赐履曰:"朕生来不好仙佛,所以向来尔讲辟异端,崇正学,朕一闻便信,更无摇惑。"熊曰:"不特仙佛邪说在所必黜,即一切百家众技,支曲偏杂之论,皆当摈斥勿录。"帝曰:"凡事必加以学问,方能经久,不然只是虚见,非实得也。"初九日又曰:"朕十岁时,一喇嘛来朝,提起西方佛法,朕即面辟其谬,彼竟语塞。盖朕生来便厌闻此种也。"③十二月初一日,帝见

---

① 康熙《大清会典》卷一〇吏部载,(康熙)十二年(1673)题准。
② 《圣谕十六条》全文是:敦孝悌以重人伦,笃宗族以昭雍睦;和乡党以息争讼,重农桑以足衣食;尚节俭以惜财务,隆学校以端士习;黜异端以崇正学,讲法律以敬愚顽;明礼让以厚风俗,务本业以定民志;训子弟以禁非为,息诬告以全善民;戒匿逃以免株连,完粮钱以省催科;联保甲以弭盗贼,解仇恨以重生命。
③ 《康熙起居注》第1册,第125页。

八旗满洲人中贫而负债者多,赌博之风禁不止,习于嬉戏,嫁娶丧祭过于靡费;而八旗蒙古人则惑于喇嘛,倾家以奉。康熙帝以为,诸如此等,皆不良风习,"良由化导之未善"。

康熙二十八年(1689)闰三月初八日(4月27日),经筵讲毕,帝问讲官徐元文曰:尔所撰讲章内,"所谓异端者何所指也?"徐答:"诗书礼皆圣人之实教,若佛老虚无,乃异端也。"帝曰:"江南人崇信佛老者多矣!"①由此可见,康熙帝所认识到的"异端",似乎就是理学家所辟的"佛老虚无"一面。而康熙帝一代明君,虽不否认理学家所辟,但也不见得完全赞同,他在熊赐履去世后曾说了这样一段耐人寻味的话:"理学之书,为立身根本……宋明季世,人好讲理学,有流入于刑名者,有流入于佛老者。昔熊赐履自谓得道统之传,其没未久,即有人从而议其后矣。今又有自谓得道统之传者,彼此纷争,与市井之人何异?凡人读书,宜身体力行,空言无益也。"②

康熙十一年(1672)二月二十八日(3月26日),帝于赤城见路旁跪一道士。道士奏云:"臣庙在金阁山,离此三十里,名灵真观。虽向有此名,然遭逢圣主,若得旌表,另赐名号,则光宠益甚。"帝对近臣曰:"此道士妄干侥幸,求赐名号,意欲盅惑愚民。""此等求赐观庙名号者,概不准行。况自古人主好释老之教者,无益有损。""妄求侥幸,本应处治,姑从宽宥。以后若敢妄行,决不饶恕!"明珠奏曰:"自古惟孔孟之道大有益于世,其失于释老之教者,盖亦多矣。皇上此旨,诚万世之明鉴也。"③这一资料反映了康熙对待"异端"的明确态度。

康熙在政治上宽严相济,经权互用,以图国家久远之计,非一般理学家所能窥见涯岸。他不只对汉地佛道教的流弊洞若观火,就连满洲蒙古喇嘛之不良风习也了然于胸。康熙四年(1665)从户部议,各省僧道给予度牒,应照前额定数,每府四十人,每州三十人,每县二十人。今后凡无

---

① 中国人民大学清史研究所编:《清史编年》第2卷康熙朝上,第582页。
② 中国人民大学清史研究所编:《清史编年》第3卷康熙朝下,第434页。
③ 原载《康熙起居注》第1册,参《清史编年》第2卷康熙朝上,第114页。

度牒为僧道及男女聚会者,着该地方官严行查拿。有怠玩者,一并治罪。① 康熙二十二年(1683),正一真人张耀宗疏请恩诏诰命及父母祭葬,吏部议给予诰命,但祭葬从无此例。帝谕:"一切僧道,原不可过于优荣。若一时优荣,日后渐加纵肆,或别致妄为。"② 康熙二十六年(1687),从刑部给事中刘楷奏请,禁"淫词小说"。谕称:"淫词小说人所乐观,实能败坏风俗、蛊惑人心。朕见乐观小说者多不成材,是不唯无益且有害。至于僧道邪教,素悖礼法,其惑世诬民尤甚。愚民遇方术之士,闻其虚诞之言,辄以为有道,敬之如神,殊堪嗤笑。俱宜严行禁止。"③ 康熙二十八年(1689),江南之民王来熊献《炼丹养生秘书》一册。帝曰:"朕于经史之余,所阅载籍多矣,凡炼丹修养长生及师巫自谓前知者,皆妄诞不足信,但可欺愚民而已,通经明理者断不为其所惑也。宋司马光所论甚当,朕有取矣。此等事朕素不信,其掷还之。"同年十一月二十七日(1690年1月7日),康熙帝谕:但闻喇嘛、胡土克图、胡必汗,不详其真伪,便极诚叩头,送牲畜等物,以为可获福长生,至破家荡产不以为意。而奸宄营利之徒,诈谓能知前生事,惑众欺人,骗取财帛牲畜,败坏佛教。诸蒙古笃信喇嘛,久已溺惑,家家供养,听其言而行者甚众。应将此等诈称胡土克图者严行禁止。④ 康熙三十九年(1700)三月初一日,左通政张格等差往蒙古,帝谕以"不可以内地之法治之,顺其性以渐导,方能有益"。又曰:"蒙古惟信喇嘛,一切不顾,此风亟宜变易,倘喇嘛等有犯法者,尔等即按律究治,令知惩戒。"⑤

　　康熙帝治理僧道喇嘛等等不良风习,虽着眼于伦理道德的黜邪崇正以化民成俗,但大都出于社会现实和政治方面考虑,不仅严行查拿僧道喇嘛蛊惑人心、败坏风俗,而且对建造寺庙侵占民田,或增民负担,关系

---

① 中国人民大学清史研究所编:《清史编年》第2卷康熙朝上,第54页。
② 同上书,第456页。
③ 同上书,第538—539页。
④ 同上书,第579、594页。
⑤ 中国人民大学清史研究所编:《清史编年》第3卷康熙朝下,第162页。

民生者也申令禁止。康熙四十二年(1703),札萨克大喇嘛疏请,将其所居洮州卫卓奈克依特之庙扩大修造。理藩院议准,得旨:"取边氓之地以广修庙宇,关系民生。嗣后凡有广庙宇,与民间田庐有关者,永行禁止。"康熙五十年(1711),左都御史赵申乔疏言:现有寺庙僧道,各查明来历,按季呈报甘结,不许容留外来可疑之人。谕称:"建造寺庙,则占据百姓田庐,既成之后,愚民又为僧道日用凑集银钱,购买贫人田地给与,以致民田渐少。且游民充为僧道,窝藏逃亡罪犯,行事不法者甚多,实扰乱地方,大无益于民生者也。"①

康熙朝严禁私建、新建寺庙,不仅出于对民生关怀的考虑,还由于寺庙容易成为游民和窝藏逃犯之所的考虑。对于后一种情况,在关外时期的清太宗皇太极早就注意到了,而至康熙时代仍然对此保持高度警惕。康熙十一年(1672),帝巡幸南苑,行经海会寺之时,发现庙中的僧人有白莲教徒,于是发了一通议论说:"此等之人,往往为害不浅,朕已知之。"②康熙十分清醒地认识到,非法扩建寺庙、僧道行事不法,不仅会增加民生经济负担,也会扰乱了社会秩序,这是"大无益于民生者"。

二、巡幸名山佛寺

康熙朝对佛教的信仰,在《东华录》有载:康熙三十年(1691),封章嘉喇嘛为灌顶普慧广慈大国师。三十九年(1700),恭进佛像三尊为皇太后祝寿,御制万寿如意、万寿无疆赋。自康熙二十二年(1683)至四十九年(1710),五次朝礼五台山。四十四年(1705)诏兜率本园禅师,入玉泉宫说法;诏霁仑超永为北京西山圣感寺住持;命常州府祥符寺纪荫撰《宗统编年》。③ 其中康熙留给人们印象最深的是,六次南巡参访名山佛寺,

---

① 中国人民大学清史研究所编:《清史编年》第3卷康熙朝下,第220、364页。
② 《康熙起居注》第1册,康熙十一年十二月二十一日。
③ 参见谈玄《清代佛教之概略》,见于张曼涛主编《明清佛教史篇》,第139页。按,康熙封章嘉为国师的时间应是康熙四十五年,文中说"三十年"有误。

五次巡幸五台山朝礼文殊菩萨道场。

1. 六次巡幸江南参访名山

与顺治帝向慕江南禅宗而把一些著名禅僧召入内廷问道、结制参禅不一样,康熙帝采取了另一种向佛慕道的方式,他在位期间六下江南,每次都要参访名山大寺,常住琳宫宝刹,延见僧人,而且往往赋诗题字,书赐匾额,撰制碑文,以示尊崇佛教。也有资料说,康熙帝又将明末隐逸山林的高僧逐一引入京师,以便控制和吸引亡明人士,但未见到充分的证据。而康熙帝巡游江南参礼名山佛寺的足迹,不仅史书上凿凿可考,而且他的诗字、匾额、碑文,迄今有不少还保存于江南的名山宝刹。尽管大量史料表明,康熙帝之诗文墨宝、匾额碑文不限于江南的名山大刹,而是遍布全国寺院[1],但康熙帝对江南丛林似乎情有独钟。康熙帝六次南巡,访问民生疾苦之际,同时也遍访江南名山佛寺,这是一个有史可稽的事实。

《宗统编年》作为清康熙年间的一部禅宗编年史,"博采经史释乘,一仿朱子纲目体例",记载了自明万历四十三年(1615)至清康熙二十八年(1689)成书时凡七十五年的禅门史事,备及朝政废兴之有关释氏者,融儒释为一贯。淹贯翔核,正其谬,缺其疑,"谨严一遵史法",受到后世学者高评,称其"固法苑之龙门,而缁林之实录也"[2]。《宗统编年》记载了康熙二十八年圣驾南巡。春二月初五日,驾幸吴中邓尉山圣恩寺,拈香礼佛,驻跸桂轩,赐书"松风水月"四字。初六日,幸灵岩,登姑苏琴台,时寒溪揆侍,特加顾问,赐灵岩御书"岚翠"二字。幸杭州灵隐、云栖等处,赐灵隐御书"云林"二字。驾渡钱塘,祀大禹陵。回銮至姑苏,欲游(宝)华山,因雨阻,御书"远清"二字。御制诗一首,曰:"欲向青山涧壑行,春云又变晓阴轻。句陈不遣惊禅定,恐碍林间碧草生。"遣中使驰,赐华山僧鉴青。鉴青诣行宫叩谢,特见优礼。康熙帝又幸江宁大报恩寺,复驾临

---

[1] 据《清鉴纲目》卷二记载,康熙"写寺庙扁榜多至千余"。
[2] 纪荫:《宗统编年》,陆鼎翰之后序。

金山、天宁等处。①

《宗统编年》之作者僧纪荫,在御书"远清"赐宝华山鉴青硾庵和尚后作一跋文,记述康熙帝二次南巡对于佛教丛林的至德深意。跋曰:"帝王治天下,以字垂世,实自大禹始……恭惟今上皇帝,御极致治,度越古今,道德浑全,无能称述。伏睹二次南巡,窃窥圣意大端,同乎舜禹。至于仁风道韵,光及林泉,则又自昔名山大泽之所未有。龙踯奎章,震耀岩壑,为山灵海若之所诃(呵)护者非一。而华山'远清'二字,则尤仰叹用意据典,不同泛然。以此知睿智周知,而无一事一物之不得其当也。盖华山以山如莲花得名,宋儒周敦颐之《爱莲说》有曰:'吾独爱莲之出淤泥而不染,濯清涟而不妖,香远益清,亭亭净直,可远观而不可亵玩焉。'硾庵和尚住是山,寒溪揆和尚称其道韵。皇帝闻而欲游华山,雨阻未往,锡之诗云云。硾庵名晓青,命意制词,蔼然可见。复大书'远清'二字,敕寒溪驰赐,青谒见行在。帝令进诗染翰,撒御前宝炉以予之。可谓千载光华。"

纪荫躬逢其盛,受华山僧之嘱托,作跋彰颂圣祖之恩泽山林:"荫跧伏菰蒲,何足以测高深?唯是久涵至化,同沐恩光。谨以平昔钦仰,圣德之纯全,及今兹欣慕,圣意之渊雅者,而扬言之。真觉如天之仁,有同大舜,而无间之德,实类神禹。是以望秩山川,肆觐群后,而民之爱戴,咽路欢阗,不啻赤子之亲慈父、近乳母。此固从来銮舆巡幸之所无。而银钩宝勒,宠赉禅林,则又与岳渎千秋,昭其奠丽者异矣。额手式瞻者,知皇

---

① 纪荫:《宗统编年》卷三二。灵隐寺为杭州古刹,位于浙江省杭州西湖西北灵隐山麓,面对飞来峰。康熙帝南巡时,赐名"云林禅寺"。据载,康熙二十八年(1689),帝南巡,到灵隐寺游览,住持谛晖,奏对称旨,帝亲书"云林"二字给他,即改寺名为云林。另,康熙二十五年(1686),帝南巡金山寺,在顶上见大江东去,群山西来的风光,遂挥毫写下"江天一览"四字。后人即将康熙帝御笔勒石之亭,名"江天一览亭"。金山寺自此亦易名为江天寺。康熙三十八年(1699),第三次南巡,三月御驾杭州,普陀山法雨寺住持性统法师等苦于建寺短缺琉璃瓦,使赴杭州面奏康熙帝布施。康熙帝当即施金千两,又恩准将金陵明朝故宫旧殿的琉璃瓦和顶梁结构拆运到普陀,盖建前、后两寺大殿,并赐额"普济群灵",改宝陀寺为"普济禅寺"。又赐题"天花法雨"和"法雨寺"额。康熙四十二年(1703)敕赐焦山寺寺额,名定慧寺。康熙四十六年(1707)圣祖南巡时,曾临幸灵谷寺,并御赐"灵谷禅林"四字匾额。

上尊贵浑忘,礼遇山林守道之士。而凡山林学道者,其益铭颂无强,勉劾潜修,以无负我佛心天子,光扬道化之至意。其庶几乎!"①

康乾巡幸下江南是遵上古即已有的巡狩之制。有清一代,帝王出巡异常频繁,有北巡、西巡、东巡、南巡等。西巡是指皇帝去五台山等地的活动,东巡是指皇帝去山东祭祀孔庙及登泰山等活动。此外,还有到盛京拜谒祖先,承德避暑山庄建成后,皇帝在大多数年份都在承德度过夏季。康熙帝在位六十一年,三次出巡东北,祭祀祖陵,五上五台山,六巡江南。康熙帝南巡,主要是为了巡视河工。康熙帝曾亲笔谕亲信曰:"近日闻得总河无才,两河(指黄河和运河)坏之已极。朕欲看河,南边走走,未定日期。"清圣祖实录中,可见到他"下马,坐堤上,出河图,指示诸臣"的描述。② 明末清初,黄河年久失修,水患异常严重。据统计,顺治年间(1644—1661)决口二十次,康熙元年至十五年(1662—1676)就达四十五次,灾难之重,尤倍于前代。康熙十五年,黄水倒灌洪泽湖,高堰大堤因承受不了黄、淮二水的强大压力而决口三十余处,运河大堤崩塌,淮扬地区几个县被水淹没,致使运道不通,漕运受阻。而漕运是清政府的生命线,每年都需要六七千艘漕船从江南地区运载四百万石漕粮到京师,作为官俸、兵饷以及居民生活的来源。因此,康熙把三藩、河务、漕运三件大事,亲自书写挂在宫中的柱子上。三藩平定以后,台湾内附,中原安定,使康熙帝得以有暇巡幸江南。

康熙二十三年(1684)十月,康熙帝东巡下泰山后,临时决定南巡视察河工,这是他第一次南巡。他遍历高家堰、武家敦、洪泽湖等地,访民疾苦。康熙二十八年(1689),又进行了第二次南巡考察。第三次南巡已是康熙三十八年(1699),此十年间,康熙帝忙于征噶尔丹,无暇南巡,而历任河督除靳辅受康熙帝肯定外都不太称职,造成河患日趋严重。此

---

① 以上引文皆出《续藏经》第86册 No.1600《宗统编年》。
② 《清圣祖仁皇帝实录》卷一三九,第10页。参史景迁《曹寅与康熙》第148、152、204页,上海,上海远东出版社,2005。

后,他又三次南巡,视察河工。因此当乾隆御极时也继承乃祖遗风,曾六下江南,在《南巡记》中说:"南巡之事,莫大于河工。"

康熙帝南巡的主要目的是为关注民生,治理河工,而其实也有意在山林,意在争取江南人士的民心,江南佛教成为康熙帝南巡关注的重要组成部分。正如纪荫所说,康熙帝的仁风道韵和渊雅圣意,也使山林"同沐恩光"。康熙帝参访名山佛寺,礼遇山林守道之士,显然不是简单的附庸风雅。纪荫华丽的文辞中虽然充满了歌颂,但他的用心表述和对康熙帝深意的理解基本上是准确和贴切的。纪荫对康熙帝圣驾二次南巡,总结了"有旷古难逢者五事:一仪卫不设,老幼拥戴,而满路欢填。二风日晴和,江山効灵,而皇情悦豫。三供亿无需,闾阎安堵。四蠲赦大霈,恩泽沦肌。五山林法席,均荷恩光。"

在纪荫跋文的结尾,我们看到了他勉励山林学道者潜心修行,"以无负我佛心天子,光扬道化之至意"。这正是康熙帝所期望看到的,而康熙帝此时也像他的父皇顺治帝那样成了又一位"佛心天子"。对康熙帝这位佛心天子统治调御下的佛门盛况和法运遐敷,纪荫也有如下乐观记述:

> 祥符荫曰:自明万历四十三年乙卯(1615),至今皇清康熙二十八年己巳(1689),凡七十五年。其间天童、磬山,廓龙池禹门之绪,而临济之道以兴。云门、博山,振清凉寿昌之业,而洞上之宗聿起。三峰力阐纲宗,善继述者,有灵岩、灵隐之广大精微。宏觉丕承帝眷,相唱和者,有福严、古南之卓立潇洒。云栖之净业,普摄三根。宝华之戒范,克宏三聚。皋亭天溪,曲水莲居之间。台教之轮,传持绚烂。秣陵金闾,普德中峰之际。相宗之席,讲贯缤纷。刹竿相望,名蓝星布于江山;炉鞴争开,俊衲云蒸乎龙象。天子佛心,统金轮而调御;皇风法运,绵玉历以遐敷。令行吴越,端藉一人以指南。道亘古今,方庆千秋而未艾。①

---

① 纪荫:《宗统编年》卷三二。此中"宏觉",指顺治帝征召进京的木陈忞,受封为"弘觉禅师"。

由上可见，康熙帝统御天下时清代佛教仅江南一隅就极为兴盛，不光是禅宗临济、曹洞二家，就连律、教乃至相宗都绚烂缤纷，"刹竿相望，名蓝星布"。当此佛门龙象辈出、云蒸霞蔚之际，康熙帝之政令亦通行吴越，影响深远。

2. 五次朝礼五台文殊道场

康熙帝南巡参礼名山佛寺以示尊崇佛教（禅宗），而他五次巡幸佛教圣地五台山，意义也非同寻常。康熙帝在位时五次巡幸五台山，传说他是为了寻找在五台山出家的父皇顺治帝，其实，顺治帝没有上过五台山，那不过是民间野史的演绎，而康熙帝上五台山官方史书都有明文记载。

康熙二十二年（1683）二月十二日，康熙帝首次巡幸五台山，驻跸于菩萨顶。同年九月十一日，再次巡幸五台山，于二十七日返回京城。康熙三十七年（1698）三月二十八日，第三次巡幸五台山，仍住菩萨顶行宫，四月十一日返回京城畅春园。康熙四十一年（1702）二月一日，第四次巡幸五台山，于二月初八宿于射虎川台麓寺，九日移住菩萨顶。康熙四十九年（1710）二月初二日，第五次也是最后一次巡幸五台山。康熙帝五上五台山，赐梵文藏经二部，作诗十五首，题匾五十五块，勒碑二十余通，修葺寺庙二十余座，赠送渗金菩萨像七尊，做各种法会八次，赐金银六千余两，其他赏赐不计其数。康熙帝五上五台山，留下墨宝诗文很多，其中《菩萨顶》诗最为脍炙人口："四十余年礼释迦，本来面目是天家。清凉无物何所有，叶斗峰横问法华。"①

五台山据传是文殊菩萨道场，文殊菩萨又称曼殊师利，清朝开国者

---

① 菩萨顶是五台山中规模最大的黄教寺院。位于五台山台怀镇显通寺北侧灵鹫峰上。据传为文殊菩萨道场，又名真容院、大文殊寺，为五台山五大禅处之一。此寺创建于北魏孝文帝年间（471—499），历代曾多次重修。明永乐以后，蒙藏喇嘛教徒进驻五台山，遂成为五台山黄庙之首。清朝之康熙、乾隆帝曾数次朝拜五台山而住宿于菩萨顶，赐菩萨顶大喇嘛提督印，并命山西全省，包括山西巡抚、大同总兵、代州道台等，均须向大喇嘛进贡。全寺占地45亩，顺山就势而筑殿宇，布局严谨。寺前有石阶一百零八级。山门内有天王殿、钟鼓楼、大雄宝殿等建筑。各殿均用三彩琉璃瓦覆盖。又，寺内有康熙御碑，方座螭首，矗立在前院；乾隆帝御碑立在东禅院碑亭内，以方形巨石雕成，高6米，每面宽1米，上刻汉、满、蒙、藏四种文字。

曾被东来传教的西藏喇嘛称为"曼殊师利大皇帝",而曼殊即满洲之转音,所以这个文殊菩萨道场与满洲人崛起有极深渊源。康熙帝巡幸五台山,一是对文殊菩萨和五台山怀有特殊感情,"瞻谒(文殊)金容,实为国朝万年丕基之庆"。二是为了"携蒙古藩王同来,从其所欲",以"示中外一家之心,昭熙朝大同之治",达到"以黄教绥柔蒙古"的目的。

五台山自元朝以来就被蒙古人供奉为佛教(喇嘛教)的圣山,每年来朝山的蒙古人络绎不绝。康熙帝及其后乾隆诸帝屡屡巡幸本山,敕赐营修之资,同样是为了怀柔蒙、藏二族,优遇喇嘛教。因此康熙、乾隆在此御制的碑文都用满、汉、蒙、藏文字写成。嘉庆帝即位后,于嘉庆十六年(1811)春三月十八日,也巡幸了五台山,并写下一篇《五台赞碑文》。此中他不仅视五台山为"神京之右臂",更称其"诚中华卫藏"。正是由于自康熙帝开始的几代清帝的大力扶持,五台山被营造成为满、汉、蒙、藏等各民族共同尊奉的佛教圣地。由此可见,康熙睿智周虑,英明盖世,他五次巡幸五台也绝非为单纯的游山玩水而实际寓有深厚的政治意味。诚如嘉庆十四年(1809)五月谕中所言,"亦寓绥藩之意,非以佚游观也"①。

三、修庙远服要荒

优遇和推崇藏传佛教,是清王朝的一项传统政策。康熙帝尊奉藏传佛教为国教,采取了"因其教而不易其俗"和"俗习为治"的怀柔政策,以增强同边疆各民族之间的团结,巩固边防。再配合以武力军威,终于巩固了多民族统一的国家体制。康熙朝优抚蒙藏民族深信之藏传佛教,最重大的是康熙四十五年(1706)封章嘉呼图克图为"灌顶国师",康熙五十二年(1713)册封五世班禅(1663—1737)为"班禅额尔德尼",赐给他金册

---

① 王先谦编:《东华续录·嘉庆二十七》,第27页。嘉庆十四年五月谕军机大臣等:五台山为曼殊师利成道之地,从前圣祖仁皇帝、高宗纯皇帝屡经巡幸,朕前有旨,令该抚修治庙宇以俟临莅,原以瞻礼佛祖,为民祈福。且其地界处西北,蒙古诸部落赴山瞻拜者,每岁络绎不绝,銮辂经临,瓣香展敬,亦寓绥藩之意,非以佚游观也。

金印(班禅额尔德尼的封号由此开始)。但最主要还体现在承德避暑山庄兴建融合各民族宗教文化的佛教寺庙。清初诸帝对于喇嘛的封号甚为谨慎,国师名爵更为重要,非有功绩不得滥授。顺治朝册封了五世达赖喇嘛为"西天大自在佛",又加封汉地禅僧玉琳为"大觉普济能仁国师",后者是清代汉族佛教中唯一享有国师尊号的僧人。而康熙年间只封二世章嘉为国师。章嘉呼图克图(活佛),为章嘉地方的圣者之意,被视为文殊化身。①

1. 封章嘉二世为"灌顶国师"

二世章嘉活佛名阿旺洛桑却丹,生于顺治元年(1644),幼年入青海佑宁寺为僧。阿旺洛桑却丹十一岁时,五世达赖喇嘛进京朝觐路过青海,为他传授沙弥戒。康熙元年(1662),他去西藏地区继续学佛经,又从五世达赖喇嘛受比丘戒。他在西藏地区学佛二十多年,不仅佛学造诣很深,而且与五世达赖喇嘛、五世班禅等藏传佛教的上层人士有广泛联系。康熙二十二年(1683),他返回青海,在佑宁寺讲经传法。康熙三十二年(1693),二世章嘉活佛奉召进京,驻锡法渊寺,被任命为札萨克达喇嘛,连随从的十五人也由清朝供给生活口粮,这是历辈章嘉活佛担任清廷职务的开端。

康熙三十六年(1697),第巴桑结嘉措公布五世达赖喇嘛之丧,为六世达赖喇嘛仓央嘉措举行坐床典礼,二世章嘉活佛奉康熙帝之命,带送赐给六世达赖喇嘛的金册金印入藏,参加达赖喇嘛坐床典礼。在途经青海时,他与额驸阿拉布坦劝谕青海和硕特部诸台吉正式归附清朝,进京朝见康熙帝,为康熙帝乘战胜准噶尔噶尔丹之威收服青海蒙古各部立下了汗马功劳。但是,在次年中,二世章嘉活佛却因在拉萨时违旨叩见第巴桑结嘉措,被理藩院题奏,拟处绞刑,最后还是康熙帝下令从宽,革除

---

① 第一世章嘉出生于张姓之家,原称张家,康熙因其名称不雅,改为章嘉。康熙五十二年(1713),康熙帝巡幸多伦诺尔,二世章嘉活佛随行,康熙帝看到内蒙古各地的僧人都到汇宗寺学法,十分高兴,对二世章嘉活佛说:"黄教之事,由藏东向,均归尔一人掌管。"这就将章嘉活佛提升到与达赖喇嘛、班禅、哲布尊丹巴相似的掌管一方格鲁派教务的教主地位。

其呼图克图名号,免予惩处。

大约是因为经历了这次政治上的风险,使二世章嘉活佛认识到作为一名清皇室封赐品级的喇嘛,不能涉足清朝皇室与第巴桑结嘉措的复杂微妙的关系之中,开罪康熙帝,于是专心在蒙古各部中传教弘法。他在回京途中于多伦诺尔及长城沿线创修寺院,组织内蒙古各处僧人学佛,在内外蒙古各部中树立起影响。当时正值哲布尊丹巴与喀尔喀部从内蒙古返回漠北,使内蒙古广大地区缺乏一位有影响的藏传佛教领袖,所以康熙帝于康熙四十年(1701)任命他为多伦诺尔总管喇嘛事务的札萨克喇嘛,每年冬春居住北京,夏天到多伦诺尔汇宗寺避暑传法。康熙四十五年(1706)又进一步封他为"灌顶普慈广慧大国师",赐给金印。①

2. 多伦会盟建汇宗寺

康熙二十年(1681),康熙帝在塞外承德地区设置了木兰围场,并于每年秋季率领宗室亲王,满、汉、蒙古等民族王公大臣,行围射猎,借以训练军队,密切同蒙、藏等民族的关系。康熙二十七年(1688),准噶尔首领噶尔丹在沙俄的支持下发动叛乱。喀尔喀蒙古三部在藏传佛教领袖哲布尊丹巴的率领下投归清皇朝。自康熙二十九年至康熙三十六年(1690—1697),康熙帝三次率军出塞,彻底平息了准噶尔部首领噶尔丹的叛乱。康熙三十年(1691),康熙帝同喀尔喀蒙古三部王公贵族在木兰围场西北五十多公里的多伦诺尔以"赐宴"的形式举行会盟。多伦诺尔会盟期间,康熙帝应诸部王公贵族之请,在多伦诺尔建汇宗寺"以彰盛典"。寺名"汇宗"寓四十八旗朝宗之意。兹录康熙帝撰《汇宗寺碑文》如下:

> 我国家承天顺人,统一寰宇,薄海内外,悉宾悉臣。自太祖、太宗握枢秉轴,驾驭风云,蒙古诸部相继效顺。暨于朕躬,克受厥成,前所未格,罔不思服。惟喀尔喀分部最多而又强盛,朕绥德辑威,熏陶渐革二十余载。七家之众,既震且豫,咸来受吏,乃除其顽梗,扶

---

① 本节关于二世章嘉之事多参陈庆英《章嘉·若必多吉与乾隆皇帝》,《中国藏学》1988年第2期。

其良弱,锡之封爵,畀以土疆。朕亲北巡,以镇抚之,于康熙庚午(1690)之秋,大宴赍于多伦诺尔。四十八家名王君长,世官贵族,靡不毕集,拜觞起舞,稽首踊跃。盖至是而要荒混合,中外一家矣。

酺赐既毕,合辞请曰:斯地川原平衍,水泉清溢,去天闲刍牧之场甚近,而诸部在瀚海龙堆之东西北者,道里至此亦适相中,而今日之筵赏敷锡,合万国以事一人,又从古所无也,愿建寺以彰盛典。朕为之立庙一区,令各部落居一僧以住持。朕或间岁一巡,诸部长于此会同述职焉。至于今,又二十余年矣。殿宇廊庑,钟台鼓阁,日就新整,而居民鳞比、屋庐望接,俨然一大都会也。先是,寺未有额,兹特允寺僧之请,赐名曰汇宗。盖四十八家,家各一僧,佛法无二,统之一宗,而会其有极,归其有极。诸蒙古恪守侯度,奔走来同,犹江汉朝宗于海,其亦有宗之义也。夫是为之记,以垂永久云。①

3. 承德避暑山庄的外八庙

通过多伦会盟及平定噶尔丹叛乱,康熙帝深知塞外热河的地理位置重要。康熙四十二年(1703),在热河兴建行宫。康熙五十年(1711),更名为"避暑山庄"。康熙五十二年(1713),正值他六十寿辰,各部蒙古王公贵族一百二十人前来山庄"奉行朝贺",并"不谋同辞,具疏陈恳",敬献白银二十万两,一致上书恳请修建寺庙为康熙帝祝寿,并供九尊无量寿佛,祝康熙帝万寿无疆。康熙帝被蒙藏民族视为无量寿佛,皇帝即佛,他欣然接受,遂在山庄外武烈河东修建了溥仁寺、溥善寺两座寺庙。② 康熙

---

① 摘录自张羽新《清政府与喇嘛教》,拉萨,西藏人民出版社,1988。
② 参见张羽新《清政府与喇嘛教》。据《御制溥仁寺碑》载,康熙五十二年,帝六旬诞辰,众蒙古部落奉行朝贺,建寺祝釐(通"厘",旧读"禧",有"幸福"、"吉祥"义)。帝御笔题额曰"溥仁",并亲制碑文,勒石置于寺中。寺碑共有两通,东为汉文碑,西为满文碑。后殿内供无量寿佛九尊。溥仁寺是外八庙中建成最早的,也是外八庙中现存的唯一康熙时建造的寺庙。因溥仁寺位于溥善寺之南,俗称前寺,而称溥善寺为后寺。溥仁寺建成后,设达喇嘛、副达喇嘛、苏拉喇嘛、得木齐及格思贵等喇嘛六十名,由清政府定期发给钱粮,一如官员之薪俸。此寺由八旗官兵守护。清朝皇帝每到避暑山庄时,都要率领王公大臣及各民族首领到寺内拈香瞻礼。每逢农历三月十八日康熙帝寿辰时,喇嘛还要举行盛大的诵经法会,为皇帝祝寿,为国家祈福。

在《御制溥仁寺碑》中说：

> 朕思治天下之道，非奉一己之福，合天下之福为福；非私一己之安，遍天下之安为安。柔远能迩，自古难之。我朝祖功宗德，远服要荒；深仁厚泽，沦及骨髓。蒙古部落，三皇不治，五帝不服，今已中外无别矣。论风俗人情，刚直好勇。自百年以来，敬奉释教，并无二法。谨守国典，罔敢陨越。不识不知，太和有象。朕每嘉焉。鉴其悃诚，重违所请。念热河之地，为中外之交。朕驻跸清暑，岁以为常，而诸藩来觐，瞻礼亦便。因指山庄之东，无关于耕种之荒地，特许营度为佛寺。陶甓于冶，取材于山。工用无输挽之劳，金钱无逾侈之费。经始讫功，告成不日。

在承德避暑山庄的东面和北面，有过十二座寺庙。当年，这十二座寺庙中的八座由清朝理藩院管理，并在京城设有八处办事机构，又因其地处塞外，后人将这十二座庙宇统称为"口外八处"，即闻名今世的承德"外八庙"。① 从建筑风格上看，承德外八庙中，各庙有汉式、汉藏合璧式以及藏式建筑风格之不同，但内容却都是藏传佛教格鲁派的寺庙。仔细考察每一座庙宇兴建的历史背景，及每兴建一庙刻石立碑之铭文所载，无不记录了清朝政府在历史上为维护祖国统一的赫赫武功，以及兴黄教安抚蒙藏诸族的民族宗教政策。从溥仁寺、溥善寺到普宁寺、普佑寺、安远庙、普乐寺、普陀宗乘之庙、广安寺、殊像寺、广缘寺、罗汉堂、须弥福寿之庙的建造，见证了当年金戈铁马，各民族共同维护国家统一的历史，见证了清朝因俗而治、怀柔远荒的民族宗教政策。由此观之，清朝注重国家民族的统一不仅在军事上屡建奇功，也注意了民族文化心理的和谐。

---

① 外八庙系清廷为解决北部边疆及西藏的问题而特意建造的。主要供少数民族的领袖或高僧朝觐皇帝时瞻礼、驻锡之用，因此其寺址、规模、布局等皆由皇帝裁定。寺内的题额、匾联、碑文等亦为皇帝亲笔，所用文体包括汉、满、蒙、藏四种。在建筑风格上，不仅仿照西藏、新疆等著名寺院的形式，亦融合汉族宫殿式的建筑，民族色彩甚浓，是多民族建筑风格的大融合。而雕刻、塑像、壁画亦全是清代艺术精品。

努尔哈赤和皇太极解决了漠南蒙古问题,康熙帝则进一步解决了漠西蒙古和漠北蒙古的问题。从秦汉匈奴到明朝蒙古的民族难题,到康熙时才算得解。康熙说:"昔秦兴土石之工,修筑长城。我朝施恩于喀尔喀,使之防备朔方,较长城更为坚固。"说得简单一点,如果说从秦至明朝用修筑长城的办法来抵御关外强悍少数民族的入侵,而康熙帝则在关外修建几座庙宇,使蒙古族诚心归服成为清朝北部坚固的"长城"。对此,康熙帝在《御制溥仁寺碑》中已说得非常明白,蒙古部落刚直好勇,自古来"三皇不治,五帝不服",可"今已中外无别矣"。这要归功于他的祖宗柔远能迩,"我朝祖功宗德,远服要荒;深仁厚泽,沦及骨髓",原因无他,"自百年以来,敬奉释教,并无二法。谨守国典,罔敢陨越"。

第三节　雍正帝与佛教

雍正帝名胤禛,出生于康熙十七年(1678)十月三十日(12月13日),驾崩于雍正十三年(1735)八月二十三日(10月8日),享年五十八岁,庙号世宗,谥号宪皇帝。他是康熙帝的第四子、乾隆帝的生父,四十五岁登极,在位十三年(1722—1735)。雍正帝上承康熙,下启乾隆,具有承上启下的历史地位。雍正帝盛年登极,年富力强,学识广博,阅历丰富,刚毅果决,颇有作为。所谓"康乾盛世",完整的说法应当是"康雍乾盛世"。有论者说,康熙、雍正、乾隆三代之隆盛,在中国历史上可比于汉唐盛世,后人大多知道汉唐盛世得益于帝王内用黄老之术,而很少有人知道清朝帝王实深通于佛教禅宗心法,尤其是这三代盛世中承上启下的雍正帝,更有融法王兼人王之尊于一身的殊胜风采[1],可谓对雍正帝学佛的成就和造诣评价颇高。

清皇室与佛教颇有因缘,相比之下,在入主中原后的清初四帝中,

---

[1] 雍正御制佛教大典《御选语录》上,序,北京,中国社会科学出版社,2004。

雍正帝对佛教有极深的修炼。尽管顺治帝亲近禅僧到了要出家的地步,但那毕竟是在他生命的最后几年,为时短暂。雍正帝则毕生崇信佛教,虽贵为天子,却自号"圆明居士"和"破尘居士",足见其好佛之深。胤禛的藩邸靠近柏林寺,居常与僧衲往来,讲论性宗之学,钻研既久,造诣日深。他在即位后,十年忙于朝政,不谈佛法,但私下仍与和尚过从甚密,并且在与臣下的往来密折中随兴所致也会讲说佛法。雍正十一年起至十三年(1733—1735),他亲自撰写佛学著作,编辑名僧语录,刊印释家典籍,有计划地发展佛教事业。最有名的是他编纂《御选语录》、《经海一滴》、《宗镜大纲》和撰写《拣魔辨异录》等,后世对雍正帝这些佛学著作尤其对他以超等"宗师"自居、不惜帝王之尊干预僧争褒贬不一。但通过这些著述,我们不仅可以了解到雍正帝的佛学思想和佛教态度,更可以察知清帝对待佛教的共同特点,那就是他们作为帝王,一般都在政治框架下考虑佛教问题,不以个人信仰影响国家政事,这几乎成为清开国以来历代皇帝的传统。

对于雍正帝之好佛不废政事,有学者如是评论,"历代帝王浸沉于黄(佛)老者自大不乏人,但发为宏论,开堂授徒,而又不佞于其教,一无影响于政事,舍雍正其谁?"①以下我们就围绕雍正如何好佛与治世并治佛教展开阐述。从时间上来考察,雍正帝之好佛主要集中在他即位之前的藩邸时期,和在位期间的最后三年这两个时间段。清史学家比较关注藩邸时期胤禛的学佛参禅,结交僧人,认为他是利用佛教行韬晦之计,以避康熙末年诸王子激烈地争夺太子储君之位之嫌;而佛教学者着重讨论雍正十一年至十三年这三年里他的诸多佛学著作,特别对其不惜以万乘之尊和超等宗师自居干预僧争大张挞伐。相对而言,各方对雍正帝在位

---

① 杨启樵:《雍正帝及其密折制度研究》,第26页,上海,上海古籍出版社,2003。还有学者说,雍正帝一生在佛学方面大量地著书立说,以影响佛教领域。最著名者如《御选语录》、《拣魔辨异录》、《经海一滴》、《宗镜大纲》等佛学作品。这些佛学论著,表明了雍正帝不仅信佛崇佛,而且对佛家经文也很有研究。雍正帝政事不废,又搞了这么多的佛学著作,恐怕也实在难以找到第二个这样的皇帝了。

期间前十年劬劳军国大政和整肃佛教流弊着墨不多。

一、藩邸清闲,用心参禅

根据官方史书记载和学者研究,胤禛御极之前十年光阴浸润于佛法,沉浸在佛海琉璃光世界,曾撰《破尘居士语录》,稿凡数易,皆亲笔斧正,然终未行世,未知何故。此间密交之僧人,前后共有三位:一个是性音,性音字迦陵,号吹余,乃临济宗僧①。初于京西大千佛寺弘法,未久迁住柏林寺,再移住大觉寺任住持。胤禛对他颇为赏识,认为他不仅人品极好,且对佛经"深悟圆通"。胤禛与他理论禅宗机锋,认为他出语惊人,皆为"彻底利生之作"。胤禛即位后元年(1723),性音到庐山隐居修行,谢绝尘境。雍正四年(1726)九月,性音圆寂于归宗寺,雍正帝赐予"圆通妙智禅师"谥号,令将其著述收入藏经。但数年后,雍正帝竟与死去的性音反目为仇,不仅削黜封号,又将其著述撤出藏经。性音是雍正帝即位前结交的高僧,性音有无参与雍正帝争位的密谋,现在无从而知。但从性音与年羹尧、隆科多一样先荣后黜的迹象看,性音当谙知雍正帝争位内情。雍正帝不会放过知道他争位隐事的年羹尧和隆科多,当然也不会放过性音。

另一个僧人名超盛,胤禛将他视为自己的佛门高足。胤禛曾亲自为超盛讲解佛旨,超盛受此殊荣,诚惶诚恐,洗耳恭听。胤禛对这个高足十分满意,说他听其讲解后能"直蹈三关,洞明妙义","目今宗徒内无有出其右者"。京都卧佛寺重修以后,胤禛命他去执掌法席。还有一个僧人

---

① 性音(?—1726),俗姓李,少习儒学,后专治性宗。年二十四,投高阳毗卢真一出家,其后,参谒理安寺之梦庵超格而得付法。历住京师大千佛寺及柏林、理安、归宗、大觉诸刹。今大觉寺有清高宗为迦陵禅师所建的瘗骨舍利塔。著有《宗鉴法林》、《宗统一丝》、《禅宗杂毒海》及语录、语要等百余卷。详见《宗鉴法林》卷七二、《理安寺志》卷五至卷七、《正源略集》卷一二。《禅宗杂毒海》是性音于康熙五十三年(1714)六月改编的一本指示修禅的著作,八卷本。内容依次为佛赞(收诸尊宿之佛祖赞、自赞等)、杂赞(收礼祖像、礼祖塔、示徒、赠别等)、投机(收诸尊宿之投机偈、留赠之偈颂等)、钞化(收依托事物提撕宗乘的偈赞)、杂偈、道号、山居等,并附有普明之牧牛十颂、梁山之牧牛十颂。

名文觉,直接在宫中侍奉胤禛,秘密参与政务。据说胤禛即位后处理的重要军国大事,文觉都参与其事出谋划策,因而深得胤禛之赏识,几成左右手。① 然文觉始终没有公开参政,他虽无官无爵,无品无级,却权势倾朝,炙手可热。雍正十二年(1734年),命文觉往江南朝山,所到之处,地方官对他礼敬有加,"仪卫尊严等王公"。性音、超盛、文觉究竟如何密参朝政?参与了哪些重大朝政?对雍正一朝的政治、经济有何影响?正史不予披载,野史语焉不详,后人便弄不清楚真相了。②

据胤禛本人自述,性音在雍正早期结制参禅过程中曾做过指导,只不过境界不如章嘉国师。雍正帝在《御选语录》卷一八御制后序中说:"朕少年时,喜阅内典,惟慕有为佛事,于诸公案,总以解路推求,心轻禅宗,谓如来正教,不应如是。圣祖敕封灌顶普慧广慈章嘉呼土克图喇嘛,乃真再来人,实大善知识也。梵行精纯,圆通无碍,中外诸土之所皈依,僧俗万众之所钦仰。藩邸清闲,时接茶话者十余载;得其善权方便,因知究竟此事。"胤禛此言表明,他初时结制参禅,唯知从佛教经典上研求,而未知心性中向上之事;及接近章嘉国师,受章嘉亲自指点迷津,方能省悟而得大自在。因此章嘉国师深得雍正信仰,胤禛称道:"章嘉呼土克图国

---

① 雍正帝熟读经史,他从前朝朱棣重用道衍和尚夺了皇权御极明初政坛中深受启发,暗将文觉禅师视为自己的高参,令其参与国家政务。据清史专家冯尔康先生说,雍正朝的几件大案,如宠臣年羹尧(1679—1726)、隆科多(?—1728)的案子,兄弟争权夺势的允禩(1681—1726)、允禟(1683—1726)等人的案子,文觉禅师都出过很多主意,在其中起过重要作用。他还受雍正帝之命,往江南朝山,行程中,其威仪尊严几与王公大臣相等。
② 对于雍正帝是否惑用僧人,他本人的辩解让人感到扑朔迷离。先是,雍正帝闻僧人宏素处所赐《金刚经》有皇帝所作序文,拟刊刻流传,经取来阅看,该序文并非己作。雍正三年(1725)五月二十五日谕礼部:"朕在藩邸时,因府第与柏林寺相近,闲暇之时,间与僧人谈论内典,并非以僧人为可信用也。现临御天下,岂有密用僧人治天下之理?近日直隶宣化府、江南苏州府等处,竟有僧人假称朕旨,在彼招摇生事者,已经发觉惩治。此等小人所为,皆于朕之声名大有关系,尔部不可不严行禁饬,若再有此等,著该地方访拿参奏。""年来各处呈缴御笔,今限期已满尚未有缴者,所缴之内亦有假笔混杂者,朕俱从宽,不行深究。今又有《金刚经》序文之事,尔部可严行各省,此文到之日,再限一年,务令全缴,倘再有隐漏,定行治罪。"见于王先谦编《东华录·雍正六》,第41页;又见中国人民大学清史研究所编《清史编年》第4卷雍正朝,第136—137页。

师剌麻(喇嘛),实为朕证明恩师也。其他禅侣辈不过曾在朕藩邸往来,壬辰巳间坐七时,曾与法会耳。"此中壬辰巳间,指康熙五十一至五十二年壬辰、癸巳(1712—1713)之间,壬辰年九月皇太子再次因罪被废,禁锢于咸安宫①,诸王子争夺皇位正酣,而胤禛随喜与禅侣参禅坐七为乐。在御制后序中,他又交代了此时藩邸往来参与法会之性音出场的经过。"迦陵性音之得见朕也,乃朕初欲随喜结七,因柏林方丈年老,问及都中堂头,佥云:只有千佛音禅师。乃命召至。既见,问难甚久,其伎俩未能令朕发一疑情,迫窘诘屈,但云:王爷解路过于大慧杲,贫衲实无计奈何矣。朕笑云:汝等只管打七,余且在傍随喜。"此后性音又劝胤禛"研辨五家宗旨"。胤禛问:五家宗旨如何研辨?性音云:"宗旨须待口传。"胤禛不以为然:"是何言欤?口传耳受岂是拈花别传之旨?堂堂丈夫岂肯拾人涕唾?"从此,二十年弃语录而不肯读,胤禛自陈,"此府中(雍亲王府)、宫中人人之所尽知者"。

　　胤禛之喜谈禅并与禅侣为伍不完全是烟幕,他的确是下过不少真参实学的苦功夫。他不仅是清代历史上唯一参禅能"破三关"的皇帝,而且像他这种情况也是当世宗门中少见。所以他津津乐道其平生参究因缘:"壬辰(1712)春正月,延僧坐七,二十、二十一随喜同坐两日,共五枝香,即洞达本来,方知惟此一事实之理。然自知未造究竟,而迦陵音乃踊跃赞叹,遂谓已彻玄微,偈倜称许。叩问章嘉,乃曰:'若王所见,如针破纸窗,从隙窥天。虽云见天,然天体广大,针隙中之见,可谓遍见乎?佛法无边,当勉进步。'朕闻斯语,深洽朕意。二月中,复结制于集云堂,着力参求。十四日晚,经行次,出得一身透汗,桶底当下脱落,始知实有重关之理。乃复问证章嘉,章嘉国师云:'王今见处虽进一步,譬犹出在庭院中观天矣。然天体无尽,究未悉见,法体无量,当更加勇猛精进,云云。'

---

① 《清史稿》卷八,圣祖本纪三,康熙五十一年壬辰九月皇太子胤礽"复以罪废,锢于咸安宫"。据清史学家研究,皇太子再次因罪被废遭圈禁后,诸王子争夺皇位正酣,胤禛却对皇父始终是"诚"与"孝",对兄弟"不结党"、"不结怨"。

朕将章嘉示语问之迦陵音,则茫然不解其意,但支吾云:'此不过剌麻(喇嘛)教回途工夫之论,更有何事?'而朕谛信章嘉之垂示,而不然性音之妄可,仍勤提撕。恰至明年癸巳(1713)之正月二十一日,复堂中静坐,无意中忽蹋末后一关,方达三身四智合一之理,物我一如本空之道,庆快平生。诣章嘉所礼谢,国师望见,即曰:'王得大自在矣!'"[1]

胤禛对禅宗费心参究,得章嘉国师印可,透末后关,"得大自在"。在《御选语录总序》中,他指出:"如来正法眼藏,教外别传,实有透三关之理,是真语者,是实语者,不妄语者,不诳语者。有志于道之人,则须勤参力究,由一而三,步步皆有着落,非可颟顸函胡,自欺欺人。朕既深明此事,不惜话堕,逐一指明"。透三关的第一关是初步破参:学人初登解脱之门,乍释业系之苦,觉山河大地,十方虚空,并皆消殒。识得现在七尺之躯,不过"地、水、火、风",自然彻底清净,不挂一丝。第二关为透重关,初步破参后,前后际断,乃知山者山,河者河,大地者大地,十方虚空者十方虚空,地水火风者地水火风,乃至无明者无明,烦恼者烦恼,色声香味触法者色声香味触法,尽是本分,皆是菩提,无一物非我身,无一物是我己。境智融通,色空无碍,获大自在,常住不动,这就是透重关,也称为"大死大活者"。第三,透重关后,家舍即在途中,途中不离家舍,明头也合,暗头也合,寂即是照,照即是寂。行斯住斯,体斯用斯,空斯有斯,古斯今斯,无生故长生,无灭故不灭。如斯惺惺行履,无明执著,自然消落,方能蹋末后一关。胤禛既亲历三关体验,复再强调,"虽云透三关,而实无透者,不过如来如是,我亦如是。从此方修无修,证无证,妙觉普明,圆照法界。一为无量,无量为一,大中现小,小中现大。坐微尘里转大法轮,于一毫端现宝王刹。救拔众生,利用无尽,佛佛祖祖皆为此一大事因缘出现于世。达摩西来,历代授受,古德传灯,无尽光中,大圆镜里,日往月来,以至于今"。

胤禛识得佛佛祖祖,觉悟生民,救拔众生,"皆为此一大事因缘出现

---

[1] 参见雍正御制佛教大典《御选语录》卷一八,御制后序。

于世"。由此他反观当世宗门实况："去圣遥远,魔外益繁,不达佛心,妄参祖席,金山泥封,慧日云蔽"。胤禛根据其讹谬,也总结了三种情况:第一,其上者认幻妄为真常,不是形同槁木、心等死灰,就是固执断见、变作狂华,谓因果之皆空,恣猖狂而不返;第二,其下者,扬眉瞬目,竖指擎拳,作识神之活计,张日下之孤灯,到得腊尽岁除时,方知依旧是个茫茫无据;第三,又其下者,从经教语录中,挂取葛藤,从诸方举扬处,拾人涕唾,发狂乱之知见,翳于自心,立幻化之色声,作为实法,向真如境上鼓动心机,于无脱法中自生系缚。胤禛对此批评说:"情尘积滞,识浪奔催,瞒己瞒人,欺心欺佛,全是为名为利,却来说妙说元(玄)。盲驴牵盲驴,沿磨盘而绕转;痴梦证痴梦,拈漆桶为瓣香。是则循觉路而扑火轮,能不由善因而招恶果? 如是三者,实繁有徒,宗旨不明,沉沦浩劫矣。"胤禛于此禅学心得颇为自负,为他日后介入禅门僧争而提倡融合佛教诸宗打下思想基础。

二、劬劳国政,整肃弊风

时来运转,藩邸十年"清闲"的生活,在康熙帝驾崩后发生了重大转折,皇四子雍亲王胤禛承继大统。雍正即位改元,从整饬吏治入手,刷新各项政事。雍正元年(1723)三月二十二日(4月26日),擢内务府员外郎鄂尔泰为江苏布政使。是年八月,鄂尔泰抵任,首先推出《实政十条》通行晓谕,其中禁妇女入庙烧香、禁游方僧道、禁赛会三条有关民间宗教事宜[①],这预示了雍正朝要整肃佛教的信号。与此同时,雍正帝也发出了保护佛教的密折,六月十八日(7月19日),命浙江巡抚李馥护持寺院。在其奏折上朱批曰:"朕向来三教并重,一体尊崇,于奉佛敬山之礼不稍轻忽,每见章句之士鄙薄(佛、老)二氏,动辄摈斥,而托名理学者尤甚,即考其操履与理

---

① 中国人民大学清史研究所编:《清史编年》第4卷雍正朝,第14页。《实政十条》另外几条是禁打降,禁唆讼,禁赌博,禁土豪,禁婚嫁逾制,禁丧葬违礼。

学真诠又大相径庭,此不过井蛙篱鹦之徒耳,何足与较。浙江俗称僧海,乃衲子卓锡胜地,而近来丛林凋谢,可胜叹息。汝可于公务之暇,留心护持。"末了又慎重叮咛:"此谕汝自领会,毋令人知。何也？士子闻之,徒为好佛之讥;释子闻之,致增我慢之相,其中庸流,或因而纵肆,甚至紊乱清规,有干法纪,是朕怜之反而害之也。"①雍正帝给臣工密折的朱批透露了帝王好佛可能带来的影响,他对此保持了相当的清醒和理性。

为了确保大清江山稳固,雍正帝继位后对民间社会秩序加强了统治。他继承顺康两朝"崇正黜邪"的方针政策,一方面以儒家伦理对民众实施社会教化政策,以化民成俗,于雍正二年(1724)刊刻《圣谕广训》,在全国城乡范围,每逢朔望讲读;另一方面,抑制对民众具有重大影响力的宗教,以防形成难以控制的对抗朝廷的民间势力。雍正帝御极伊始即颁布推广他在康熙《圣谕十六条》基础上延伸而成的《圣谕广训》,对民众进行思想教化,可以说是从正面防范异端邪教"煽惑人心",以免"左道惑众"、"树党结盟"。雍正帝在《圣谕广训》的序言中说明颁发缘由:"朕缵承大统,临御兆人,以圣祖之心为心,以圣祖之政为政,夙夜黾勉,率由旧章,唯恐小民遵信奉行,久而或怠,用申告诫,以示提撕。仅将上谕十六条,寻绎其义,推衍其文,共得万言,名曰圣谕广训。旁征远引,往复周详,意取显明,语多直朴,无非奉先至,以启后人,使群黎百姓,家喻户晓也……共勉为谨身节用之庶人,近除夫浮薄嚣凌之陋习,则风俗醇厚,室家和平。"②雍正帝在此表明自己继承康熙帝遗志,以使群黎百姓,家喻户晓,节用去奢,风俗醇厚。而他对圣谕第七条"黜异端以崇正学"做了如下推衍晓谕:

> 朕惟欲厚风俗,先正人心;欲正人心,先端学术……王道悉本正学,至于非圣之书、不经之典,惊世骇俗,纷纷藉藉,起而为民物之蠹

---

① 雍正《朱批谕旨》,参见中国人民大学清史研究所编《清史编年》第4卷雍正朝,第26页。
② 参见纪昀等总纂之《钦定四库全书》子部一,儒家类中收录《圣谕广训》序。

者,皆为异端,所宜屏绝。凡尔兵民,愿谨淳朴者固多,间或迷于他岐,以无知而罹罪戾,朕甚悯之。自古三教流传,儒宗而外,厥有仙释。朱子曰:释氏之教,都不管天地四方,只得理会一个心;老氏之教,只是要存得一个神气。此朱子持平之言,可知释道之本指矣。自游食无籍之辈,阴窃其名,以坏其术,大率假灾祥祸福之事,以售其诞幻无稽之谈。始则诱取赀财,以图肥己。渐至男女混淆,聚处为烧香之会;农工废业,相逢多语怪之人。又其甚者,奸回邪匿,窜伏其中,树党结盟,夜聚晓散,干名犯义,惑世诬民。及一旦发觉,征捕株连,身陷囹圄,累及妻子。教主已为罪魁,福缘且为祸本。如白莲、闻香等教,接(即)前车之鉴也。又如西洋教宗天主,亦属不经,因其人通历数,故国家用之,尔等不可不知也。

夫左道惑众,律所不宥;师巫邪术,邦有常刑。朝廷立法之意,无非禁民为非、导民为善,黜邪崇正、去危就安。尔兵民以父母之身,生太平无事之日,衣食有赖,俯仰无忧,而顾昧恒性,而即匪彝,犯王章而干国宪,不亦愚之甚哉?!我圣祖仁皇帝,渐民以仁,摩民以义,艺极陈常,煌煌大训,所以为世道人心计者,至深远矣。尔兵民等,宜仰体圣心,只尊圣教,摈斥异端,直如盗贼水火。且水火盗贼,害止其身;异端之害,害及人心。心之本体,有正无邪,苟有主持,自然不惑,将见品行端方,诸邪不能胜。家庭和顺,遇难可以成祥;事亲孝君,忠尽人事者,及足以集天体;不求非分,不作非为,敦本业者,集可以迓神庆。尔服、尔耕、尔讲、尔武,安布帛菽粟之常,遵荡平正直之化,则异端不待驱而自息矣。①

雍正帝晓谕的对象是广大兵民,针锋所指并非释老之教,而是那些"阴窃其名,以坏其术"的游食无籍之辈以至白莲、闻香等教。雍正帝铺陈了此等"惑世诬民"之教的种种危害,无非是明末以降直至顺康朝以来

---

① 《圣谕广训》见录于纪昀等总纂《钦定四库全书》子部一,儒家类中。

百多年不断取缔民间秘密宗教的回响和再现,令人瞠目的是雍正帝除了重申传统律法所禁止的左道惑众、师巫邪术外,把西洋宗教亦列入荒诞不经之列,他提醒人民,只是"因其人通历数,故国家用之,尔等不可不知也"。如果联系康熙朝因礼仪之争而对天主教实行禁教政策,对此我们又会感到毫不奇怪。雍正元年(1723)十二月十七日(1724年1月12日)严禁天主教,准浙闽总督保奏:"西洋人在各省起天主堂行教,人心渐被煽惑。请将各省西洋人除送京效力外,余俱安插澳门。天主堂改为公所,误入其教者严行禁饬。"这也是对康熙政策的继承。雍正二年(1724)六月,召见在京传教士,说明中国禁教理由。云:"尔等欲我中国人尽为教徒,一旦如此,岂不成为尔等皇帝之百姓乎?教徒唯认识尔等,一旦边境有事,百姓唯尔等之命是从,虽现在不必顾虑及此,然苟千万战舰来我海岸,则祸患大矣!"又言:中国北有俄罗斯,不可轻视。欧西各国,亦要担心。"俄国使臣曾请求在各省通商,为朕所推辞,唯允彼等在北京及边境贸易而已。今朕许尔等居住北京及广州,不深入各省,尔等有何怨乎?现朕既登皇位,朕唯一之本分,是为国家而治事。"①自此之后,清廷禁天主教达一百二十年,直至道光二十二年(1842)签订《南京条约》才得以弛禁。

  同样是在雍正二年的四月,雍正帝发布取缔邪教令,命严禁白莲、罗门等"邪教"。雍正帝以朱批谕湖广总督杨宗仁,"安良莫如除暴,扶正必先黜邪"。白莲、罗门等教"妄立名号,诳诱痴迷,假因果之说,饰诡异之迹,夜聚晓散,男女混杂,黠者同声相和,愚者罔识其非,争趋崇奉,党类潜滋,妨耕废织,莫此为甚"。应"饬行所属,密访渠魁,严拿究惩"。又有朱批命署江苏巡抚何天培,严禁江南"邪教"。云:"此等若不伐绝根株,必致日久蔓延。"如"养奸遗患",该管各官一并重处。五月,谕河南巡抚石文焯,严禁白莲教,"不惜重赏,弋获首恶"。六月间,又密谕江西巡抚严禁邪教。嘱以"毋得张大声势,以骇视听,唯当留心密访,设法缉获,只

---

① 中国人民大学清史研究所编:《清史编年》第4卷雍正朝,第50—51页。

将为首者重惩,其余被诱者,概不深究。"①六月十一日(7月30日),对民间任意设坛求雨也加禁止。谕称:民间任意设坛,触犯鬼神,聚集不肖僧道,妄行求雨,殊属非分。嗣后,除奉旨外,只可在寺庙诵经求雨。如私自设坛,借求雨之名,妄作法术,即以妖言惑众治罪。当时,又以妇女成群聚会,往寺庙进香,有坏风俗。经礼部议,将妇女往寺庙进香、起会之处,严行禁止,犯者照例治罪。其住持及门人不禁者同罪。②九月十二日(10月28日),山东巡抚陈世倌奏报:山东"邪教",有大成、无为、罗祖、空子等名,以烧香讽经为事,以修真养命为说,有"真空家乡、无生父母"口诀,引诱愚民入教,每月纳钱供养。经密访,已于鱼台、金乡、单县拿获会首李万禄、张焕、王天保等多人。③

雍正八年(1730)正月,上谕内阁:"从来左道妖言,如谶纬、图记、灾祥、祸福之属,皆足以惑世诬民,为人心风俗之大患。自古帝王皆深恶而严禁之,苟有犯者,必置重典,虽赦不宥,所以为世道民风计者至深远也。(中略)可知僧道、医卜、星相之类,往往为奸宄之所潜藏,不可不慎重也。昨总督范时绎又于江南人家,查出违禁图谶之书,是草野之间妖言惑众之风未尝止息。地方官员倘不能化导禁约,转从而崇信之,是竟以身为庶民之倡,又何怪闾阎无知之人,沉溺其中而不知觉悟耶?凡造为灾异祸福之说者,其言不验,则为害尚小;倘天时、气数偶与其言顶合一二,则信者愈众而为害愈大,甚至心怀不轨之徒藉此妖言,妄兴兵革,荼毒生灵,不可不防其渐也。"雍正对左道妖言之为害本质认识足够清晰,主张防微杜渐,而提倡忠孝之道,令兵民等安分循理,既以善恶必有报晓之以理,又以刑法重典使之畏惧。"满洲八旗大臣弁兵等,皆国家干城、腹心之寄,况我满洲忠义之气、技勇之才,实为人所莫及。果能安分循理,尽忠孝之道,无邪僻之行,自然上邀天地之恩,永受国家之泽。《书》曰:惠

---

① 中国人民大学清史研究所编:《清史编年》第4卷雍正朝,第76页。
② 同上书,第82页。
③ 同上书,第95页。

迪吉,从逆凶;又曰:作善降之百祥,作不善降之百殃。尔等但当于己身求之,为善必获善报,为恶必获恶报,所谓如影随形也。奈何舍可以获福之正理,而信从奸民无稽之言?被其牵累,轻则罹于刑罚,重则丧及身家,不亦可怜之甚乎!大凡为欺人惑众之说者,皆市井凶顽无赖之辈。或胸怀不轨,冀以摇动人心;或贫困无依,欲以骗取财物。尔等试思之:天下焉有修道前知之人,不遁迹于清净寥廓之乡,而奔走红尘,与世俗相征逐者乎?"①雍正谕令打击的左道妖言的"黑名单"里,僧道也赫然成为被防范"奸宄之所潜藏"的重点对象。

由上可见,雍正年间"邪教"四起,已遍及湖广、江苏、河南、江西、山东等省。而可悲的事实表明,清廷取缔邪教的同时,佛教却也难逃池鱼之殃。对此我们只要翻看清统治者严禁邪教谕令中有关不法僧道或禁止妇女进寺庙烧香等等文字屡见不鲜②,就足以说明情况。雍正上述谕令中也提到:不肖僧道,妄作法术,妖言惑众;妇女成群聚会,往寺庙进香,有坏风俗,云云。在清政府看来,由于白莲、闻香等教,经常夜聚晓散、男女混杂,以烧香祈福为名,而行伤风败俗、干犯法纪之实。因此,为匡正社会风气,清帝谕旨一再重申禁止妇女私入寺院。而雍正帝对于臣下不当的"殃及池鱼"奏章,也往往予以驳回并加以处罚。如雍正三年(1725)十二月初一日,御史钱以瑛条奏:请敕下各省督抚,勒令尼姑还俗;民间女子年至二十未嫁者速行择配。上谕:"朕于天下兆民惟恐一夫一妇不获其所,各省尼姑不下数万人,一时以官法勒令还俗,必致失所,

---

① 王先谦编:《东华录·雍正十六》,第 2 页。参见《周叔迦佛学论著全集》第 7 册,第 3260—3261 页。
② 查天聪五年上谕:"凡喇嘛班第居城外清净寺庙焚修,不许容留妇人,违者勒令还俗。其有施斋于喇嘛班第者,许令男人馈送本寺。若妇人私邀喇嘛班第到家者,以奸论罪。家人出首者,准其离主。钦此。"又,顺治十八年题准:"凡妇女不许私入寺庙烧香,违者治以奸罪。旁人能出首者,罚本犯银十两给之。"又,康熙六年议准:"喇嘛所住寺庙,若容留妇女行走者,将喇嘛班第鞭一百。其妇女之夫,系官,罚俸一年;系平人,夫妇各鞭一百。"参见马建石、杨育棠主编《大清律例通考校注》,第 542 页,北京,中国政法大学出版社,1992。

朕不忍为。"责钱以瑛所奏"鄙琐不通"、"庸迂胡涂",命勒令休致。①

清廷不断严禁邪教,正好说明了清代"邪教"的盛行②。而民间社会中"邪教"之盛行,不仅迫使清政府进一步加强对佛教寺庙僧道的限制和管理,而且催生了清政府出台相应的法律制裁。清律以明律为蓝本,从顺治朝就开始修订,因为条例的形式灵活,便于及时将统治者的意志上升为法律,所以很受清朝统治阶级的重视,其作用和效力往往在律之上。条例的数量发展很快,康熙时修律,附例二百九十条,雍正时修律,例已达八百一十五条。③《大清律例》中关涉到宗教的律例主要存在于刑律、户律和礼律中,如户律有私创庵院及私度僧道律例七条和僧道娶妻律;礼律有亵渎神明律和禁止师巫邪术律例七条,还有僧道拜父母律、术士妄言祸福律;此外,谋反大逆中的谋叛律和造妖书妖言律例四条也有牵涉宗教者。现将雍正朝附入大清律的治僧定例择其要者录几条。雍正元年(1723)八月,内侍郎李凤翥条奏定例:凡各省有迎神赛会者,照师巫邪术例,将为首之人从重治罪。其有男女嬉游花费者,照治家不严例,罪坐家长。④ 雍正三年(1725),刑部定例两条:其一,邪教惑众,除照律治罪外,如该地方官不行严禁,在京五城御史,在外督抚,徇庇不行纠参,一并交部议处。旁人出首者,于各犯名下并追银二十两充赏;如系应捕之人拿获,追银十两充赏。其二,僧道官、僧人、道士有犯狎妓、饮酒者,俱问违制,发原籍为民。⑤ 雍正五年(1727)定例:僧人犯罪,凡拟斩绞免死,减等发遣,军流充徒枷号者,俱勒令永远还俗。至遣戍之所,令该管官严行稽查,其释回者,亦令地方官严行稽查,不许复为僧道。⑥ 雍正七年

---

① 中国人民大学清史研究所编:《清史编年》第4卷雍正朝,第162页。"休致",即退休弃官之义。
② 参见庄吉发《清朝宗教政策的探讨》,《清史论集(五)》,台北,文史哲出版社,2000。
③ 参见马建石、杨育棠主编《大清律例通考校注》,第1页。
④ 律例中对迎神赛会的注释是:师巫迎请神像,开设祭会来迷惑众人并骗取钱财。《大清律例》中有禁师巫邪术例七条。参见马建石、杨育棠主编《大清律例通考校注》,第543页。
⑤ 参见《大清会典事例》卷七六六、卷八二五,刑部有关条例。
⑥ 中国人民大学清史研究所编:《清史编年》第4卷雍正朝,第305页。

(1729)覆准:游方僧道等,责令僧道官管辖,地方官遴选恪守清规者,咨部照例给札。①

透过《大清律例》和雍正朝定例,可以看出当时民间宗教的兴盛和不法僧道的种种流弊现象,同时也反映了僧尼在社会上的生活实态。雍正三年(1725)夏四月,谕刑部,"朕每览所奏罪犯案内,多有僧人不法致干宪典者"。谕旨认为,为僧无清净心,行凶顽事,则其非僧也必矣。在雍正看来,释氏之教,虽不足为治世理民之用,而空诸色相、遗弃荣利,有戒定慧之学,有贪瞋痴之戒,为说虽多,总不出乎寡欲、摄心、戒恶、行善四端为大要。为其徒者,虽有为禅、为律、为讲、为持诵之不同,然莫不以上四端为本。至于混迹僧徒,实乖僧行者,"饮酒食肉,肆为不法,有应付、马流、鏖头、挂搭、闯棍、江湖、捏怪、炼魔、泼皮等名色"。皆败坏僧教,甘为非法,何得称佛门弟子乎?若概以僧目之,则苗莠弗辨,泾渭莫分矣!此非为僧人正其名色,盖核名实,辨是非,国家劝惩之法,不可忽也。雍正帝命刑部行文直省,嗣后凡遇缁流犯法,须按是何名色之僧人入案呈奏,审拟定罪。若既称戒僧,有干犯法纪之事,必严加治罪。②

在雍正年间,僧侣犯法除了诉诸刑律以外,还必须勒令永远还俗,以免玷污佛教清规。雍正三年刑部奏准,对不法僧道及僧道官之审处原例做修改如下:僧道官有犯,不论在京在外,依律径自提问,受财枉法亦计赃问罪。及僧道有犯奸诈盗伪、逞私争讼、怙终故犯,并一应赃私罪名,有玷清规妨碍行止者,究出俗家姓名,责令还俗,仍依律例科断。若犯公事失错、因人连累及过误致罪,于行止戒规无碍者,悉令纳赎,各还职为僧为道。③

---

① 《大清会典事例》卷五〇一,第 2 页,礼部,方伎。
② 王先谦编:《东华录·雍正六》,第 23 页。《大清会典事例》刑律斗殴卷八〇九,第 1 页。参见《清代佛教史料辑稿》,《周叔迦佛学论著全集》第 7 册,第 3231、3250 页。
③ 《大清会典事例》卷七二四,刑部,名例律。原例为:僧道官有犯,系京官具奏提问,在外依律径自提问,受财枉法满数亦问充军。及僧道有犯奸诈盗伪、逞私争讼、怙终故犯,并一应赃私罪名,有玷清规妨碍行止者,俱发还俗。若犯公事失错、因人连累及过误致罪,于行止戒规无碍者,悉令运炭纳米等项,各还职为僧为道。(《清代佛教史料辑稿》,《周叔迦佛学论著全集》第 7 册,第 3235 页)

雍正五年(1727)谕:僧人皈依释教,自当确守清规,置身方外,始为清净之徒。若干犯王章,身蹈罪戾,已为佛法所不容,何得复称释子,俾得借以为非?①

僧人干犯法纪,在雍正帝眼里不单是世法所不容,更为佛法所难容。故须勒令其还俗不许再入佛门,以免破坏僧众原本应有的清净形象而使佛教遭到世人的道德谴责。雍正朝对佛教僧众的法律约束,雍正帝对僧人不法的严声呵责也反映出当世僧团龙蛇混杂、僧尼良莠不齐的情形。雍正帝对不肖僧道的上谕指责,对不法僧道的司法约束,看似严厉,实有助于整顿佛门的龙蛇混杂。雍正帝严厉镇压异端邪教,对佛教也有震慑作用。雍正帝对异端邪教采取的严厉禁令和打压,充分表明了他对异端邪教的看法和态度,其中也夹杂着他对不法僧道、不肖僧道的鄙夷或痛恨,乃至恐惧和担忧等种种复杂的心理情感。在雍正帝看来,那些不肖僧道在民间妄作法术,妖言惑众,欺财骗色,既危害社会,又败坏风俗,他们所行实与异端邪教无异,而和正宗的释老之教有本质上的区别。

扶正必先黜邪,而黜邪也要示之以正。在上述雍正帝对"黜异端以崇正学"的晓谕中,他援引朱子对释老之教的看法,释氏之教是要"理会一个心",老氏之教是要"存得一个神气",他称赞朱子是持平之论,"可知释道之本指"。雍正五年(1727)四月初八日,时逢佛诞,谕内阁九卿等:"凡天下中外设教之意,未有不以忠君、孝亲、奖善惩恶、戒淫戒杀、明心性、端人品为本务者。其初创设之人,自然非寻常凡夫俗子,必有可取,方能令人久久奉行。"但"末学后人敷衍支离,而生种种悖谬之说,遂成异端"②。雍正十一年(1733)三月十四日(4月27日),雍正帝批评"假理学排诋释道之教"。谕中又引朱熹之言,训诫士子研究理学"必贵乎实心理会,实力施行"。雍正帝认为,理学有真伪,假理学排诋释道之教,自命理

① 《大清会典事例》卷七五二;《清代佛教史料辑稿》,《周叔迦佛学论著全集》第7册,第3240页。
② 《雍正起居注》,参见中国人民大学清史研究所编《清史编年》第4卷雍正朝,第262页。

学,以为欺世盗名之计。而"佛仙之教,以修身见性、劝善去恶、舍贪除欲、忍辱和光为本,若果能融会贯通,实为理学之助。彼世之不知仙佛设教之意,而复不知理学之本原,但强以辟佛老为理学者,皆未见颜色之论也"①。而对于佛教中的异端,雍正帝也有明确的界定:

> 释氏原以清净无为为本,以明心见性为功,所以自修自全之道,莫善于此。若云必昧君臣之义,忘父子之亲,弃置伦常,同归寂灭,更有妄谈祸福,煽惑凡庸,借口空门,潜藏奸宄,此则佛教中之异端也。②

雍正帝在批评假理学排斥佛教异端的同时,着手整顿禅门弊风,为此,他于十一年(1733)四月初一编定《御选语录》后特发一道上谕,着礼部传谕直省督抚,晓示天下宗门丛林。谕称:"朕意禅宗莫盛于今日,亦莫衰于今日。(中略)虽宗徒愈盛,而宗旨愈泯矣,良可慨叹!特颁明谕,晓示丛林。"雍正帝有针对性地提出整套治弊方案,乃至他亲自披挂上阵,谕曰:"目今直省诸刹堂头,若有自信无疑,已臻向上,如愿来见朕者,著来京,朕自以佛法接之。其深山穷谷之中,或有独老烟霞,不肯受盲师衣拂,自具正知正见之人,宜念宗风颓败,当出而仰报佛恩。果是实踏三关,知见超越,朕必褒赐禅师之号,令续从上诸祖法乳。设若以名利心,生侥幸想,一至朕前,水落石出。伊既希冀世荣,朕即投诸法网。其或本未自信,不过依样葫芦,既称禅徒,只得说法。正见魔见两皆不具者,闻朕此旨,当竭力领众结制坐香,勤求本分。或摘钟撤板,或弃拂舍篦,重复加力参学,必期了证,毋再自欺误人。若大诳语成,则善因而遭恶果,何苦如此?其余缁侣,未受付嘱者,当念佛祖留此法门,原为众生生死,若不以了生死为念,披袈裟何事?要了生死,须明心地。勿守一知半解,得少为足;勿堕学识依通,未证谓证;勿但图妄嘱,出头误人。勿苟合世

---

① 《上谕内阁》,参见中国人民大学清史研究所编《清史编年》第4卷雍正朝,第564—565页。
② 《雍正起居注》,雍正五年四月初八日,谕旨。

法,求名损己。所谓业识茫茫,无本可据。上则辜负佛祖眉毛拖地之深思,下则辜负自己本来具足之面目,长受沉沦,永依苦趣,诚为可悯,岂不惕然?(中略)若惟以邪知邪见,密传口授,欺己欺人,贪名逐利,世谛流布,毁犯戒律,则俗子之不如,岂法门所宜有!亟须自省,知往修来,毋负朕谆切护法训诲之至意。"①

雍正帝虽然说他御极以来十年未谈佛法,但他对底层民众实施教化政策,复严禁异端邪教,打击不法僧道,尔后又反复告诫释子、士子何为正教、正学,批评假理学排诋释道之教是欺世盗名,直至针对禅门弊风专门宣谕。如此看来,他勋劳国政之际,又何尝离开过佛法?雍正朝有一位沈近思,浙江钱塘人,康熙三十九年(1700)进士,在雍正五年由吏部左侍郎升为都察院左都御史。少孤贫,为僧灵隐寺。雍正帝通佛理,曾以之问沈近思,对曰:"臣少年潦倒时,尝逃于此。幸得通籍,方留心经世事以报国家,亦知皇上圣明天纵,早悟大乘,然万几为重,臣愿皇上为尧舜,不愿皇上为释迦。即有所记,安敢妄言,以分圣虑!"②以雍正帝的性格,他是既要做皇上,又要做释迦。所以,有学者就说他是"身兼人王与法王"③,或者如本文开头所说,"融法王兼人王之尊于一身"。

三、介入僧争,提倡圆融

雍正帝做皇帝一共十三年,前十年中基本上是在尽"人王"之责,我们可以回想他在雍正二年(1724)六月召见在京传教士说明中国禁教理由时所说的一句话:"现朕既登皇位,朕唯一之本分,是为国家而治事。"但雍正帝超越常人的地方是他的驾驭能力极强,在生命的最后三年,他为"法王"的角色也做了冲刺。这表现在他富有计划性地展开各项佛教

---

① 雍正御制佛教大典《御选语录》卷一二之《上谕附录》,第616—618页。
② 中国人民大学清史研究所编:《清史编年》第4卷雍正朝,第244页。
③ 语出圣空法师《雍正的佛教政策与事业》,第一节标题"雍正身兼人王与法王",见于《清世宗与佛教》第五章,台北,中华佛学研究所,2000。

事业:编语录,斋僧道,开法会,等等。① 据雍正帝自述,编纂语录过程中阅读到圆悟和法藏之争,勃然而怒,于是写了《拣魔辨异录》声讨。然而,雍正不只在文字上大力批判"魔忍父子",而且还动用皇权灭绝法藏一派,命令各省有司将其开除出"祖庭",撤去其钟板,削去其宗支,销毁其著书。这就难怪后世说他不惜以帝王之尊干预僧争,臧否禅门大德。但联系其他因素综合来看,雍正帝这样做除了抱有深隐之政治目的外,可能还在于他试图针对禅门现状而提倡佛学圆融思想,主张儒释道三教融合、佛教诸宗一致、禅宗五家一味,并主张整肃禅门弊风,鼓吹净土法门(师法云栖袾宏)。而其以帝王之权威提倡融合思想和念佛法门,不惟给当世禅门很大激励,而且对近世佛教亦影响甚深,这也是不容置疑的事实。

雍正帝在这三年里对佛教的态度及其致力于佛教事业的功过得失,已有不少学人做了褒贬互见的评价。引人注目的是,圣空法师在《雍正的佛教政策与事业》中如是评论:自清朝在关外时期开始接触佛教到入关后的顺康时期将近百年,此一时期,清廷的佛教政策从延续明律到逐渐修改与新增的过程中,反映出佛教有不同于明朝时期的发展与转变。而雍正帝对于顺康时期的佛教政策,几乎是全盘接收,举凡建寺护僧、亲撰碑文、赐封号等等。若是顺治、康熙二帝曾巡幸的寺院,雍正帝更注重对那些寺院的维护。尤其是顺治帝所景仰的玉琳琇国师门下法嗣所驻锡的寺院②,雍正帝还特颁上谕,督促官员注意寺院的修缮。此外,雍正帝在最后三年,则

---

① 雍正帝在即位时,已计划"十年后庶政渐理,然后谈及佛法"。因此,从雍正帝的佛教事业与对佛寺的建设、护持,也大多集中在十一年到十三年(1733—1735)间,不难发现雍正帝是有计划地在发展他的佛教事业,只可惜雍正帝在位仅十三年,无缘看到他振兴佛教。而在雍正帝执政的头十年,似乎也没有公开谈论佛法,仅能于朱批密折中得见一二。据雍正帝自述原因,一来是因政务冗繁,无暇骛外,二来则"恐天下臣民不知朕心者或起崇尚佛教轻视政事之疑"。待十年之后,朝廷政局大致已稳定,雍正帝开始颁发有关佛教方面的谕旨,以及编撰《御选语录》与《拣魔辨异录》,并于宫中举办法会,与天下释子、羽士以及王公大臣等,谈佛论道。雍正帝晚年对佛教藏经的刊刻极为拥护,发展佛教事业更是不遗余力,包括修缮佛寺、济助寺院以及传皇戒与斋僧等等。
② 驻锡,指僧人长期驻留一地。"锡"指锡杖,上端有金属镮,僧人行历时振动发出声音,用以惊逐禽兽虫豸,或为行乞时,用以叩门晓人。故僧侣至一山一寺,称为驻锡,亦称挂搭、挂锡。

致力于佛教政策与事业方面,其公开度与盛大的情况,是清朝开国以来前所未有的,只可惜仅有短短的三年,但雍正帝对佛教事业的用心,值得称赞。① 据研究,雍正帝晚年的佛教事业主要有三项:一是编语录并刻藏;二是斋僧道、开法会与传皇戒;三是修缮护持寺庙。兹先对雍正帝晚年的佛学著作内容及其思想略加述评,然后再阐述其他两项佛教事业,以揭示雍正帝晚年的佛教心境和态度。②

1. 编纂语录,开刻藏经

雍正帝少年时即喜读内典,在读书时,将自己喜欢的文章编辑成《悦心集》,里面所选多看透世事、任情放达的文章。如《醒世歌》曰:"南来北往走西东,看得浮生总是空。天也空,地也空,人生杳杳在其中。日也空,月也空,来来往往有何功。田也空,地也空,换了多少主人翁。金也空,银也空,死后何曾在手中。妻也空,子也空,黄泉路上不相逢。"据载,早年雍正帝也曾作《破尘居士录》,但终未刊刻行世。雍正帝晚年著述,刊刻者有四种最为著名:雍正十一年编成刊行《御选语录》十九卷和《拣魔辨异录》八卷;雍正十三年,继十二年刊行延寿和尚《宗镜录》大纲一百卷后,他又精编而成《宗镜大纲》二十卷刊行;同年又精选二十种佛经,编成《经海一滴》六卷刊行。这几种著作基本反映了他的思想渊源和佛学造诣。

雍正十一年(1733)四月初一(5月14日),编成《御选语录》,作《御制总序》。《御制总序》中,雍正帝自言其学佛经过及编纂用意,他称编此语录是

---

① 参见圣空法师《雍正的佛教政策与事业》,见于《清世宗与佛教》第五章。又参见陈肇璧《雍正皇帝与清代佛教》(1994):雍正皇帝一生建设二十五寺,为奖励禅宗,修建十四寺;为扶助藏传佛教,启建九寺,尤以修建惠远庙供养达赖喇嘛用费四十万两最巨,后续补给修缮未计在内。修建各寺中纪念康熙皇帝的计有十二寺,以尽人子孝道。对僧侣的控制甚严,禁止妄收徒众,剃度弟子、私自建庙。僧侣犯罪刑加一等。传皇戒之后在宫中启建禅七法会在教史上少见。斋僧十省亦为当代大事。
② 这里主要指雍正帝在世的最后三年,从雍正十一年至十三年。雍正帝于十三年八月二十三日(10月8日)子刻逝世,享年五十八岁。九月初三(10月18日),时年二十四岁的皇太子弘历于太和殿即皇帝位,以次年为乾隆元年。

为向众人指明"正法眼藏"、"透三关之理",使民物得安,不被邪魔蒙蔽。他开宗明义说:"朕膺元后父母之任,并非开堂秉拂之人,欲期民物之安,惟循周孔之辙。所以御极以来,十年未谈禅宗。但念人天慧命,佛祖别传,弃双眉拖地,以悟众生,留无上金丹,以起枯朽,岂得任彼邪魔瞎其正眼,鼓诸涂毒,灭尽妙心?朕实有不得不言,不忍不言者。"雍正帝自陈:"阅从上古锥语录中,择提持向上,直指真宗者,并撷其至言,手为删辑。(中略)其他披览未周,即采掇未及,非曰此外无可取也。"而他选录的这么多大善知识,"实皆穷微洞本,究旨通宗,深契摩诘不二之门、曹溪一味之旨。能使未见者得无见之妙见,未闻者入不闻之妙闻,未知者彻无知之正知,未解者成无解之大解。此是人天眼目,无上宗乘"。"至于净土法门,虽与禅宗似无交涉,但念佛何碍参禅?果其深达性海之禅人,净业正可以兼修,于焉随喜真如,圆证妙果。云栖莲池大师,梵行清净,乃曾参悟有得者,阅其《云栖法汇》一书,见论虽未及数善知识之洞彻,然非不具正知正见,如著相执有者之可比拟,亦采其要语,别为一卷,以附于后。兼此净土一门,使未了证者,建菩提道场,已了证者,为妙觉果海,途路之助。"①

《御选语录》共十九卷,分正集、外集、前集、后集四类。其正集中采用了十三位禅师的语录,依次为:僧肇、永嘉觉、寒山、拾得、沩山佑、仰山寂、赵州谂、云门偃、永明寿、雪窦显、圆悟勤、玉琳琇、茚溪森;而以道教祖师紫阳真人张平叔之《悟真篇》及自己与人问答言句编为《圆明居士语录》加入正集,收录于卷一二;外集则采云栖莲池大师语录;前集、后集则采达摩以下历代禅师之语录;最后把他即位之后在内廷与王大臣参究禅理举行法会而集成的语录,亦编为一卷名曰《御选当今法会》,附于《御选语录》卷一九。由此而知编次之意:正集中以张平叔与诸禅师并列,以示紫阳之由道入释,调和释道二教;而于诸禅师前特冠以罗什门下之僧肇,最后又附入云栖莲池要语,其旨趣盖有调和宗、教、禅、净之意。近人蒋

---

① 雍正御制佛教大典《御选语录》上,御制总序。

维乔于此有评说:雍正帝既喜研禅理,又极提倡净土,"盖鉴于禅门空洞之弊,而欲矫正之,示学人以脚踏实地之修行也。其于净土祖师,特提莲池大师,以为模范"①。雍正本人在云栖语录序文中对他的编辑意趣也有说明:"达摩未到梁土以前,北则什公弟子,讲译经文;南则莲社诸贤,精修净土。迨后直指心传辉映震旦,宗门每以教典为寻文解义、净土为著相菩提,置而勿论,不知不觉,话成两橛。朕于肇法师语录,已详言宗、教之合一矣,至于净土之旨又岂有二?""曹溪十一传而至永明寿禅师,始以净土提持后学;而长芦、北涧诸人,亦作净土章句。及明莲池大师,专以此为家法,倡导于浙之云栖,其所著《云栖法汇》一书,皆正知正见之说。朕欲表是净土一门,使学人宴坐水月道场,不致歧而视之,误谤般若,故择其言之融会贯通者,刊为外集,以示后世。"②

雍正十一年四月初八佛诞日,雍正帝为刊行《拣魔辨异录》八卷特颁上谕,载于卷首,并作序言。谕曰:"佛祖之道,指悟自心为本。是此说者,名为正知正见,用之以利人接物,令人直达心源,方得称佛祖儿孙。所言外道魔道者,亦具有知见。因其妄认识神生死本,以为极则,误认佛性,谤毁戒行,所以谓之外道魔道。""朕览密云悟、天隐修语录,其言句机用,单提向上,直指人心,乃契西来的意,得曹溪正脉者。及见密云语录内,示其徒法藏辟妄语,其中所据法藏之言,骇其全迷本性。无知妄说,不但不知佛法宗旨,即其本师悟处,亦全未窥见。肆其臆诞,狂世惑人,此真外魔知见。所以其师一辟再辟,而天隐修亦有释疑、普说以斥其谬。然当日魔心不歇,其所著述,不行即毁。如魔嗣弘忍,中其毒者,复有《五宗救》一书,一并流传,冀魔说之不朽,造魔业于无穷。""天下后世,具眼者少,不知其害,即有知而辟之者,有德无位。一人之言,无征不信,将使究竟禅宗者,怀疑而不知所归。而传染其说者,将谓禅宗在是,始而起邪信,继而具邪见。起邪信则正

---

① 《清朝续文献通考》卷八九,第8487页。参见蒋维乔《中国佛教史》卷四《雍正帝之参禅》,第5页。又见《周叔迦佛学论著全集》第7册《清代佛教史料辑稿》,第3139页。
② 雍正御制佛教大典《御选语录》上,卷一三《云栖莲池宏大师语录》,御制序,第621页。

信断,具邪见则正见灭,必至处处有其魔种,人人承其魔说,自具之性宗不明,而言条之枝蔓肆出。今其魔子魔孙,至于不坐香,不结制,甚至于饮酒食肉,毁戒破律,唯以吟诗作文,媚悦士大夫,同于倡优伎俩,岂不污浊祖庭? 若不剪除,则诸佛法眼,众生慧命,所关非细。""朕为天下主,精一执中,以行修齐治平之事,身居局外,并非开堂说法之人。于悟、修何有? 又于藏、忍何有? 但既深深悉禅宗之旨,洞知魔外之情,灼见现在魔业之大,预识将来魔患之深,实有不得不言,不忍不言者"。①

汉月法藏与天童圆悟同是明末江南的著名禅僧。圆悟传法二十六年,言满天下,王公大人皆自远趋风。他以"即事而真"为指导思想,以"棒喝交驰"教授学徒,突出"日应万缘而不挠其神,千难殊对而不干其虑"的禅风。圆悟示寂后,钱谦益为撰塔铭。法藏拜圆悟为师,但以直承北宋觉范(惠洪)的《临济宗旨》自居,以"危言深论,不隐国是",为士林所敬。从现存的言论看,他主张"但了凡心,别无圣解",把着衣吃饭、嬉笑怒骂都看做禅的表现;以为人心即是"两端",不参穷富善恶,不可得悟。这类观点与圆悟显然不同。当他作《五宗原》,阐发觉范对禅宗五家分宗的新说时,立即引起圆悟的驳难。由此开展了两家的争论,延续到他们死后的清代初年。法藏的禅思想得到黄宗羲等明末遗民的赞赏。法藏著《五宗原》,于崇祯元年(1628)刊行。圆悟去信,言书中有离经叛道处。法藏弟子弘忍为捍卫乃师观点,著《五宗救》。圆悟曾著《辟妄救略说》十卷,斥弘忍言论为异端邪说。② 至是,雍正帝编著《拣魔辨异录》,摘录《五宗原》和《五宗救》两书内容,指出其谬误,并下令禁毁之。上谕中称圆悟"其言句机用,单提向上,直指人心,乃契西来的意,得曹溪正脉者"。而法藏之言则"全迷本性","无知妄说"。雍正帝又以帝王之威对法藏一系

---

① 雍正御制佛教大典《御选语录》上,卷一二《上谕附录》,第609—610页。
② 《清帝室和佛教》,参见杜继文主编《佛教史》。又参见陈肇璧《雍正皇帝与清代佛教》(台湾师范大学历史研究所论文,1994):汉月法藏一系是清初流行在浙、苏、豫、湘各省的法派,因其曾居常熟三峰禅堂,故世称"三峰宗"。门下最大支派灵岩退翁弘储结交反清义士,使雍正帝批判汉月被疑为真意在铲除祸根而非思想之争,史料证明,思想仍是主要原因。

实行排斥,谕各省督抚详查,"天下祖庭系法藏子孙开堂者,即撤钟板,不许说法;地方官即择天童下别支承接方丈。"同年四月初十日,又谕:"法藏、弘忍辈惟以结交士大夫,倚托势力,为保护法席计。士大夫中喜负作家居士之名者受其颠顶,互相标榜。""况乃不结制,不坐香,惟务吟诗作文以媚悦士大夫,舍本逐末,如是居心,与倡优何异!若此,则将来佛法扫地矣。"①

雍正帝把死去近百年的法藏重新提出作思想鞭挞,敏锐的学者洞察清帝复杂的心态,认为这一事件具有政治意义。② 他们由上谕中透露的消息,看出雍正帝介入宗门僧争并不是纯粹的佛学争论,雍正帝批判法藏、弘忍辈为"邪魔外道",表面是为维护所谓的"诸佛法眼"、"众生慧命",而其实争论的背后,有着深隐的政治原因。"这就是在法藏系下,多有明末遗民逃禅者,他们多怀故国之思,多有忠义之士,这就不能不遭到清统治者的注目,必欲尽除之而后安也"③。雍正帝一再声称,他对佛教禅宗之旨有深刻了解,洞察"魔"外之情,因而自己的任务就是祛邪扶正,息邪说以正人心。为此,他借干预圆悟和法藏两派的争论,镇住了法藏派,从而打击了明末清初遁入"空门"而怀有"故国之思"的明遗民,真可

---

① 雍正御制佛教大典《御选语录》上,卷一二《上谕附录》,第617页。圆悟和法藏之间本是宗旨之争,雍正帝为何不就事论事,而要把法藏、弘忍辈与士大夫交接的问题抖搂出来?尽管我们不能确切指出雍正帝关于这个问题的消息渠道及思想来源,但不妨做一些文献上的分析,也许他从康熙帝授命纪荫编写的《宗统编年》中读出了三峰法藏在江南禅门和士大夫中的深刻影响。甚至"拣魔辨异"之语源在《宗统编年》中也多处可见。如"辨魔异于言前,验龙蛇于棒下";"瑞光宏彻项目和尚寂于穹窿草堂。彻说法凡十一会,居恒穆穆,不轻置可否。至辨异拣魔,驱耕夺食,单提陷虎一机,同时几与天童、三峰称鼎峙。所至人天拥戴,勇退急流,则真不愧天童之孙、三峰之子。"
② 参见杜继文主编《佛教史》,第520页。
③ 参见石峻、楼宇烈等编《中国佛教思想资料选编》第3卷第3册,北京,中华书局,1989。该书指出,雍正帝亲撰《拣魔辨异录》,表面上是评论明末清初临济宗内部天童圆悟与其弟子三峰汉月法藏(以及法藏弟子弘忍)两系之间的争论。雍以帝皇之权威,公开站在圆悟一方,直斥法藏与弘忍的理论为魔说,并下令削去其所传的所有支派,永远革除于"祖庭"之外,将他们的著作尽行毁版。其实,在这场所谓维护"诸佛法眼"、"众生慧命"争论的背后,有着隐深的政治原因。

谓手到功成,一箭双雕。① 也有学者联系清刻大藏来进一步说明雍正帝编撰《拣魔辨异录》和《御选语录》含有政治目的,认为这是雍正帝"在诗文经义题目上大兴文字狱,血腥镇压叛逆后,又继续企图在佛教领域内进行思想镇压了";雍正帝的这两部书一破一立,就是要给佛教制定一个合乎其统治利益的政治标准。如雍正帝在《御选语录》中特别指责那破除偶像崇拜的"丹霞烧木佛"公案,"实为狂参妄作"。他辩论说:据丹霞之见,木佛之外别有佛耶?"若此,则子孙焚烧祖先牌,臣工毁弃帝王位,可乎?"又对于另一则公案:"一古德殿前背佛坐,又一古德入殿向佛唾",雍正帝也加以指责道:此等见解与丹霞同。"当日但问此二狂徒,你道除此殿中佛,尚别有何佛? 此等无稽魔说,何堪提倡书录挂齿?"故此,雍正帝不管"其言虽皆数千百年以来人人之所提倡,其人虽皆数千百年以来人人之所推崇",其"公案皆古今丛林中日日所举似者,朕悉不录"。他宣称这是"禀觉王令,黜陟古今"②。

对雍正帝编《御选语录》和《拣魔辨异录》除了从上述政治角度来洞察外,也有人从单纯佛教角度来解读的,如蒋维乔在其名著《中国佛教史》中论及雍正帝之参禅,他委婉地说:"帝盖鉴于明末禅门党同伐异之弊,徒在知见上逞机锋,而忘却向上一着,故慨乎言之。观《御选语录》后序中性音劝帝研辨五家宗旨,帝谓五家宗旨,同是曹溪一味,不过权移更

---

① 吴振棫:《养吉斋丛录》卷一四,北京,中华书局,2005。参见史仲文、胡晓林主编《中国全史》之《清代宗教史》卷一七,第541页,北京,人民出版社,1994。
② 参见张德钧《关于清刻大藏与历代藏经》,《文史》第3辑,北京,中华书局,1963。张氏认为,雍正帝所编语录及他对待禅宗公案的批判,反映了"他是怎样不容许人稍微存有一点叛逆思想"。《拣魔辨异录》是作为破的榜样,《御选语录》则是作为立的榜样。破与立原是相因的,立是要在破处立,所以《拣魔辨异录》狂诋法藏、弘忍,《御选语录》标榜的东西也就完全跟法藏、弘忍派针锋相对。张氏进一步认为,"清朝之刻大藏,据我考察,并不是从一般宗教的'广种福田'出发,而是抱有极深隐的政治目的,欲借此以消除潜伏在佛教内的反满分子的反满思想。明亡以后,有很多不忘故国的知识分子穿上僧服,表示既不作降臣,也不当顺民。他们的讲经说法,实际就是宣传不投降主义。凡有良心的人对他们都很尊敬,愿意出钱刊刻他们的著作,收入于可以永远保存的《又续藏》。这不能不引起清朝统治者的注意和视为隐患,所以雍正要重刻大藏,正就是针对着此种情况而来。其所增所减,收入什么,不收入什么,都以是否合乎他们的利益为准则。"

换面目接人,可知帝乃不承认有五家之区别,而主张五家一致之说者。其驳弘忍之《五宗救》,特就门户之见最甚者斥之耳。"蒋维乔由此进一步用雍正上谕说明他主张"三教一致"说,谕云:"粤稽三教之名,始于晋魏,后世拘泥崇儒之虚名,遂有意诋黜二氏。朕思老子与孔子同时,问礼之意,犹龙之褒,载在史册,非与孔子有异教也;佛生西域,先孔子数十年,倘使释迦、孔子接迹同方,自必交相敬礼。(中略)后世或以日、月、星比三教,谓某为日,某为月,某为星,朕意不必如此作拘碍之见,但于日月星之本同一光处,喻三教之异用而同体可也。观紫阳真人之外集,自可无疑于仙佛一贯之旨;道既一贯,愈可以无疑于三教并行不悖之理。爰附及于此,使天下后世,真实究竟性理之人,屏去畛域,广大识见,朕实有厚望焉。"①于此蒋维乔总结说:"由上言之,可知帝更主张三教一致之说者。以《史记》孔子问礼于老聃之故事,引证儒道二教之根本相同,并引隋李士谦以佛比日、以道比月、以儒比五星之说而修正之,此亦宋明以来三教合一论之影响,而帝之主张,更为鲜明也。"②

诚然,要弄清雍正帝编语录真正旨趣,应把《御选语录》和《拣魔辨异录》两书联系起来读,而不能割裂开来。对这两部语录,雍正帝确实是一立一破,精心组织。《御选语录》着眼于立,故以选录历代禅宗名师语录为主,同时也特别表彰明代云栖大师袾宏的净土法门。雍正帝在每卷语录前都有亲撰序言一篇,计有二十余篇,其中充分反映了他对佛教的一些基本看法。如在禅宗方面,他强调五家宗旨,同是曹溪一脉;在禅教方面,则强调宗、教合一,特别是禅、净无二;进而在儒佛道三教关系上,他认为:"三教之异用而同体",倡导三教一致,并行不悖。③ 在雍正帝看来,三教皆能"致君泽民","三教之觉民于海内也,理同出于一源,道并行而不悖"。而雍正帝《拣魔辨异录》着力于破,破除其不合乎统治阶级政治标准的"魔外之见"、

---

① 雍正御制佛教大典《御选语录》上,卷一二《上谕附录》,第616页。
② 参见蒋维乔《中国佛教史》第17章《雍正帝之参禅》。
③ 参见石峻、楼宇烈等编《中国佛教思想资料选编》第3卷第3册。

"邪说异端"及"叛逆"思想等,以维护和巩固其统治秩序,这其实也是他继承顺治、康熙以来一以贯之的在佛教思想领域实行"崇正黜邪"的方针政策。总起来看,这两部著作贯穿了雍正帝的一个基本的思想,即以"崇儒重道"思想作为统治思想的同时,要充分发挥佛道二教"阴翊王道"的作用。为此,他以君主的威权,既倡导佛教内部各宗派的一致,又提倡儒释道三教同源论,这无疑给清代佛教的生存和发展指明了方向。

清代官版藏经之刊行,始于雍正时代。雍正十一年(1733),特开藏经馆,延请博通教义的僧人于北京贤良寺校阅编稿。正式开刊始于雍正十三年(1735)二月,至乾隆三年(1738)十二月完成,前后历时4年,史称《龙藏》。内容系据明刻《北藏》本而增入经论义疏及禅宗语录等,凡724函,1 670部,7 240卷。总理藏经事务者为和硕庄亲王允禄,参加监造、校阅人员共70余人。但雍正帝未来得及见其刻竣,半年后他就去世了。① 与此同时,雍正帝开展了搜缴民间邪教经卷的行动。江西巡抚奏报收缴邪教经卷情形:到任后,即令各属遍谕乡村,除释道二教经卷外,一应"邪经",令其归官自首。现赣县、长宁县、乐平市等处民人自首出罗教《大乘经》共200余卷,俱称系伊先人遗留。十一月二十日,又奏:自遍谕习邪教者抱经自首以来,各县已首缴大乘罗教970部。仍饬再加稽查,务使缴收净尽。次年,江西按察使凌某传示:嗣后如有私习罗教者,为首者照左道异端惑人律拟绞;不行首报之邻佑、总甲人等,均照律杖一百;凡将罗教经典隐藏在家,不行首出销毁者,枷号两个月,杖一百。②

2. 斋僧道、开法会与传皇戒

雍正帝在批判"魔藏邪外知见",动用行政力量解决僧争,肃清禅门党同伐异之流弊的同时,也谕令天下采取直接安抚僧众举措。雍正十一年(1733)三月二十七日(5月10日),命十省督抚斋僧道十万人。先是,

---

① 乾隆帝弘历继位后,继续了这一事业,乾隆三年(1738)十二月完成。此藏经是在明《北藏》的基础上增订而成的,为历史上最后一部官刻大藏经。
② 中国人民大学清史研究所编:《清史编年》第4卷雍正朝,第619页。

冬春雨雪稀少，雍正帝"减膳斋居，修省政事"，且于各处立坛祈祷，总未见应。又命京城斋僧道万人，并默许，若蒙天赐甘露，当于各省会斋僧道十万人，"以广仙佛慈恩"。本月二十六日，大雨，四野均霑。本日，谕：著直隶、山东、河南、山西、陕西、江苏、安徽、江西、浙江、湖广十省督抚，各于省城寺观斋僧道一万人，"为朕酬还得雨之愿，以佑直省雨旸时若之举"。四月二十六日，李卫奏：于保定城外灵雨寺斋僧，城内城隍庙斋道，每人素菜一大碗、面馍馍一斤、大制钱一百文，拟于五月初一日开始。本年五月至七月，其余各省相继奏报，情形与直隶大同小异，每省共用银一千两至二千余两不等。①

雍正帝于即位前曾与僧道喇嘛多有来往，即位后曾告近臣曰："朕欲治世法十载，然后开明释法。"至十年后政事渐理，他果然重讲佛法，乃集王大臣、僧道共十四人研究佛教禅宗，同时编辑《御选语录》十九卷。其第十二卷为《和硕雍亲王圆明居士语录》②，第十九卷为《当今法会》。据雍正十一年九月十五日（10月22日）为《当今法会》所撰写序文云："朕自去腊阅宗乘之书，因选辑从上古德语录，听政余闲，尝与在内廷之王大臣等言之。自春入夏，未及半载，而王大臣之能彻底洞明者，遂得八人。""选刻《语录》既竣，因取王大臣所著述曾进呈朕览者，择其合作，编为一集，锡名为《当今法会》。"雍正帝在宫中举行法会，召集天下有学行僧人参加。他亲自说法，俨然以"宗师"自居，收门徒十四人：庄亲王允禄号爱月居士，果亲王允礼号自得居士，宝亲王弘历号长春居士，和亲王弘昼号旭日居士，平郡王福彭号如心居士，大学士鄂尔泰号坦然居士，大学士张

---

① 中国人民大学清史研究所编：《清史编年》第4卷雍正朝，第565页。
② 蒋维乔编著《中国佛教史》，称《圆明居士语录》"颇多奇拔之语"。并录一二则于书中，如："众生不了，犹如小儿放风筝相似，随风放去，风定却复收来；收来放去，实同儿戏，何日是了期？所以古德每拈云：'脚跟下红丝断也未？'此语甚亲切，譬如风筝线断，纸鸢落在何处？参。""学人初闻道，空境易，空心难；究竟则空心易，空境难；空境而不空心，到处为碍；空心而不空境，触途成滞；应知心外复有何物可空；物外复有何心可空；所以云：'我自无心于万物，何妨万物常围绕'；少有分别心，则非第一义；若不如是，必不能守。"

廷玉号澄怀居士，左都御史张照号得意居士，文觉禅师元信雪鸿，悟修禅师明慧楚云，妙正真人娄近垣，僧超善若水，僧超鼎玉铉，僧超盛如川。计亲郡王五人、大臣三人、僧五人、道一人。

雍正帝本人对此法会自有一番感慨："夫古今禅侣，或息影云林、栖迟(憩)泉石，或诸方行脚，到处参堂，乃谈空说妙者，似粟如麻，而了悟自心者，凤毛麟角。今王大臣于半载之间，略经朕之提示，遂得如许人一时大彻，岂非法会盛事！"对经他仅半载点拨而"彻底洞明者"也有一番自白性解释："朕居帝王之位，行帝王之事，于通晓宗乘之虚名何有？况此数大臣皆学问渊博，公忠方正之君子，一言一行，从无欺妄，又岂肯假此迎合，为谄谀小人之事？朕又岂肯莫传口授，作涂污慧命之端？诚以人果于心性之地直透根源，则其为利益自他，至大而至普。朕之惓惓于此，故非无谓而然也。"①

雍正十一年(1733)四月十九，雍正帝特谕和硕庄亲王等，告知将于明春"放皇戒"。待雍正十二年二月十三日，僧众抵达京城，十五日，庄亲王带领宝华山住持僧福聚②引见。雍正帝谕："将愍忠寺改为法源寺。"并于二月二十日，命开皇坛传戒。二月十四日，谕庄亲王带领福聚于圆明园引见，赐紫衣四顶，并御制诸经典。雍正帝上谕："将宝华山执事僧一百二十众及新受皇戒僧一千八百十九人，每班十人次第引见。"可见雍正帝对此次皇廷传戒非常重视；而原本欲收一千五百名僧人，却激增为一千八百多人，多出三百余人，可见受戒僧之踊跃。待四月五日，长达约四十五天的戒期圆满时，雍正帝特谕庄亲王等，劝勉新受戒僧众"人人上

---

① 参见雍正御制佛教大典《御选语录》卷一九《当今法会》。圣空法师于此评论说，虽然雍正在内廷举办法会，赐予门徒封号，有自比"宗师"之嫌，但于佛教并无破坏之举；且从另一方面来看，雍正举行宫中法会，并无影响朝廷政事。况且召集全国有学行的僧人参加，这不也是宣传帝王崇佛的一种方式?除了可以提倡宫中信佛的风气外，若能以此激发佛门僧众早日"了悟自心"，不也是对佛教的一种贡献？

② 福聚奉雍正帝之召，于北京法源寺传戒，令法嗣天月性实继承该寺，宝华山千华派遂开始分支于京师。福聚回宝华山时，雍正帝尝赐内帑修饰该寺。得戒学徒号称有十万。寂于乾隆三十年(1765)，遗作有《瑜伽补注》、《施食仪轨》、《南山宗统》、《宝华志余》等。

达,各各了悟",勿成"佛门罪人"。谕曰:

> 尔等谕新受皇戒僧人等,夫持律讲经,因为佛制要务,若不明此本性,纵然持律,俱属空虚。必须明了本性,持律是为真持律,讲经是为真讲经,方为克尽持律讲经之道。如宗门更属紧要,彼又不持戒、又不讲经,若不了悟,实为佛门罪人,较之持律讲经之人,更属不可。尔等新受戒众,荷蒙朕恩,得受皇戒。朕期尔等人人上达、各各了悟,方为不负朕恩也。再著询问伊等,如有向上者,情愿入内闭关操持以洞彻为期,朕以本分钳锤,令其透彻;如纵有一知半解,示莫出宫门。如在内居住,而又不能了明此事者,实为深负朕恩之辈,必将原戒追回,仍从重惩治。尔等将情愿入内者,以识字不识字分为两起,在前带领引见,其余随后次第引见。其福聚并执事等十人从优赏赐之处,议奏。钦此。①

同年五月初二,担任此次传皇戒的执事僧福聚和尚,恳请庄亲王、和亲王转奏,将其祖廷宝华山三代祖师所著律宗五部编入清刻《龙藏》,福聚的奏言如下:"臣僧念:本山第一代臣僧寂光著有《梵网直解》四卷,二代臣僧读体著有《毗尼止持》十六卷、《毗尼作持》十五卷、《三坛正范》四卷,三代臣僧德基著有《毗尼关要》十六卷,诚乃戒律之楷模,可为苾刍(比丘)之纲领。今蒙圣恩重修《大藏》,敬将三代著述,上恳天慈,收录末学,编入《大藏》,续如来之慧命,作后学之津梁。臣僧福聚,躬阐殊恩,不胜感格之至。"②

3. 修缮护持寺庙

从雍正帝所亲撰的碑文当中,不难发现雍正在晚年所修缮,或护持、济助的佛教丛林古刹,却大多是顺治所礼遇的玉琳琇一派住锡之处,或

---

① 参见圣空《雍正的佛教政策与事业》注 100,杜洁祥主编,《中国佛寺史志汇刊》之《宝华山志》卷之首第 1 页,御制,台北,明文出版社,1980。
② 同上,注 101。

康熙帝曾巡幸、修缮、赐匾的寺院。尤其雍正帝还有意护持玉琳琇一派曾驻锡的湖州之报恩寺、磬山之崇恩寺、海会寺等各寺。雍正帝一方面打压三峰法藏一系宗支,将其永远开除出祖庭,另一方面又对玉琳国师一脉爱惜有加,不仅把玉琳国师语录收入《御选语录》,敕入大藏,还十分关心玉琳有无嫡系法裔,亲自安排接续玉琳法门的门徒[1],并且爱屋及乌,对玉琳曾经住持过的道场也加以精心修缮护持。

雍正十二年(1734)三月二十日,谕知和硕庄亲王、内大臣海望:"实怡居住之报恩寺,实彻居住之磬山,此二处常住,现有无香火养赡?或足用否?著李英即传知隆升、海保,查明奏闻料理。实怡、实彻入院时,著隆升、海保会同地方官,送伊等入院等因,钦此。"同年四月初四日,奉上谕据海保奏称:"湖州之报恩寺,磬山之崇恩,海会等寺工程,将次告竣,三处香火田,具稍不足,工完之日,请用余银增置田亩,俾得接容僧众等与语。报恩寺应增之田,交隆升自称,查得崇恩寺内现有香火田地一百八十亩,丰岁收租,不过百金,遇歉便难足数,今在寺僧众四十余人,养赡已稍不敷,将来开堂接众,寺僧必自增盛。奴才酌量此处应再增二百亩。其海会寺内现有香火田地七十亩,寺僧三十人,养赡亦少,奴才酌量此处应再增田八十亩,中等田价,约共需银一千五六百两。"(从略,以下雍正帝朱批)"好!还觉少些,汝可酌量办理,若可小敷用,则不必加增。"[2]

由以上雍正帝所兴建修缮的佛寺,大多是他所表彰的磬山系玉琳琇

---

[1] 参见褚柏思《中国禅宗史话》,第263—264页,台北,新文丰出版公司,1981。雍正帝以佩服玉琳国师,因而求国师之嫡嗣。众举高旻寺天慧澈禅师以应,即见。雍正问:"你是国师嫡嗣,还识国师宗旨否?"澈答:"我有癞痢头在(澈是癞痢头)。"帝乃以剑拟之曰:"割你癞痢头时又如何?"澈惊不能答。帝曰:君无戏言,宫中有禅堂,限你七天,如答不出此语,必割癞痢头。澈乃进禅堂去参究,帝派人天天在禅堂门外报时,在这种警惕之下,澈不遑宁坐而急跑,到第七天,因跑急撞在柱上,遂豁然大悟!求见雍正。帝曰:且喜你已识国师宗旨。从这段公案,高旻寺禅堂内订立了"半坐半跑"制度。又参见陈垣《清初僧诤记》载乾隆八年谕旨云:雍正十一年八月,以玉琳、茚溪法嗣不昌,命超善、超鼎、超盛三人嗣茚溪后,并参与雍正的"宫中法会"。十三年闰四月,又续以超海、超源、超广、超成四人嗣之。
[2] 参见《宫中档雍正朝奏折》,雍正十二年七月初三,第267页,海保奏折。

一派住锡之处来看,可见雍正帝对其皇祖顺治帝曾经恩宠过的磐山系一派的景仰。其实雍正帝对玉琳国师的景仰和推崇,也可从十一年(1733)八月朔日他为玉琳国师语录所作的御制序中得到印证,文曰:

> 我朝之初居东土也,风俗淳古,实忠实孝,直心直行,历代敬礼佛天,而于僧道,并无不问高下,一概尊敬之事,与蒙古习尚迥殊。我皇祖世祖章皇帝抚有方夏,万几余暇,与玉琳琇、茚溪森父子,究竟心性之学,一时遇合。盖与黄帝、成汤之事,无二无别,非我朝夙有崇僧之习而然也。朕览玉琳琇父子之书,阐扬宗乘之妙旨,实能利人济世。如杲日在空,迷云顿净;如清钟响夜,幻梦旋消。惠当来龙象于无穷,媲从上佛祖而不愧,用是采辑校刊,传示后世。因念帝王访道于高世之士,乃古圣之盛轨,而自昔世儒,每于二氏限量区别,朕不忍将来者之终懵,而不为之剖析也,故叙其说如左。至于万善殿西苑说法,并奏对机缘,虽载自茚岩《侍香纪略》,但皆佛法中事,非装点夸张妄谬之说,亦玉琳琇扬日月之光华,作人天之眼目处,尚足取者,故采编数则,敬昭皇祖当日之恩遇云。①

雍正帝于此特别拈出堪值注意者至少有三点:其一,清朝历代敬礼佛天,对僧道并无不问高下、一概尊敬之事,这一点与蒙古习尚迥殊。其二,顺治帝与玉琳父子(师徒)一时遇合,犹如古圣帝王访道于高世之士,而自昔世儒"每于二氏限量区别,朕不忍将来者之终懵,而不为之剖析"。其三,所录玉琳琇"西苑说法"及"奏对机缘"等,虽出自《侍香纪略》,但与其书性质不同,所论"皆佛法中事",亦是玉琳琇"扬日月之光华,作人天之眼目处"。雍正帝的意旨爱憎分明,天童系木陈也同样受顺治当年恩宠,但雍正帝嫌其著述《北游集》"狂悖乖谬之语甚多"而不喜之,如同《侍香纪略》多"装点夸张妄谬之说",乾隆帝即位后以此等书籍"干涉时事,

---

① 雍正御制佛教大典《御选语录》上,卷一一御制序,第449页。此中"黄帝、成汤之事",雍正帝用来比喻顺治帝与玉琳国师之遇合,就像历史上的圣王问道于高人。

捏造言词,夸耀恩遇",下令督抚密访销毁。① 当世禅门有新旧势力之争,而靠近清朝的新派之中,玉琳和木陈也有微妙差别,陈垣《清初僧诤记》论之甚详。特别提到玉琳借新朝恩宠而纵容门徒霸占善权寺,以致被人报复火烧寺院,最后落到仓皇出逃"客死他乡"的"悲惨"结局。直到雍正十三年(1735)朝廷修复善权寺,此一陈年历史旧案才得以了结。具体查办此案的江苏巡抚高其倬受到雍正帝嘉勉,称"高其倬原任督抚,为此一案查奏可嘉"。但雍正帝又认为,高其倬对陈氏家族的惩处还应更严厉些。②

雍正于十三年八月二十三日(10月8日)子刻逝世。资料表明,距离其去世前两三个月,他处理了如下几件有关修缮护持寺院的事项:十三年(1735)五月十八日(7月8日),时王士俊奉旨修整河南少林寺,将改建方案绘图奏闻,有旨命其照颁发之图样修建。本日,海保等又因奉旨修葺杭州净慈寺,查勘估工需银七万六千余两,奏闻。有旨命另议。朱批:"岂有动七、八万钱粮修整寺庙之理?大关舆论,使不得。应减可以将就者。"七月初三海保奏:修理净慈寺工程估工料银二万九千八百余两。③

四、戛戛独造,柔远能迩

雍正帝是清兵入关定鼎中原后的第三代皇帝。后世围绕其继位、暴死等事件传说甚多,多谬不实。其为政方略遭人物议处亦多,但他在位十三年(1722—1735),勤于政务,任用贤才,励精图治,在文治武功方面,

---

① 《北游集》是木陈道忞北游大内之说法集录。卷一收录大内万善殿之语录,卷二收奏对机缘,卷三收奏对别记(上),卷四收奏对别记(下),卷五收偈、赞,卷六收杂著,卷末附录顺治十七年的《御札》一篇。胤禛即位后,曾对《北游集》所载甚表不满。谓该书"狂悖乖谬之语甚多"而下敕销毁。
② 参见圣空《雍正的佛教政策与事业》注94;张文良《雍正与禅宗》,第74—75页,台北,老古文化事业公司,1997。有关"善权常住诤"的纷争,其实并非只是单纯的寺产纠纷,实则夹杂宗派的新旧势力斗争,可参见陈垣《清初僧诤记》。玉琳安祥圆寂于清河(今淮安)慈云寺,该寺现存,号称"国师道场",留有玉琳肉身,毁于"文革"中。
③ 中国人民大学清史研究所编:《清史编年》第4卷雍正朝,第650、657页。

都不愧一代英主之名。史称"康乾盛世",实离不开雍正帝承前启后的功用。雍正帝还是一位很有学问的皇帝,曾从学于著名学者阎若璩、张英、顾八代、徐元梦等人,不仅通晓四书五经等儒家经典,而且善诗词书画,有相当深厚的汉文化素养。特别值得注意的是,雍正帝喜读内典,深通佛理,尤其对佛教禅宗,更是深得心法,别有慧解。他早年师从高僧,直探心源;晚年则升堂说法,辟迷开导,并以帝王之尊,亲自编选《御选语录》,刊示天下。其禅论可谓戛戛独造,远非泛泛涉猎者所能企及。历代信佛崇佛之"佛心天子"不在少数,但像雍正帝这样在佛理上卓然有得而超拔盖世的帝王实属罕见。①

清朝皇室与佛教历来因缘深厚。清世祖顺治帝在他短暂的一生中,与佛教禅宗结下了不解之缘。清圣祖康熙帝在位期间,曾多次巡游江南,几乎每次都参礼佛寺,延见禅僧,赐额题辞。顺治帝、康熙帝也都优崇藏传佛教,对达赖、班禅、章嘉等活佛多有敕封赐赏。二世章嘉阿旺洛桑却丹更是以国师之尊,出入皇宫,奔走边关,极得康熙帝宠幸。因章嘉国师经常出入内廷,与诸王子关系亦密切,而与其最投缘的是皇四子雍亲王,即后来的雍正帝。雍正帝参禅透三关得章嘉国师之印可,所以对章嘉深怀敬仰,称"章嘉呼图克图国师喇嘛,实为朕证明恩师也"。雍正五年(1727)十一月十八日(12月30日),以库银十万两于蒙古库伦地方建庙,供泽布尊丹芭(即哲布尊丹巴)胡土克图居住,集众喇嘛讲习经典,宣扬释教。又以库银十万两将多伦瑙(诺)儿庙宇修理宽广,供章嘉胡土克图居住,亦集众喇嘛讲习经典。②

对于藏传佛教,雍正帝同样是继承了清王朝的既定方针,在尊崇、优礼与册封上层喇嘛的策略下,同时也采取严管惩乱措施,其运用之道,总不脱

---

① 参见《印光大师文钞》增广正编卷第三《清世宗御制普陀法雨寺碑文跋》(乙卯年代赵希伊作),内中称道:"清世宗宪皇帝,夙植德本,乘显再来,深入经藏,直达禅源,宗说皆通,悟证邻极。秉灵山、泗水之薪传,阐即心即佛之妙道,自法流震旦,二千年来,于皇帝中,最为第一。"
② 中国人民大学清史研究所编:《清史编年》第4卷雍正朝,第296—297页。

离国家政治立场原则。个人对宗教的看法是一回事,而现实统治政策又是另一回事。雍正帝也知道,"修其教,不易其俗;齐其政,不易其宜",使人易知易从,以及"嘉惠藩服者,沦入于肌肤骨髓而不可忘也",极其重要。他在为安置七世达赖喇嘛而建造的惠远庙碑文中写道:"朕御极以来,加意护持,俾安净土,因思古今之有佛教,特以劝善惩恶、济人觉世为本,黄教之传,所以推广佛经之旨也。演教之地愈多,则佛法之流布愈广,而藩夷之向善者益众。(中略)朕所以仰体皇考厚酬达赖喇嘛累世恭顺之忱,且以广布黄教,宣讲经典,使藩夷僧俗崇法慕义,亿万斯年永跻仁寿之域,则以佐助王化,实有裨益。是用纪文丰碑,以昭示久远焉。"①

雍正初年,平定青海罗卜藏丹津之乱是雍正帝最为显赫的政绩之一。由于青海西宁的郭莽寺和郭隆寺喇嘛聚兵附逆参与叛乱,清兵在平叛过程中"除其众而毁其寺","不得不火其居而戮其人"。尔后,川陕总督年羹尧上奏雍正帝,奏请对当地的佛教寺院进行清理,并制立了严管规定:寺屋不得超过二百间,喇嘛多者止许三百人,少者不过数十人而已。仍请礼部给与度牒,填写姓名、年貌于上,每年令地方官稽查二次,取寺中首领僧人出给,不致容留匪类、奸徒,甘结存案。如喇嘛遇有物故(去世)者,即追其度牒缴部。每年给度牒若干张交地方官查收,遇有新经披剃之人,查明填给。臣又思尺土莫非王土,各寺院既未上纳钱粮,岂得收租于番族?当使番粮尽归地方官,而岁计各寺所需量,给粮食,并加以衣单银两。如此则各寺喇嘛奸良有别,衣食有资,地方官得以稽考,而黄教从此振兴矣。②

这次罗卜藏丹津之乱,参与叛乱的寺庙皆被清兵焚毁。但到了雍正十年(1732)时,鉴于青海政局已经稳定,雍正帝决定重建被毁二寺,并亲撰碑文说明原委以作纪念。因二碑文均较好反映了雍正帝对藏传佛教

---

① 参见《世宗宪皇帝御制文集》卷一六,《惠远庙碑文》,《钦定四库全书荟要》第 350 册,第 129—130 页。
② 参见雍正二年五月十一日,《年羹尧奏折续》,收录于北平故宫博物院文献馆出版之《文献丛编》第 7 辑,第 24 页。

的看法和施政方针,故录之如下。且看广惠寺碑文:"黄教之兴盛于西土,其道根源于天竺。演说因果,觉悟群生,使为善者知劝,作恶者思惩,与作善降祥、不善降殃之理,默然相符会。(中略)西宁旧有郭莽寺,地处通途,为边方古刹。从西藏进口之喇嘛,皆于兹托足,即佛家所谓十方院也。自罗卜藏丹津悖义作乱,兹寺奸顽喇嘛,与相连接,煽动部落,遂使修行之区,转为藏奸之薮,是以大兵进讨,除其众而毁其寺。所以钼恶止乱,非得以也。迩来氛翳廓清,疆土宁谧,宜振兴黄教,以绥抚番夷。爰发帑金,遣官往为重建。(中略)俾其宣扬妙法,且使往来僧众有所栖憩。董役之臣请易嘉名,赐额曰广惠寺。"①

佑宁寺碑曰:"西宁郭隆寺,地处通途,喇嘛之自西藏来者,于兹取道,为边陲古刹。自罗卜藏丹津之叛,结连喇嘛,煽惑藩夷,一时轰动,是以大兵进讨,烧焚寺宇,俾奸宄无所藏匿。凶徒既殄,边境敉宁,梵刹旧基,理宜修复。爰发帑鸠工,遣官往董其事。(中略)限令延僧二百人常住薰修,宣扬妙法,往来梵众,亦得栖息之所。役既告竣,以旧称不雅,敕定嘉名。赐额曰佑宁寺,并纪文勒石,以昭久远。"②

五、三教同原,牖世觉民

对于雍正朝的历史贡献,史家没有大的争议,而对于雍正帝与佛教的关系褒贬不一,迄今尚无定论,仍有许多问题值得深入探讨。

其一,雍正帝讲佛论法不同凡响,其核心理论是"三教同原"。

雍正帝御极后十年间不言佛事,据其自述,一则政务冗繁,无暇骛外;二来"恐天下臣民不知朕心者或起崇尚佛教轻视政事之疑",这大体如实。至雍正十一年,政局大定,一再颁发佛学谕旨,其中最注目者为三教同原论。"三教同原"思想,明代儒佛人士已多所阐发,雍正帝熟读经

---

① 《世宗宪皇帝御制文集》卷一六,《广惠寺碑文》,《钦定四库全书荟要》第350册,第131页。
② 《世宗宪皇帝御制文集》卷一六,《佑宁寺碑文》,《钦定四库全书荟要》第350册,第130—131页。

史，尤涉内典，深造而自得，形成自己的一套理论。他说："朕惟三教之觉民，理同出于一原，道并行而不悖。""朕以持三教之论，亦惟得其平而已矣。能得其平，则外略形迹之异，内证性理之同，而知三教初无异旨，无非欲人同归于善。"于此，他不厌其烦举例证明："夫佛氏之五戒十善，导人于善也；吾儒之五常百行，诱掖奖劝，有一不引人为善者哉？""古人有曰：周孔六经之训，忠孝履其端；李老二篇之言，道德创其首；瞿昙三藏之大，慈悲为其本。事迹虽异，理数不殊，皆可崇可慕者。""又有曰：以佛治心，以道治身，以儒治世。又有曰：佛之言性与诸书同，圣人同其性，则广为道德，人能同诚其心，同斋戒其身，同推德于人，则可以福吾亲，可以资吾君之安天下。又有曰：人谓释氏惟务上达，而无下学，不思释氏之六波罗蜜，由禅定而到彼岸，岂非下学上达之旨乎？又有曰：天下无二道，圣人无两心。盖道者先天地而生，亘古今而常存，圣人得道之真以治身，以其绪余土苴治天下国家，岂不大哉！故圣人或生于中国，或生于西方，或生于东夷、西夷，生虽殊方，而其得道之真，若合符契，未始殊也。"①

雍正帝这一系列言论，意在说明"三教虽各具治心、治身、治世之道，然各有所专，其各有所长、各有不及处，亦显而易见"。他表示自己"于三教同原之理探溯渊源"，乃"公其心而平其论。令天下臣庶，佛仙弟子，有各挟私心、各执己见、意存偏向、理失平衡者，梦觉醉醒焉。故委曲宣示，以开愚昧"。由此他特谕：凡有地方责任之文武大臣官员，"当诚是朕旨，加意扶持出家修行人，以成大公司善之治。"又强调说："世言儒佛道三教各有所宗，究之三教之用虽殊，而其体则一。盖古近只此一理，其立教者大抵皆生知上哲、超越等伦之人，如吾儒之五帝、三王、先圣、先师，如释道之佛老，皆性地通明、全体莹彻，皆洞烛至理之精微元妙者。是以言性言心，曰中曰一，无不吻合，但各就所见，为之阐发流传，以牖民觉世。"雍正帝强调三教形迹

---

① 《文献丛编》上，《清世宗关于佛学谕旨》二，第4—5页。参见杨启樵《雍正帝及其密折制度研究》，第22页。

虽殊,但道出于一,这个理论并不新鲜,然而他热心提倡,不无政治作用,或者说赋予了它新的意义。譬如他说圣人生地,虽中土、西方、东夷、西夷有别,但得道之真,则若合符契未始殊也。这与他在《大义觉迷录》卷一中主张华夷无殊类似:"盖生民之道,惟有德者可为天下君……我朝既仰承天命,为中外臣民之主,则所以蒙抚绥爱育者,何得以华夷而有殊视……不知本朝之为满洲,犹中国之有籍贯,舜为东夷之人,文王为西夷之人,曾何损于圣德乎?"由此可见,雍正帝主张三教同原,有针对性地驳斥华夷之辨的排满思想因素,间接也在申辩满洲统治中原的合法化。①

其二,雍正帝好佛不废政事,而忌佛门中人"好干世法"。

雍正帝好佛体现在许多方面,最好的体现是他晚年刊刻了多种佛学著作,这在历代崇佛的帝王中是不多见的。除了《御选语录》和《拣魔辨异录》外,还有《经海一滴》、《宗镜大纲》两种。《御选语录》,他不仅躬自编纂,而且亲手书序。内中有永明禅师最为伊倾倒,《宗镜大纲》即为雍正帝对永明著一百卷《宗镜录》的精编。永明著有《宗镜录》和《万善同归集》,前者系集门下英哲之士,汇合中土印度佛经及圣贤著作编纂而成,以"万法唯心"统领一切宗教;后者融合儒佛禅净,唱"万善同归"、禅净合一,与万法唯心相呼应。此等思想正与三教同原论相合,因此雍正帝推崇不已。上文雍正帝令地方文武大臣官员要诚心领会他提倡的三教同原之旨,"加意扶持出家修行人",那是因为出家人修行的佛道与圣道"异体而同用","可以资吾君安大卜","牖世觉民",但若出家人贪慕世荣,"好干世法",雍正帝则毫不留情地予以抑制,"伊既希冀世荣,朕即投诸法网"。检阅雍正十一年数道御旨,表面均为僧道而发,实际上多牵涉到政事。如玉琳与木陈在顺治朝并受恩遇,雍正帝一则扬之升天,一则抑之入地。因玉琳摒绝虚荣,与皇帝尽为谈禅谈玄,"语不及古今政治得失、人物臧否,惟以第一义谛启沃圣心",

---

① 《文献丛编》上,《清世宗关于佛学谕旨》二,第4—5页。参见杨启樵《雍正帝及其密折制度研究》,第23页。

绝不干世事。而木陈则稍参世法，所著《北游集》内，"乖谬之语，不堪观阅"；还山之后，夸耀恩遇，欺世盗名。又玉琳有徒岜岩行峰著《侍香纪略》，纪其恩遇，亦被雍正帝认为语多冒昧，犹如"梦中呓语"，"荒唐诞妄之处不可枚举"。以致雍正帝命礼部行文各省，"将《北游集》、《侍香纪略》及圣祖皇考巡幸时僧衲记载之书，其中除讲论佛法外，凡有书写时事，虚妄捏成，夸耀恩遇者，概行查毁。""行峰有玷师玉琳琇之教，自行峰以下，其徒众著直省巡抚详细查明，尽令削去支派，向后永远不许复入祖庭。现在开堂说法者，即摘钟板，另选玉琳下别支承接。"

前文提到胤禛参禅透三关时，曾褒奖章嘉国师而深抑迦陵性音，但此乃雍正十一年追记时语，当年却曾恩礼性音，予以封赠，并将其著作编入大藏。对此，雍正帝解释说："迦陵性音频想接见，当日听其言论，于正知正见不可言无，而情性好干世法，其行履未能贴实。是以朕御极时谕令归隐，盖恐其于法门无益也。越数年间性音圆寂，朕以时下宗徒类多谬参法席，不达佛旨，较之性音更为远逊，如是将伊敕部赐议追封禅师，又因昔伊开堂说法，为禅众所称，想其语录自能裨益佛教，因亦谕令入藏。朕即位后十年来办理政事，于释典一函一轴实未曾披阅，近日方经详悉观览性音之所著述，较之从言铨知解边荐取者，不无稍优，而含糊处不少，惟露一己之爪牙，甚失指接人之婆心，似此究未彻底利生之作，何可以为人天师范？朕从前失于检点，亦性音辜负朕恩处。"①性音最终还是被雍正帝削去所赐封号，语录则从大藏撤出。雍正帝好佛而不为缁衣眩惑，他对性音的批评，着眼于其"好干世法"，正与贬斥木陈、行峰同，这就是他高明之处。至于《拣魔辨异录》为雍正帝力作，他对法藏、弘忍辈的批判，思想宗旨上的鞭挞是主因，骨子里还是恶其"好干世法"。如他贬斥法藏、弘忍辈："惟以结交士大夫，倚托势力，为保护法席"；"惟务吟

---

① 《文献丛编》上，《清世宗关于佛学谕旨》一，第3页。参见杨启樵《雍正帝及其密折制度研究》，第24页。

诗作文,以媚悦士大夫,舍本逐末,如是居心,与倡优何异!""当日魔藏取悦士大夫,为之保护,使缁徒竞相逐块,遂引为种类。其徒至今散步(布)人间不少,宗门衰坏,职此之由。朕今不加屏斥,魔法何时熄灭?!"

平实而论,雍正帝批评僧人"好干世法",确乎抓住了要害,但其动用行政力量解决僧争,也给其本人乃至后世留下了深刻教训。

其三,雍正帝深明禅学,不惜帝王尊而挽救宗风颓落。

雍正帝不惜帝王之尊而以禅门宗师自居,汲汲于挽救宗风之衰颓。雍正帝自陈:"朕居帝王之位,行帝王之事,于通晓宗乘之虚名何有?"雍正帝深明禅学,他自叙对禅学已"深明此事"而要"不惜话坠,逐一指明",其用心实在可嘉。他对不肖僧道和狂参妄作之徒的严声呵责,并对当时禅门弊风所作的揭露和抨击,也在在中的,振聋发聩。如说:"然天下宗徒,不特透得向上一关者罕有其人,即能破本参,具正知见者,亦不多得。宗风如此,莫衰于今日也。今溥天之下,万刹万僧,万僧万拂,师以盲传,弟以盲受,人人提唱宗乘,个个不了自心,岂不使正法眼藏,涅槃妙心,垂绝如线?""若以此为振兴佛教,续佛慧命,与毁佛灭法何殊?甚至名利熏心,造大妄语,动称悟道,喝佛骂祖,不重戒律,彼此相欺,卖拂卖衣,同于市井。将佛祖之慧命,作世谛之人情,虽窃有佛祖儿孙之名,并无人天师范之实。"①鉴于禅门踏空的流弊,他要求佛教走向宗、教、禅、净融合的道路,进而在三教关系上主张异用同体,并行不悖,致君泽民。尽管他指出的方向不一定是他的创造发明,但由于他权威的强调,对后世的佛教确实产生了深远的影响。

第四节　乾隆帝与佛教②

乾隆帝,出生于康熙五十年(1711)八月十三日,名讳弘历。二十五岁

---

① 雍正御制佛教大典《御选语录》上,卷一二《上谕附录》,第616—617页。
② 参见赵轶峰《度牒制度与清前期社会制度变迁》,《求是学刊》2008年第3期。另参见杨健《清王朝佛教事务管理》,北京,社会科学文献出版社,2008。

登基,在位六十年,又当太上皇三年零三天,嘉庆四年(1799)正月初三崩,享年八十九岁,庙号高宗,谥号纯皇帝。乾隆帝是中国历史上实际执政时间最长、年寿最高的皇帝。乾隆帝在位期间,继续对佛教尊奉和支持,既有保护又有限制,不过表现方式自然与前几朝皇帝有所差别。历史表明,"康乾盛世"到乾隆朝已经登峰造极,但乾隆的基业是顺康雍三朝百多年励精图治连续累积的成果。就连乾隆的治道,也是在其先祖和皇考之间的权衡折冲。乾隆帝御极伊始,发布几道上谕谈论治道,可对此加以印证。

如雍正十三年(1735)十月初九日(11月22日),乾隆帝谕总理事务王大臣:"治天下之道,贵得其中。故宽则纠之以猛,猛则纠之以宽。圣祖仁皇帝六十年休养生息,民物恬熙,循以往,恐有过宽之弊。我皇考振饬纪纲,因时更化,所以导之于至中。朕主于宽,而诸王大臣严明振作,以辅朕之宽,然后政和事理,俾朕可以常用其宽,而收宽之效。倘不能如是,恐相习日久,必至人心玩愒,事务废弛,激朕有不得不严之势,此不唯臣工之不幸,抑天下之不幸,更即朕之不幸矣!"[1]乾隆元年(1736)二月初九日(3月20日),谕治道贵乎得中,矫枉不可过正。"大抵皇祖圣祖仁皇帝时,久道化成,与民休息,而臣下奉行不善,多有宽纵之弊;皇考世宗宪皇帝整顿积习,仁育而兼义正,臣下奉行不善,又多有严峻之弊。""近见诸臣奉行,渐有错会朕意,而趋于怠弛之意,戒之,慎之!"[2]乾隆二年(1737)五月初七日(6月4日),乾隆帝以"为君难,为臣不易"为题目,于乾清宫亲试满汉各翰林。嗣后乾隆帝又阐发为君之所以难,称"崇尚宽大,则启废弛之渐;稍事振作,则长苛刻之风。言路不开,则耳目雍蔽;将欲达聪明目,而无稽之言,勿询之谋,驰骛并进,不惟不足以集思广益,且足以淆乱是非。"从而道出了他即位一年又九个月当政的苦衷。[3]

---

[1] 参见中国人民大学清史研究所编《清史编年》第4卷雍正朝,第673—674页。按,此处引乾隆帝御极伊始所发谕旨的年月仍为"雍正十三年",因其在登基后第二年才改元为"乾隆"。
[2] 参见中国人民大学清史研究所编《清史编年》第5卷乾隆朝上,第8页。
[3] 同上书,第44页。

总体上看,乾隆帝是顺康雍三朝佛教事业和管理经验的集大成者,举其对佛教有深刻影响之事,可记述者主要有下列几项:一是废除度牒制度,这是千余年来中国佛教史上一件划时代的大事;二是完成顺治以来百多年在明律基础上增补修订的《大清律例》,其中有不少附例是体现清初统治者意志的管理和约束僧众的成文法典;三是完成雍正十三年开刻的大藏经事业,并把汉文和藏文大藏经翻译成满文大藏经;四是把雍和宫改造成为全国藏传佛教的管理中心;五是改革藏传佛教活佛转世制度的流弊,替以金瓶掣签制。此五事基本上能反映乾隆与佛教的关系,从中可以察知他对汉藏佛教的尊崇态度和管理策略。兹先阐述乾隆管理汉藏佛教的经验,再评述其刻译大藏事业。

一、清厘僧道,废除度牒

雍正十三年(1735)八月二十三日(10月8日),雍正帝猝然崩逝,这引起了人们的种种猜测和疑虑。京城之内一时谣言四起,人心浮动不安。雍正十三年九月初三(10月18日),皇太子弘历于太和殿即皇帝位,以明年为乾隆元年。新即位的乾隆帝,早已看出先帝雍正晚年热衷于讲论佛法,在一定程度上损害了他的声誉。于是,立即颁发数道谕旨,先清理与雍正帝生前有过密切接触的僧人,命令七旬高龄的文觉禅师徒步返回江南,由地方官严加稽查、管束;同时又严厉警告文觉禅师及其他僧徒,此后不准妄言世宗生前所言,如发现打着世宗招牌在外招摇不法,定按国法和佛法加倍治罪;并收缴僧人手中所藏的世宗御书及朱批等件。[①]

乾隆帝(九月)谕曰:"佛法以明心见性、兴善能仁、舍贪除欲、忍辱和光为本,而后世缁流竟藉佛祖儿孙之名,以为取利邀名之具,奸诈盗伪,无所

[①] 参见史仲文主编《中国全史》中清代佛教部分。又参见中国人民大学清史研究所编《清史编年》第4卷,第676页,雍正十三年十月十六日,乾隆帝认为木陈忞著《北游集》、其弟子著《帝王明道录》、玉琳琇弟子骨岩(行峰)著《侍香纪略》等书籍"干涉时事,捏造言词,夸耀恩遇"。命各省督抚差员密访,无论刊本、抄本,悉行查出,密封送都,请旨销毁,不得私藏片纸。

不为,以致宗风颓败,象教衰微,此皆不肖僧徒贻之咎也。我皇考聪明睿智,天纵多能,而于性宗之理洞晰精微,深通奥妙。万几余暇每召见僧衲,指示提撕,冀其勉力参悟。俾佛教广有传人,以为劝善去恶之一助,此大慈悲父觉世之苦心也。乃数年以来,真能领会圣训者甚少,皇考尝为叹息。今陆续散出于外,其间品行不一,难保无藉端生事之人。如昔年世祖章皇帝时,木陈忞大有名望,深被恩礼。而其所著《北游集》则狂悖怪谬之语甚多,至其夸张恩遇处尤为庸鄙。又玉琳国师弟子茚岩行峰著《侍香纪略》一书,更为诞妄荒唐,供人喷饭,已蒙皇考特降严旨查出销毁。此中外所共知者。前事可鉴,朕不得不留心申饬,著该部传旨通行晓谕,凡在内廷曾经行走之僧人,理应感戴皇考指迷接引之深恩,放倒身心,努力参究,方不负圣慈期望之至意。倘因偶见天颜、曾闻圣训,遂欲藉端夸耀,或造作言辞,或招摇不法,此等之人在国典则为匪类,在佛教则为罪人,其过犯不与平人等。朕一经察出,必按国法、佛法加倍治罪,不稍宽贷者。"①

与雍正生前关系密切者莫过于文觉,此外就是参与雍正宫中法会的"沙门羽士"中三"超"僧人,乾隆八年(1743)也毫不留情地对他们进行了严惩。懋勤殿档有乾隆八年闰四月颁发谕旨一道,略云:"昔我皇考雍正十一年八月内,以玉琳、茚溪法嗣不昌,命超善、超鼎、超盛三人嗣茚溪后。十三年闰四月,又续以超海、超源、超广、超成四人嗣之。乃超善者,忽于今年潜至京师,船插黄旗,书写'奉旨进京'字样。事发,查得超鼎等来往字迹,有谓'法道凌夷',有谓'天语稀闻',又谓'道不同不相与谋,当此时只宜退不宜进',种种怨望之言,难以枚举。甚至超海畏罪自经,羞辱法门已极。伊等有何性急?不过俗情尘状,以帝王外护为荣。如此污浊心行,可惜皇考当年一番眉毛拖地。夫必以帝王、宰官之隆重,为佛法之兴,是何佛法耶?!当日玉琳、茚溪在皇祖时,僧行峰纪录内廷语言,以

---

① 王先谦编:《东华录·乾隆一》,第7页。参见《周叔迦佛学论著全集》第7册,第3230页。乾隆该谕发布年月,据《东华录》等史书记载为"雍正十三年乙卯九月",当在雍正帝去世后未久、乾隆帝登基前后数日。而前注中《清史编年》第4卷则提供了明确、具体的时间,"十月十六日"。

为世荣,皇考深恶其人,斥出玉琳派下,此已行之成例也。今超善、超鼎、超海等而下之,诈称诏旨,大妄语成,怨恚绝望,贪嗔并发,甚至破佛戒律,自戕其身。每将皇考时承恩之处,夸耀于人,漏泄禁中言语。学为诗文,以结纳士大夫,显悖皇考当日圣训。兹三人者在佛法为宗门之败种,在世法则为梗化之顽民,皇考若在今日,亦必重治其罪。为此特晓示天下宗徒,并令超善、超鼎、超海斥出茚溪派下,不得叙入'超'字辈内。在京在外诸紫衣僧,须以三人为戒。特谕。"①

1. 酌复度牒:稽梵行、重律仪

乾隆帝即位后一方面清理与雍正帝生前有直接接触的僧人,注意维护雍正帝崇佛的声誉,不使其在外面"夸耀恩遇",打着雍正帝旗号招摇撞骗,这对当时安抚人心、稳定大局和巩固新君的统治地位具有积极作用;另一方面就是着手清厘僧道,整顿佛教。仅仅在世宗驾崩后一个月,雍正十三年(1735)九月二十三日(11月7日),命僧众仍给度牒。情愿出家之人,必须给度牒方准披剃。又命地方官清查寺庙斋田,编入册籍,禁止售卖。又禁擅造寺观神祠,欲兴建者,必呈明督抚,具本奉旨,方准营造。乾隆谕礼部曰:

> 历代僧人披剃,有给予度牒之制,所以稽梵行、重律仪也。我世祖章皇帝于顺治八年停其纳银,仍给度牒;迨圣祖仁皇帝康熙初年,并给发度牒亦经停止。盖其时僧徒尚未甚多,又当玉琳国师、茚溪禅师主持法席,相继振兴之余,犹知共循遗规,故不给度牒亦属可行。近日缁流太众,品类混淆,各省僧众出家修道者百无一二,而愚下无赖之人游手聚食,且有获罪逃匿者窜迹其中。是以佛门之人日众,而佛法日衰。不惟参求正觉,克绍宗风者寥寥希觏,即严持戒律、习学小乘之人亦不多见。蔑弃清规,徒增尘玷,此其流弊将不可胜言。
>
> 朕崇敬佛法,秉信夙深,参悟实功,仰蒙皇考嘉奖,许以当今法

---

① 陈垣:《明季滇黔佛教考》下卷,第554—555页。陈垣于此后评说:法嗣不昌,帝立为嗣。其结果如此,帝力果足续佛慧命乎?续佛慧命果赖于帝力乎?

会中契超无上者朕为第一,则并无薄待释子之成见可知。特以护持正教之殷怀,不得不辨其薰莸,加之甄别。著该部仍行颁发度牒给在京及各省僧纲司等,嗣后情愿出家之人必须给度牒方准出家披剃。仍饬府州县等衙门严查僧官、胥吏,毋许藉端需索,扰累僧徒,违者从重治罪。尔部即遵谕行。①

清初沿袭明制,仍严格限制寺院兴建与僧尼出家的人数,对僧籍和寺庙管理十分认真。顺康雍百年间一直通过发放度牒来掌控天下僧尼数量,虽然在是否纳银给牒问题上有过摇摆,但基本上对度牒制沿用不替,也即通行由官方无偿给牒制。② 从以上乾隆帝谕旨不难看出,导致佛教情况复杂而难以掌控的,不只是僧尼数量的问题,还有更主要的是"品类混淆"的问题。如乾隆帝所说,真正出家修道的百无一二,相反,有不少游手聚食之徒,乃至获罪逃匿者窜迹其中,非但不参求正觉,反而蔑弃清规,以致"佛门之人日众,而佛法日衰"。乾隆帝有鉴于此种流弊,在酌复给度牒基础上又强调要区分僧众品类,使有志于修行者,永守清规。

---

① 王先谦编:《东华录·乾隆一》,第14页。参见《周叔迦佛学论著全集》第7册,第3217—3218页。
② 清王朝在入关前及入关之始,都曾实行纳银给牒制。满洲政权建立之初,在天聪时期(1627—1636)曾实行"官给度牒制",崇德五年(1640)改为"纳银给牒制"。到顺治二年(1645),再改为由官方发给度牒,停止纳银。顺治六年又再次把"官给度牒制"改为"纳银给牒制",规定由礼部刊刻度牒发行,只要僧道纳银四两,便可领取度牒;过去旧明及清初时期所发度牒一律收回,僧道必须持有新牒,才准入寺院、道观修行。到顺治八年(1651)谕令再次实行无偿给牒,并且明文规定出家者的身份与条件,如:"若僧道不给度牒,私自簪剃者,杖八十;若由家长,家长同罪;寺观住持及受业师私度者,与同罪,并还俗,入籍当差",以及"户内不及三丁,或在十六以上而出家者,俱枷号一个月"。私发度牒及私建寺院者一样按律治罪。清廷对度牒的管理制度时松时紧,康、雍年间仍继续实行官给度牒的做法。清代僧尼人数和寺院数目也随着人口的增加而递增。清代官方的统计数目,最常见到的就是康熙六年(1667)由礼部所统计的数目。各省官建大寺6 073座、小寺6 049座,私建大寺8 458座、小寺58 682座,由民间私建的寺院数量远在官方兴建之上,两者合计则为79 262处。换言之,康熙初年,佛教寺院不论官建或私建,也有将近8万座寺院;而僧众人数,据统计僧众有110 792人、尼众有8 615人,合计有119 407人,将近12万人。这是中国史书上少有的明确数字,但其准确度却令人怀疑,因为寺数太多,而僧数太少,每寺居住的僧人不到2人,这样的数字表明大量私度僧尼现象的存在。

故于雍正十三年(1735)十一月初六日(12月19日)特颁谕旨,命甄别僧道。谕礼部曰:

> 四民之中,惟农夫作苦自食其力,最为无愧;庀化八材以利民用,非百工莫备;士则学大人之学,故禄其贤者能者;至于商贾,阜通货贿,亦未尝无益于人,而古昔圣王尚虑逐末者多,令不得衣丝、乘车、推择为吏,以重抑之。今僧中有号为应付者,各分房头,世守田宅,饮酒食肉,并无顾忌,甚者且畜(蓄)妻子。道士之火居者亦然。夫一夫不耕或受之饥,一女不织或受之寒,多一僧道即少一农民。乃若辈不惟不耕而食,且食必精良;不惟不织而衣,且衣必细美,室庐、器用、玩好,百物争取华靡。计上农夫三人肉袒深耕,尚不足以给僧道一人,不亦悖乎!
>
> 朕于二氏之学,皆洞悉其源流,今降此旨,并非博不尚佛老之名也。盖见今之学佛人,岂独如佛祖者无有,即如近代高僧,实能外形骸清净超悟者亦稀;今之道士,岂独如老庄者无有,即如前世山泽之癯,能凝神气怡养寿命者亦稀。然苟能遵守戒律,焚修于山林寂寞之区,布衣粗食,独善其身,于民无害也。今则不事作业,甘食美衣,十百为群,农工商贾终岁竭蹶以奉之,而荡检逾闲,于其师之说亦毫不能守。是不独在国家为游民,即绳之以佛老之教亦为败类,而可听其耗民财、涠民俗乎?①

乾隆帝一方面以应付僧、火居道士等窃佛、道二氏之名,而无修持之实,甚至作奸犯科,难于稽查约束;一方面认为农夫终岁辛劳,自食其力,于四民之中,最为无愧,僧道不耕而食,不织而衣,耗费民财,多一僧道,即少一农民。以此,僧道不可不接受约束。命各省督抚饬州县按籍稽查,除名山古刹收接十方丛林,及虽在城市而愿受度牒、遵守戒律、闭户

---

① 《清朝续文献通考》,第8487—8488页;参见《周叔迦佛学论著全集》第7册,第3220—3221页。

清修者不问外,其余房头应付僧、火居道士,皆集众面问,愿还俗者听之,愿守寺院者亦听之,但身领度牒,不得招受僧徒。所有资产,除量给还俗及留寺院者为衣食计,其余归公,留为地方养济穷民之用。命礼部详议道士亦给度牒之法。①

2. 培护法门,肃清严整

雍正十三年(1735)十二月,礼部议复僧道给予度牒一事具奏,乾隆帝认为其"虚文多而实际少",并没有真正领会他的意旨,于是又发上谕:"朕之谕令清查僧道者,并非博不尚佛老、屏斥异端之名也。盖僧道之中有应付、火居二种,借二氏之名而作奸犯科,肆无忌惮,恐将来日流日下,更无所底止。是以酌复度牒之法,辨其薰莸,判其真伪,使有志焚修者永守清规,而市井无赖之徒不得窜入其中,为佛老之玷。此乃培护二氏法门之深意,望其肃清严整。若朕有沙汰僧道之心,则何不降旨勒令伊等还俗,而乃酌复度牒之制,慎加甄别,有何为乎?且礼部议称,度牒一张交银三钱,夫交官者虽仅三钱,而本人之所费恐十倍于此矣。此等之人亦吾赤子,朕忍歧视而使之不得其所乎!僧有宗门、教门、律门之分,皆遵守戒律清净焚修者,即应于此中选择僧录司,以为缁流之领袖,或亦可行。至于应付僧徒,皆令受戒给予度牒,若不愿受戒者勒令还俗。此事礼部所议多有未备。"②从此谕来看,乾隆帝对下情非常了解,态度也十分明朗,他强调僧道"亦吾赤子",此举非有沙汰之心,"乃培护二氏法门之深意,望其肃清严整"。故此命王大臣会同九卿定议具奏,若有以此举为多事,无益僧道而徒滋烦扰者,亦准奏闻请旨。

上述乾隆谕本来专门针对应付僧、火居道士而言,至于名山古刹、闭户清修者并不过问,然而由于传述错误,一切僧道对于"资产归公"之事都引起了恐慌。于是,乾隆元年(1736)再谕:"乃闻外省传述错误,一切

---

① 参见中国人民大学清史研究所编《清史编年》第4卷雍正朝,第669、679—680页。
② 王先谦编:《东华录·乾隆二》,第16页。参见《周叔迦佛学论著全集》第7册,第3218页。

僧道皆有惶惑不安之意，恐将资产归公，遂尔弊端百出。有将己身田宅诡寄他人户下希图藏匿者，有谋嘱书吏分立花户诡名以多报少者，有减债速求售卖变银入橐者，且有局外匪类从中借口索诈者。夫此僧道既谋利敛财如是，揆之仙佛之法，乃糠秕稂莠也。即取其私橐归公，以养济穷民，亦何不可之有？天下后世自有公论。但朕之本意，原以天地好生之心为心，一物不得其所，如已推而纳之沟中。此庸愚无知之僧道，亦天下之一物耳，朕何忍视同漠外？况朕先所降旨甚明，原以护持僧道而非有意苛削僧道。今观伊等情形，是愚昧无知、被人恐吓，而不知原降之谕旨也。"乾隆帝命礼部先行晓谕，去僧道之迷惑，而对应付僧、火居道士之资产重议具奏。"又闻外间有尼僧一种，其中年老无依情愿削发者尚无他故，其余年少出家之人心志未定，而强令寂守空门，往往荡闲逾检，为人心风俗之害。且闻江浙地方，竟有未削发而号称比丘者，尤可诧异，似亦应照僧道之例，不许招受生徒，免致牵引日众。有情愿为尼者，必待年岁四十以上，其余概行禁止。"命将此一并交与王公九卿会议妥议具奏。①

王公九卿会议遵旨议定：嗣后僧录等，令地方官于戒僧内，选择朴实谨慎之人报礼部充录；道录等，于道士内无家室、实在住庙者，详慎选择充补。其现在受戒僧人、全真道士素守清规、具有保结者，均应颁给度牒。若经僧道等官之手，易滋需索扰累。应行令顺天府、奉天府、直省督抚转饬该地方官，将各僧道年貌籍贯并焚修所在，缮造清册，取具互结，加具印结，申送该督抚汇齐报部，照册给发度牒。仍饬各地方官当堂给各僧道收执，遇有事故将原领度牒追缴，如有改名更替，或借名影射，及私行出家者，皆照违制律治罪。至于应付僧人，令该地方官传集面询，果系实心出家情愿受戒者，给予度牒；不愿受戒者，即令还俗，编入里甲为民；若老迈残疾，既难受戒，又难还俗者，查实亦给予度牒，许其看守寺庙，以终天年。又如深山僻壤寺庙，僧人不能远出受戒，及俗家并无所归

---

① 参见《周叔迦佛学论著全集》第7册，第3221页。

者,亦姑给予度牒,仍别注册,永不许招受生徒。至在京各省道士,果无家室实心住庙焚修者,给予部照,毋庸给牒;火居道士则勒还俗;如有年老别无营运者,亦暂给予部照,永不许招受生徒。其尼僧一项,亦照僧道之例,愿还俗者听其还俗,无归者亦暂给予度牒,不得招受少年女徒;嗣后妇女有年未四十出家者,该地方官严行禁止。至各寺庙所有资产免其稽查,以省纷扰。颁发牒照所需纸板工价等项,均于户工二部支取,岁终奏销。又覆准:年少沙弥、道童,察其果无父兄可依者,暂留寺观,造册备案,年至二十不愿受戒,及二十以内力能谋生愿还俗者听。至年少女尼,不准暂留庵庙,惟四体偏废、五官缺陷及实无所归者,照原题内僧道残疾之例,暂行给牒,以赡余生。①

3. 徐徐办理,非禁绝僧道

乾隆元年(1736)四月初六日(5月16日),礼部议复:清厘僧道,莫善于给度牒。请令顺天府、奉天府、直省督抚转饬该地方官,于文到三月内将现有僧道,清查造册,取具印结,汇齐到部,发给度牒;嗣后情愿出家者,必请给度牒,方准簪剃受戒;火居道士俱令还俗;尼僧不能还俗者暂给度牒,嗣后妇女必年逾四十,方准出家。得旨依议。不久又规定,从乾隆二年(1737)开始,各省每年将发给度牒实数及遇有事故开除者,详细造册报礼部。礼部于岁终汇题。至于番僧给牒,亦照此例行。② 到了乾隆二年,各直省长官仍有错会乾隆意旨者,乾隆帝不得不再行谕令直省督抚妥协办理给僧道度牒一事,谕曰:

> 朕前后两颁谕旨,明切晓示,冀督抚有司办理妥协。昨问及安徽巡抚赵国麟,据伊奏称,有此一番澄汰,嗣后便可不必再给度牒等语。朕不知赵国麟之意,将以度牒为多事滋扰而不必给耶?抑谓释道之教应行禁绝,而嗣后毋庸给发,遂永不许人为僧

---

① 参见《周叔迦佛学论著全集》第7册,第3222页。
② 《大清会典事例》礼部,方伎,见卷五○一,第7页。参见《周叔迦佛学论著全集》第7册,第3218页。又参见中国人民大学清史研究所编《清史编年》第5卷乾隆朝上,第13页。

耶？恐直省督抚未必能如是精明强固，不动声色，遂使天下无一僧道也。

夫朕之酌复度牒，本以僧道徒众太繁，贤愚混杂，其中多童稚孤贫，父母亲戚主张出家而非其所愿者；亦有托迹缁黄利其财产，仍然荡检逾闲者；甚至匪类作奸犯科，不得已而薙发道妆以避逋诘。藏垢纳污，无所不至，是以给发度牒，令有所稽考。一如民间之有保甲，不致藏奸；贡监之有执照，不容假冒。果能奉行尽善，则教律整饬，而闾阎亦觉肃清，岂欲繁为法禁，苦累方外之民耶！

夫释道原为异端，然诵经书而罔顾行检者，其得罪圣贤，视异端尤甚焉。且如星相、杂流及回回、天主等教，国家公令原未尝概行禁绝。彼为僧为道，亦不过营生之一术耳。穷老孤独多赖以存活，其劝善戒恶，化导愚顽，亦不无小补。帝王法天立道，博爱无私，将使天下含生之类，无一不得其所。僧道果能闭户焚修，亦如隐逸之士遁迹山林，于世教非有大害，岂必尽驱还俗，使失业无依，或致颠连以终世哉！至于少年为尼，恐心志未定，别生事端，故待年已老成，始许披剃，亦非尽绝其教也。若云僧道多一人，则尽力南亩者少一人，恐目今为僧道者，未必皆肯尽力南亩者也。

朕令直省督抚年终汇题，即欲徐徐办理之意，亦并非为目下禁绝人之为僧道也。赵国麟此奏误会朕意，他省督抚恐尚有似此者，故再行申谕。务体朕抚育群生、物各得其所之意，详细妥议，徐徐办理。又前年以民间喜建寺庙，而旧时寺庙倾圮者多，特谕止许修葺旧寺庙。近闻旧址重修者绝少，间有新建寺庙者，地方官并不将朕谕旨宣布开导，此亦奉行不谨、息忽从事之一端也。①

乾隆帝既再三晓示酌复度牒之本意，又进一步对各直省具体办理度

---

① 参见《周叔迦佛学论著全集》第 7 册，第 3222—3223 页。

牒加以指导。乾隆三年(1738)议准：直省僧尼道士颁发牒照，宜预筹清厘之法，俾有成数可稽。现在应付、火居人等，止给本身牒照，不准招受生徒，庶牒照止有缴销而无续增。按例应招生徒之道，亦必年逾四十始许招徒一人；所招之人在其师原领牒照上，由地方官注明年貌籍贯及簪剃年月，用印钤盖，取五人具结存案；师故世之后，牒照次第相传，不必别给。该州县岁终汇报该抚，该抚随五年审丁之期，别具清册报礼部。如所招之人身有过犯，应还俗问罪者，即于其师牒照内除名，不准其师补招。若该徒无过病故，准其报明地方官，再行续招，即于牒照内注明，以防影射。若其师犯罪，应追缴牒照撤销，所招生徒愿意还俗者听，不愿还俗而投别师者，也要牒照注明。现有牒照不得隐匿，不得私相授受，均责成僧道官实力稽查，地方官不时察核。如有隐匿、影射情弊，将僧尼道士勒令还俗，治以顶替假冒之罪；僧道官容隐者，斥革还俗，仍照违令律笞责；地方官不行察核者，照失察例罚俸三月。僧道等年未四十而招受生徒，或招受不止一人者，照违令律笞责；僧道官容隐罪同，失察夺俸。

4．沙汰本意：禁游惰、勤力作

乾隆四年(1739)，定不准新发僧道牒照。对本地和外地情愿出家投师者做出规定：该师将所招之人报地方官，查明年貌籍贯，并取具邻族地保且无过犯甘结存案。对于远来投师之人，住持必须呈报地方官，咨取原籍地方印甘各结到日，方准簪剃。又覆准：应付僧、火居道士内有老迈残疾及深山僻壤、俗家无可归者，令地方官查明牒照，即大书"不许招受生徒"字样，钤盖印信。又议准：嗣后民间独子，概不许为僧为道，严饬地方有司明张晓示。倘有故犯，家长及受徒之僧道，均照违制律问拟；僧道勒令还俗，僧道官一并斥革。其现在僧道内如有独子出家、宗祧绝继者，除老迈残疾不能还俗之独子外，其例应还俗者听其自首还俗，将牒照缴销，违者照例治罪。

该年六月初三(7月8日)，乾隆帝对不准新发牒照加以说明，谕军机大臣令其密信各督抚渐次裁减僧道。谕称：往昔帝王之治天下，每有沙汰僧道之令,诚以缁黄之流品类混杂,其间闭户潜修严持戒律者百无一二,而游手无籍之人借名出家以图衣食,且有作奸犯科之徒畏罪潜踪幸逃法网者,又不可以数计。"夫一夫不耕或受之饥,一女不织或受之寒,天下多一僧道即少一力作之农民。若辈不耕而食,不织而衣,且甘食美衣,公然以为分所应得,不知愧耻,是以上农夫三人肉袒深耕之所入,而不足以给僧道一人之用。既耗民财,复溷民俗,在国家则为游民,在佛老教中亦为败类,诚不可听其日引日多而无所底止也。惟是此教流传已久,人数繁众,一时难以禁革。是以朕令复行颁给度牒,使目前有所稽查,将来可以渐次减少,此朕经理之本意也。今礼部颁发各省度牒已三十余万张,领牒之僧按例只准招徒一人,合师徒计算则超过六十万人。但朕查外省官员情形,不过循照部文,敷衍了事,盖未深知朕渐次裁减之本意。尔等可密寄信与各督抚,令其徐徐留心,使之日渐减少,需以岁月,不在取毕于一时。若官吏奉行不善,致滋扰累,则又不可。"①

乾隆五年(1740),《大清律例》告成,刊布全国。② 本年谕:"僧道亦穷民之一,朕不忍概从沙汰,故复行颁给度牒,使有所核察。今礼部颁发牒照已三十余万张,而各省缴到者尚少,是或仍事因循,仅奉行故事,则甚非朕所以禁游惰、勤力作之本意矣。命各省督抚留意,善为经理,并于岁终将所减少实数具奏。"乾隆七年(1742)覆准:直省僧道由礼部在岁终将所减实数奏闻,令各省督抚缮写黄册进呈,另造清册送礼部察核。如此形成两册循环清厘制,逐年册籍井然可稽,所有随五年审丁之期造册报部之例,即行停止。乾隆八年(1743)覆准:直省有未曾领牒照之僧道,游手托名,经查明曾经过犯,即勒令还俗,编管为民;若素无过犯、实心出家者,准令投师传牌,别款附册,年终奏报。至于外来投歇、验无牒照者,许

---
① 王先谦编:《东华录·乾隆九》,第16页。参见中国人民大学清史研究所编《清史编年》第5卷乾隆朝,第82页。又参见《周叔迦佛学论著全集》第7册,第3224、3226页。
② 清入关后,于顺治五年(1648)制定出一部完整法典——《大清律集解附例》,颁布天下。后经康熙、雍正两朝屡次增删,至乾隆初,又命群臣对原有律例逐条考证,重加编辑。至乾隆五年律成,定名《大清律例》,共律463条、附例1049条。

令住持报地保邻甲,呈官驱逐回籍。若违例私自容留,犯案事发,将住持僧道分别治罪,地方官徇隐者议处。①

乾隆十年(1745)五月,命军机大臣寄信各督抚从宽裁汰僧道。谕称:数年以来,各省所报册籍多寡不同,自因本地僧道多寡不同之故。但止有沙汰之数,而未有续收之数,"是有裁而无收也,亦非朕当日办理此事之意。古圣人之严辟异端者,因其有害于政教,今之僧道不过乡里无依之贫民,窜入空门,以为糊口计,岂古昔异端之可比,而能为政教之害耶?若果去一僧道,即多一力田之农民,则善政也;但朕复思之,彼游手坐食之人,既为僧道,习于安闲,若迫令改业,受手胼足胝之劳苦,其势有所不能,不过市井中添无数游惰生事之辈耳。反不如收入寺观,尚可羁縻"。"是以朕前原有渐次裁减之旨,不可听其引而日盛。若缁黄之属必应尽汰无遗,则朕从前又何难降旨,全行禁革,不事姑容乎?尔等可将朕意寄信与督抚,令其善为体会,转饬所属,从宽办理。若伊等错会朕意,以为崇高佛老,则又非矣。"②

乾隆十八年(1753)覆准:聚众为匪之案多由奸邪僧道主谋,平时煽惑愚民,日渐酿成大案。令该地方文武各官查照元年、四年议准僧道牒照,确取保结,详咨授受顶给之定例,实力奉行。如遇公事之便,就近亲至庵庙寺观细加体访,务使奸宄之徒不能混迹僧道,以消患于未萌。如文武官仍视为具文,以致藏奸匿匪,煽惑愚民,酿成逆案,一经发觉,将该地方官及该管上司并武职各官,皆照不能察缉奸民例,分别议处。再僧纲、道纪等司乃专管僧道之人,僧道如有为匪不法等事,即应随时稽查举首,如坐视不问,瞻徇隐匿,别经发觉者,将该管僧纲、道纪照知情故纵逆犯本律,分别已行、未行定罪。若止失于稽察,并无徇纵情弊,亦当咎其

---

① 《大清会典事例》礼部,方伎,见卷五〇一,第4—5页。
② 王先谦编:《东华录·乾隆二一》,第12页。参见《周叔迦佛学论著全集》第7册,第3120页。又参见中国人民大学清史研究编《清史编年》第5卷乾隆朝,第211页。

平日不能约束,坐以不应重律,杖八十。①

5. 法纪森严,永废度牒

乾隆十九年(1754)正月谕:"前经降旨礼部颁发僧道牒照,复令各督抚岁终将所减少实数据实奏闻,此原欲驱游手为良农,略示沙汰之意耳。乃十余年来,各省奏报,不过具文从事。且若辈即尽令归农,安得余田而与之?转不免无籍为匪耳。据实严查或致滋扰,有名无实甚属无谓。此综理日久所悉,正不必袭复古辟邪之迹也。著停止。"②

乾隆帝决定废除度牒,并不意味着放松对佛教事务的管理,相反更加森严法纪。乾隆二十五年(1760)定例,僧、道、尼僧、女冠有犯和奸者,于本寺观庵院门首,枷号二月,杖一百。其僧道奸有夫之妇及刁奸者,照律加二等,分别杖徒治罪,仍于本寺观庵院门首,各枷号两月。③ 乾隆三十二年(1767)覆准,僧人招受僧徒必须披剃,若滥行招受,查出即行治罪,例有明条。今以无业之徒托名带发出家,并不披剃,是以不僧不俗之身潜居庵观,最易藏奸。饬令地方官实力稽查,如有此等发僧,即勒令还俗,外来者驱逐回籍,俱责令编管为民。又,乾隆三十三年(1768)议准:在籍僧道,遵照保甲条例,每庙给予门牌,地方官同民户一体核查。④

乾隆三十九年(1774)二月初十日(3月21日),经礼部奏准,凡现在僧道实心焚修者,地方官将其年貌、籍贯及所住寺庙,册报汇咨,仍分别给照。同年六月,山西道御史戈源就此提出异议,奏称:"近据礼部奏请,自乾隆四年以后僧道未给度牒者,交地方官通查补给,以备僧纲、道纪等官之选。查乾隆元年至四年僧道之无度牒者已有三十四万余人。自四年迄今,其私自簪剃者,恐不下数百万众。若纷纷查补,必多纷扰。"戈源奏请嗣后永停通颁度牒。乾隆帝以戈源所奏为是,礼部通查补给僧道度

---

① 《大清会典事例》礼部,方伎,卷五〇一。参见《周叔迦佛学论著全集》第 7 册,第 3257 页。
② 王先谦:《东华录·乾隆三九》,第 1 页。参见《周叔迦佛学论著全集》第 7 册,第 3219 页。
③ 《大清会典事例》刑律犯奸,卷八二五。参见《周叔迦佛学论著全集》第 7 册,第 3239、3243 页。
④ 《大清会典事例》礼部,方伎,卷五〇一。参见《周叔迦佛学论著全集》第 7 册,第 3261 页。

牒之议遂寝。①

乾隆帝颁谕：僧道度牒本属无关紧要，而查办适以滋扰，命永远停止。又谕：昨据御史奏请停查僧道度牒一折，已降旨允行矣。礼部请将四年(1739)以后未给度牒僧道交地方官通查补给一事，止以备僧纲道纪等官之选。第度牒不过相沿旧例散给，仍属具文，而稽查实虞烦扰。若防僧道滋事，未必有牒照者悉能恪守清规，而犯法者皆系私自簪剃。方今法纪森严，有犯必惩，更毋庸为此惫惫过虑。至于僧纲、道纪需人，所在地方官原可查明僧道之中实在焚修、戒法严明者，具结呈报咨部，给照充补，何必因此一二人之补缺，而令各省寺院通查滋扰耶？所有充补僧道官必须给有牒照之例，亦著停止。另经奏准，番僧度牒亦停止。② 如此，中国佛教史上实行千有余年的度牒之制，从此永远停止了。

二、兴盛黄教，力挽颓风

优礼喇嘛，尊崇藏传佛教，清开国以来就作为羁縻蒙藏的基本国策被确定下来，清太宗皇太极最早在盛京建立规模宏大的实胜寺，供东来传教的喇嘛居住。入主中原后，数代清朝皇帝对这项基本国策遵循不替，顺治敦促五世达赖进京、为其建造供其在京驻锡的西黄寺，并册封达赖，康熙、雍正两朝也都十分重视优崇藏传佛教，他们在用兵藏传佛教教化区平定叛乱后也都大兴佛寺以安民心。至于乾隆，在尊崇藏传佛教方面突出的表现，便是优礼三世章嘉国师，并将雍和宫改造成为京城一座最具影响力的喇嘛寺，使之成为全国联系沟通藏传佛教的管理中心。此

---

① 中国人民大学清史研究所编《清史编年》第 5 卷乾隆朝上，第 194 页。又参见程思源《中国全史》对于乾隆朝宣布废除度牒制度的评论："这是千余年来中国佛教史上的一件划时代的大事。从此，天下的僧尼可以随意出家而不受任何限制，有利于扩大佛教队伍。但也正如佛教史专家郭朋先生所说，由此而来的，却是僧尼成分的更加复杂，僧尼情况的更加窳滥，从而为加速佛教的衰亡造就了更为严重的内部因素。"事实上，清廷管束僧道除了度牒制度，还有《大清律例》中的法律条文，绝对不是如其所说"可以随意出家而不受任何限制"。
② 《大清会典事例》礼部，方伎，卷五〇一；王先谦《东华录·乾隆七九》，第 19 页。参见《周叔迦佛学论著全集》第 7 册，第 3219 页。

外就是他在为安藏辑边而护卫黄教、整饬流弊方面的卓著贡献,集中体现在设立金奔巴瓶掣签,确立转世灵童呼毕勒罕的定制上。

1. 优礼三世章嘉,改造雍和宫

雍正帝在藩邸时喜研内典,受到章嘉国师之指导,及即位后兴修此邸,号雍和宫,为京师第一大庙,设王大臣管理之。乾隆九年(1744),在三世章嘉的协助下,乾隆帝正式将雍和宫改造为一座佛、法、僧俱全的藏传佛教寺院,从内外蒙古等地聚僧五百来雍和宫学习,成立显宗、密宗、医宗、时轮四大"孔仓"(经院)。乾隆帝命七世达赖从西藏选派孔仓住持,达赖喇嘛遵旨选派,临行教诲:"务与大皇帝圣心相合,讲修佛法。"①

三世章嘉·若贝多杰继承了二世章嘉国师的法座,成为二世章嘉之后与清代皇帝有密切关系的又一位清代国师。当年青海发生罗卜藏丹津叛乱,抚远大将军年羹尧率清兵镇压,参与叛乱的寺庙被付之一炬,僧俗被杀千余人。叛乱平息后,按雍正旨令,年仅八岁的三世章嘉小活佛由年大将军分毫无损地护送到京,驻锡于旃檀寺(雍和宫)。雍正帝不仅让三世章嘉师事京中藏学大师学习显、密经论,而且命他与后来成为乾隆帝的皇四子弘历及其他皇子一起读书学习。几年之后,若贝多杰不仅在佛学方面很有造诣,而且通晓了藏、蒙、汉、满多种语言文字,还与比他大6岁的乾隆帝结下了较深的同窗之谊,为他今后的佛教地位奠定了坚实基础。②

乾隆元年(1736)十二月二十一日,登基不久的乾隆帝即命三世章嘉掌管京师喇嘛教事务,赐给"管理京师寺庙喇嘛札萨克达喇嘛"印一颗,之后屡有封赏,倍加尊崇。三世章嘉由于通晓多种语言文字,又擅长佛经翻译,译笔优美,所以乾隆多次让他主持翻译编纂大藏经的宏大工程。

---

① 章嘉·若贝多杰、蒲文成编:《七世达赖喇嘛传》,第112页,北京,中国藏学出版社,2006。中国人民大学清史研究所编:《清史编年》第5卷乾隆朝上,第198页。又参见拉科·益西多杰编译《藏传佛教高僧传略》,第431页。
② 参见拉科·益西多杰编译《藏传佛教高僧传略》,第429页。

特别是乾隆极为重视的满译汉文大藏,每译完一卷,均由三世章嘉校审,并逐卷进呈乾隆帝审阅。乾隆九年(1744),雍和宫被正式改建为藏传佛教寺院,首先就向三世章嘉国师征求意见,改建工程也由三世章嘉与噶勒丹锡呼图克图二人主持。竣工后,乾隆帝御赐寺名为"噶丹兴秋林",意为"噶丹威严宫"。乾隆十六年(1751),皇太后六十大寿,乾隆帝于京城西苑建造颐和园,改苑中瓮山为万寿山,在山前建报恩延寿寺,山后建藏传佛教学院,仍由三世章嘉负责寺院工程。完工后,乾隆帝为三世章嘉颁发"振兴黄教大慈大国师"印,同时颁旨说:"尔可依照前世,主持黄教"。① 乾隆四十八年(1783),乾隆帝巡幸五台山,三世章嘉国师随同,举行祈愿法会时乾隆帝让章嘉国师与他同坐一个坐垫,并说:"尔与朕同座,朕便觉安乐"。这些都充分说明了乾隆帝对三世章嘉国师极其尊崇。

在清代,广建寺庙、御赐寺名、匾额、册封国师、呼图克图、禅师、诺门汉、札萨克达喇嘛等,都体现了清朝政府的宗教怀柔政策,这种做法虽也遭到一些大臣的反对,但他们焉知鸿鹄之志。乾隆帝的"修一座庙胜抵十万兵"一句话道出了这样做的最终政治目的。伫立在雍和宫大殿前院有"御碑亭",亭内有一石碑,碑文名称《喇嘛说》,它更明白无误地说明了这个道理,显示了历世清朝皇帝尊崇藏传佛教的政治策略。《喇嘛说》是乾隆皇帝于乾隆五十七年(1792)十月撰写,用满、汉、蒙、藏四种文字雕刻于碑的四面,南面是满文,北面是汉文,东面是蒙文,西面是藏文。这篇文字总共八百多字,不只是浓缩了乾隆一生与藏传佛教打交道的经验,其实也是清初诸帝通过尊崇黄教来安藏辑蕃的共同的智慧结晶。该碑文曰:

> 佛法始自天竺,东流而至西番,其番僧又相传称为喇嘛。喇嘛之字,汉书不载,元明史中或讹书为喇马。予细思其义,盖西番语谓上曰喇,谓无曰嘛,喇嘛者谓无上,即汉语称僧为上人之意耳。喇嘛

---

① 参见拉科・益西多杰编译《藏传佛教高僧传略》,第431—432页。

又称黄教。盖自西番高僧帕克巴(旧作八思巴),始盛于元,沿及于明,封帝师、国师者皆有之。我朝惟康熙年间,只封一章嘉国师,相袭至今。其达赖喇嘛、班禅额尔德尼之号,不过沿元明之旧,换其袭敕耳。盖中外黄教总司以此二人,各部蒙古一心归之,兴黄教,即所以安众蒙古。所系非小,故不可不保护之,而非若元朝之曲庇谄敬番僧也。

其呼图克图之相袭,乃以僧家无子,授之徒,与子何异?故必觅一聪慧有福相者,俾为呼必勒罕。幼而习之,长成乃称呼图克图,此亦无可如何中之权巧方便耳,其来已久,不可殚述。孰意近世,其风日下,所生之呼必勒罕率出一族,斯则与世袭爵禄何异?予意以为大不然。盖佛本无生,岂有转世?但使今无转世之呼图克图,则数万番僧无所皈依,不得不如此耳。去岁廓尔喀听沙玛尔巴之语,劫掠藏地,已其明验,虽兴兵进剿,彼即畏罪请降,藏地以安。然转生之呼必勒罕出于一族,是乃为私,佛岂有私?故不可不禁。

兹余制一金瓶,送往西藏,于凡转世之呼必勒罕,众所举数人,各书其名置瓶中,掣签以定,虽不能尽去其弊,较之从前一人之授意者,或略公矣。夫定其事之是非者,必习其事,而又明其理然后可。予若不习番经,不能为此言,始习之时,或有议为过兴黄教者,使予徒泥沙汰之虚誉,则今之新旧蒙古畏威怀德,太平数十年,可得乎?且后藏燔乱之喇嘛,即正以法,元朝曾有是乎?盖举大事者,必有其时与其会,而更在乎公与明。时会至而无公与明以断之,不能也;有公明之断而非其时与会,亦望洋而不能成。兹之降廓尔喀,定呼必勒罕,适逢时会,不动声色以成之,去转生一族之私,合内外蒙古之愿,当耄近归政之年,复成此事,安藏辑蕃,定国家清平之基于永久,予幸在兹,予敬益在兹矣。

《喇嘛说》通篇文字显得神采飞扬,洋洋自得,同时又佛理精通,睿谟深远。它明白晓畅地告诉人们:大清"兴黄教之所以安众蒙古",关系到

"安藏辑蕃,定国家清平之基于永久",因所系非小,故不可不保护之。这与元朝为喇嘛所眩惑而"曲庇谄敬番僧"根本不同。这是清朝开国以来历代皇帝谆谆告诫的兴亡教训。清朝自满洲崛起至康乾盛世,能维持一个半世纪的兴盛,与他们这样一以贯之汲取历史教训,时刻保持清醒头脑励精图治有关。该篇文字中间部分阐述喇嘛教流弊之最大者为活佛转世相沿成习,世风日下的结果是"所生之呼必勒罕率出一族,斯则与世袭爵禄何异?"乾隆睿智地用佛理来驳斥:"是乃为私,佛岂有私?故不可不禁。"显示出清帝不是简单地尊崇佛教,而且还深研佛教。正如乾隆在后文洋洋自得所发的一通议论,"夫定其事之是非者,必习其事,而又明其理然后可。"乾隆的意思是说,这种救治黄教流弊之策,不是研习番经,深明其理,绝对说不出。当初他研习番经时,还有人说他兴黄教过度,使他空担了沙汰佛教的虚名。现如今新旧蒙古对大清"畏威怀德",太平安定,且后藏煽乱之喇嘛被正以王法,这都要归功于他的英明决断和深通佛教。

　　清朝对于西藏地区的政教事务非常重视,于雍正六年(1728)设驻藏大臣,管理西藏政务。乾隆十六年(1751)三月,四川总督策楞等奏酌定《西藏善后章程》十三条。该章程是西藏地方行政制度的一次重大变革,"它加强了驻藏大臣的权力,同时正式由中央授权达赖喇嘛参与管理西藏行政事务。此后二百年间,在西藏黄教掌权的所谓政教合一制度也暂时由中央确定下来"①。三世章嘉在乾隆帝处理朝廷与蒙藏关系中起了很好的参谋作用,据史料记载,乾隆决策西藏善后章程时,原先决定在西藏建立汉式官制,设置总署,派一名提督领兵一万驻防,同时在西藏各地设置道、府、州、县,一切事务由汉官处理,废除西藏郡王制。三世章嘉认为这种做法不适宜于西藏地方,因此犯颜直谏,长跪不起。在他的恳劝下,乾隆收回了成命,决定成立噶厦、噶伦三俗一僧的组织机构,受达赖

---

① 中国人民大学清史研究所编:《清史编年》第5卷乾隆朝上,第401—402页。

喇嘛和驻藏大臣共同领导,废除郡王摄政制度,并写进《西藏善后章程》十三条中。

乾隆五十八年(1793),钦定《西藏善后章程》二十九条,正式确立了西藏地区政教合一的制度。乾隆帝在指示西藏善后章程中,有关键一条涉及西藏活佛转世制度,经久而成流弊亟须改革。这就是乾隆在雍和宫碑文《喇嘛说》中所提到的,他在耄近归政之年,拿捏好时与会、公与明,而于不动声色中"降廓尔喀,定呼必勒罕"。

2. 金瓶掣签,革除积弊

乾隆认为,廓尔喀之乱起源于"呼毕勒罕不真及族属传袭之流弊"。乾隆五十七年(1792)谕军机大臣:"前后藏为达赖喇嘛等驻锡之地,各蒙古及番众等前往皈依、瞻拜,必其化身确实,方足宏衍禅宗。查藏内达赖喇嘛、班禅额尔德尼等呼毕勒罕示寂后,令拉穆吹忠作法降神,俟神附伊体指明呼毕勒罕所在。乃拉穆吹忠往往受属(嘱)任意妄指,以致达赖喇嘛、班禅额尔德尼等亲族姻娅递相传袭,总出一家,竟与蒙古世职无异。甚至丹津班珠尔之子亦出有呼图克图之呼毕勒罕者,即仲巴与沙玛尔巴同为班禅兄弟,仲巴系扎什伦布商卓特巴,坐享分厚;沙玛尔巴居住廓尔喀,未能分润,唆使贼人抢掠。此呼毕勒罕不真及族属传袭之流弊也。嗣后令拉穆吹忠四人认真作法,指出实在根基呼毕勒罕若干,将生年月日各写一签贮金奔巴瓶内,令达赖喇嘛等会同驻藏大臣作为呼毕勒罕,不得仍前妄指,私相传袭。"①

乾隆命福康安进藏将酌定善后章程大意告示达赖喇嘛,并将所示金奔巴瓶掣签呼毕勒罕各款给达赖察看。福康安回奏称:达赖感戴出于至诚,一切唯命是听,因为各条款"皆系保护黄教,去彼世袭、属托私弊,断不敢稍形格碍"。至于藏内出呼毕勒罕,俱令拉穆吹忠降神附体指认,此

---

① 王先谦编:《东华录·乾隆一〇六》,第13页。参见《清代佛教史料辑稿》,乾隆指示西藏善后章程第一条。《周叔迦佛学论著全集》第7册,第3355页。

积习相沿,由来已久。尽管事近于荒唐,不足凭信,而藏中人等因其迹涉神异,多为其所愚。福康安遵乾隆指示,趁整饬藏务之机破其积弊,对其亲加试验,看其作法是否灵验。若其法不灵,即当将吹忠降神荒唐不可信之处对众晓谕,使僧俗人等共知其妄,勿为所愚弄。乾隆五十八年(1793)三月,根据福康安续奏,对拉穆吹忠亲加试验,俱不能用刀自扎、以舌舔刀,但若竟革去吹忠,势不能将前后藏略具聪明之幼孩遍加试验等情况,乾隆再就此对军机处发表上谕,认为福康安所奏尚属未当,谕曰:

"吹忠等所习幻术尚不及内地之师巫,积习相沿最为可笑。若仍由该吹忠等降神指认,自皆可听受属托,假托神言任意妄指,虽由金奔巴瓶内签掣,而所掣之人,仍不能无徇情等弊,不过系一二权势之人主谋。而吹忠四人内大约即系拉穆一人主持,其弊已可概见。嗣后如遇应出呼毕勒罕时,亦不必将前后藏所有报出幼孩尽皆试验,止须由驻藏大臣就所报之人查其略有家世及素有声望之户所报幼孩,择其福相聪慧数人,将生年月日归瓶签掣;微贱户属及相貌陋者原可量加删汰,毋庸一并签掣。此事惟在驻藏大臣主持,秉公办理,本无格碍。见(现)在达赖喇嘛、班禅额尔德尼年俱少壮,尚无应出呼毕勒罕之事,将来如遇有此等事,和琳等总当遵照办理一、二次后,该处僧俗人等见掣签指定公平允协,自必共相信服,渐知从前吹忠等之妄诞无稽,其吹忠作法降神之处自可渐行革除。将此传谕福康安、孙士毅、和琳、惠龄知之。"①

未久,乾隆又颁发谕旨,进一步以佛法来考量此事之公允:"达赖喇嘛、班禅额尔德尼系宗喀巴大弟子,世为黄教宗主,众蒙古番民向崇奉。近年因指认呼毕勒罕之古尔登巴等法术无灵,不能降神;且徇情妄指,或出自族属姻娅,或出自蒙古汗王公等家,竟与蒙古王公、八旗世职官袭替

---

① 王先谦编:《东华录·乾隆一○七》,第9—10页。参见《周叔迦佛学论著全集》第7册,第3357、3364页。

相似。论以佛法，必无此理。甚且至噶布伦丹津班珠尔之子亦出有呼毕勒罕，以致众心不服，沙玛尔巴遂乘机起意谋占班禅遗产，唆使廓尔喀抢掠札什伦布，远烦大兵声罪致讨。朕护卫黄教，欲整饬流弊，因制一金奔巴瓶，派员赍往，设于前藏大昭(寺)。仍从其俗，俟将来藏内或出达赖喇嘛、班禅额尔德尼及大呼图克图等呼毕勒罕时，将报出幼孩内择选数名，将其生年月日名字各写一签入于瓶内，交达赖喇嘛念经，会同驻藏大臣在众前签掣，以昭公当。"

与此同时，乾隆在同谕中又连带考虑众蒙古出呼毕勒罕怎么办，做出了如下妥善安排："众蒙古地方旧有各旗部落供奉之呼图克图甚多，此内大小不等，如概令赴藏交达赖喇嘛会同驻藏大臣掣签，不免烦扰，且路途遥远，朕念众蒙古力量维艰，因于京城雍和宫内亦设一金奔巴瓶。如蒙古地方出呼毕勒罕，即报明理藩院，将年月名姓缮写签上入于瓶内，交掌印札萨克达赖喇嘛呼图克图等在佛前念经，并交理藩院堂官公同掣签。其从前王公子弟内私自作为呼毕勒罕之陋习，永行停止。"乾隆最后表示其所虑所为，都出于护卫黄教之至意："朕之此旨原为近来蒙古番民等失其旧时淳朴之风，不思佛法但知图利，必致谋夺财产，求为呼毕勒罕，久之，亦如沙玛尔巴唆讼，肇衅滋事，朕甚悯焉。是以如此扫除积弊，潜移默化，各蒙古自当共知感激，副朕护卫黄教至意。"①

乾隆对众蒙古呼毕勒罕的考虑不是杞人忧天，空穴来风。喀尔喀赛因诺颜部落额尔德尼班第达呼图克图圆寂后，其商卓特巴②那旺达什寻觅呼毕勒罕，赴藏恳达赖喇嘛、班禅额尔德、拉穆吹忠指示。而达赖喇嘛等原不能具先知确切指认，反向商卓特巴询问名字，商卓特巴遂私指土谢图汗之子，呈报理藩院具奏。乾隆以为此事可疑，其中必有弊窦。因

---

① 王先谦编：《东华录·乾隆一〇七》，第 11 页。参见《周叔迦佛学论著全集》第 7 册，第 3365 页。
② 乾隆末年谕旨，"藏内管仓库事务之人，向俱称为商卓特巴"。又按大清官制，四品商卓特巴三人，掌库务。凡喇嘛库藏出纳之所曰商上，蒙古人称该处的相孜巴（财务处长官）为商卓特巴，汉语简称掌稽商上事务。

此一面派令松筠前往喀尔喀查讯车登多尔济等，一面派令奎舒带同札萨克喇嘛格勒克那木喀前赴额尔德尼班第达呼图克图游牧附近，无论台吉、属下人等，于其圆寂后一年内所生俊秀端方幼孩，逐加询访数人。并令军机大臣询问商卓特巴那旺达什实情。后者即供伊师圆寂后为寻呼毕勒罕，至哲布尊丹巴呼图克图庙内行礼，在额尔德尼昭庙地方遇有土谢图汗车登多尔济，据伊告称，伊生一幼子，"生时有一点微光"。那旺达什即问明此子年庚及父母岁数，前往藏内拉穆吹忠求其指认，而拉穆吹忠初次、二次所指不明。那旺达什虑及再往多费，复求切实指示。拉穆吹忠看出那旺达什情形，用言试探那旺达什，遂将车登多尔济及额琳沁多尔济二人之子向其告知，拉穆吹忠遂指车登多尔济之子是呼毕勒罕。后来据松筠奏，讯明车登多尔济酉年生子情形，曾告知那旺达什；又额尔德尼昭庙年久未修，今欲粘补恐有违碍，并令那旺达什赴藏之便在达赖喇嘛处请示可否，所有呈递哈达、满达银两一并带去，达赖喇嘛以额尔德尼昭庙修理无妨等语回复。乾隆据所奏情形观之，洞鉴此即车登多尔济贿嘱伊子指为呼毕勒罕之明证。车登多尔济意欲伊子为呼毕勒罕，而商卓特巴亦欲得一汗王子弟为呼毕勒罕。乾隆察知真情仍不放过，继续追查此二人内究系何人主见，复令松筠传旨讯问，回奏，车登多尔济跪称实欲伊子为呼毕勒罕，有意告知那旺达什是实。于是乾隆下旨："此事适当朕降旨立法之初，车登多尔济辄为尝试，若各蒙古相率效尤，成何政体！此端渐不可长。"

乾隆严令重申禁止嗣后私寻蒙古王公之子弟为呼毕勒罕。乾隆早年曾习藏传佛教密法，故能洞烛拉穆吹忠降神行私，指涉疑似之呼毕勒罕，实属荒唐可笑。他指出，"佛经秘密戒内能先知一切者，必须能定心运气、观想正法、直参上乘者，方能梦中预知是非色空。"对于他不得不彻底究办此事，乾隆再三谕旨军机大臣，命通行晓谕各处蒙古、番众等，"咸使闻之，共知朕意"。谕曰：

"朕自乾隆八年（1743）以后，即诵习蒙古及西番字经典，于今五十余年。几余,究心讨论,深识真诠。况本朝之维持黄教,原因众蒙古素所归依,用示尊崇,为从宜从俗之计。初非为元人佞佛优礼喇嘛,致有詈骂者割舌、殴打者断手之事。近因黄教之习愈趋愈下,蒙古、番民等失其旧时醇朴之风,惟知谋利,罔识佛教正宗,不得不亟加整顿。是以制一金奔巴瓶,派员赍赍往设于前藏大昭,俟将来藏内或出达赖喇嘛、班禅额尔德尼及大呼图克图呼毕勒罕时,将报出幼孩内择选数名,将其生年月日姓名写一签入于瓶内,交达赖喇嘛念经,会同驻藏大臣共同掣签。并于京城雍和宫内设一金奔巴瓶,一体掣签。其从前王公子弟内私自作为呼毕勒罕之陋习永行停止。朕之此旨原因各蒙古汗王、贝勒等既有世爵可以永袭罔替,已极尊荣,何必复占一呼毕勒罕,又谋喇嘛之利? 似此见小罔知大义,将来必致谋夺财产,启争肇衅,滋生事端。方今国家威灵远播,各蒙古札萨克咸隶理藩院管理,遇有田产细故,俱为之秉公剖断,若任伊等牟利不已,久而或致争夺相寻,成何体统? 是朕之整饬流弊,正所以护卫黄教、厚爱重蒙古人等,使其各辟愚蒙,永除争兢(竞)。"①

乾隆冀望各蒙古、番众等当恍然共喻,"朕维持黄教正所以厚爱伊等,亦并非不令其尊崇佛教,不许布施达赖喇嘛及班禅也。经义中本以布施为上,六般若亦以施舍为首。达赖喇嘛、各胡图克图等积财既多,亦应散给贫苦,不得少存吝啬。朕方鼓励蒙古等令其布施,但不可如伍弥乌逊所参葛勒丹锡勒图呼图克图,私遣徒众往各处募化耳。嗣后各蒙古、番民僧俗人等,务当仰体朕振兴黄教,力挽颓风至意。(中略)伊等虽不能深析精微,但即以那旺达什前赴西藏所费而论,计该商卓特巴至藏时其呈递达赖喇嘛、班禅额尔德尼、拉穆吹忠礼物,及各庙熬茶、途中往返盘费,已逾万金。若赴京在雍和宫所设金奔巴瓶内签掣,不特城途甚近,即一切礼物、熬茶等费概可无需,即此省费一节伊等岂亦不知之耶?"又谕:"至藏地出产较少,布达拉商上给予众喇嘛等

---

① 参见《清代佛教史料辑稿》,《周叔迦佛学论著全集》第7册,第3369—3370页。

养赡及番兵口粮等项需用繁多,所入不敷支给,向赖各蒙古、番众布施以资用度。嗣后惟不准私指呼毕勒罕,其余熬茶、瞻礼皆在所不禁。朕方鼓励蒙古等使之布施,但不可如那旺达什之用财营求,将汗王之子附会妄指作为呼毕勒罕,并如前年噶尔丹锡勒图呼图克图之私遣徒弟,到土尔扈特地方向人索取耳。从此各蒙古、番众等,益当恍然于朕之扫除积弊,无非欲力挽颓风,振兴黄教,保全伊等,俾安乐利,永息争端。"①

显而易见,乾隆煞费苦心建立以金瓶掣签呼毕勒罕定制,解决了藏传佛教活佛转世制度上一个重大问题,从此为清代后世一直遵循不替。在乾隆看来,这个问题是黄教衰颓乃至启争肇衅、滋生事端而导致蒙藏不稳定的关键因素。但其充其量只解决了蒙藏上层贵族和喇嘛教之间的矛盾,并不涉及蒙藏下层民众的实际利益。由此暴露了历代清朝统治者以藏传佛教羁縻蒙藏民族的一个根本缺陷,就是致力于经营蒙藏政教上层阶级与中央政权的关系,而较少考虑施政于直接改善下层民众的物质和精神生活。

三、刻译大藏,立国之本

对于乾隆帝重佛阐教,清朝史书如是记载:"高宗笃嗜藏经,尽力于剞劂与翻译,明万历中所刊大藏六千七百七十一卷,乾隆三年(1738)敕选后世大德著述,增为七千二百四十七卷,从事梨刻,是为《龙藏》。先是,圣祖曾刊刻《圆觉》、《金刚》等二十二经,为国朝刊经之始。龙藏则经始于世宗,而高宗完成之者也。二十四年(1759),敕和硕庄亲王允禄选择通习梵音之人,详译全藏经中诸咒,编为《满汉蒙古西番合璧大藏全咒》,计八十八卷,附《同文韵统》六卷、《字母读法》一卷、《读咒法》一卷,共九十六卷,颁发中外各大丛林。三十八年(1773),又敕以国语(满文)

---

① 参见《清代佛教史料辑稿》,《周叔迦佛学论著全集》第 7 册,第 3368、3371 页。

翻译藏经,五十五年(1790)告成,计二千四百六十六卷。"由此可知,乾隆之尊崇佛教,主要表现在重视刻藏和译藏的佛教文化事业上。近人蒋维乔在其《中国佛教史》中提到乾隆朝佛教之盛,特别表彰其刻译大藏经事业,也将之作为入关后清初四帝尊崇佛教乾隆帝不同凡响之处。蒋公如是写道:"顺治、雍正、康熙三朝之振兴佛教,比诸唐宋开国时亦无逊色。至乾隆帝则尽力于雕刻大藏经,及翻译国语藏经等,亦伟大之事业也。"①兹分述乾隆朝之刻经和译藏事业,并略加评说。

1. 编纂刊刻《龙藏》

雍正十一年(1733),清世宗命王公大臣、汉僧及喇嘛一百三十余人,广集经本,校勘编稿。雍正十三年,清廷特开藏经馆,在明永乐年间所刻《大藏经》(即《北藏》)的基础上,增加前代未收的后世名僧著述,使该书成为1 672部、7 247卷,这就是清代著名的《龙藏》;由于此一藏经的装帧,附有御制的龙牌一面,故略称为《龙藏》。自宋以来,前代大规模翻译佛教经典的活动结束后,历朝政府都以纂修刊刻佛教大藏经为国家盛大之事业,并以此为国家支持和尊崇佛教之重要表征。清代刊刻的《龙藏》,可谓中国历史上最后一部官刻大藏。《龙藏》刊刻完成的时间是乾隆三年(1738)十二月十五日,仅仅费了四年工夫。版片现还完全存在,国内各寺院所藏印本也较多。《龙藏》藏首载雍正于十三年(1735)二月初一撰写的《重刊藏经序》,述刊刻缘起及编纂方针:

> 自唐宋以迄本朝虽代有增益,而其宏规大略则无改于唐之旧也。明永乐间刊板京师,是为梵本北藏;又有民间私刊书本板在浙江嘉兴府,谓之南藏。朕敕几之暇,游泳梵林,浓熏般若,因阅《华严》,知卷帙字句之间,已失其旧。爰命义学详悉推究,讹舛益出,乃知北藏版本刻于明代者,未经精校,不足据依。夫以帝王之力,泐成官本,犹乃如是,则民间南藏益可知已。爰集宗、教兼通之沙门,在

---

① 蒋维乔:《中国佛教史》卷四,第7页。

京师贤良寺给伊蒲,晓夜校阅,鸠工重刊。欲俾震旦所有三藏,不致简错字讹,疑人耳目。又历代名僧所著义疏,及机缘语录,各就其时所崇信者陆续入藏,未经明眼,辨别淄渑,今亦不无删汰,俾归严净。夫无边契经海,皆以一音演出,竖穷三际,横亘十方,方且立一是名不可得,而何况于非然?既涉音声文字,则如来固善能分别诸相也。虽一字一句,皆有正讹,不可以混。犹夫中乘小乘,皆以大乘为之纲骨。四十九年所说,无非大乘智果,简出小乘,别安名字,未为得也。而在小乘中,则一语一默、一进一止,皆有佛敕,又岂可以悖欤?然则斯刻也,别异归同,简讹从正,未必无小补云尔。

《龙藏》之成,借鉴了明官刻北藏和民间嘉兴藏,组织了当世强大的义学沙门百几十余人,由王公大臣总理并监造,诸多名僧分任总校阅、分校阅等,不数年而工竣,清廷之重佛阐教由此可窥一斑。乾隆承其父业,悉心光大佛教真言,孜孜于弘传正法眼藏。乾隆谕:"粤自白马驮经,梵文始传震旦。其间名流笔授,辗转相承,虽文字语言未必即与竺乾悉协,然于佛说宗旨要不失西来大义。逮撰集目录者以经律论区为三藏,于是大乘小乘裒集滋繁,且于佛经外兼取罗汉菩萨所著赞明经义者,以次类编入部。在西土诸佛弟子尚系亲承指授,或堪羽翼宗风;洎乎唐宋以降,缁徒支分派别,一二能通内典者,辄将论疏语录之类,觊得续入大藏,自诩为传灯不坠,甚至拉入塔铭志传,仅仅铺张本师宗系,乖隔支离,与大慈氏正法眼藏去之愈远。殊不思此等皆非佛说真言,列入续藏内已为过分,岂可漫无区别?""昔我皇考曾命朕于刊刻全藏时,将续藏中所载丛杂者量为删订。嗣朕即位后,又令大臣等复加校核,撤去《开元释教录》、《略出辨伪录》、《永乐序赞文》等。钱谦益所著《楞严蒙抄》一种,亦据奏请毁撤。所有经板书篇,均经一体沙汰,期于澂阐宗门。"可见清刻藏经并非"漫无标准",而是有其一定的佛学见解。清廷这种独特的沙汰丛杂的刻藏思想后来又体现于清字经馆译藏之中。其主要宗旨是为了使大藏"梵文严净",可以"讨真源而明正见",而不致使"禅和唾余剽窃,亦得因缘贝夹,淆乱经函,转乖敷扬内典之指"。故此,乾隆命传谕京城直隶各寺院,除现在刊定藏经毋庸再删削外,嗣后凡别种语录著述,止许自行存留,倘有无识僧徒妄思裒集汇录,诡称续藏名目,觊欲窜淆正典,日后一概永行禁止。①

《龙藏》全部分正藏和续藏两类。正藏共四百八十五函,续藏共二百三十九函,以千字文编号,内容编次和明刻《北藏》相同,按经律论三藏次序,经藏主要分大乘般若、宝积、大集、华严、涅槃五大部经和五大部外重单译经、小乘阿含部及重单译经,以及宋元入藏诸大小乘经;律藏则为大小乘律和宋元续入藏诸律;论藏为大小乘论和宋元续入藏诸论。另外按"西土圣贤撰集"和"此土著述"分类,"西土圣贤撰集"仍归入正藏,而"此土著述"为续藏,内容依照《北藏》加以增减。藏首有雍正《御制重刊藏经序》,目录后有《大清重刻龙藏汇记》。后世有学者将清刻龙藏和明刻北藏对勘,发现《清藏》新增书只五十种(《大清重刻龙藏汇记》称"新续入五十四种",实际其中《华严玄谈会玄记》、《法华玄义释签》、《密云禅师语录》、《教乘法数》四种,《明藏》已有,故只五十种),后来又撤出五种,实增四十五种。而抽掉《北藏》原有的书达三十六种,合《南藏》四种计,即四十种。是其所增益的跟所抽掉的,几乎可以两相抵消。像史传类的《释迦谱》等、目录类的《出三藏记集》等、音义类的《一切经音义》等、义疏类的《观音经疏阐文钞》等、著述类的《止观辅行传弘决》等、语录类的《宗门统要续集》等一共三十六种被删去。而增入并重新编次的五十四种主要有两部分,一是雍正十三年入藏的有关《华严》的著述如《会本悬谈》、《会本疏钞》等四种,二是乾隆二年以清人著述为主而续入的《楞严正脉》、《成唯识论音响补遗》、《梵网经直解》、《毗尼止持会集》、《作持续辑》、《毗尼关要》、《紫柏全集》、《憨山全集》各家语录以及雍正《御选语录》等。

---

① 参见《清代佛教史料辑稿》,《周叔迦佛学论著全集》第7册,第3141—3142页。

清刻《龙藏》就编次而言，可称秩序井然，内容也比较丰富，但后世对其取舍标准及增删内容，不无微议。积极的评价也有，如朱家濂在《柏林寺和龙藏经板》一文中说："清藏，它是以北藏为基础而有所增益的。自宋以来，元、明、清三朝的高僧大师，以及对佛学有研究的人士所留下的有名的著述，也都包括进去。这部大藏的刊刻，可以说是给佛教经典传入我国以后，一千七百多年的译著阐述结了一笔总账，对中国学术界的贡献很大。它不但是研究佛学的宝库，而且也是研究文学、历史、哲学、翻译等等学术领域的宝库。"但相反的观点认为，龙藏本抽去了太多有学术价值和历史价值的内容，致使此土著述部分有"经录割裂不全"、"音义成为空白"、"宗派典籍残缺"等不如人意的瑕疵。在校勘方面，它原来不满意《北藏》的疏漏，很想做到较胜一筹，但当时旧版藏经所存无几，版本的辨别已十分模糊（如误认民间刊刻的方册本《嘉兴藏》为明《南藏》等），又极端轻视音义的价值，因而校勘的成绩，实际也很差。①

2. 刻译满文、蒙文大藏经

雍乾时期，清朝的立国之本——"国语、骑射"，在满族八旗中日渐生疏，为此乾隆竭力重新予以提倡。其措施之一，就是下令把藏文的大藏经、汉文的大藏经翻译成满文大藏经，正式刻印出版，使满族八旗在重新学习国语的基础上，均能"尊君亲上，去恶从善"，以巩固清朝统治基业。乾隆六年到十四年(1741—1749)，把蒙文丹珠尔全部译刻成满文。乾隆二十四年(1759)，帝命和硕庄亲王允禄，选择通习梵音之人，详译全藏经中诸咒，编为《满汉蒙古西番合璧大藏全咒》，计88卷。从乾隆三十八年(1773)起，清廷又开清字馆，组织大批人力将汉文大藏经译成满文，直至乾隆五十五年(1790)，历经18年完成，总共为699部，2 466卷。与由

---

① 从所收各书的数量上看，这一版藏经总算是内容丰富的，但其续藏的"此土著述"部分，将《出三藏记集》、《历代三宝纪》、《一切经音义》、台宗典要如《国清百录》等全数删去，这样"漫无标准"的编纂，比起以前各版藏经来，未免减色多了。参见吕澂《清刻藏经》，见于《吕澂佛学论著选集》卷三，第1490—1492页，济南，齐鲁书社，1991。

藏文译成的蒙文大藏经同时雕印。清代的译经事业与过去不同,过去是由梵文译成中土文字,这时期却是满、汉、蒙、藏四种文字互译,有利于加强大清统一的多民族文化之间的沟通和交流。

上述龙藏中"音义成为空白"被视为缺憾之一,而不知清帝对大藏经中音声文字亦极为重视,这体现在乾隆年间完成的《满汉蒙古西番合璧大藏全咒》,蒋维乔说"此四译对照之全咒亦乾隆帝一大事业"。乾隆三十八年(1773)二月谕:"大藏经中咒语乃诸佛秘密心印,非可以文义强求,是以概不翻译。惟是咒中字样,当时译经者仅依中华字母约略对音,与竺乾梵韵不止毫厘千里之谬,甚至同一汉字亦彼此参差。(中略)尝命庄亲王选择通习梵音之人,将全藏诸咒详加订译,就正于章嘉国师。凡一句一字悉以西番本音为准,参之蒙古字以谐其声,证之国书以正其韵,兼用汉字期各通晓,编为《四体合璧大藏全咒》,使呗唱流传唇齿喉舌之间无爽铢黍,而于咒语原文一无增省,按全藏诸经卷帙编次字样,并为标注,以备检查。(中略)俾缁流人众展卷研求,了然于印度正音本来如是,不致为五方声韵所淆,庶大慈氏微妙真言,阐扬弗失,不可谓非震旦沙门之幸。"①龚自珍曾校勘清刻《龙藏》,而对其中为中土译师所忽略的密咒和偈颂加以精心雠校,写有《正密部、正偈颂》一篇,称赞清"世宗、高宗命译诸陀罗尼以进,爰肖其音,用大摄小,书之镂之,藏板雍和宫,印行以赐天下诸寺,伟矣,迈矣!"②

因大藏汉字经刊行已久,而蒙古字经亦俱翻译付镌,乾隆三十八年特开清字经馆,简派皇子大臣从满洲蒙古人员内,择其通晓翻译者,将藏经所有蒙古字、汉字两种悉心校核,翻译成清文(满文)。并命章嘉国师董其事。每得一卷即令审正进呈,由皇帝裁定。乾隆根据章嘉国师奏称:"今拟将《大般若》、《大宝积》、《大集》、《华严》、《大般涅槃》、《中阿含》

---

① 王先谦编:《东华录·乾隆七七》,第14页。
② 参《龚自珍全集》第六辑,第361页,上海,上海人民出版社,1975。

等经及大乘律全部翻译,其五大部支派等经八种并小乘律皆西土圣贤撰集,但内多重复,似应删繁就简;若大乘论、小乘论共三千六百七十卷,乃后代祖师在此土撰述,本非佛旨,无庸翻译。"乾隆认为,"所奏甚合体要,自应照拟办理"。由此可知所译满文藏经之大概,凡是大乘论及小乘论皆未收录。①

令史家更感兴趣的不一定是乾隆主持翻译了什么,而是为什么要组织人力物力去进行这样的翻译工程。《卫藏通志》卷首载乾隆《御制清文翻译大藏经序》有云:"若夫订《四库全书》及以国语译汉全藏经二事,胥举于癸巳(1773)年六旬之后。既而悔之,恐难观其成,越十余载而全书成。兹未逮二十载,而所译汉全藏经又毕藏。夫耳顺古稀已为人生所艰致,而况八旬哉!兹以六旬后所创为之典,逮八旬而得观《国语大藏》之全成,非昊乾嘉庇,其孰能与于斯!而予之所以增惕钦承者,更不知其当何如矣。"乾隆帝为历代帝王中寿命独长之人,其订正《四库全书》及《国语汉译全藏》,经始于乾隆三十八年即六十二岁之时,《四库全书》历十余年告成,《国语汉译藏经》则费十八年之岁月,至乾隆五十五年始竣工,帝年已七十九岁,其得意欣悦之情可想而知。

乾隆又说:"至于国语译大藏经,恐人以为惑于祸福之说,则不可不明示其义。夫以祸福趋避教人,非佛之第一义谛也。第一义谛,佛且本无,而况于祸福乎!但众生不可以第一义训之,故以因缘祸福引之,由渐入深而已。然予之意,仍并不在此。盖梵经一译而为番,再译而为汉,三译而为蒙古。我皇清至中国百余年,彼三方久属臣仆,而独缺国语之大藏,可乎?以汉译国语,俾中外胥习国语,即不解佛之第一义谛,而皆知尊君亲上,去恶从善,不亦可乎?是则国语译大藏之本意,在此不在彼

---

① 王先谦编:《东华录·乾隆七七》,第 14 页。我国承德原保存一部《满文大藏经》,但目前下落不明。日本东京大学亦收藏一部,不幸毁于 1923 年之关东大地震。目前仅西藏拉萨市保存一套,内全藏共分五类,即大乘五大部经类,含般若、宝积、大集、华严、涅槃之五大部经;五大部外之诸重、单译经;密部经轨仪法陀罗尼等;小乘经及集传等;小乘律。诸凡大乘律、大乘论及小乘论皆未收录。与此处乾隆准章嘉所拟译列稍有出入。

也。"由此可知乾隆翻译国语大藏之用心。

近人蒋维乔于此有较为深刻的评说:盖自宋初仿唐制,设译经馆,历元及明,均以刊印大藏经为国家事业之一。清室继之,而有龙藏之编辑,意在超越前代,夸耀后世也。然元世祖命八思巴,始创蒙古新字;至元武宗至大三年(1310),召集藏蒙汉及西域学者,从西藏之大藏经,重译成蒙古文,称蒙古藏经。若清代无满洲语藏经,则视元为逊色。故乾隆帝汲汲图之,而有三方皆为臣仆,不可独缺国语大藏之言也。至于藉翻译藏经希冀以国语普及中外人民,亦为彼大一统之梦想也。①

3. 刻译大藏的文化价值与历史意义

自宋以来,历代政府都以纂修刊刻佛教大藏经为国家盛大之事业,并以此作为国家支持和尊崇佛教之重要表征。但重佛阐教并非清代官刻《龙藏》包括翻译国语全藏之本意,乾隆之上谕已言之昭昭也。这对为政者来说,讲的是大实话,也是治国理政应该持有的态度。乾隆对本朝刊刻和翻译大藏事业非常重视,抱着超越前代文化事业之雄心,不仅承担起延续中华文化文脉的历史使命,在明修大藏的基础上增续本朝佛教著述,尤为可贵的是将大藏经以满汉蒙藏四种文字互译,这是以前朝代不可比拟而又无法企及的,充分彰显了"中外一体"的多民族大一统国家的宏大梦想。所以当此译刻大藏事业功成之后,乾隆喜悦之情溢于言表,特将之和《四库全书》一同作为清朝盛世时期文化事业上的两件大事。

乾隆发起了中国有史以来最大的文字图书工程——编纂《四库全书》。全书有3.6万多册,按经、史、子、集四部分类。光是为这部大型文库编印的《总目提要》就是一件了不起的学术工作,汇集了对10 230本图书所作的简要评论。清史学者对乾隆帝致力发展文化事业做了高度评价。认为他继汉、隋之后,通过大规模的访求遗书活动,而使当时的国家

---

① 参见蒋维乔《中国佛教史》卷四,乾隆序与蒋氏评皆出于此。

藏书量得到极大的增长，还通过组织全国精英学者编纂《四库全书》，而对古典文献进行了一次规模空前的整理。乾隆帝的这些活动，对于中国古典文献的保存和流传，繁荣当时的文化事业，都做出了重要的贡献。可以说，编修《四库全书》，是乾隆帝亲自主持的一次空前规模的文化整理活动，这一活动把清代的学术研究及文化事业推向了繁荣的顶峰。清朝成一代学风，创一代新学派，人才不断涌现，实始自乾隆。作为这一事业的主要主持人和开创者，乾隆帝做出的贡献是不可泯灭的。

然而，乾隆帝在主持纂修《四库全书》的过程中，对中国古代文化的保存和流传又犯下了不可饶恕的错误。他在位期间，不但先后制造了多起文字狱（据统计大约60起），禁锢学术思想的自由发展，而且在《四库全书》的纂修中，还寓禁于征，通过征求民间遗书、查缴禁书等项活动，对全部现存文献进行了一次总审查，使许多极有价值的古典文献尤其是有关明清之际的不少历史著作遭到查禁、销毁之厄运。在某种程度上，乾隆发起各种文字图书工程是受到政治动机的推动，这些工程提供了对所有书写成文的东西进行有效控制和清除针对满洲人的煽动性资料的途径。假如发现有疑问和异端的观点，便进行压制和清除，至于作者将被记录在案。据军机处的报告记载，在乾隆三十九年至四十七年（1774—1782）间，共发生了24次焚毁"禁书"的事件，所毁图书达538种共13 862册。①

纂修《四库全书》的这种政治动机同样延伸到了修刻大藏经的领域，也许在清帝看来，这是一个没有硝烟的"文化战场"。有论者曾訾议清帝为龙藏刊刻所制定的政治标准带来的严重后果，认为清刻大藏并不是从

---

① 据估计，在《四库全书》纂修期间，因为各种罪名而遭销毁的图书约在三千种左右，几乎跟《四库全书》的收书量大致相等，损失是惨重的，这是自秦始皇焚书坑儒以来中国古代文化的又一次浩劫。一些图书即使侥幸未被销毁，也因为不符合乾隆帝规定的"为天地立心，为生民立道，为往圣继绝学，为万世开太平"的道德标准而被判为"存目类"，有目无书，不收入《四库全书》，甚至有的连"存目类"也不予登录。一些图书虽因影响较大而不得不收，但也因忌讳多端而对其中内容加以抽毁和篡改，使许多珍贵古籍或遭肢解，或者严重失真。

一般宗教的"广种福田"出发,而是抱有极深隐的政治目的,欲借此以消除潜伏在佛教内的反满思想。明亡以后,有很多不忘故国的知识分子穿上僧服,表示既不做降臣,也不当顺民。这不能不引起清朝统治者的注意,并视为隐患,雍正要重刻大藏,正是针对着此种情况而来。其所增所减,收入什么,不收入什么,都以是否合乎他们的统治利益为准则。所以《龙藏》没有囊括前此私家编刻的《续藏》、《又续藏》,原因就在于两续藏全收入了有反抗精神的法藏、弘忍派的著作。后来,乾隆又抽出了钱谦益著《大佛顶首楞严经丛钞》,还是因为钱谦益"降附后,复肆诋毁"。自清帝御定的大藏刻出,私版《嘉兴藏》遂无敢再续。诸多有志节的高僧大德的遗著,都不能继续刊版(如方以智为僧后许多著作即十九未刻,幸其子孙保存下来稿本)。正如乾隆时《四库全书》之编修,虽然从《永乐大典》辑出一些佚书,但不能抵偿其借编修《四库全书》而搜罗烧毁了成千上万明人和明遗民的著作,以及肆意窜改删削了大量宋元人著作一样。[①]

　　平心而论,清刻《龙藏》的局限性,虽然和《四库全书》有相同的政治意义,但毕竟不能和《四库全书》编纂过程中禁毁书籍相提并论。《龙藏》里删除或抽出一些不符合清统治者政治价值标准的著作,在一定意义上说还是佛教领域的问题,在广度和深度上都没有《四库全书》那么大的影响。再者,清帝也没有大面积地禁毁僧人著作,对于别种语录著述,"止许自行存留"而不让其入藏"窜渎正典",他们为了使大藏"梵文严净"而删汰那些只是"铺张本师宗系,乖隔支离"的著作,他们不允许"禅和唾余剽窃,亦得因缘贝夹,淆乱经函",否则,就背离了"敷扬内典"的宗旨。

[①] 参见张德钧《关于清刻大藏与历代藏经》,《文史》第3辑,北京,中华书局,1963。对钱谦益的评价,参《清高宗实录》乾隆四十一年(1776)十二月谕。

第四章 清代的僧官制度与僧籍制度

第一节 清代的僧官制度

有清一代,大致可以区分为清军入关前、清初时期、清代中期及清末时期等四个时期。与此相应的是,清代僧官制度在相对稳定中有所调整。

清军入关以前的佛教政策,在努尔哈赤时期的记载甚少。其原因主要是后金初创,百废待举,战事颇传,无暇亦无力兼顾佛教。此外,为了笼络蒙古人,对其全民族崇信的藏传佛教,努尔哈赤更为保守。随着后金政权发展壮大,至皇太极时,已颇具帝国规模,尽管此时尚未入关,但皇太极在中央统治政权渐趋巩固之后,开始制订一系列文化政策,其中也包括管理甚至限制佛教的诸多条文。

皇太极在天聪六年(1632)四月征伐察哈尔蒙古时,为了保护僧人及其财物,特别下谕:"凡大军所至……勿毁庙宇,勿取庙中一切器皿,违者死。勿扰害庙内僧人,勿擅取其财物……不许屯住庙中,违者治罪。"[①]同年六

---

① 《清太宗文皇帝实录》卷一一,第29—30页。

月,又下谕旨:"满洲国天聪皇帝敕谕:归化城格根汗庙宇,理宜虔奉,毋许拆毁,如有擅敢拆毁并擅取器物者,我兵既已经此,岂有不再至之理,察出,绝不轻贷。"①天聪八年(1634),皇太极以极为严峻的法律手段,对损毁寺庙及偷窃庙木者,处以鞭刑。②除了这些禁止性的行政条令,皇太极还加强了僧官制度的建设,如规定"各庙僧、道,设僧录司、道录司总之"③。从上述记载来看,皇太极在修建寺庙的同时,还主张保护寺庙、僧人生命及财产等,就连战争中也不例外。

但是,皇太极在天聪五年(1631)下了一道谕令,开始严禁寺院私建,整饬僧团,并且对寺庙内不守清规喇嘛、和尚,勒令还俗。

> 奸民欲避差徭,多相率违僧,旧岁已令稽察寺庙,毋得私行建造,今除明朝汉官旧建寺庙外,其余地方,妄行新造者,反较前更多,该部贝勒大臣,可再详确稽察,先经察过准留者若干,后违法新造者若干,其违法新造者,务治其罪。至于喇嘛、班第、和尚,亦必清察人数,如系真喇嘛、班第、和尚,许居城外清净寺庙焚修,毋得容留妇女,有犯清规。若本无诚洁之心,诈称喇嘛、班第、和尚,容留妇女,不守清规者,勒令还俗……嗣候若有违法,擅称喇嘛、班第、和尚及私建庙宇者,依律治罪。其愿为喇嘛、和尚及修造寺庙,须启明该部贝勒,方免其罪。④

到了天聪十年(1636)四月,皇太极改国号为大清,年号由天聪改为崇德。建元之始,更加严厉规定:

---

① 《清太宗文皇帝实录》卷一二,第5页。
② 《清太宗文皇帝实录》卷二〇,第15—16页。
③ 《清会典事例》卷五〇一,第1页,引见周叔迦《清代佛教史料辑稿》第七章,《周叔迦佛学论著全集》第7册,第3208页。
④ 《清太宗文皇帝实录》卷一〇,第29—30页。另据《钦定大清会典事例》载:"天聪五年提准,凡违法擅为喇嘛,集私建寺庙者治罪,若已经呈明礼部者,酌议准行。崇德八年谕:除部册记载寺庙外,有不遵禁约,新行创建修整者,治以重罪;其该管佐领催亦罪之。"《钦定大清会典事例》第19册,卷七五二,第25页。

各寺庙中和尚,有容隐奸细者,本寺庙中和尚全杀;隐藏逃走人者,将本寺庙中和尚为奴。旧册外私添者,与隐藏逃走者同罪……有私建庵观,俱拆毁入大寺。各处院寺若干,每寺和尚若干,某姓某名,一一开写明白,后有死亡增添者,照数查看。①

此外,在同一谕旨中又特别指出,不得私自出家,"未奉上命私为和尚,为喇嘛,及私建寺院者,问应得之罪"②。从此,在清朝时期凡是想出家、建寺院,都必须先知会礼部,此律一直实行至乾隆年间。③

总之,皇太极虽不反对信仰佛教,甚至主张保护佛教,但对于神道等怪力乱神之事却不迷信,也不希望他的族人过于迷信任何宗教,以免重蹈蒙古人的覆辙,导致国弱民穷。因此,皇太极在宗教方面颁定的律法颇为严厉,不容许有违法的喇嘛、和尚存在,尤其是那些身多败行的不法僧人,严惩那些逃避差役而假扮和尚、喇嘛者。皇太极对待宗教信仰的理性原则,使他所订定的佛教管理政策,一直持续到康、雍、乾年间盛世时期,从而奠定了清代佛教管理政策的基本格局。

至清初顺治时期,清廷所制订的佛教管理条例,几乎完全依循明代旧制,只是根据清朝政治的特点稍加改良。在中央政府方面,仍设祠祭清吏司,管理天下僧籍、寺额及大寺住持人选;在僧官方面,则仿照明代僧官制度,从中央到地方,普遍设立寺僧衙门掌管佛教事务。所有僧官都经礼部考选,由吏部委任。各州、府、县等地方僧官,则由各省布政司遴选,报送礼部正式授职。所有僧官的职别名称,都和明代无异。但是,清代朝廷僧官的最高地位是僧录司的长官,只有正六品;而其地方各县的僧会司,其长官的阶级仅得从六品,官吏之低,显示出僧侣的统治机关

---

① 陈捷先:《清史论集》,第51—52页。原文引自《大清太宗实录稿本》,第14页。
② 参见张羽新《清政府与喇嘛教》,第24页,拉萨,西藏人民出版社,1988。《大清太宗实录稿本》:"躲避当差的和尚,及汉(明)朝先有大寺、大庙不算外,有私建的寺庙、喇嘛、班第、和尚数目,明写在册上……今后未奉上命私为和尚,为喇嘛,及私建寺院者,问应得之罪。要作和尚、喇嘛,要见(建)寺院,须知礼部,禀明无罪。"(第14页)
③ 乾隆三十九年(1774年)清廷停止发给度牒。

实无行政上的重要性。①

清代的僧官制度,早在清军入关时,即已有明文规定。天聪六年(1632),给僧道度牒,僧道不许买人为徒,违者治罪。崇德五年(1640),规定新收僧人,纳银给牒。

随着行政疆域的扩展,佛教事务管理问题也相应地日益突出。清代统一中国后,僧官制度更得以进一步完善。顺治六年(1649),敕僧道度牒,每道纳银四两。八年(1651),又免纳银。十五年(1658),更换满汉字度牒,已纳银者换牒,未纳银者给牒。顺治十七年(1660),还特设皇坛,以玉琳琇为戒师,选一千五百位僧人受菩萨戒。

从行政区域范围来看,清代初期的僧官设置,主要为京城僧官、在外省府僧官,而理藩院及内务府,亦设有藏传佛教事务的僧官。总体来看,朝廷僧官执掌朝廷佛教事务,与地方僧官一样,虽然有着不同的层级,但都属于一种荣誉式的职务。

清代地方僧司依托于地方行政系统而设置。相对于朝廷僧官体系来说,地方僧官的权限小了许多。清代的地方行政区划,主要包括军府制与直省制。军府制主要适用于边疆地区,而直省制则通行于内地。直省统辖省(直隶省)、府(直隶州)、县(散州)三级行政系统。清代并没有在直省设置僧司,地方僧司主要设立于府、县层级。因此,清代地方僧官大致是与府、县层级的行政系统相应的设置。这就是说,清代地方僧官主要包括府僧纲司与州县僧正司(或僧会司)两个层级。再加上朝廷僧录司,这三个层级就构成了清代僧官系统的总体格局。当然,就地方僧司系统而言,有些地方也未设置僧司,如各府的附属县(州)及某些少数民族聚居地。前者合并于府属僧司,后者则可能没有设置僧司的必要。②

---

① 有关清代的僧官制度,参见谢重光、白文固《中国僧官制度史》,第 257—277 页,西宁,青海人民出版社,1990。另据《大清会典事例》卷五五称:"……又委署六品官一员,专办新收喇嘛、壮丁事件。如遇缺出,即于户部笔帖式内拣选试委,暂换六品顶戴,仍食原奉……康熙二年题准。"(第 5783 页)

② 参见杨健《清王朝佛教事务管理》第一章《僧官制度》,第43页。

169

清代对僧官的权限与职责,都有明确规定,不允许越权。这其实是严禁僧人干涉世俗事务,体现了清代政教分离的基本原则。

至于地方僧司的所在地,或固定于某一寺院,或由几个寺院轮驻。对其僧官设置,颁发条令,规定各直省府设僧纲司(道纪司),司教纲一人,副都纲一人;州设僧正司(道正司),司僧正一人;县设僧会司(道会司),司僧会一人。府、州、县僧官,分掌地方佛教事务,皆由当地僧人充任。不同层级的僧官选拔任职资格,则由地方行政部门将应补僧纲人员咨部详察,转咨吏部补授,方为允准。

在清初的僧官制度中,对于僧官的待遇,同样作出了明确规定。"善世"为正六品,"阐教"为从六品,"讲经"为正八品,"觉义"为从八品。这些规定,基本保持了明代僧官"八座"旧制。在服装上,皆从僧装,并无官服等,不得与职官并列。至于地方僧官,在待遇上,似无明确规定,多无职级与品秩。

清代僧官制度的主体不同于明代,在于增设了掌印官。清代僧录司的掌印官,包括正印与副印二职。掌印官实际上成为清代僧录司的实权者,其地位应在左、右善世之上,当然也可以由左、右善世兼任掌印之职。掌印官之职的设置,一直存续至光绪朝。

清代僧录司掌印官之职,并无明确的品级规定,其选拔任职程度,也与僧录司"八座"之职有所不同。"僧录司正印缺出,将副印奏补。副印缺出,将熟谙经典之僧官充补。"[1]所谓"奏补",意指"正印"之职必须得到皇帝的允准,由皇帝钦定。至于"副印"的任职选拔,则相对宽松得多。从皇帝钦定"正印"的意义上说,在僧录司设立"掌印官",不仅限制了僧录司的权力范围,而且可以视为清代限制佛教泛滥、加强文化专制的一种形式。

---

[1] 嘉庆朝《钦定大清会典·礼部·祠祭清吏司二》卷二九,《近代中国史料丛刊》三编,第64辑,第634册,第1280页,台北,文海出版社,1991。

由于僧官涉及对僧众、佛教事务及其相关管理,因此,对于僧官本身,需要纳归吏部、礼部的行政管理序列。对此,清代时也有明确规定。康熙十三年(1674)颁令,僧、道等官,均由礼部查明咨送,照咨注册,仍咨礼部,知会各该衙门。乾隆二十九年(1764)则规定,僧、道等官,俱由礼部查明给发札付,每于年终汇造总册,咨部存案。① 僧官司职佛教事务内部管理,自然是清代僧官制度的主体构成。不过,由于必须通过吏部、礼部等行政部门,形成了多重管理主体,可能导致职权重叠,不利于提高佛教事务管理的效率。

康熙朝及其后,对僧官设置作了一些调整。如对于"八座"僧官的选补问题,康熙朝《大清会典》载:"凡本司僧官,俱由礼部选择精通经典、戒行端洁者,挨次移咨吏部补授,不支俸。"②礼部负责僧官的选拔考试,而吏部则专司认定与补授程序,择优录用。在礼部考试之前,则由北京僧录司先行初选。"凡礼部考补僧官,俱由本司考选,送部考取。"③显然,在北京僧录司、礼部、吏部三个衙门中,礼部的权力至为重要。对补授僧官的这种推荐、考试、选拔、任用,在清初顺治年间,甚至还需要奏请皇帝钦定。不过,至康熙十三年(1674)时,对"八座"僧官的补选程序却发生了明显变化,题准"照礼部咨送注册,停其具题"④。实际上中止了关于"八座"僧官补授由皇帝最终钦定的事例,把终审权下放到吏部。至嘉庆朝时,僧官"八座"的选补,则改由管理内务府大臣负责。而内务府是清代管理皇室事务的专设机构,权力很大,有许多下设部门。僧官选补之事,即由内务府下属的掌仪司负责。"僧录司下左右善世、阐教、讲经、觉义

---

① 《大清会典事例·吏部·汉员遴选》卷六三,第4页,引见周叔迦《清代佛教史料辑稿》第七章,第3210页。
② 康熙朝《大清会典·僧录司》卷一六一,《近代中国史料丛刊》三编,第73辑,第730册,第7785页,台北,文海出版社,1993。
③ 康熙朝《大清会典·吏部·文选司·汉缺选法》卷八,《近代中国史料丛刊》三编,第72辑,第711册,第292页,台北,文海出版社,1992。
④ 嘉庆朝《钦定大清会典·礼部·祠祭清吏司·僧道》卷二九,《近代中国史料丛刊》三编,第64辑,第1280页,台北,文海出版社,1991。

各二人……均由司呈堂选补,咨礼部给札。"①至此,礼部仅负责给札发文的例行公事而已,选补僧官的实权,尽操于内务府之手。这种僧官选补的职权变迁,虽然淡化了僧官选拔的国家(皇权)色彩,但强化了佛教事务的民间成分,导致佛教一些权贵出于不同动机设法介入佛教事务管理。这是清代僧官制度的一大特色内容。

在内务府执掌选补僧官之权,诸多亲王就开始积极介入僧录司的日常管理。如乾隆朝,庄亲王允禄一度主管僧录司事务。亲王们参与僧录司运作,以其独特的地位与身份,客观上扩大了佛教的社会影响。特别是一些影响较大的佛教活动,如清代《龙藏》的刊刻,就离不开亲王们的鼎力襄助。

康熙朝的僧官条令中,还对僧官的具体职责作出了具体规定。如称:"内外僧、道官专管天下僧、道恪守戒律清规,违者听其究治;若犯与民相涉者,在京申部酌审,在外听有司断理。"②

除了负责监察寺僧恪守戒律清规、僧官考选等日常事务之外,僧官还要负责一些出世事务,包括众多不同类型的佛事活动,参加宫廷举办的丧葬礼仪,奉旨举办佛事活动,负责修建道场、进行祈雪求雨等传统宫廷佛事。

通过僧官事务管理活动,加强僧人的度牒管理。清初,僧纲司曾有职权分发度牒。崇德五年(1640)题准:"新收僧人,纲银送户部查收,随给用印度牒,令僧纲司分发。"③

朝廷对僧官的调整与充实,在清代京师僧官中尤为明显。据嘉庆朝《钦定大清会典》载:"京师僧官……僧官分设各城者,东城、南城、西城、北城、中城、东南城、东北城、西城南路,凡八处。其分设各城之僧

---

① 嘉庆朝《钦定大清会典·内务府·掌仪司一》卷七四,《近代中国史料丛刊》三编,第64辑,第640册,第3331页,台北,文海出版社,1991。
②《大清会典事例》卷五〇一,第2页,引见周叔迦《清代佛教史料辑稿》第七章,第3208页。
③《钦定大清会典·礼部·祠祭清吏司二》卷二九,《近代中国史料丛刊》三编,第64辑,第1280页。

官,各设协理一员。僧官兼善世等衔……给予部札。协理给予司札。缺出,按品升补……"①京师八城协理,一则表明清代北京佛教之隆盛景况,二则反映了清代当局强化佛教管理的意图。八城协理僧官,大约设立于清代嘉庆朝。②京师八城协理,多由僧录司左右善兼领,故不同于外省府州等地方僧官,并实际上使直接管理京师佛教事务,成为僧录司的一大职责。

藏传佛教是清代宫廷佛教的重要对象。一般来说,藏传佛教在清代政治中的地位,当在汉传佛教之上。清代的僧官制度中,对于藏传佛教事务的管理,权属理藩院,在内务府设兼理雍和宫郎中,置员外郎、内管领各一人,各司其职。

康熙十三年(1674)颁令,僧录司下设左右善世、阐教、讲经、觉义各二人。其递晋次序一般为:候补僧官→右觉义→左觉义→右讲经→左讲经→右阐教→左阐教→右善世→左善世。如无候补者,则行僧录司出题考试,选取熟谙经典、品行端洁者十人或二十人,呈送礼部存案,按名次递补,皆不支俸。这种僧官任职的条令规定,使在京僧人明显具有区位优势,导致了外省僧人涌聚京城,从侧面反映了当时佛教与朝廷政治的密切关系。

康熙时,僧录司为正六品衙门,隶属于礼部。其衙门所在地,原建于大隆善护国寺,后迁入正法寺(后改称"正觉寺")。显然,僧录司的品秩定为正六品,主要是因其最高主管左右善世为正六品之故。值得一提的是,明代的僧录司亦曾设于大隆善护国寺。这也是清代僧官延续明代的一个表现。此外,僧录司诸僧官,虽享有行政级别,却俱不支俸。这同样是仿效明代旧制的规定。

需要一提的是,清王朝定都北京后,盛京作为"留都",设立了盛京

---

① 《钦定大清会典·礼部·祠祭清吏司二》卷二九,《近代中国史料丛刊》三编,第64辑,第1280页。
② 杨健《清王朝佛教事务管理》第17页称,八城协理设置的时间下限在嘉庆十七年(1812)。

173

户、礼、兵、刑、工五部,并重置了隶属于盛京礼部的僧录司,先以崇寿寺为衙门驻寺,再迁于白衣庵。盛京僧录司同样设有掌印官之职,同时设"僧录"一人,并在盛京八旗中各设"僧纲"一人。在乾隆后期,盛京僧录司一度废除。八城协理之职,由僧录司"八座"兼任,这就使北京僧录司的地位尤为重要而突出。

总之,清代的僧官制度,自皇太极天聪六年(1632)设定后,顺治年间更为明确地延续明代旧制,以定品级。至康熙朝,再定僧录司,纳入礼部管理序列,注册备案,以此加强对僧官的行政制度建设。乾隆朝时,对于僧官制度多有强调,并相应完善。当然,清代的僧官制度仍有其独特性,加强了对佛教作为社会事务的管理内容。在僧职设置上,除在盛京时期僧录司设立的掌印、僧录之职外,清代还新设正印、副印、八城协理等职,颇有创新之处。

第二节 清代的僧籍制度

清代的僧籍制度,作为清代佛教政策的重要构成内容,既是清代佛教管理的具体体现,同时也是其佛教政策的落实。清代朝廷对佛教僧籍管理制度,既有承续明代的内容,更有着适应时代的变化调整。其中,最为典型的就是革新度牒的僧众管理制度。清朝前期(乾隆朝以前),仍严格限制寺院兴建与僧尼出家的人数。清政府对僧籍和寺庙的管理制度,总体来说是相当严格的。

由于度牒的发放与管理,关系着僧尼人数,清王朝在入关前及入关之始,都曾实行纳银给牒制,这其实是变相的"鬻牒"制。满洲政权建立之初,在天聪时期(1627—1636)曾实行"官给度牒制"。崇德五年(1640),改为"纳银给牒制"。顺治二年(1645),再改为天聪年间的旧制——由官方发给度牒,停止纳银。顺治六年(1649),又再次把"官给度牒制"改为"纳银给牒制",规定由礼部刊刻度牒发行,只要僧道纳银四两,便可领取度牒。过去旧明及清初时期所发度牒一律收回,僧道必须持有新牒,才准入寺院、道观修行。顺治八年(1651)谕令,"僧道纳银给牒,琐屑非体,以后永免纳银。"但只是实行无偿给牒,仍严禁私度,并且明文规定出家者的身份与条件,如:"若僧道不给度牒,私自簪剃者,杖八十;若由家长,家长当罪;寺观住持及受业师私度者,与同罪,并还俗,入籍当差。""户内不及三丁、或在十六以上而出家者,俱枷号一个月。"私发度牒及私建寺院者,按律治罪。

此后,清廷对度牒的管理制度时松时紧,又反反复复改过数次,直到顺治十七年(1660),终止了纳银给牒制,改为通行"无偿给牒制",仍由官方发给度牒。到了康、雍年间,除继续实行官给度牒的做法,清廷也依所发放度牒数量来掌管天下僧尼数量。此时,清代僧尼人数和寺院数目也随着人口的增加而递增。

清代时期官方的统计数目,最常见到的就是康熙六年(1667)由礼部所统计的数目。各省官建大寺 6 073 座、小寺 6 049 座,私建大寺 8 458 座、小寺 58 682 座,由民间私建的寺院量数远在官方兴建上,两者合计则为 79 262 处。换言之,康熙初年,佛教寺院不论官建或私建,也有将近八万间寺院;而僧众人数,据统计僧众有 110 792 人、尼众有 8 615人,合计有 118 907 人,将近 12 万人。这一明确数字,因其寺数太多,而僧数太少,其准确度颇令人怀疑,每寺居住的僧人平均不到 1.5 人。

乾隆四年(1739),"礼部颁发各省度牒已三十余万张,此领度牒之本僧,各准其招收生徒一人,合师徒计之,则六十余万人矣。"[①]这六十余万人是个大致可信的官方数字,但仍有无牒私度的僧尼。到乾隆三十九年(1774)时,清廷正式停给度牒:凡僧道停止给发度牒,其从前领过牒照各僧道,遇有事故,仍将原领牒照追出,于岁底汇缴。至选充僧纲、道纪,令

---

① 薛允升:《读例存疑重刊本》卷九,第 245 页,台北,文海出版社,1964。

地方官查明僧道中之实在焚修戒法严明者,具结呈报上司,咨部给照充补。如僧道官犯事,将结送官交部察议。① 这一条例系乾隆三十九年(1774),山西道监察御史戈源奏请停给僧道度牒一折,后奉谕旨准行。至乾隆四十一年(1776),据广东巡抚德保咨请部示,经礼部奏准在案,因并纂为例。②

此度牒之例一经废除,不但僧道人数无可稽考,《清律》中相关"私度僧道"的条例亦形同虚设,更再无官方统计数字。此后,各地十方丛林纷纷擅设戒坛,因而出家人数激增。民众随意出家者与日俱增,除了僧尼素质低落外,也有人认为"度牒之例停,而僧道亦无可稽考,古法之不可废也"③。到了民国时期,太虚法师(1889—1946)在《整理僧伽制度论》中估计,清末僧众人数约为八十万人,这只是保守估计而已。

在清王朝种种法律的限制下,佛教僧侣的剃度与寺院的兴建,主要掌控于各级官府。如果僧人众多,就通过度牒的管理制度加以限制。不过,尽管清律有许多规定僧人出家的限制条文,但不免仍流于具文,各地随意出家为僧者,比比皆是。在雍正年间,废除了"人头税",施行"摊丁入亩"的赋税制度,僧尼多寡,对地方税额实无影响,自耕农不必通过出家为僧来逃避赋税。这导致了发放度牒的制度与出家限制等条文,已成空文。最终,乾隆三十九年正式停止发放度牒,使得自唐代天宝年间开始实行千余年的度牒制度,至此彻底废止,这可说是中国佛教史上的一件大事。这一佛教管理制度上的改革,反映宗教事务与经济制度改革的相关性。

随着清朝统治者的政权日渐巩固之时,清王朝对于当时隆盛的佛教活动,制订了一套相应的管理办法和法律条文。从僧尼出家、寺院修建,到僧人犯戒以及触犯国法等都有严格的刑罚处置。这些管理与限制基

---

① 《钦定大清会典事例》第19册,卷七五二,第25页上。
② 薛允升:《读例存疑重刊本》卷九,第245页,台北,文海出版社,1964。
③ 同上书,第246页。

本上是冀望能保证僧尼的"品类"素质,使之不至于过多而杂乱。除大致沿袭《明律》的处理方式外,清廷也根据实际的社会状况,在《清律》之外,另增《条例》以适应现实需求。此外,从有关僧众所涉及的"刑律"、"户律"、"礼律"等相关条文来看,清廷对《明律》多有补充、增订之处。其中,最具典型的就是雍正朝的相关条例,兹列举部分内容如下,可以大致了解清代僧籍管理制度的特色所在:

如雍正十三年(1735)规定,民间有愿创造寺观神祠者,呈明该督抚具题,奉旨方许营建。若不俟题请,擅行兴造者,依违制律论。①

凡寺观庵院,除现在处所先年额设外不许私自创建增置,违者,杖一百;僧道还俗,发边远充军;尼僧女冠,入官为奴。地基材料入官。②

顺治三年(1646)沿袭《明律》并补充规定,若僧道不给度牒,私自簪剃者,杖八十。若由家长,家长当罪。寺观住持及受业师私度者,与同罪,并还俗,入籍当差。③

僧道擅收徒弟,不给度牒;及民间子弟,户内不及三丁,或在十六以上而出家者,俱枷号一个月,并罪坐所由。僧道官及主持知而不举者,各罢职还俗。④(此条系依旧明《问刑条例》,后有所修正)

僧道犯罪,虽未给度牒,悉照僧道科断。该还俗者,查发各原籍堂插。若仍于原寺观庵院或他寺观庵院潜住者,并枷号一个月,照旧还俗。其僧道官及主持,知而不举者,各治以罪。⑤

凡僧道犯法,问拟斩绞免死,减等发遣及军流充徒;枷号等罪者,俱

---

① 《大清律例会通新纂》卷七《户律·户役·私创庵院及私度僧道》,第2页(总数871页),台北,文海出版社,1964;另参见薛允升《读例存疑重刊本》卷九,第244页。此律行至光绪朝未曾变动,可另参见光绪《钦定大清会典事例》卷七五二,第23页(总第14730页),北京,中华书局,1991。
② 《大清律·户律》卷四《户役·私创庵院及私度僧道》,第5—6页。
③ 同上书,第6页。
④ 同上书,第7页。
⑤ 同上书,第7—8页。此律有关度牒制度,至乾隆时已删定,但《清会典》仍有此条例,徒为具文而已,参《钦定大清会典事例》卷七五二,第21页。

勒令永远还俗,至遣戍之所令该管官严行稽查;其释罪回籍,亦令地方官严行稽查,不许复为僧道。① (此条例为雍正五年钦定,于乾隆五年删除。②)

凡僧尼、道士、女冠,并令拜父母、祭祀祖先。本宗亲属在内。丧服等第谓斩衰、期功、缌麻之类。皆与常人同。违者,杖一百,还俗。③

若僧道衣服,只许用紬绢布匹,不得用纻丝绫罗。违者,杖五十,还俗,衣服入官。其袈裟道服,不在其限。④ (此乃《明律》,顺治三年添入小注)

此言僧道不得灭伦理、尚华奢也,僧道虽崇尚道释,而天伦所关一本,五服之亲则无容弃置也,故忘所自生者,满杖;至僧道既遵淡泊清规,更不得越分靡丽,故替侈衣服者,加笞。若袈裟道服则非用以常穿者,是以不在禁限内;尼僧女冠有犯,应准撙收赎,以上并令还俗。⑤

僧尼谋杀授业师者,照谋杀大功尊长律,已杀者,斩决;已伤者,绞决;已行未伤者,流二十里;殴故杀者,亦照殴故杀大功尊长者律,斩决。⑥ (此原系《明律》,顺治三年添入小注,雍正三年将小注删去,改照"谋杀大功尊长律"拟斩立决,纂为定例)⑦

凡僧道娶妻妾者杖八十,还俗。女家主婚人同罪,离异,财礼入官;寺观住持知情,与同罪;以因人连累不在还俗之限。不知者,不坐。若僧道假托亲属或童仆为名求娶,而僧道自占者,以奸论。以僧道犯奸,加凡

---

① 《大清律·户律》卷四《户役·私创庵院及私度僧道·钦定例》,第7页。
② 乾隆五年以"除名当差律内,已有僧道并令还俗之文,故将此条例删除"。《钦定大清会典事例》卷七五二,第23页。
③④ 《大清律·礼律》卷一二《僧道拜父母》,第19页。
⑤ "僧道拜父母"例,经雍正年间删改,特于此律后附注说明。《大清律·礼律》卷一二《僧道拜父母》,第19—20页。
⑥ 《大清律·刑律》卷二〇《殴授业师·条例·增例》,第17页。
⑦ 薛允升:《读例存疑重刊本》卷三五,第909页。

人和奸罪二等论;妇女还亲,财礼入官,系强者,以强奸论。① 此乃《明律》,顺治三年添入小注)

凡居父母及夫丧,若僧、尼、道士、女冠犯奸者,各加凡奸罪二等。相奸之人,以凡奸论。强者,奸夫绞监候,妇女不坐。②(此乃《明律》,顺治三年添入小注。)

僧道不分有无度牒,及尼僧女冠犯奸者,依律问罪,各于本寺观、庵院门首枷号一个月,发落。③

僧道官、僧人、道士有犯挟妓饮酒者,俱问违制,发原籍为民。④(此条系前明《问刑条例》,雍正三年修订,补上"挟妓饮酒",较官吏治罪尤重)

凡律称道士女冠者,僧尼同。如道士女冠犯奸,加凡人罪二等,僧尼亦然。若于其授业师,与伯叔父母同。如俗人骂伯叔父母,杖六十,徒一年;道冠僧尼骂师,罪同。授业师谓于寺观之内,亲承经教合为师主者;其于弟子,与兄弟之子同。如俗人殴杀兄弟之子,杖一百,徒三年;道冠僧尼殴杀弟子,同罪。⑤(此乃《明律》,小注系顺治三年增修)

军民人等将争竞不明,并卖过及民间起科,僧道将寺观各田地……私捏文契典卖者,投献之人问发边远充军,田地给还应得之人。其受投献家长,并管庄人参究治罪……⑥(此条系前明《问刑条例》,雍正三年修改,乾隆五年改定)

在清代《礼律》中,同样有一些涉及僧尼管理的条例内容:

……至于妇女礼不踰越,何况寺庙,纵令妻女于寺庙烧香,殊非闲家之道,住持及守门之人,擅容出入,亦有失戒规,故分别坐罪,而

---

① 《大清律·户律》卷六《户律·婚姻·僧道娶妻》,第17页。
②③④ 《大清律·刑律》卷二五《犯奸·居丧及僧道犯奸》,第10页。
⑤ 薛允升:《读例存疑重刊本》卷五,第137页。
⑥ 《大清律·户律》卷五《盗卖田宅·条例·原例》,第8—9页。

并禁之。①

……若僧道修斋设醮,奏青词表文,及祈禳火灾者,同罪,还俗。重在拜奏,若止修斋祈禳,而不拜奏青词表文者,不禁。(此乃《明律》,顺治三年添入小注)②

凡僧道军民人等,于各寺观、神庙刁奸妇女,因而引诱逃走或诓骗财物者,各杖一百;奸夫发三千里充军,奸妇入官为婢,财物照追给主。若军民人等,纵令妇女于寺观、神庙,有犯者,杖七十、枷号一个月,发落。③(此乃前明《问刑条例》,顺治三年、乾隆五年修改,五十三年改定)

凡各省有迎神赛会者,照师巫邪术例,将为首之人从重治罪;其有男女嬉戏花费者,照治家不严例,罪坐家长。④

凡左道惑众之人,或烧香集徒、夜聚晓散,为从者及称为善友,求讨布施至十人以上,并军民人等,不问来历,窝藏接引;或寺观住持,客留披剃、冠簪,探听境内事情,若审实探听军情,以奸细论。及被诱军民舍与应禁铁器等项,事发属军卫者,发边卫充军;属有司者,发边外为民。⑤

据上所举,清代的种种刑罚条文,主要是清廷专为惩治干犯法纪的僧道而设,其中实际包含僧尼、道观、庵院、女冠等佛道修行人员,非专指佛教僧尼。若有触及大清律者,刑罚同施。既然《清律》对佛教僧众做出如此严密的监控,可以想见当时一些僧众触犯法纪的种种流弊和颓废现象及生活样态。

清雍正年间,对于僧侣犯法,除诉诸刑律外,还有勒令还俗以免玷污

---

① 《大清律·礼律》卷一一《祭祀·亵渎神明》,第6页。
② 薛允升:《读例存疑重刊本》卷一八,第420页。
③ 《大清律·礼律》卷一一《祭祀·亵渎神明·条例·原例》,第6页。
④ 《大清律·礼律》卷一一《祭祀·亵渎神明·条例·钦定例》,第7页。
⑤ 同上书,第10页。

佛教。至于服罪期满后,更令地方官严行稽查,不许这些人员再度出家为僧。通过对佛教僧众的司法约束,以整顿佛门的龙蛇混杂情形,维护佛门清净的社会形象。与此同时,清廷还通过颁发上谕,劝告僧众严守佛戒,勤修戒行,可谓用心良苦。

在法律方面,清廷除了沿袭明朝以来对左道邪术以及严禁妇女私入寺院烧香等条例外,更一再明令"禁止师巫邪术"。

> 至于各处官吏军民僧道人等来京,妄称暗晓扶鸾祷圣、书符咒水,一切左道异端,煽惑人民,为从者及称晓炼丹药,出入内外官家,或擅入皇城,夤缘作弊,悉求进用,属军卫者,发边卫充军;属有司者,发边外为民。若容留潜住及荐举引用,邻甲知情不举,并皇城各门守卫官军不行关防,搜拏(拿)者,各参究治罪。①

> 其居丧之家,修斋设醮,若男女混杂,所重在此,饮酒食肉者,家长杖八十;僧道同罪,还俗。(此乃《明律》,顺治三年添入小注)②

> 至于妇女礼不踰越,何况寺庙,纵令妻女于寺庙烧香,殊非闲家之道,住持及守门之人,擅容出入,亦有失戒规,故分别坐罪,而并禁之。③

> 凡各省有迎神赛会者,照师巫邪术例,将为首之人从重治罪;其有男女嬉戏花费者,照治家不严例,罪坐家长。④

从上述所引《清律》内容可知,清代禁止妇女私自入庙烧香的规定,包括所有寺院庵观。清朝君臣认为邪教蛊惑愚民,由来已久,善男信女受骗者,以妇女居多;也由于妇女私入寺庙,辄为僧道所惑,骗财失身,故以奸罪论处。此律一颁,妇女私自入庙烧香就已触犯清朝律例的规定。同时,巫觋星士之妄言吉凶,蛊惑妇女,煽惑人心,诱人归其教,为害不

---

① 《大清律·礼律》卷一一《祭祀·亵渎神明·条例》,第9—10页。
② 薛允升:《读例存疑重刊本》卷一九《丧葬》,第445页。
③ 《大清律·礼律》卷一一《祭祀·亵渎神明》,第6页。
④ 《大清律·礼律》卷一一《祭祀·亵渎神明·条例·钦定例》,第7页。

小,"故为首者绞候。"①

其实,严禁妇女私入寺庙,《清律》沿袭《明律》,早有明文规定,清廷之所以一再重申此条例,主要着眼于社会风气的考虑,并非专门针对佛教寺院。以雍正朝为代表的僧尼管理制度,实际上是清代行政专制的构成内容之一。只有从此入手,才能真正认识当时所实行的种种条例调整。

---

① 《大清律·礼律》卷一一《祭祀·亵渎神明·禁止师巫邪术·注》,第8—9页。

第五章 清代禅宗

第一节 清代禅宗概况

明末清初,在政治动荡、战乱不休的历史环境中,一部分明朝士大夫甚至皇室人员出家为僧。茚溪行森禅师曾对顺治帝说:"近三十季以来,则世家公子,举监生员,亦多有出家者。"①这就是明末清初的所谓"遗民逃禅"。

遗民逃禅的代表人物有耐可、今种、函可、澹归、药地、八大山人、石涛、戒显、檗庵、大错、担当、石溪、渐江,等等。其中,耐可本名吕留良(1629—1683),又名光轮,字庄生,号晚村,浙江石门人,早年以义学名世,清军入关后拒绝与新朝合作,隐归故里,著书授徒。康熙十七年(1678)开博学鸿词科,吸收汉族知识分子参政,浙江的官员推举他参加考试,但吕留良誓死不从。两年后,当地郡守又以"隐逸"来举荐他,吕留良被迫剪掉头发,穿上袈裟,遁入空门。②今种是著名文学家屈大

---

① 《天童弘觉忞禅师北游集》卷三。
② 《吕晚村先生文集附录·行略》。

均(1630—1696)出家后的法名。屈大均,字翁山,广东番禺人。清兵攻入广州前后,他参加抗清队伍。失败后,他于顺治七年(1650)在番禺雷峰山海云寺削发为僧,法名今种,又名一灵。为了表示不与清廷合作的决心,今种将自己的住所命名为"死庵",并作《死庵铭》,文曰:"天死我身,吾将生之。天生我身,吾将死之。欲生其身,须死其心。心生于死,身死于生。夫能如是,是之谓能生能死之至人。"① 药地则是方以智(1611—1671)出家后的法名。方以智,字密之,号曼公,安徽桐城人。其父方孔昭,曾为明朝湖广巡抚。方以智少美姿貌,聪颖绝伦,书无所不读,精通天文、地理、物理、历史、医药、文学、音韵,甚至对新传入的西学亦有研究。少年时代参加"复社",为"明季四公子"之一。崇祯年间举进士,曾任翰林院检讨。方以智在政治上受到过打击,对南明朝廷的腐朽与黑暗洞若观火,屡次辞官不就,终于出家,法名弘可,另有行远、大智、弘智、五老、墨历、浮山愚者、愚者大师、极丸老人等称号。另外一位富于传奇色彩的"遗民逃禅"代表则是八大山人,原名朱耷(1624 或 1626—1705),南昌人,明朝宗室后裔。性情孤傲,颖异绝伦。八岁能诗,善书法,工于篆刻,尤精绘画。李自成的"大顺"军攻入北京,其父卒,朱耷因极度悲痛而喑哑不能言。十余年后,弃家为僧,自号"雪个",又号"个山"、"个山驴",或醉或哭或笑,颠态百出,混舞于市井之间。不数年,妻儿俱死。有人对他说:"斩先人祀,非所以为人后也,子无畏乎?"个山驴遂蓄发谋妻子,号"八大山人",意谓"四方四隅皆我为大而无大于我也"②。

晚明士大夫官僚的逃禅无疑扩大了佛教僧团的队伍,但对于佛教的实际影响到底有多大,则是一个值得探究的问题。不容否认,逃禅遗民的主体是士大夫,他们确实具有较高的文化素养,但他们中的大部分人的影响却在佛教之外。像方以智,本为南明官员,出家后著书颇多,成为

---

① 《翁山文外》卷一一《死庵铭》。
② 《留溪外传》卷五《八大山人传》。

杰出的哲学家和思想家。吕留良是声名显赫的大儒，著作等身，与屈大均、函可、金堡等人以诗文名闻一时。石涛、八大山人则是杰出的艺术家。这些人都不能以"名僧"或"高僧"扬名后世，不能在佛教领域做出较大的贡献，其根本原因就在于，他们出家的真正动机并非出于虔诚的宗教信仰，而是缘于国破家亡的悲痛，坚持民族气节，不愿意同新政权合作。正因为如此，他们中的一些人虽然出了家，却不守戒律，饮酒吃肉，娶妻生子，反而有损于出家人的形象。吕留良被逼出家后，曾作《自题僧装像赞》，称"僧乎不僧，而不得不谓之僧；俗乎不俗，亦原不可概谓之俗"，"不参宗门，不讲义录"，"有妻有子，吃酒吃肉"，不受戒律束缚。① 这种非僧非俗的奇怪状态，恰恰表明了逃禅者的矛盾心理。屈大均在出家十二年后又还了俗，还撰《归儒说》，称自己出家是"不得已而逃"，他骨子里认为儒家要高于佛、道二教。② 从这些事例可以看出，佛教固然为"遗民逃禅"提供了理想的避难所，但是，对于这些逃禅者本身来说，他们的"不得已而逃"反映了在亡国之痛面前被迫选择了"第三条道路"，从他们的言行和作为来看，他们对于当时佛教的发展并无多大的意义。③

　　清代的禅宗上承明代的余绪，主要在江南一带流传，在总体上更加衰微。清朝入关后，南明政权和农民起义军继续抵抗，统一全国的战争延续了几十年，为了笼络人心，宣扬大清统治的合理性，清初统治者对江南地区的禅宗给予了较多的关注。

　　清世祖顺治(1644—1661)在位期间，曾多次召见江南的著名禅师。顺治曾说："朕初虽尊象教，而未知有宗门者旧，知有宗门者旧，则自憨璞始。"④憨璞是顺治接触的第一个禅宗僧人。憨璞性聪(1610—1666)，明末临济僧人，福建延平顺昌(今南平县)人，俗姓连，十五岁于天王寺出

---

① 《吕晚村先生古文》卷下《自题僧装像赞》。
② 《翁山文外》卷五《归儒说》。
③ 参见杨健《清王朝佛教事务管理》，第168—178页。
④ 《天童弘觉忞禅师北游集》卷六。

家,后得法于费隐通容的弟子、杭州太平寺的百痴行元禅师,住持浙江多处寺院。顺治十三年(1656),应北京士绅和僧侣之请北上,住京师城南海会寺。次年冬,顺治驾临海会寺,召见性聪。据《宗统编年》载:"冬十月,海会憨璞聪和尚,结制①万善殿。先是,上狩南苑,因幸海会,延见聪,奏对称旨。复召入禁廷,问佛法大意。乃诏结冬万善殿,赐明觉禅师号。"②顺治很看重性聪,到万善殿时,传话"驾到不用和尚接送,不行礼拜"③。顺治还对性聪的持戒严谨给予了表彰。④ 顺治十五年(1658),复延性聪入万善殿结制,并向他咨询南方的禅门耆旧,让他开列尊宿的名单,以待日后召见。顺治十六年,召见木陈道忞。性聪担心道忞不愿应召,特向他去信,颂扬顺治是"佛心天子","笃信于佛乘","宽让恕礼以待人",劝道忞"不吝洪慈,慨然飞锡,莫负圣明之诚心,有失宗门之正信"⑤。

道忞(1596—1674),临济宗僧人,字木陈,号梦隐,俗姓林,广东潮阳人。因读佛典而立志出家,依庐山开先寺若昧智剃发。因家人反对,还俗成婚。二十七岁时再度剃发,依憨山德清受具足戒。后游历诸方,嗣法于四明山天童寺密云圆悟,在浙江住持过多处寺院。顺治十六年(1659)春闰三月,"遣右阐教僧法玺,赍勅召忞入京。进见万善殿,传谕免礼,赐坐。慰劳叙谭毕,即谕万善、憨忠、广济三处结冬。上时携学士王熙、冯溥、曹本荣、状元孙承恩、徐元文至方丈问法。"⑥当时还特别邀请了茚溪行森、憨璞性聪等名僧一同"召对",以示不忘性聪的举荐之功。次年四月,顺治帝赐木陈道忞"弘觉禅师"的称号。由于顺治对禅学情有独钟,曾多次向道忞问法,并请他在宫内说法。道忞一次在奉旨说法时

---

① 结制为佛教的"安居"静坐。《梵网经合注》卷六:"冬夏坐禅者,大寒大热,常应静坐。结夏安居者,夏行尤为妨道,故须结制九旬也。"
② 《宗统编年》卷三二,《续藏经》第 86 卷,第 307 页中。
③ 冯溥:《明觉聪禅师塔铭并序》。
④ 《明觉聪禅师语录》卷首载顺治十六年(1659)的《敕书》云:"禅僧性聪,戒律清严,规模淳朴","弘阐清规,信无惭于福地。"
⑤ 《明觉聪禅师语录》卷一四《请天童木老人》。
⑥ 《宗统编年》卷三二,第 308 页上。

曾说,"遇广川人与他说广川的话,遇闽浙人与他说闽浙的话,遇江淮人与他说江淮的话,遇长安人与他说长安的话","人居大国方为贵,水到沧溟彻底清",①将佛教的应机说法变成了随俗沉浮、迎合新朝的投机行为,露骨地表达了他对清朝的投靠心理。后来道忞四处游历,夸耀他与顺治帝的奏对机缘。为报答顺治帝对他的恩宠,道忞将自己的感激之情写入《从周录》和《北游集》。其弟子后来还将他的言行编成了《天童弘觉忞禅师语录》和《天童弘觉忞禅师北游集》。道忞对顺治的卑躬屈膝,引起了江南禅僧和士大夫的不满和反感。又因他的《北游集》揭露了清宫的某些隐私,使得雍正和乾隆大为不悦,《北游集》也被明令禁毁。②

在顺治帝召见的禅僧中,最受重视的是玉琳通琇禅师。玉琳通琇(1614—1675),俗姓杨,江苏江阴人。十九岁随天隐圆修出家,传临济禅法,曾住持浙江武康报恩寺。其后,影响逐渐扩大。顺治十六年(1659),通琇应诏入京,入内廷问道,赐"大觉普济禅师"封号,并紫衣金印。通琇与顺治帝的对答,谨慎而善巧,"上如不问,则不敢强对,语不及古今政治得失、人物臧否,惟以第一义谛启沃帝心"③,显示了一个佛教高僧应有的处世智慧。他的这种不干世事、唯重佛法的态度也赢得了顺治帝的崇敬,顺治帝称赞他"实获我心,深契予志"。④ 顺治十七年(1660),通琇第二次奉诏入京,主持京城戒坛,整顿当时戒律松弛的僧人队伍。在顺治看来,当时的佛教界已是"祖庭晚秋,律学荒芜","末法比丘,少奉戒律。其口谈无,而行在有者,又如麻粟也"。故命通琇在都城设立皇家戒坛,主持一千五百人众的毗尼大戒。⑤玉琳通琇后来又被顺治授予"大觉普济能仁国师"的封号,也是清代唯一被授予"国师"封号的汉传佛教名僧。

---

① 《天童弘觉忞禅师北游集》卷一。
② 关于清代被禁毁的佛教著述可参阅杨健《清王朝佛教事务管理》,附录二。
③ 《玉琳禅师语录·大觉普济能仁国师年谱》。
④⑤ 《玉琳禅师语录·玉音五道》。毗尼,也称毗奈耶,是梵文戒律的音译。

在清代的帝王中,与禅宗关系最为密切也最为独特的是清世宗雍正帝。雍正帝早年信奉喇嘛教,对禅宗僧人的说法颇持怀疑态度。他在未登位前就曾博览群书,细心地研究过禅门的宗旨。雍正帝说:"朕少年时,喜阅内典,惟慕有为佛事,于诸公案,总以解路推求,心轻禅宗,谓如来正教,不应如是。"①他虽然喜读佛教的典籍,但主张自我寻求,轻视"公案禅",认为这样的禅法违背了"如来正教"。雍正帝最信任的僧人是哲布尊丹巴呼图克图的弟子章嘉喇嘛,称其为自己的"恩师"。雍正帝回忆说,他曾向迦陵性音禅师②学习参禅,自知未达"究竟",但性音却说已经洞彻"玄微"。雍正帝将此事叩问章嘉,章嘉却斥为"偏见"。雍正帝后来继续提撕参禅,称自己最后参破了"末后一关",证得了"三身四智合一之理,物我一如本空之道",并得到了章嘉的印可。事后,雍正帝对此感触颇深,他说:"此朕平生参究因缘,章嘉呼土克图国师喇嘛实为朕证明恩师也。"③

由于雍正帝有参禅的经历,且以为究彻性宗要旨,便以"圆明居士"自号。加上他对公案禅的偏见,在他继位后,便公开以帝王的身份干预禅宗的内部事务。大约在雍正十一年(1733),出于对当时的公案语录的不满④,雍正帝将自己所撰的《御选语录》刊行于世。在该书的《总序》中,雍正以禅门宗匠自居,认为当时的禅门衰堕,无人明了禅法正理,而他"不惜话堕,逐一指明",力挽狂澜。

《御选语录》又称《雍正御选语录》,全书共计十九卷,包括"正集"十二卷、"外集"一卷、"前集"二卷、"后集"三卷、"当今法会"一卷。其中,正集收录了僧肇、永嘉玄觉、寒山、拾得、沩山灵祐、仰山慧寂、赵州从谂、云门文偃、永明延寿、紫阳真人张平叔(伯端)、雪窦重显、圜悟克勤、玉琳通琇、茆溪行森、和硕雍亲王圆明居士(雍正)等十五人的短篇语要。外集

---

① 雍正御制佛教大典《御选语录》卷一七,《续藏经》第66册,第696页上。
② 性音(?—1726),清代临济宗僧人,沈阳人,俗姓李,字迦陵,清初住持京城多处寺院弘法。
③ 雍正御制佛教大典《御选语录·御制后序》,《续藏经》第68册,第696页中。
④ 在《御选语录·御制后序》中,雍正说:"朕阅《指月录》、《正法眼藏》、《禅宗正脉》、《教外别传》诸书,所选古德机缘语句,皆错杂不伦。至于迦陵音所选《宗统一丝》者,尤为乖谬。"

收录云栖袾宏的净土问答等言论。前集、后集则为"历代禅师语录"。最后一卷是"当今法会",收录了经过他的指导,一些亲王、大臣和僧人的有关参禅证悟的诗文。雍正帝还将自己写的二十多篇"序"和"上谕"安置在有关"语录"的各卷前后。雍正帝对前十一卷所选的人物特别重视,在《总序》中称他们都是"穷彻洞本,究旨通宗"的"大善知识"。但他把作为道教徒的张伯端的语录纳入"正集",说明了雍正帝推崇三教融合的态度,也反映了雍正对于禅学的取法标准。

统观全书,《御选语录》突出了以下两大主题:

第一,抨击禅学异端。雍正帝在《御选语录·总序》中针对性音禅师关于"五家宗旨"的辨别,提出了"五家宗旨,同是曹溪一味"的观点。雍正帝不相信禅宗所谓的"口传耳受",认为它属于"横生法执,谬加穿凿"之举,"拾人涕唾"之谈,非大丈夫所为,更不是"拈花别传之旨"。雍正帝看不起性音禅师,除了他早年的参禅经历外,还因为性音编撰的《宗统一丝》认同了德山宣鉴的诃佛骂祖之风。为了反对这种大不敬的做法,雍正帝在编选语录中,将那些"狂禅妄作"、"信口讥诃"的人排除在外。他们是:傅大士、大慧珠海、丹霞天然、灵云志勤、德山宣鉴、兴化存奖、长庆慧棱、风穴延沼、汾阳善昭、大慧宗杲、德弘觉范、高峰原妙等。雍正帝对这些人一一批判,其中对丹霞天然和德山宣鉴抨击最为激烈,认为丹霞烧木佛与"子孙焚烧祖先牌,臣工毁弃帝王位"是一回事,①而德山的诃佛骂祖则可谓"家之逆子,国之逆臣",是"人神共嫉,天地不容"的行为。②

雍正帝还将公案禅视为异端,反对参禅者在公案上下功夫。他说:"拈、代、偈、颂四者,颂最为后,学人于颂古切用工夫,遂渐至宗风日坠。此端一开,尽向文字边作活计。"③即拈古、代别、诗偈、颂古等研究公案的行为无助于证悟。雍正帝认为,古往今来,刻苦参禅的僧人很多,他们或

---

① 雍正御制佛教大典《御选语录》卷一四,《续藏经》第68册,第600页中。
② 雍正御制佛教大典《御选语录》卷一八,《续藏经》第68册,第699页上。
③ 同上书,第698页上。

息影云林,栖迟泉石,或诸方行脚,到处参堂;然而,"谈空说妙"的人似粟如麻,而"了悟自心者",恰如凤毛麟角。可见真正的证悟很难。雍正帝自称曾指导过八位大臣"彻悟洞明",而他所谓的证悟则是"为臣常忠,为子当孝","能尽伦常,即为玄妙"之类,实际上不过是各安本分,恪守儒家的忠君孝亲为核心的伦理纲常。①

第二,强调宗、教合一。雍正帝在《御选语录》卷一三的《御制序》中指出:

> 达摩未到梁土以前,北则什公弟子讲译经文,南则莲社诸贤精修净土。迨后直指心传,辉映震旦。宗门每以教典为寻文解义,净土为着相菩提,置而勿论,不知不觉,话成两橛。朕于肇法师语录序已详言宗、教之合一矣。至于净土之旨,又岂有二?②

雍正帝认为,禅宗、净土都体现了佛教的根本宗旨,不能绝然分开。按照这一观点,雍正帝将僧肇列入《御选语录》的第一人,认为他的《般若无知论》、《涅槃无名论》、《物不迁论》等论文都是"深明宗旨"的杰作,如果按照上述诸论讲说经典,正是"不立文字"的禅宗精神。同样,张伯端虽然是道教徒,但他的《悟真篇》和三十二篇颂偈"——从性地演出西来最上一乘之妙旨","篇中言句,真证了彻,直指妙圆",即使在禅门古德中,也为数不多。③ 所以,在雍正帝看来,只要体现了明心见性的宗旨,佛教的各个宗派甚至道教都可以通而为一,相行不悖。

《御选语录》体现了雍正帝提倡禅净合一、三教合一的思想倾向,也反映了雍正帝将佛教禅学纳入清朝官方哲学的企图。雍正帝对"狂禅妄作"、"信口讥诃"的禅宗僧人的排斥,是他纠正禅风弊端、贯彻忠君孝亲的儒家伦理的曲折反映。而他反对公案禅,主张明心见性的证悟,难免有他的个人之见,但也在一定程度上击中了当时流行的禅风要害。

---

① 参见杜继文、魏道儒《中国禅宗通史》,第585页,南京,江苏古籍出版社,1995。
② 《续藏经》第68卷,第577页中。
③ 雍正御制佛教大典《御选语录》卷八,《续藏经》第68卷,第528页中。

雍正帝还著《拣魔辨异录》，直接插手明末清初的禅宗统系之争。本书下一节有专门论述，在此不赘。

清代的禅宗，基本上是明朝后期兴起于江南的临济宗和曹洞宗的继续。临济宗下形成天童系和磬山系，曹洞宗下形成寿昌系和云门系，其传法的主要基地在江南。临济宗僧人在清初因为得到顺治帝的多次召见，与朝廷的关系较为密切。

清代临济宗均出自明代笑岩德宝(1512—1581)一脉，笑岩德宝传幻有正传(1549—1641)，幻有正传的两大弟子密云圆悟(1566—1642)和天隐圆修(1575—1635)分别开出清初临济宗的两支法脉。其中，圆悟因住持过浙江天童山景德寺，故称天童系；圆修因传法于江苏磬山，故称磬山系。圆悟的弟子有汉月法藏(1573—1635)、破山海明(1596—1666)、费隐通容(1593—1661)、木陈道忞(1596—1674)等。汉月法藏的弟子众多，人才济济，著名的有具德弘礼(1600—1667)、继起弘储(1606—1672)、潭吉弘忍(1599—1638)等，因法藏开法于常熟三峰山，故这一系被称为"三峰派"。三峰派中的邓尉山(法藏)、灵岩(弘储)、灵隐(弘礼)被称为"佛法僧三宝"，在顺治、康熙年间门庭兴旺。弘礼常住杭州灵隐寺，门下有晦山戒显、三目智渊、硕揆原志等人，不少是明朝遗老及其子弟。弘储常住苏州灵岩报恩寺，弟子中有很多是南明王朝的臣属，其中的金赋原直住持湖南的衡山和德山，楚奕原豫住持湖南的云盖山，推动了清代湖南地区的禅宗发展。在雍正朝，由于皇帝直接插手密云圆悟和汉月法藏的教派之争，并打击汉月法藏的势力，三峰派由盛而衰。

密云圆悟的另一个弟子破山海明与其门人则将天童禅法流传到四川、贵州一带。海明，又称通明，世称破山祖师。俗姓蹇，四川顺庆府大竹县人。年十九，随佛恩寺大持律师出家。明万历四十七年(1619)，至湖北黄梅破头山，研习禅语，效法元代高峰原妙的修禅方式，三年后获得证悟。之后，海明还求教于憨山德清、无异元来、雪峤圆信、湛然圆澄、密云圆悟等禅师,并于天启七年(1627)获圆悟的认可,承认其法嗣资格。崇祯元年(1628),住持嘉禾东塔广福禅寺,道风大振。崇祯六年(1633)返回巴蜀,住持梁山(四川梁平)万峰山太平寺,一生住持大小寺院十四处。弟子印正等人将其言行编成《破山禅师语录》二十卷行世。

海明在巴蜀地区传法三十余年,在道俗中产生了广泛的影响,他在梁山双桂禅寺时,朝参暮请的信众不计其数。破山海明重视扩大教团的规模,先后承认了八十七名嗣法人。据《双桂破山明禅师年谱》载:"剃度弟子印开等凡百余人,嗣法弟子八十七人,南北分化,各振家声。"教团规模不断膨胀,难免鱼目混珠。这些嗣法弟子中,比较著名的是丈雪通醉(1593—1661)、象崖性挺(1598—1651)和莲月印正(1617—1694)。两宋之际的圆悟克勤禅师曾数度住持成都昭觉寺,开创了巴蜀禅宗的一个辉煌时期;而明清之际,在破山海明及其弟子的努力下,巴蜀禅学重光于世,海明被时人誉为圆悟克勤的再世。

圆悟弟子费隐通容主要在福建一带开出一支禅脉。通容本是福州府(福建省)福清人,俗姓何,曾在福建黄檗山万福寺、莲峰院等处传法。他的门人不少出身福建并在当地传法,著名的弟子有亘信行弥(1603—1659)和隐元隆琦(1592—1673)。亘信传禅于闽南,其弟子有如幻超弘、南山超元等人,分别住持福州和泉州一带的寺院。隐元隆琦则成为日本黄檗宗的开始祖师。隆琦,俗姓林,字隐元,福州府福清人。明光宗泰昌元年(1620),登黄檗山依鉴原落发出家。其后,求师访道,曾在密云圆悟指导下参究多年,继而嗣法于费隐通容。后于黄檗山开设法席,慕者云集。顺治十一年(1654),应日本长崎兴福寺逸然之请,隆琦率弟子二十余人东渡传法。1661年,隆琦在京都宇治创建黄檗山万福寺,倡扬黄檗禅风,并设坛授禅门大戒,由此开创日本的黄檗宗。卒后,隐元隆琦被日本天皇追赐"大光普照国师"的封号。

清代初期,天隐圆修的影响不及密云圆悟,清中期以后,圆修一系的影响扩大,成了临济宗最重要的一支。

圆修的两个重要弟子是箬庵通问(1604—1655)和玉琳通琇(1614—1675)。箬庵通问,俗姓俞,江苏吴江人,曾住持过杭州理安寺、南浔应天寺。他的传法弟子有天竺行珍、梦庵超格、迦陵性音等。迦陵性音于清初在京城传法,雍正曾向他问道,也曾被雍正作为批评的靶子,前文已有叙述。通问的弟子铁舟行海递传法乳超乐、量闻明诠、月潭明连、大晓实彻。实彻有弟子天涛际云和纳川继海,各有传承。

玉琳通琇有嗣法弟子二十九人,其中的茚溪行森(1614—1677)还受到过顺治帝的召见。清中期以后,通琇的弟子美发淳、栖云岳开出两支法系。栖云岳递传南谷隐、灵鹫诚、天慧实彻、了凡际圣、昭月了贞、宝林达珍,金山、天宁和高旻三所寺庙成为磬山系的主要寺院,也是清中期以后禅宗在江南最有声望的丛林。

以下是清代临济宗的法脉传承示意图:

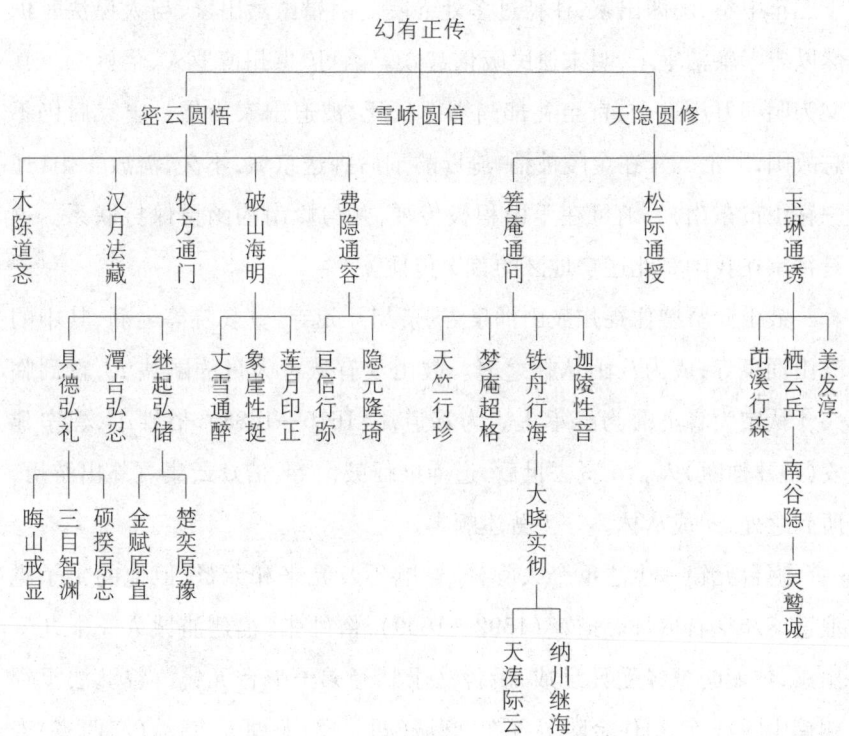

清代的曹洞宗多出自明末的湛然圆澄(1561—1626)和无明慧经(1548—1618)门下,前者称为云门系,后者称为寿昌系。

湛然圆澄一系在清初势力较强,堪与临济宗圆悟一系相抗衡。圆澄门下有著名弟子石雨明方、三宜明盂、瑞白明雪等。其中,瑞白明雪一支影响较大,流传时间也最长。明雪的弟子破闇净灯及再传弟子古樵智先,先后主持焦山定慧寺。古樵智先下五世济舟澄洮在乾隆帝南下时曾奏对称旨,宠幸有加。

无明慧经门下有三大弟子博山元来(1575—1630)、鼓山元贤(1578—1657)和晦台元镜(1577—1630)。元来的知名弟子有长庆道独、雪硐道奉、古道航舟、星朗道雄、嵩乳道密等。长庆道独(1600—1661)曾在福建、广东传禅,其弟子天然函昰(1608—1685)和祖心函可(1611—1659),人称"粤中怪杰"。函昰,俗姓曾,出身番禺望族,崇祯十三年中举,随即出家,住持过多处寺院。函昰虽然出家,与人说法时仍然以忠孝廉洁垂示,明末遗民皈依甚众。函可,惠州博罗人,俗姓韩。其父为明朝万历进士,官至礼部尚书。父死,被迫出家为僧。出家后仍不忘故国,顺治二年在金陵被捕,施以酷刑后押送京城,不久,流放千山(辽宁鞍山市东南)。函可在千山积极传禅,并与岭南的函昰保持联系。这是禅宗在我国东北辽宁地区的首次传播。

鼓山元贤曾住福州鼓山涌泉寺、泉州开元寺、真寂院等名刹,其中的鼓山涌泉寺,成为八闽丛林之冠。鼓山没有认可大量的嗣法人,直到临终才认定为霖道霈为继承人。为霖道霈(1615—1688),俗姓丁,建宁建安(福建建瓯)人。元贤去世后,道霈继任鼓山寺,信众云集。外出游历,所到之处,即成丛林。一生著述颇丰。

晦台元镜一生注重个人隐修,影响不及元来和元贤,但他的弟子觉浪道盛却享有盛誉。道盛(1592—1659),俗姓张,福建浦城人。十九岁出家,依无明慧经受具足戒,后付法于慧经弟子晦台元镜。曾弘法于福州莲山国观寺,历住金陵灵谷寺、麻城(湖北省)龙湖寺、新城(江西省)寿昌寺、匡山圆通寺诸刹。觉浪道盛被江南士大夫推为"大善知识"之首。一生著述达百余种，涉及儒佛道三教之学，受到许多士大夫的赞叹。其弟子将其语录与著述编成《天界觉浪盛禅师语录》、《天界觉浪盛禅师嘉禾语录》、《天界觉浪盛禅师全书》等。觉浪道盛的言行透露着对怀恋故国的热情，不少官僚士大夫随他出家，他的门徒也带有明遗民的性格。①

以下是清代曹洞宗的法脉传承示意图：

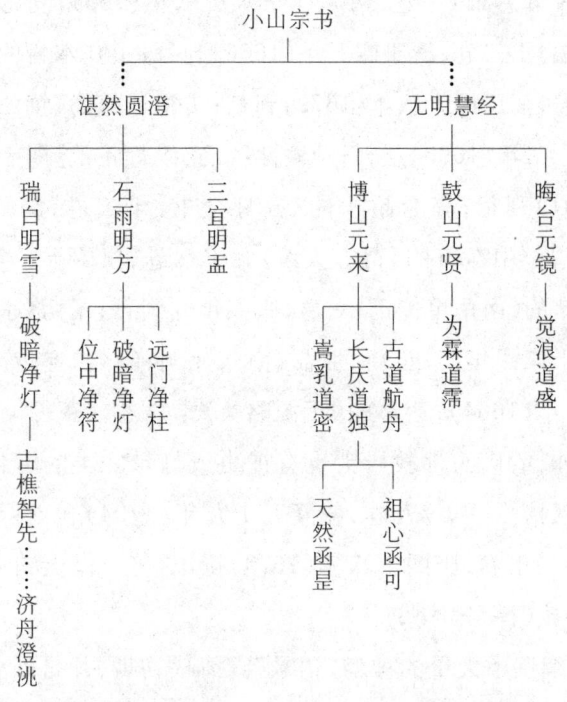

清代禅宗在思想或方法上已无创新，往往是继承旧说，综合诸家，或倡禅教合一，或倡禅净合一，或主三教融合，不一而足。无论是临济宗还是曹洞宗，其禅学思想都没有多大的发展，没有出现有名的禅学思想家，各家的禅学宗旨也愈益泯没。当然，这只是就禅学作为一种相对独立的

---

① 关于清代禅宗的法脉传承，可参见杜继文、魏道儒《中国禅宗通史》，第588—609页。

文化思潮而言，至于禅学的精神，则继续在禅宗各派中传扬不歇，也在中国传统社会里继续发生作用和影响。

清代禅宗继承了明代以来各派禅僧竞撰灯录、世谱的风气。就灯录而言，清代僧人所撰的传灯僧史，有木陈道忞的《禅灯世谱》九卷，崇祯五年（1632）刊行；费隐通容、百痴行元的《五灯严统》二十五卷，该书因涉及禅门统系问题而引发临济、曹洞二宗的激烈争论，费隐通容又撰《五灯严统解惑篇》一卷，南明桂王永历八年（1654）刊行；箬庵通问的《续灯存稿》十二卷，清康熙五年（1666）刊行；山晓本晳的《宗门宝积录》九十三卷，清康熙十八年（1679）刊刻；丈雪通醉的《锦江禅灯》二十卷，康熙三十二年（1693）重刊；别庵性统的《续灯正统》四十二卷，康熙三十年（1691）刊行；霁仑超永的《五灯全书》十二卷，康熙三十六年（1697）刊行；位中净符的《祖灯大统》九十八卷，康熙十一年（1672）撰出；继起弘储的《南岳单传记》一卷，康熙年间刊行；纪荫《宗统编年》三十二卷，撰于康熙年间；自新、性磊《南宋元明禅林僧宝传》十五卷，约撰于康熙三年（1664）；达珍的《正源略集》十六卷，《正源略集补遗》一卷；等。此外，清代的佛教居士也有禅史或灯录一类的著作，如心圆、火莲居士的《揞黑豆集》九卷，乾隆五十九年（1794）刊刻；聂先居士的《续指月录》二十卷，康熙十八年（1679）撰出，等。以上诸书大多被编入《续藏经》或《禅宗全书》。

清代还编撰了大量的禅僧"语录"。清代初期，凡是开堂说法的宗师，其机缘法语常常由门人辑录成册，此法逐渐成为风气。临济宗如天童系密云圆悟门下的费隐通容、木陈道忞等十二弟子；磐山系天隐圆修门下的箬庵通问、玉琳通琇；三峰派汉月法藏门下的灵岩弘储、灵隐弘礼及其弟子；曹洞宗如博山系的宗宝道独、天然函昰、祖心函可；鼓山系的鼓山元贤、为霖道霈；晦台元镜门下的觉浪道盛及其弟子；云门系的湛然圆澄门下的三宜明盂、远门净柱，等等，均有语录刊刻流传。

第二节 清初禅门之争

明末,临济宗僧人密云圆悟和汉月法藏发生门派之争。后来,圆悟门下的费隐通容支持法藏,著《五灯严统》,贬低曹洞宗的地位,挑起了顺治十一、十二年所谓的"甲乙大哄"。① 双方的争论,不仅涉及禅宗的学说和宗旨问题,也涉及云门宗的嗣法归属问题,最终演变成了临济宗和曹洞宗的门户之争。直到雍正十一年(1733),雍正借口禅僧的颓败,以维护佛教的名义,著《御制拣魔辨异录》,对禅宗进行清理,重点打击法藏一系,持续百余年的争论才告结束。

密云圆悟(1566—1642),俗姓蒋,常州(今江苏)宜兴人。万历二十三年(1595)在显庆寺拜幻有正传出家。万历三十九年(1611),幻有正传付"衣拂"于圆悟。之后,圆悟在江苏、浙江、福建等地传教,影响很大,嗣法弟子十二人,最著名的是汉月法藏、破山海明、费隐通容和木陈道忞。不过,汉月法藏并非"得法"于密云圆悟。法藏(1573—1635),俗姓苏,江苏无锡人。出身儒学世家,十五岁出家,二十九岁从云栖袾宏受沙弥戒,读《高峰语录》有感。三十七岁在金陵灵谷寺受具足戒。四十二岁时称,"我以天目为印心,清凉为印法,真师则临济也"②,认为是获得了临济义玄、慧洪觉范和高峰原妙的真传。实际上此时的法藏仍然没有正式的禅师资格,不能升堂说法。法藏五十三岁时,往金粟山广慧禅寺拜圆悟为师,考虑到法藏的地位和影响,圆悟立即以法藏为首座,"手书从上承嗣法源,并信拂付嘱和尚",③快速地承认了法藏的法嗣地位。之后,法藏即以临济宗师的身份在江、浙一带住持传法,深得普通信众和官僚士大夫的推崇。法藏虽然拜圆悟为师,但在禅学的见解上,两人却相差甚远。

---

① 按照干支纪年,顺治十一、十二年分别为甲午、乙未年。
② 《三峰和尚年谱》万历二十四年。
③ 《三峰和尚年谱》天启四年。

圆悟仅以慧能的"直指人心,见性成佛"为禅宗唯一法门。而法藏认为禅门五家各有宗旨,都应该继承和弘扬,所谓"不独负荷滹沱,将使云门、沩仰、曹洞、清凉(法眼)四家,遥承近续,令五宗再灿"[1]。他既受高峰原妙的影响,重视参话头,又受慧洪的影响,发挥临济义玄的"三玄三要",力图融五家宗旨于一炉,同时吸收慧洪的说法,重新厘定禅宗五家的传承关系。

明朝天启五年(1625),法藏著《五宗原》,阐述五宗分派的理由,反对圆悟的"自证自悟"说,主张以一"圆相"究得佛法祖的宗旨和本源。后来,法藏的师弟木陈道忞撰《五宗辟》,斥责法藏。而法藏的法嗣弘忍撰《五宗救》驳斥《五宗辟》。崇祯十一年(1638),圆悟写成《辟妄救略说》,批驳法藏、弘忍师徒。

法藏的《五宗原》对禅宗五家宗旨进行了系统的整理,主要包括三大内容:

其一,重新厘定慧洪关于禅宗五家的谱系。慧能以后的禅宗传承本来很复杂。但自南唐的《祖堂集》开始,突出了青原行思和南岳怀让两大法脉,先青原,后南岳,青原下出曹洞、云门、法眼三宗,南岳下出沩仰、临济二宗。此后的《景德传灯录》大体沿袭这一体例,唯在编次上,先南岳,后青原。南宋普济撰《五灯会元》继承了先青原、后南岳的法系排列,明晰了五宗的法统,禅宗丛林一般都赞同此说。然而,两宋之际的慧洪觉范著《林间录》,宣传唐代禅僧崇信(生卒年不详)出自天王道悟,道悟嗣法于马祖道一,从而将云门、法眼归宗于南岳怀让法系,此说也有不少的影响。法藏根据慧洪的说法,认为南岳怀让下出临济、沩仰、云门、法眼四宗,而"青原一枝出一叶",即曹洞宗。[2] 旧话重提,实际是在贬低曹洞宗的地位。

---

[1]《三峰藏和尚语录》卷一四。滹沱河在河北省境内,这里代指临济宗。
[2]《三峰藏和尚语录》卷一一。

其二,重新诠释五家宗旨。法藏吸收法眼文益的《宗门十规论》和晦岩智超的《人天眼目》等观点,对"三玄三要"、"五位君臣"、"圆相"、"六相"等含义作了梳理,特别是对五家的宗旨作了新的发挥。比如,对于"云门三句"中的涵盖乾坤、截断众流、随波逐浪,他认为可以用一句咒语"唵折隶主隶准提莎诃"代替其宗旨。① 这样,云门三句事实上变成了带有密宗咒语性质的"话头"。

其三,推崇威音王佛。在法藏看来,禅宗流传到当时,五家的宗旨已被抹煞,"致令无赖之徒,无所关制,妄以鸡鸣狗盗为习,称王称霸,无从勘验,诚久假而不归矣"。② 为了拨乱反正,他将传说中的威音王③佛抬了出来。法藏说,"尝见绘事家图七佛之始于威音王佛,惟大作一"○"圆相之后则七佛各有言诠,言诠虽异,而诸佛之偈旨不出圆相也","圆相早具五家宗旨矣,五宗各出一面"。④ 也就是说,五家早就蕴含在威音王佛中,它们不是中国佛教的产物,只是通过禅宗各家表现出来罢了。这样,五家的宗旨就是威音王佛的具体显现,各表现了它的一面。这个解释承认了禅宗五家都有其神圣的源头,似乎比禅宗的"教外别传"更能体现各家的权威性。

对于法藏的五家宗旨之说,圆悟不以为然。他在《辟妄救略说》中对法藏的《五宗原》以及弘忍的《五宗救》作了逐条的批驳。其中心思想主要有两点:

其一,斥责法藏不尊师训,无父无君。他说,威音王以后,自古以来都认为无师自悟者为"天然外道","汉月抹杀老僧,便是外道种子"。⑤ 又

---

① 《三峰藏和尚语录》卷一五。
② 《五宗原》后附《临济颂语》。
③ 在佛教神话中,威音王佛被认为是过去庄严劫中最初的佛。禅宗的一些僧人则把威音王当做本心佛性、"实际理地"的化身。《祖庭事苑》卷五:"威音王佛已前盖明实际理地,威音已后即佛事门中名。"
④ 《三峰藏和尚语录》卷一一。
⑤ 天童圆悟:《辟妄救略说》卷七。

说:"汉月攀高峰为得心之师,觉范为印法之师,真师则临济,正若世间无父之子,认三姓为父亲,遗臭万年,唾骂不尽。"①觉得这种事情不是读书明理的"君子"所能做得出来的。

其二,批判法藏神化五家的"圆相"说。圆悟认为,以一个所谓的"O"为千佛万佛之祖,是"不识五宗正旨","正法眼藏,已被汉月抹杀"。至于说五宗各出圆相一面之说,"实乃抹杀五宗"。② 圆悟认为,所有的禅家宗旨只有一个,即"直指一切人心"。他说:"从上以来,佛法的大意,惟直指一切人心,不从得之本来,为正法眼藏,为曹溪正脉,为五家无异之正宗正旨。"③也就是说,直指人心,见性成佛既是佛教的宗旨,也是慧能禅法的宗旨,又是禅宗五家共同的宗旨,此外别无所谓的五家宗旨。④

从法藏与圆悟所争论的问题来看,双方争论的实际上是禅宗教理的一般与个别、共性与个性的关系。法藏强调的禅宗各家的个性,即所谓的"五宗各出一面",是五家宗风的差异性;而圆悟推崇的是禅宗的根本特性,即所谓的"正法眼藏","曹溪正脉",也就是五家宗旨的共性。圆悟强调的是禅宗的"教理"的统一性,法藏强调的是禅宗五家"教法"的差异性。双方都有其合理性,也有其不足之处,孰是孰非,实难定论。这样争论,如果不存在意气之争的成分,属于思想的争鸣,应该是有意义的。但真正的问题在于,法藏是看话禅的提倡者,他用大慧宗杲的看话禅来统摄五家的禅法;而圆悟一生以"问着便打"著称,是临济棒喝禅的代表。因此,法藏与圆悟的对立,实际上是参禅方法的对立。法藏借助"威音圆相"来神化自身的主张,而圆悟借助"曹溪正脉"以维护师说,这才是双方争论的关键所在。

圆悟作《辟妄救略说》时,法藏、弘忍均已去世,两派的争论便告结

---

① 天童圆悟:《辟妄救略说》卷八。
② 天童圆悟:《辟妄救略说》卷四。
③ 天童圆悟:《辟妄救略说》卷九。
④ 参见杜继文、魏道儒《中国禅宗通史》,第543—556页。

束。然而,在事过近百年后的雍正十一年(1733),雍正帝却将此事重新追究,著《御制拣魔辨异录》,通过对法藏、弘忍师徒的猛烈批判,对禅宗进行大规模的整治。雍正在其《上谕》中旗帜鲜明地支持圆悟,斥责法藏之徒:

> 朕览密云悟、天隐修语录,其言句机用,单提向上,直指人心,乃契西来的意,得曹溪正脉者。及见密云悟录内,示其徒法藏辟妄语,其中所据法藏之言,骇其全迷本性,无知妄说,不但不知佛法宗旨,即其本师悟处,亦全未窥见,肆其臆诞,诳世惑人。此真外魔知见。所以其师一辟再辟,而天隐修亦有释疑普说,以斥其谬。然当日魔心不歇,其所著述,不行即毁,如魔嗣弘忍,中其毒者,复有《五宗救》一书,一并流传,冀魔说之不朽,造魔业于无穷。①

在这里,雍正赞成圆悟的"直指人心"符合祖师"西来的意","得曹溪正脉",批判法藏之说是"全迷本性,无知妄说",不遵佛法,不敬本师,是"外魔知见",是"造魔业"的行为。综合而言,雍正对法藏、弘忍师徒的批判主要涉及三个方面:

其一,批判法藏的威音圆相说。法藏在《五宗原》中说,"言诠虽一,而诸佛之偈旨,不出圆相"。雍正说:

> 夫古德明明道,个不在内,不在外,不在中间。今谓诸佛偈旨不出圆相,则是偈旨在圆相之中,而圆相有内外及中间矣。若圆相有内外及中间者,则威音王以前,此圆相何处安着?威音王以后,此圆相又何处安着?岂不成戏论乎!②

法藏的圆相说,应该是一种比喻,是方便说,而雍正对这种说法大为反感,认为既然是圆相,就不应有内外中间之分,属于"戏论"。雍正又针

---

① 《续藏经》第 65 册,第 191 页上。
② 《御制拣魔辨异录》卷八。

对法藏的"威者形之外者也,音者声之外者也"批驳说:"威音王者,形声之外,未有出载,无所考据,文字以前最上事也。夫形声之外,亦是今世门头,岂是威音那畔。且威音二字,如此依文解义,则正在文字之中,又何得谓文字以前,犹之形外有威,而威究从形起,声外有音,而音究从声出,则亦正在形声之中,又何得谓形声之外也。"可见,雍正这种"依文解义"的反驳,并未击中法藏的要害。

其二,批判法藏、弘忍的五家宗旨说。法藏、弘忍认为五家宗旨同具"正法眼藏",本质相同。如弘忍在《五宗救·总论》说:"心即眼,眼即心,实相而无相者也。"又认为,五家宗旨各有法脉传承。如法藏在《五宗原·传衣法注》所说:"故五宗恐其法灭也,显言宗旨以付授。""若必重自悟,而抹杀相传之法,必非悟心之士也。"雍正反驳说:

> 魔忍父子,错认定盘星,谓五家各立宗旨,遂谓大鉴以下,裂为五宗。盖惑于"一花开五叶"为五宗灵谶之说。既被所愚,还以自愚者愚人。不知宗有五,性岂亦有五耶?"一花开五叶",与五宗有何交涉?又谓五宗言诠虽异,未有不因事建立者。夫实际理地,不立一尘,岂有因事而建立宗旨之理?一事立一宗旨,何止五宗。①

"一花开五叶"作为禅家五宗的"灵谶"之说,本系后人的附会,法藏、弘忍师徒也未必深究,但雍正却认为它正是迷惑法藏造五家宗旨说的关键。在雍正看来,禅宗即使有五家宗旨,但本质上还是一宗;按照禅宗"实际理地,不立一尘"的看法,法藏的"因事而建立宗旨"之说也不成立,如果一事而立一宗旨,那么,禅宗就不止五家,而是无数家了。雍正甚至还认为,禅宗中的"宗字",与其"宗法"无任何交涉,所谓曹洞、临济、沩仰、云门、法眼五宗,"盖皆唱导一时,为人所钦仰,而推崇之为某宗而已,与嗣续之义何涉"?② 可见,雍正与圆悟一样,只强调禅宗宗旨在本质上

---

① 《御制拣魔辨异录》卷八。
② 《御制拣魔辨异录》卷二。

的一致性,而抹杀了五家在教义上的差异性。

其三,维护圆悟的棒喝禅。圆悟禅风的突出特点就是棒喝,他说:"老僧拈条白棒,问着便打,直叫一个人迥然独脱,无倚无依,者便是老僧的宗旨。"①棒喝作为临济宗法的法门之一,自然有其教学价值,但不分青红皂白的棒喝未必没有弊端。法藏、弘忍批评的就是圆悟以此来垄断禅宗的宗旨。弘忍说:"若谓此棒直接马祖之上,则马祖已上,未尝用棒喝也。若谓此棒仍承马祖之下,则马祖已下,未尝无宗旨也。"②无疑是说到了要害。但雍正却不以为然。他说:

> 谓棒喝如自马祖,岂知然(燃)灯以前未尝无乎?且如世尊拈花,拈花非棒喝乎?迦叶微笑,微笑非棒喝乎?推而广之,天有四时,春秋冬夏,风雨霜露,天之棒喝也;地载神气,风霆流形,庶物露生,地之棒喝也;鸢飞戾天,鱼跃于渊,物之棒喝也;爪生发长,脉动气旋,饭过其中,衣裹其外,身之棒喝也。何得云马祖而后始有?③

按照禅宗的本意,棒喝是指禅门宗匠在接引学人时,为杜绝其虚妄思惟或考验其悟境,用棒打或大喝的办法暗示或启悟对方。但是,雍正却作了全新的解释,天、地、万物、身体,都能够"棒喝"。照此推理,几乎没有什么东西不能称为"棒喝"了,这样的驳斥纯属无稽之谈,不能服人。

事实上,雍正对于法藏、弘忍师徒的攻击已经越出了学术讨论的范围,他的真正用意不是为了同已经作古的法藏、弘忍师徒辩驳,而是为了打击像法藏、弘忍这样的不敬师长的言行。雍正在《御制拣魔辨异录》的《跋》中就明确地提示说,法藏、弘忍"二人者,实为空王之乱臣,密云之贼子,世出、世间法并不可容者"。雍正要维护的是世间的君臣上下之序,他对出世佛教的不敬之人也同样不容,视为"乱臣"、"贼子",这应该是他

---

① 天童圆悟:《辟妄救略说》卷一〇。
② 《五宗救·总论三》卷一。
③ 《御制拣魔辨异录》卷一。

攻击法藏、弘忍师徒,替圆悟翻案的真正目的。为此,雍正做出了最后的判决:

> 着将藏内所有藏、忍语录,并《五宗原》、《五宗救》等书,尽行毁板,僧徒不许私自收藏。有违旨隐匿者,发觉,以不敬律论。另将《五宗救》一书,逐条驳正,刻入藏内,使后世具正知见者,知其魔异,不起他疑。天童密云悟派下法藏一支,所有徒众,着直省督抚详细查明,尽削去支派,永不许复入祖庭。果能于他方参学,得正知见,别嗣他宗,方许秉拂。谕到之日,天下祖庭系法藏子孙开堂者,即撤钟板,不许说法,地方官即择天童下别支承接方丈。①

随着雍正铲除法藏一系的《上谕》发布,各地官员立即行动,将法藏的《五宗原》、弘忍的《五宗救》等书尽行毁板,命令法藏一派不许开堂说法,所有门徒别嗣他宗。法藏一系遭受了灭顶之灾,其法脉因此而断绝。

明末清初的禅争还有一段插曲,那就是"严统"之争。随着费隐通容的《五灯严统》刊出,禅宗内部的临济和曹洞围绕"严统"的问题又展开了激烈的争论。从表面上看,圆悟与法藏之争发生在临济宗内部,严统之争发生在临济宗与曹洞宗之间,二者没有必然的联系。但是,费隐通容的《五灯严统》与汉月法藏的《五宗原》在厘定禅宗谱系上的观点如出一辙,都承认天王道悟的存在,并将云门、法眼二宗归属于南岳怀让的门下,影响了曹洞宗法脉正统地位。因此,"严统"之争可以视为圆悟与法藏之争的余绪。

在《五灯严统》以前,远门净柱已于崇祯十七年(1644)撰《五灯会元续略》,集中收录《五灯会元》以后禅门大德的语录。但本书的真正目的,在于确定宋、元、明三代曹洞宗的谱系。费隐的《五灯严统》显然有针对净柱的《五灯会元续略》的目的。这从"五灯严统凡例"中便可以看出:

---

① 《御制拣魔辨异录·上谕》。

> 曹洞宗派，考诸世谱，止于青原下十六世天童净耳。今阅《五灯续略》，天童净之后，更载一十八世，俱有机语，不知从何而得。及天童僧某直抵宝寿面质乃文，其词曰：是皆得之少室殿前碑也。夫殿前碑所纪，仅有名氏岁月，绝无语录等述，只是评唱之俦，未明本分一着，乌容滥月（曰）祖灯耶！然天童下至大觉，姓氏犹存者。以其十八世后有崛起之贤，俾曹洞一宗绝而复续。则此一十八世，虽非宗眼相印，实为世系相承。故削其机语，以严佛法之防。①

费隐只承认曹洞宗从青原行思到天童如净的十六世，而《五灯(会元)续略》关于天童如净以后的十八世谱系他都做了否决。他特别批驳了所谓"少室殿前碑"的碑文记载。因此，《五灯严统》将《五灯续略》中的曹洞宗人语录全部删除，"以严佛法之防"。

《五灯严统》总二十五卷，前二十卷的内容大致与《五灯会元》相同，叙述过去七佛及西天诸祖、东天诸祖的列传；第二十一卷至二十五卷，则收录《五灯会元》之后各尊宿的列传。它将从天皇道悟以后禅宗的各代法嗣，以及云门、法眼二宗的宗系改属为南岳的门下；又将《五灯会元》中的"未详法嗣"移置，将曹洞宗人无明慧经、无异元来等充于其中，此即所谓"严统"。陈垣先生指出："如此著书，亦太易矣，顾与重刻《会元》一次何异？"②陈垣在分析《五灯严统》之弊和清初的所谓"甲乙大哄"说：

> 《严统》之病，在过信《林间录》及讹谬不堪之《佛祖通载》。丘碑之伪，辨者已众，《通载》之谬，言者尚希，《严统》以《通载》为曾颁入藏之书，笃信而不加别择，遂有此失。然当时之争，不尽在天皇之改属，而在列无明慧经于未详法嗣，及谓湛然圆澄来源无据，大伤洞上之心。洞上显学，莫觉浪盛、三宜盂若，盛为无明之孙，盂为湛然之子，因此二家遂为原告，费隐为被告，而掀起禅宗史上所谓甲乙两宗

---

① 《续藏经》第80册，第544页中。
② 陈垣：《清初僧诤记》卷一。

大哄矣。甲乙者,顺治十一、二年甲午、乙未也。于时奔走作调人者,有箬庵问、继起储;加入战团者,有远门柱、百愚斯;旁观者,居士则有黄梨洲,缁流则有蜀益旭。柱著《摘欺说》,斯著《辟谬说》,今从略。①

《五灯严统》的问题在于将《林间录》和《佛祖通载》所提的天王道悟碑记录为真,从而打乱了丛林的法统。但问题的核心,在陈垣看来,却不尽在天皇或者天王的改属,"而在列无明慧经于未详法嗣,及谓湛然圆澄来源无据,大伤洞上之心"。因此,临济与曹洞之争,不可避免。不过,由于箬庵通问、继起弘储等临济名僧的往返调解,这场纷争最终才"得以无事"。②

然而,《五灯严统》关于天王道悟与天皇道悟的问题毕竟是一大需要解决的悬案。这里需要提及的是位中净符的《法门锄宄》,该文经过严密的考辨,通过客观的分析,论证了天王道悟与天皇道悟实际上是同一个人。位中净符,生卒年不详,清代曹洞宗僧人,庐陵(江西)人,俗姓刘。康熙六年(1667)撰《法门锄宄》,康熙十一年(1672)又撰《祖灯大统》以修正祖统之谬。

《法门锄宄》论证的要点有三:③

其一,《景德传灯录》、《五灯会元》所载的昙照禅师的机锋语录,被后来的禅宗著作张冠李戴,作为天王道悟的语录行世。净符通过考证,认为后来一些翻刻灯录的人,"乃于马祖下幻出个天王悟来,将昙照机语栽为天王悟事。乃首尾不漏一言,不差一字。此异事也。""世岂有两人同一州,同一机语,复同一事迹?"这是不合情理的。

其二,《景德传灯录》、《五灯会元》、《传法正宗记》、《指月录》等在马祖道一的法嗣中绝无提及所谓"天王道悟"者,其他诸书如《雪峰广录》、《联珠

---

① 陈垣:《清初僧诤记》卷一。
② 参见《宗统编年》卷三二,顺治十一年条。
③ 参见麻天祥《中国禅宗思想史略》,第370页,北京,中国人民大学出版社,2007。

通集》《佛祖统纪》《玄要广集》等,"孰不曰龙潭一支为青原所出"。

其三,载于慧洪《重校五家宗派序》中所谓张商英在达观颖(即昙颖,宋代临济僧人)处获唐代符载的《天皇道悟碑》和丘素玄的《天王道悟碑》纯系"讹言"。因为昙颖寂于宋仁宗嘉祐四年(1059),张商英卒于宋徽宗宣和三年(1121),"相去六十三载"。根据净符估算,如果张商英寿命七十岁,昙颖去世时,张不过七岁;若张商英活八十岁,昙颖去世时,张不过十六七岁。按七岁计算,这种事情根本不可能;按十六岁算,张商英在这样的年纪正在读书求功名,无暇于佛学,更不会留心于宗门之事。即使按张商英本传,"年十九,应举人京道……初任主簿,见梵笑庄严,遽怫然欲作《无佛论》。后访同列,得《维摩经》。读之,始能信向佛乘。时年已二十有余矣。以二十有余之年,且不耐见梵笑之庄严,则其于佛门尚未生信。尚未生信,又讵有能注意宗乘,讨论门庭宗派之事哉!"[①]

净符断定了关于两个道悟的说法实属以讹传讹,而以此为根据的禅宗谱系之辨也毫无意义,可视为宗门意气或利益之争。这个考证,理据充分,基本上解决了清代临济与曹洞之争的关键问题。

第三节 清代临济、曹洞宗匠的禅学思想

清代的禅宗,在禅法或禅学思想上往往承袭唐宋祖师的传统,或综合诸家,或主禅教合一、禅净合一,或倡三教融合,各家禅学宗旨的界限也愈益模糊。无论是临济宗还是曹洞宗,都没有出现像唐宋时期那样有名的禅学思想家。当然,这只是就禅学作为一种相对独立的文化思潮而言,事实上,禅宗的思想传承及其影响并没有中断,禅宗的各个门派中都出现过比较著名的禅学大家。临济宗的玉琳通琇、破山海明,曹洞宗的为霖道霈、觉浪道盛等,他们的禅学思想各有其特色,在当时曾产生过较

[①]《续藏经》第 86 册,第 487 页中。

大的影响。

一、玉琳通琇的禅学思想

玉琳通琇(1614—1675)嗣法于磬山圆修。在禅法思想上,通琇继承了临济宗看话禅的传统。通琇早年曾参《石屋珙禅师语录》,因苦参不透,急得泪流如雨,夜不能眠。圆修用庞居士初见马祖的公案机语予以点拨:"庞居士初见马祖,便问:不与万法为侣者是谁?祖曰:待汝一口吸尽西江水,即为汝道。"通琇在圆修的偈语启发中"言下大彻"。① 后人在其《塔铭》中对此记载说:"西江一吸,辟面全体,布袋打失,凡情尽死……直入无见,烁破虚空。"②通琇的禅法思想,可见于《大觉普济能仁玉琳琇国师语录》,其中有他的《工夫说》、《客问》以及他与门人的机锋对答。

玉琳通琇因重视看话禅,所以对大慧宗杲、高峰原妙、中峰明本特别推崇。高峰原妙为南宋临济宗僧人,因疑"万法归一,一归何处"而做工夫。据《高峰原妙禅师语录》卷一记载:

> 忽于睡中,疑着"万法归一,一归何处"。自此疑情顿发,废寝忘餐,东西不辨,昼夜不分,开单展钵,屙屎放尿,至于一动一静,一语一默,总只是个"一归何处",更无丝毫异念,亦要起丝毫异念了不可得。正如钉钉胶粘,撼摇不动。虽在稠人广众中,如无一人相似。从朝至暮,从暮至朝,澄澄湛湛,卓卓巍巍,纯清绝点,一念万年,境寂人忘,如痴如兀。

原妙从"万法归一,一归何处"的话头参起,疑情顿发,废寝忘食,不辨东西,不辨昼夜,直到异念全无,人境俱忘。通琇对此非常推崇,他在上堂示众说法时,将原妙的这段经历进行了宣讲。他说:

> 峰后挂搭径山,忆着"万法归一,一归何处"话,疑情顿发,工夫

---

① 《续灯正统》卷三四,《续藏经》第84卷,第597页下。
② 《大觉普济能仁玉琳琇国师语录》卷首。

成片。直得东西不辨,寝食俱忘,从朝至暮,从暮至朝,澄澄湛湛,卓卓巍巍,纯清绝点,一念万年,境寂人忘,如痴如兀。①

通琇强调高峰原妙的这种因疑情而大彻大悟的参禅方式,他反对不做工夫的肤浅之见,对于参禅的"彻悟"有特别的要求:

> 彻悟本来正知正见者,道有不是有,道无不是无。道有也,纤尘不立;道无也,万象森罗。②

"彻悟"就是达到有无不二和有无双遣的境界,能够洞识人生的本来面目,符合诸佛的"正知正见"。这正是般若中观哲学的精髓。

在《客问》中,有人问到了"学道如何不蹉路"的问题,通琇作了七个方面的回答,集中反映出他对参话头的基本要求,也体现了他的禅法特色。以下作简要介绍。

(一)发心谛当。发心就是立志,立志参透生死大关。通琇认为,图做世间善人,读圣贤之书,做世圣贤之事,或遵行如来的权教法门,虽然有益无损,但不是"究竟出世无上妙道"。真正的无上妙道,只有"专为生死"之道方可达到。不求解决生死之道,则必趋于耳目知见,"务功能,慕豪放",非愚即狂,落于魔道,招致恶果,从而"一蹉永蹉"。

(二)工夫谛当。工夫源于发心,发"生死心"则成"大根器"。通琇认为,"一闻千悟"的人毕竟是少数,普通人应该从日积月累的慢工夫做起。他说:

> 须参一句话头,一日不透一日参,一月不透一月参,一年不透一年参,一生不透一生参,今生不透来生参。永无退失,永无改变,方谓之谛当工夫。

在通琇看来,只要"咬定青山不放松",参定一句话头,一切问题都可以迎刃而解,"不集善而自集,不断恶而自断,不持戒而自戒,不习定而自

---

① ②《大觉普济能仁玉琳琇国师语录》卷三。

定,不修慧而自慧,不课佛而自课,不诵经而即诵,不求生胜处而自生胜处,不求多善友而自多善友,本不求誉,亦莫可毁"。也就是说,一句"话头"就可以参透成佛的所有的问题,这是学佛求道最简捷、最方便的法门。

(三)悟处谛当。悟处是指对觉悟过程的要求。通琇说:

> 既颛为生死,纯一参究,必待工穷力极,时至理彰,命根断,本来面目现。不疑生死,不疑古今,不堕坑落堑,不强作主宰,不认识神,不陷空豁,不涉矫乱,不入邪师圈缋,不犯明眼料简。傥鱼目为珠,瞌睡当死,以卤莽承当为有力量,以硬差排为不疑,以粗放狂乱为大机大用,以颠预为透脱无余,竿头宜进而不进,言句应参而不参,不烦穿凿而穿凿,不可抹杀而抹杀,入门一蹉,异解杂陈。所谓可痛哭流涕,长太息者,非此类乎?

大彻大悟靠的是"工穷力极"的"纯一参究",要舍弃"生死"、断绝"命根",才有可能觉悟人生的"本来面目"。但通琇同时强调,学人一旦入门,应该百尺竿头,更进一步,做到"不疑"、"不堕"、"不强"、"不认"、"不陷"、"不涉",特别要不入邪师的圈套,否则就会以假乱真,前功尽弃,最后蹉跎一生,后悔莫及。

(四)师承谛当。师承是指学人对选择宗师的要求。通琇认为,宗师对于学禅的人至关重要,选错了宗师,将贻误一生。通琇主张,在学禅前,对真、假师傅要细心考察。世上的禅师真假难辨,鱼目混珠。如果实在找不到明师,"自了则可"。倘若"己见既偏,投人又谬,自方空豁,复向瞎棒瞎喝下似木合水,如空合空","盲引众盲",则是误人误己。

(五)末后谛当。末后即"末后一句",是对极妙境地、彻底大悟的描述。通琇认为,要达到最后的觉悟,当要注意似是而非的陷阱。他告诫说:

> 末后一句,始到牢关。灵龟负图,自取丧身之兆。不透末后牢

关,而言得大机大用;不透末后牢关,而言具本分草料,其不为粗恶狂徒者,鲜矣。不透此关,有正悟者,犹可为一时唱导之师。如无正悟,不知有此关者,其于古人参悟与悟后重疑,不移前作后,指悟为迷者,鲜矣。谤先圣,误后人,皆由不知向上一关,可不畏惧乎!自利不全,利人不足,皆由不透向上一关,可不惕厉乎!

中国古代有所谓"河出图,洛出书"的传说,通琇提到的"灵龟负图"即源于此。灵龟若隐若现,比喻"牢关"不易识破。《景德传灯录》卷一六上说:"末后一句,始到牢关,锁断要津,不通凡圣。"《无尽灯论》卷上说:"兹有向上出身一路,是谓之祖师不传一着,是故檗山曰:向上一路,千圣不传,学者弄形,如猿捉影。"通琇担心,看话禅在最后的关头是很容易误入歧途的,要真正能够参透"劳关"的人才能够指点迷津,否则,只能"指迷为悟",误导他人。

(六)修道谛当。这是对修行的补充性说明。通琇说:"虽发心谛当,工夫谛当,悟处谛当,师承谛当,末后透脱谛当,更须自己觉察,是顿悟顿修根器否?是果地善知识否?打成一片、速于香林否?不走作,过涌泉否?现业流识净尽否?事事无碍否?行解相应,名之为祖,试看先宗是何标格。"

(七)为人谛当。这是对传法宗师的人格要求。通琇认为,传法的宗师要给与学人以"实法",不参"死话头",要人"真参"、"实悟","达向上关捩";决不可骗人,"认妄为真"。如果没有高足,宁缺毋滥,不可图一时热闹,胡乱传嗣,让"邪法纵横",扰乱天下。①

通琇重视看话禅的真参实悟,要求他的门下做真功夫,显然是有感于明清以来禅门的弊端而发的。他对"学道如何不蹉路"问题的回答,既是对禅门古德精神的弘扬,也是对日趋衰颓的明清禅风的纠正,在当时无疑具有振聋发聩的作用。

---

① 参见雍正御制佛教大典《御选语录》卷一一《大觉普济能仁玉琳琇国师语录》。

在通琇的禅学理论中,还有关于士大夫"学道"的论述。有人向他提出士大夫是否可以学道的问题,通琇觉得很难回答,但他最终还是作了肯定。不过,这样的道,是"了生脱死,见性成佛之道",它"不可以有心得,不可以无心求"。通琇解释说:

> 不能忘身,不可以学道;不能忘心,不可以学道;不能忘世;不可以学道。名不能忘,不可以学道;利不能忘,不可以学;妻孥眷属不忘,不可以学道;家园事业不忘,不可以学道;知见不忘,不可以学道;记习不忘,不可以学道。喜有靠傍,不可以学道;贪易畏难,不可以学道。而士大夫果能如是乎?①

真正学道的人要做到"忘身"、"忘心",还要忘世、忘名、忘利,忘掉知见,忘掉家庭,忘掉喜怒哀乐、七情六欲,这对于那些汲汲于功名利禄的士大夫来说确实不易。但通琇又认为,士大夫多具"福慧",一旦发心将自己的聪明才智转向对内在本性的探求,努力向上,终究还是能够入"道"的。

通琇还强调,士大夫学道有三条捷径可走,即所谓的"具足三事"。何谓"三事"?通琇解释说:

> 一(者),知有三世。若不知有过、现、未来,则上者勉为圣贤而不高远,下者寻常修省尚未必能,况可与言出世之道?二者,知畏三世。知而不畏,与不知者相去无几。三者,知了三世。畏而不了,终被三世之所笼络。所言知者,灼见性灭论之谬。眼见耳闻,多过、现、未来之感应,不可不信。今生所处之顺逆,由于前生所为之善恶;今生所为之善恶,关乎后生所处之顺逆。②

可见,"三事"也就是"知有三世"、"知畏三世"、"知了三世",其理论根据是佛教因果报应说。虽然在理论上属于老调重弹,缺乏新意,但通

---

①②《揩黑豆集》卷六。

琇的目却不全在于此。作为一代"国师"的通琇,他还不能忘记对现实政治生活的回应,他强调佛教的三世报应,为士大夫指明了顺应现实的修禅之路,客观上有助于清朝的政治和社会稳定。正因如此,通琇能够得到清朝帝王的推崇,他的言论被雍正列入《御选语录》。雍正对他的评价是:"朕览玉林琇父子之书,阐扬宗乘之妙旨,实能利人济世。如杲日在空,迷云顿净;如清钟响夜,幻梦旋消。惠当来龙象于无穷,媲从上佛祖而不愧。"①

二、破山海明的禅学思想

明末清初,兴盛于江浙一带的禅宗逐渐影响到巴蜀地区,沉寂了数百年之久的禅学重新焕发生机,并波及贵州、云南等地,在一定程度上推动了川滇黔佛教的结构性变化。这一局面的开创者,始于密云圆悟的嗣法弟子破山海明。②

破山海明是四川顺庆府大竹县人,十九岁随佛恩寺大持律师出家后,遍访名师。他曾在湖北黄梅破头山研习禅法,效法元代高峰原妙修禅。还求教于憨山德清、无异元来、雪峤圆信、湛然圆澄、密云圆悟等禅师。这些经历,造成了海明禅法思想的丰富性和综合性。他在启悟参禅的教学实践上,既追随密云圆悟的棒喝风格,同时又融合看话禅,提倡禅、净、教的合一。

作为密云圆悟的嗣法弟子,破山海明推崇临济的棒喝禅风。他说:"万竹山中无剩言,拟开口处便还拳,连连打彻自家底,胜过诸家五味禅。"③"五味禅"是圭峰宗密的提法,指的是外道禅、凡夫禅、小乘禅、大乘禅、最上乘禅,宗密本人看重的是如来最上乘禅。而在海明看来,临济宗所传的棒喝最能打破学人的痴迷,比所有的禅法都要高明。海明的弟子

---

① 雍正御制佛教大典《御选语录》卷一一。
② 参见杜继文、魏道儒《中国禅宗通史》第591—597页。
③ 《破山明禅师语录》卷一四。

对其"棒风"曾有过记录：

> 凡师开法席处，众集如云，久参初进，绝不以词色稍为宽假，惟拈白棒，据令而行……复不问来机利钝，器量浅深，皆本分钳锤。若拟议而不能顿领，并倔强而妄为低昂，必以痛棒棒到底，直要逼得生蛇化龙。①

在禅宗的历史上，相传棒的使用，始于唐代的德山宣鉴和黄檗希运，喝的使用，始于临济义玄及马祖道一，因德山善用棒，临济善用喝，故有"德山棒，临济喝"之称。密云圆悟也善于使用棒，他曾说："老僧拈条白棒，问着便打，直叫一个人迥然独脱，无倚无依，者便是老僧的宗旨。"②海明继承的也是圆悟的棒风。他对于初来参禅的人，不管根基深浅，是否利钝，统统都吃"白棒"；如果学人"倔强"，必"痛棒"到底，直逼到"生蛇化龙"，彻悟本性。禅宗用棒喝的方式启悟学人，从唐代的德山宣鉴（780—865）开始，到破山海明（1597—1666），流传了近一千年。明清之际，禅僧遗民多避乱于深山老林、穷乡僻壤，为了维护僧众的安宁，禅师们往往缄默寡言，少呈机锋，棒喝禅在丛林中日趋衰歇。不过，到了民国时期，这种禅风又开始流行，台湾佛光山星云法师早年就接受过临济棒喝禅的熏陶。③

破山海明的禅风虽然有圆悟的特色，但并不拘泥师承，而是融贯诸家，将看话禅、净土宗和经教、戒律合为一体，体现了禅、净、教、律的综合。这在他的《学道四箴》中有明确的表述：

> 念佛一声，漱口三日。若不念佛，如水浸石。打鱼念经，经且是路。若不修行，如风过树。戒急乘缓，乘急戒缓。若不持犯，如鸡卜卵。一句话头，击涂毒鼓。若不因循，如猫捕鼠。

---

① 《破山明和尚行状》，见于《破山明禅师语录》。
② 天童圆悟：《辟妄救略说》卷一〇。
③ 参见符芝瑛《星云大师传》，第三章，北京，十月文艺出版社，2006。

这里强调了念佛、读经、持戒、参话头等四个方面的同等重要性,似乎缺一不可。至于四者之间的相互关系,破山海明提出了自己看法。

首先,对于参禅与念佛的关系,海明认为,它们属于两种并列的方便法门。

> 夫佛祖方便固多,要之不出两种,则禅、佛是也。信得参禅,及立志参禅;信得念佛,及立志念佛。虽顿、渐不同,出生死心一也。①

意思是说,一个人选择参禅,还是选择念佛,这是由他的信仰来决定的,虽然觉悟的快慢不同,但都是为了追求出离生死。从根本上说,二者都统于一"心",所谓"参禅念佛,本是一个道理。念佛,念此心也;参禅,参此心也"②。

需要指出的是,海明所指的参禅,主要是指参话头。他曾开示学人说:"初用心处,先体取'念佛的是谁',单在'谁'字上著力,岁久月深,筑着磕著,合得此个道理,始知'念佛一声,漱口三日'。"③提倡参究"念佛的是谁"始于明代的云栖袾宏。云栖袾宏虽然归宗净土,但对于华严宗和禅学的造诣都很深,而且主张诸家兼容。他在《普劝念佛往生净土》一文中说:"若人持律,律是佛制,正好念佛;若人看经,经是佛说,正好念佛;若人参禅,禅是佛心,正好念佛。"④海明的禅学思想虽然立足于禅宗,但与云栖袾宏有呼应的关系。他说的"念佛一声,漱口三日"是反对片面、刻意的念佛,但他又说"若不念佛,如水浸石",则是从正面肯定净土法门的价值。

海明在《学道四箴》中的"一句话头,击涂毒鼓"⑤,说的就是看话头的

---

① 《破山明禅师语录》卷六。
②③ 《破山明禅师语录》卷九。
④ 《云栖遗稿》卷二。
⑤ 涂毒鼓,又作毒鼓。《大般涅槃经》卷九:"譬如有人以杂毒药用涂大鼓,于众人中击,令发声,虽无心欲闻,闻之皆死。"原指《大般涅槃经》具有灭尽烦恼的大功力,这里引申为看话禅的作用巨大。

作用巨大。但是,正如他所说:"夫佛祖方便固多,要之不出两种,则禅、佛是也。"看话头也只能是一种方便法门,不能拘泥于陈说。他解释说:

> 若是一定有话头与人参,有实法与人参,则达摩初祖不知担几许话头来,迄今也是有尽。山僧每对学人言,遇境生疑,逢缘理会,甚是捷当,甚是至要。①

意思是说,"话头"毕竟是有限的,如果仅仅拘泥于公案中的话头,那是不懂话头的本质;实际上在任何时候、任何情景中都可以找到"话头"。所以,《学道四箴》中有"若不因循,如猫捕鼠"之说,讲的就是随处可以捕捉到引起疑问的材料,进而参悟佛法之"理"。

其次,对于参禅与经教的关系,海明认为,二者有深浅层次的区别。他说:

> 参禅学教二法门,有深有浅,然深者禅,浅者教。但形言语,即粗相分,皆教也。若达教之了义即禅,亦是如来禅,非祖师禅也。②

从传统意义上讲,佛教所谓的"教",指的是经典的思想、教义;所谓的"禅",则是"不立文字"的"教外别传",所以有"经是佛语,禅是佛意"之说。破山海明毕竟是禅门出身,他维护了禅的地位,认为"深者禅,浅者教"。但是,他又认为,一旦形诸言语,即使是文字禅,也都成了"教"。所以,他认定六祖以前的如来禅虽不立文字,却能"达教之了义",是"禅";而五家分灯禅看重文字,有着相的嫌疑,又变成了"教"。在这里,海明对经教的含义已经作了引申,读经似乎包括了佛教的所有经典,包括了中国禅宗僧人的论述。《学道四箴》中的"打鱼念经,经且是路。若不修行,如风过树"则指出了研究经论与参禅修行的双重互动关系。

再次,对于参禅与持戒的关系,海明将二者归结为"一心"。他说:

---

① 《破山明禅师语录》卷六。
② 《破山明禅师语录》卷一一。

> 佛说波罗提木叉,是名十重,四十八轻,此戒差等,大小乘是也。若论本,总归一心。一心不生,万法无咎。无戒不持,无心不一,此乃真圆大戒总持也。①

佛教有所谓十大重戒,四十八轻戒,这是大小乘都认可的。至于以"一心不生",则为一切戒律的基础,所谓"一心不生,万法无咎"。禅宗也以"心戒"作为禅戒的根本,只要做到"无心不一",自然是"无戒不持",也就达到了圆满的持戒标准。当然,持戒与参禅毕竟不是一回事,海明补充说:

> 修行戒为本,参禅悟为极,惟此二门,余则方便多门也。毕竟如何得入?驴拣干处尿,羊择湿处屙。②

修行需要戒律的约束,但目的与参禅一样,都在于获得开悟。至于如何获得开悟,那需要根据不同的情况而定,没有一成不变的章法。

《学道四箴》表现了破山海明禅学思想的特色,它对禅、净、教、律的全面重视和贯通,体现了清代禅宗思想的融合性特征,也体现了破山海明力图消除佛教诸宗隔阂、化解各家矛盾的努力。

三、为霖道霈的禅学思想

为霖道霈(1615—1688)是建宁建安(福建建瓯)人。俗姓丁,世代奉佛。他在十五岁出家后,最先接受的是净土宗的念佛法门。他曾请教闻谷广印何以"出生死路头","老人授以念佛毕竟成佛之说,遂谛信不疑"。明崇祯七年(1634),他往鼓山参见元贤,四年未有收获。乃至杭州"经历诸讲肆,凡五年,《法华》、《楞严》、《维摩》、《圆觉》、《起信》、《唯识》及台、贤、性、相大旨,无不贯通"。又参密云圆悟,问"山河大地与学人自己是同是别?"遭棒打,迷闷六月而豁然大彻。此后,再随元贤习禅,日夜参

---

① 《破山明禅师语录》卷一一。
② 《破山明禅师语录》卷一八。

究,偶因撞破石门而开解。元贤以曹洞宗旨开示,道霈答颂,皆泯然契合。① 清顺治十四年(1657),元贤任命他继任鼓山禅寺。由于为霖道霈的阅历丰富,广猎经教,他在法嗣上虽然以鼓山元贤的曹洞禅为正宗,但他的禅学思想却带有多样性和综合性的特色。

为霖道霈的禅学思想首先表现在他对净土宗和禅宗五家的包容态度。道霈在《普劝念佛文》中指出,"厌苦而欣乐"、"舍苦而取乐"是人之常情,他奉劝世人追求"西方之乐","忙里偷闲,每日念佛",待到"罪灭福增",必受三圣接引,往生净土。② 中国佛教有唯心净土和西方净土之说,西方净土即是极乐净土,是阿弥陀佛的世界;唯心净土则主张佛由心作,净土由心所变。道霈在《普劝念佛文》中提到了"西方之乐",当是西方极乐净土。但他在《示张在辉居士》中又提出"此去西方十亿,只在当人一念中,心净自然佛土净,弥陀何处不相逢"③,这里又兼顾了唯心净土的存在。道霈对西方净土和唯心净土不加严格区别,而且将二者常常当成并列的关系。他说:"尽十方世界,是个极乐国土,何处有五浊恶世?尽十方世界,是当人自己,何处有阿弥陀佛?"④

对于禅宗五家,为霖道霈有独特的看法。他总结过禅宗的历史发展,认为从初祖达摩来中国,提倡"直指人心,见性成佛",经过"六代传衣,五宗竞出,莫不用此道接人",而且"见性得道者,不可纪极"。他分析说:

> 如六祖问南岳:"什么处来?"岳云:"嵩山来。"祖云:"什么物恁么来?"青原思禅师群居论道,师唯默然。庞居士问石头:"不与万法为侣者,是甚么人?"石头以手掩其口,又问马祖,祖云:"待汝一口吸尽西江水,即向汝道。"僧问马祖:"如何是佛?"祖云:"即心是佛。"问云门,门云:"干屎橛。"又云:"麻三斤。"僧问赵州:"如何是祖师西来

---

① 《为霖道霈禅师还山录》卷四。
②③ 《为霖道霈禅师餐香录》卷二。
④ 引自忽滑谷快天《中国禅学思想史》,朱谦之译,第859页。

意?"州云:"庭前柏树子。"临济三问黄檗佛法的大意,三度赐棒。如上,皆是古人劈腹、剜心、觌面,提持两手分付,无奈后人不唧。闻说"柏树子",便向柏树子作活计;闻说"干屎橛",即向干屎橛上讨;闻说"即心是佛",便向心中作妄想,此所谓刻舟求剑,错过古人,孤负不少。①

上述故事在禅宗史上为众所周知,道霈将它们一一拈来,目的是在说明禅家五宗的大旨都不出"直指人心,见性成佛"的原则,反对后人的"刻舟求剑,错过古人"。对于参话头,道霈也有比较客观的看法和分析。他认为,看话头是"作工夫"的一种方法,目的是为了"一心在道,念念不肯放过",以求彻悟本性。他分析说:

> 直至宋朝,始有看话头作工夫之说。当时只教人提起个话头,看是什么道理。如大慧禅师,每教人看个"狗子无佛性"话,谓尽大地是个"无"字,正当无明烦恼现前时,一提起云"无",如百沸汤中搀一杓冷水相似,当下清凉去。提话头大约如是。后来尊宿又令人痛起疑情,以个疑情发起悟机。故云:不疑言句,是为大患,大疑大悟,小疑小悟,不疑不悟。如此作工夫得道者,亦不可胜数。至元始有作死工夫之说。雪岩、高峰诸大老自己既从死工夫上悟明,故每以死工夫示人。依之开悟得道者亦多。②

在道霈看来,参话头的内容和形式都是多样的,从宋代的大慧禅师提倡参个"无"字,到后来尊宿的"痛起疑情",再到元代的做"死工夫",都使得很多人开了悟,这些方法无所谓优劣好坏之分。道霈指出,这些参禅成功的人都"有一片真实为生死心",总结他们的成功经验,可以概括为"参禅无别诀,只要生死切"③。道霈以真实解决"生死问题"作为总结和评价禅宗历史和禅宗宗派的标准,是符合佛教的基本精神的,他能够

---

①②③《为霖道霈禅师还山录》卷二。

保持对禅门各派的中立和客观态度,这在清代的僧人中是不多的。

为霖道霈的禅学思想还表现在他对于佛教与儒家的调和态度。倡导儒佛的一致性和相通性,在佛教传入中国的早期就已经开始,而犹以宋代的契嵩最为系统和全面。清初的道霈仍然在做这一调和工作,可见佛教与儒家的矛盾一直是存在的。道霈从儒家和佛教的心性一致来立论:

> 蔚公居士曰:"周子主静,程朱主敬,此超凡作圣要诀。"云云。师曰:"静、敬,孔门妙谛也,宋儒拈出示人,极力发挥,最为亲切。即释氏入道之方,亦岂能外此?若更明得静、敬之本体,如伐树得根,灸病得穴,皆可应手而验矣。古云:'学佛始知儒。'此语岂欺人哉!但今初学佛法,且从一门深入,不必一一配合;若果于佛法深生正信,子细研穷,豁然贯通,则不独静、敬与佛法合,凡四书、五经中,无一句一字,不是佛法中第一义谛也。"①

宋儒周敦颐有"主静"说,二程、朱熹有"主敬"说,这两种理论与佛、道二教本来就与有很深的思想渊源,但是,二程和朱熹对此曾做过比较严格的儒佛之辨。道霈对此应该是清楚的,但他坚持认为,佛教的入门工夫与此并无不同,如果更为深入,懂得了静、敬的根本,就会豁然贯通,不仅明白静、敬之说与佛法相合,就是"四书"、"五经"中的一字一句,也无不契合佛法的"第一义谛"!这样的说法似乎有些夸张,因为儒家的《大学》中有所谓"三纲八目"、内圣外王之道,唐代的韩愈就曾以此为根据反对佛教的"外天下国家",认为佛教没有"外王"之道。道霈的解释是:

> 夫儒所谓"格物"者,格事物之物;"致知",致见闻觉知之知;"诚意",诚意根之意;"正心",正虚妄生灭之心;"修身",则修四大之身;

---

① 《云山法会录》卷一。

"齐家",则齐一己之家;"治国",则治一区之国;"平天下",则平率土之天下。此内圣外王之学,孔子治世,圣人化导人类,设教不得不然也。八者备而后为真儒,否则,优孟之衣冠而已。夫佛所谓"格物"者,格转物为己之物;"致知"者,致般若无知之知;"诚意"者,诚意识本空全体妙观察智之意;"正心"者,正本有常住之真心;"修身",则修幻身即法之身;"齐家",则齐三界之家;"治国",则治三千大千之国;"平天下",则平尽法界虚空界极十方三世微尘刹土之天下。此乃尽理尽性之学,释迦世出世大圣人,普接三根及最上乘大根器,设教广大精微如此!苟学佛而不能入此大法门,虽不滞于人天,亦必堕于小乘。若与儒较量,则佛教之浅浅,已为名教之深深。更兴窃前抛后之论而欲排之,是徒泥其迹而昧其本也。①

儒家的格致诚正修齐治平之学,是中国传统政治学说的基本理论,但在佛教看来,却有很大局限和不足。唐宋以来的许多佛教思想家对此曾有过很多的论述,但没有人像道霈这样,对《大学》的"三纲八目"进行如此详细的分析和对比。他的结论,同唐代的宗密一样,认为"佛教之浅浅,已为名教之深深",将佛教归结为"尽理尽性"之学,无所不包,"广大精微",超越了儒家。不过,为霖道霈没有在儒家和佛教的差异性方面走得更远,他在"佛教之浅浅,已为名教之深深"之后,马上又回到了儒佛一致论上来,认定儒佛之辨是"泥其迹而昧其本"的做法。

为霖道霈还以禅师的身份撰《至圣孔子赞》一文。他批评儒家学者的"孔子赞"都不到位,唯有子思的"孔子配天地而称为至圣"是准确的,但对宋儒程、朱等人将《中庸》中"仲尼祖述"一章分成两章极为不满,以为"文理隔断,迷乱后学"。道霈的赞文是:

> 仲尼"祖述尧舜,宪章文武",上律天时,下袭水土,辟(譬)如天地之无不持载,无不覆帱;辟如四时之错行,如日月之代明;万物并

---

① 《旅泊庵稿》卷四。

育而不相害,道并行而不相悖;小德川流,大德敦化,此天地之所以为大也。唯天下至圣,为能聪明睿知,足以有临也;宽裕温柔,足以有容也;发强刚毅,足以有执也;齐庄中正,足以有敬也;文理密察,足以有别也;溥博渊泉,而时出之,溥博如天,渊泉如渊,见而民莫不敬,言而民莫不信,行而民莫不说,是以声名洋溢乎中国,施及蛮貊,舟车所至,人力所通,天之所覆,地之所载,日月所照,霜露所坠,凡有血气者莫不尊亲,故曰"配天"。①

宋代的僧人智圆曾作《中庸子传》,契嵩曾作《原教》、《孝论》、《中庸解》等篇,极力提倡儒佛一致说。为霖道霈对儒佛关系的调和是对宋代以来儒佛一致说的进一步发展,但是,他以佛教徒的身份撰《至圣孔子赞》,像儒家学者一样,将孔子提到以德"配天"的高度,却绝无仅有,反映了明清以来佛教进一步深入儒家思想的内核。

四、觉浪道盛的禅学思想

觉浪道盛(1592—1659)是曹洞宗晦台元镜的嗣法弟子。由于晦台元镜只注重个人的隐修,在教内外的影响都不大。但觉浪道盛却久负盛名,特别是在士大夫中享有盛誉。从明万历四十七年(1619)起,觉浪道盛在江南各地弘禅四十余年,"天下之盛,莫若江南;江南之大善知识,莫若觉浪。和尚年未古稀,而闽、楚、吴、越、江淮以底旧京建业,展坐具者阅历五十余会,声名洋溢,无间华夷",②他被称为首屈一指江南"大善知识",受到道俗两界的高度追奉。

道盛的著作,有"佛祖儒老内外篇集百有余种"③,在禅学思想上具有混融儒佛道各家的特点。对于儒佛关系,道盛曾主张"真儒不比辟佛,真

---

① 《旅泊庵稿》卷四。
② 谭贞默:《觉浪和尚语录序》,见于《天界觉浪盛禅师全录》。
③ 马嘉植:《崇先语录序》,见于《天界觉浪盛禅师全录》。

佛不比非儒"①,他反对历史上特别是宋代儒家士大夫的排佛思想,也不赞成佛教徒以牙还牙,以佛教的观点非难儒家,这种看法在历史上是少见的。不过,道盛对此并没有详细的发挥,他只是在相关的著作和言论中贯通儒佛合一的主张。明清时代的士大夫称赞道盛"于世出世法,已透内圣外王,先佛后祖之微"②,"片言微旨,触类旁通,不特有益于禅,而且有益于儒",③有的甚至说,"若以儒说谈宗,上下千年,独我师一人而已"④。道盛将儒家的内圣外王之道运用于禅学的说教,这是他的语录和著作受到当时的儒家士大夫欣赏和赞扬的重要原因,不过,"以儒说谈宗"并非他的首创,唐宋以来的佛教僧人大多主张儒佛合一、三教一致,像北宋的契嵩,甚至有系统的"儒佛一贯"说,道盛并没有超过契嵩,这是需要说明的。

比较而言,觉浪道盛在禅学思想上的最大特色,是他对禅宗五宗学说的全面总结和全盘肯定。晚明以来,禅宗内部发生了临济与曹洞的派系之争,双方就传嗣问题争执不休,形同水火,这种内讧对双方都是一种伤害,也不利于禅宗的继续发展。徐芳曾说:"杖人于刀兵水火中求大伤心人,穷尽一切,超而随之,乃集大成,乃定宗旨。"⑤有鉴于此,道盛致力于为禅宗集大成,定宗旨,"吾佛祖之道,至于五宗,亦当有集大成者,故吾作《会祖规》,以追孔子集大成之意"⑥。《会祖规》发扬孔子"述而不作"的精神,融摄禅宗五家的禅学思想,肯定了禅宗五家的教法的合理性。⑦

---

①④ 刘宗谟:《传洞上正宗三十三世摄山栖霞觉浪大禅师塔铭并序》。
② 李长庚:《圆通语录序》。
③《天界觉浪盛禅师全录》,张贞生序。
⑤ 同上,徐芳序。
⑥《天界觉浪盛禅师全录》卷一九。
⑦ 除《会祖规》外,道盛还作《尊正规》。《天界觉浪盛禅师全录》载,"以佛菩萨及诸宗祖出世为人,种种经律论藏,净土、止观、忏法等,门庭设施,堂奥深微,始终本末,折入禅宗,为集佛祖大成,已无余蕴矣"。可见,《尊正规》肯定了禅宗是佛教精神的继承者,与《会祖规》一致。

道盛认为,禅宗作为佛教精神的承担者,它在总体上与佛教的各个方面都是不矛盾的,也与中国佛教的其他派别宗旨相通。他说:

> 予今不特以宗门会祖别作一统为大全,即经、律、论、观亦各有统为一大全也。如禅自有五家为统,经自有五教为统,律自有五部为统,论自有五摄为统,而吾经、律、论、禅、净而大统于佛者,正如诗、书、礼、易、春秋之大统于儒也。使经、律、论、禅、净各无统纪,则选圣诸堂所学何事,而诸堂又何足以成此大统于选圣场哉!①

就是说,佛教的经、律、论、观可以统合为一"大全",而经、律、论、禅、净又可以统合在佛教的"大统"中,正如诗、书、礼、易、春秋可以大统于儒家一样,成为儒家的"大全"。因此,禅宗虽然标榜"教外别传",但不能视为佛教以外的存在,它在基本精神上与传统佛教是一贯的。

尽管如此,禅宗在形式上与传统佛教相比,仍然有其相异之处。道盛用"四时"作比喻,表达了他的看法。他说:

> 经、律、论、观、禅,以一岁四时配之:经则勃然开发,春也;律则灿然敷陈,夏也;论则凛然精核,秋也;观则宴然清彻,冬也;禅则浑然通洽,如岁运无言,而四时行也。②

佛教的经、律、论、观就像一年四季的春、夏、秋、冬,禅宗则通贯其中,在无言的四季中运行不停。这不是说,禅宗要比佛教的经、律、论、观高明,而是说,禅宗统一于经、律、论、观之中,贯穿了它们的思想,是佛教的集大成者。道盛在这里显然对禅宗是推崇的。

道盛还认为,可以用同样的办法,来对禅宗的五家进行排列:

> 沩仰则如春之生育,临济则如夏之明露,云门则如秋之严峭,法眼则如冬之精纯,曹洞则如四季之统化也。③

---

①②③《天界觉浪盛禅师全录》卷二一。

众所周知,禅宗发展到明清时期,五家除临济、曹洞两家有明确的法嗣传承外,沩仰、法眼、云门三家均无法嗣可载,道盛并非不清楚,他将五家以四季相比,目的是为了说明禅宗五家的历史存在不容抹杀,更为重要的是,道盛将曹洞宗比喻为"如四季之统化",无疑是为了明确师承,抬高曹洞宗的地位。虽然他声称,"此亦拟其大概,有如此折摄耳,岂沩仰、临济、曹洞、云门、法眼之宗旨,有优劣同异乎!"五家的宗旨当然没有"同异",但道盛作为曹洞宗的传人,他难免不维护自身的宗仰。

最后,道盛对禅宗的法门作了全面的整理,称之为"六种纲宗"。他说:

> 予昔阅《五灯》,见从上佛祖始终之事,乃作《法印记》,有六种纲宗:一参悟,二印证,三师承,四法嗣,五家风,六付嘱。始终虽分为六,实统于一参悟也。①

道盛用参悟、印证、师承、法嗣、家风、付嘱等六事作为禅宗的六大纲目,并以参悟作为禅宗"六种纲宗"的核心,这在禅宗的历史上还是第一次,客观地说,这种归纳也是比较符合实际的,反映了清代禅宗的综合水平。

---

① 《天界觉浪盛禅师全录》卷二一。

第六章　清代净土宗

第一节　净宗三祖

清代的汉地佛教,以禅宗和净土宗为主。净土宗的主要宗旨是以修行者的念佛行业为内因,以弥陀的愿力为外因,教义简单,修行方法简便,宋明以来广泛流行,普及于一般社会大众,有所谓"家家弥陀佛,户户观世音"之说。宋明以后的禅宗与净土宗不断融合,律宗、天台宗、华严宗等佛教宗派也多兼修净土念佛法门,净土宗的影响日益扩大。清代雍正帝在对禅宗现状严厉抨击的同时,以云栖袾宏为范例,鼓吹三教一致和禅净合一,提倡念佛净土。其后,乾隆帝又大力扶植士大夫学佛运动,使念佛净土在社会上广为流行。

一、清代净土宗概况

在清代佛教中,宣扬净土念佛最为得力的,有行策、省庵、彻悟、瑞安、悟开、古昆等僧人。悟开(？—1830),字豁然,号水云道人,苏州木渎(今隶属于苏州吴中区)人,依祥峰文工师学而得度,次开法于荆南显亲寺,后归住于灵岩山宝藏庵,以净土为指归。道光五年(1825),著《念佛百问》一卷、《净业知津》一卷。《念佛百问》是略解有关念佛修行种种之疑问。首有"是心是佛,一心不乱"之说,就参禅与念佛之关系等解说。寻常讲者多以信、愿、行为净土之要领,若不起欣厌之心,则信愿行不得深切,又欣厌不认真,不免落于空谈,故必须生起真切之欣厌才可。其他多祖述云栖及实贤等之说。瑞安(？—1864)字悟和,京都人,幼年出家于弥勒院,后住红螺山,专修净土。魏源在京时曾从他问法,后应魏源请至高邮弘法,信者极众。仁和许息庵延住扬州藏经院,受院主观如所归敬。其后遍历南京、苏州、泰州、通州诸地,到处弘传净土。比丘尼续修,居士程兆鸾,郑学川等皆受其感化。古昆(？—1892)字玉峰,光绪四年(1878)住杭州弥陀寺。其弟子芳慧著有《净土承恩集》,照莹著有《净业痛策》,都继承他倡导净土。

清代居士修行念佛法门,著书宣扬净土者甚多,其中著名的有周克复、张公纬、俞行敏、周梦颜、章攀桂、彭绍升、彭希涑、周光、张师诚、真益愿、程兆鸾、郑学川、沈善登、杨文会等人。

周克复,号同道善人,撰述《净土晨钟》十卷。分原始、启信、劝修、念佛法门、功行法门、策进、饬终、正辩、了俗、持验十篇,援引《龙舒净土文》、《莲宗宝鉴》、《阿弥陀经疏钞》等,阐发净土信愿行之说。张公纬,无锡人,字次民,又号息庐承士。年五十余,奉云栖之教,日课佛名,兼观佛像而见灵相,以戒杀为第一义。著有《净土剩言》四卷。俞行敏,生平事迹不详,字惠公甫,又号宝莲道人,深赞《龙舒净土文》,总括其要旨为净土定式,更采取诸经及永明、普度、云栖等说,于康熙三年(1664)编述《净土全书》二卷。

彭希涑为彭绍升之侄,字乐园,又号兰台。年二十六为诸生。后因病发心诵《华严经》,日课佛名,求生净土,做《回向诗》十首以述其志。绍升重补云栖之《往生集》时,希涑与其妻顾氏专心从事编纂;因之,完成《净土圣贤录》九卷。《圣贤录》中分净土教主、阐教圣众、比丘、比丘尼、人王、王臣、居士、杂流、女人及物类之十科。涉猎自印度《无量寿经》以下诸经论，及历代高僧传等百余种书。集录印度以降，至清乾隆年间约五百名往生人物之事迹，集以往净土往生传之大成。

周光，字西莲，江宁人，至中年食长斋，日诵《金刚般若经》，又课佛号数万声，求生净土。每对友人提唱净土法门，尝重刻云栖之《阿弥陀经疏钞》，流布于江淮之间。又作《净土诗》百余首，嘉庆二十二年(1817)卒。

张师诚，字心友，别号兰渚，湖州归安(今浙江吴兴县)人，少年登科，后为江苏巡抚，见苏城之人多事杀业，屡出令戒之，于放生河严禁捕鱼，自长斋，潜心净土，号一西居士。嘉庆十九年(1814)撰《径中径又径》四卷，宣扬净土法门，又作《净土诗》数十首赞咏古德。《径中径又径》是抄录古德有关信愿行之语要，分起信法、立愿法、励行法三编。起信法下有醒迷、易行、疑悟、辨魔、证验之五门。立愿法下有决定、广度二门。励行法下有精持、兼观、断爱、饬终、助行之五门。多举事实，缕述要旨。

胡珽，事迹不详，道光之末，撰《净土圣贤录续编》四卷，续补彭希涑之《圣贤录》。立比丘、比丘尼、王臣、居士、杂流、女人、物类七科。记传清顺治以后，至道光末年往生者约一百六十人之事迹。其中援引《染香集》、《染香续集》、《莲藏》、《莲宗集要》、《往生近验录》等书。

咸丰之初有真益愿，耕塘人，夙研经典，每日课佛号。咸丰三年(1853)于坊间得《劝修净土切要》一卷，咸丰五年(1855)重刻之，此书未明何人之作，盖出于近代之人。劝人发心念佛，实心念佛，求生净土，正助双修等。

程兆鸾，法名净佛，海陵人，初学儒后归佛，于高邮亲炙瑞安，习净土法门，参加永清念佛社精修念佛。瑞安寂后，承命领众，改名智慧道场。净业之外，兼事放生。尝沥血书写大乘经三十二部。撰《莲修起信录》六卷，由《莲邦宝训》、《往生证信录》、《签方》及《厌尘杂著》四篇合成。《往生证信录》中略叙当时往生人及彼父母等事实。《签方》则以四十八愿作四十八谶，以示治病之方。《厌尘杂著》，收录诸表及偈诵等。

郑学川，字书海，又号尤西。扬州江都人，幼学儒，问法于红螺山瑞安,博通经典,尤精净土,太平天国起义后,悲方册藏经印版荡尽,同治五年(1866)与许云虚、杨文会及扬州观如法师等共发愿刻经,乃剃染,号妙空。即创扬州、苏州等五所刻经处,刻板印经书近三千卷。光绪六年(1880)五十五岁而殁。著有《莲邦消息》、《求生捷径》、《西方清净音》、《弥陀经论》、《华严念佛图》等。[1]

净土宗不像禅宗那样,有比较明确的"法统"传承。净土宗的历代祖师都是后人根据其弘扬净土的贡献推戴而来,并无前后的法嗣之说。有关净土宗的祖位排名说法不尽一致。按《莲宗九祖传略》,自东晋慧远于庐山东林寺创立莲社,作为莲宗(净土宗)的开始,由晋迄清,共有九祖一脉相承。他们是:初祖庐山东林慧远,二祖长安光明善导,三祖衡山般舟承远,四祖衡州云峰法照,五祖新定乌龙少康,六祖杭州永明延寿,七祖武林昭庆省常,八祖古杭云栖袾宏,九祖凤山梵天省庵。近代印光大师所撰的《莲宗十二祖赞》,以慧远、善导、承远、法照、少康、延寿、省常、袾宏、智旭、行策、实贤、际醒为莲宗十二祖,其中的前九祖和《莲宗九祖传略》大致相同。还有所谓净土"十三祖"之说,将清代的行策、省庵、彻悟、印光等人也列入其中,分别被推为净土宗的第十、十一、十二、十三代祖师。以下介绍在清代净土宗中影响最大的行策、省庵、彻悟三祖。

二、行策

行策(1628—1682),俗姓蒋,字截流。父亲名讳全昌,为宜兴老儒,与憨山大师为友。行策成人时,父母逝世,萌修道之志,二十三岁投武林理安寺箬庵通问出家。胁不至席,精修五年,契悟法源。通问圆寂后,行策住报恩寺,遇同参道友息庵瑛师,劝修净土法门。又与樵石法师同入净室,修法华三昧,宿慧顿然通达,穷彻法源。康熙二年(1663),结庵于

---

[1] 参见望月信亨《中国净土教理史》,释净海译,第349—372页,台北,正闻出版社,1991。

杭州法华山西溪河渚间,专修净业。康熙九年(1670),住虞山普仁院,倡兴莲社,信从者日众。又尝起精进念佛七,有时念佛七期长达三年。作《起一心精进念佛七期规式》甚为详明。不拣道俗,饶益众生,成就净业。行策居普仁院十二年,于康熙二十一年(1682)七月十九日示寂,时年五十五岁。近代印光法师推崇其为净土宗第十代祖师。

行策多承天台教义阐发净土思想,尤重视《观无量寿经》,认为《观经》"诸佛正遍知海,从心想生。众生心想佛时,是心即是三十二相、八十种好。是心作佛,是心是佛"。只此数语,便是念佛三昧秘要,并配合儒家性善性恶说阐发"心是"与"心作"思想。"心是"即性善、性恶、心具,"心作"即修善、修恶、心造,二者不可偏废。他引告子之言:"性犹湍水也,决诸东方则东流,决诸西方则西流。人性之无分于善不善也,犹水之无分于东西也。"①认为其言性,虽非儒宗中至义,却有类乎如来之契经。孔子也说过:"道二,仁与不仁而已矣。"这与"心是"、"心作"思想非常相近,所谓"心是"即不论善与不善,十法界本乎一心,性中自有染净种子。所谓"心作",率性中净种子而起现行,则为君子之道,谓之修善。率性中染种子而起现行,则为小人之道,谓之修恶。一阐提人,虽断修善,不断性善,若断性善,则终不成佛。诸佛圣人,但断修恶,不断性恶,若断性恶,则不能现秽恶世界,折伏众生。

若以告子的比喻而言,"所谓性者,即湿而就下,东流、西流者也。所谓修者,即决之东方,决之西方者也。"②修净业之人,"若其心,念念趣贪瞋痴,日深月甚,挽之不回,引之不出,发于身口,多与恶相应,则所谓决之东方,终为震旦国中人物。"③"若其心,念念厌离五欲,系想阿弥陀佛,愿乐亲近,如子忆母,不为业境之所牵,不为他歧之所惑,则所谓决之西方,定于极乐世界莲华化生,见佛受记。"所谓"见性成佛",在乎决之而

---

① 《名字说与金水若居士》,《净土警语》,《续藏经》第109册,第397页上。
② 同上书,第397页上一下。
③ 同上书,第397页下。

已。若能决之西方,而为西流之水,则必不入三途鼎沸之水,而圆合如来之性水,而究竟成八功德之圣水。

天台妙观也不出"心是""心作","作"、"是"一念,三观圆融。故《大集经》偈云:"若人但念弥陀佛,是名无上深妙禅。至心想象见佛时,即是不生不灭法。"具体而言,"作",即空、假观。"是",即中道观。若知"作"而不知"是",则堕在权小。知"是"而不知"作",必落魔外。全"是"而"作",全"作"而"是"。[①]

净土法门虽为超凡入圣之捷径,但此法门诚易诚难:说其易,则执持名号,修众福善,至心回向,即得往生。苟得往生,则横截五道,顿超三有,直阶不退。说其难,若娑婆事业,在在萦怀,一暴十寒,心不专笃。遇五欲时,如胶似漆。遭逢逆境,结怨衔恨。而欲命终,彼佛接引,又必不可得之数。

行策认为,净土法门为最胜独异法门,并非专摄"钝根劣器",文殊、普贤、马鸣、龙树,及此土智者、智觉,咸发愿往生,岂尽属钝根?世尊于宝积会上,劝父王净饭,并六万释种,皆生净土,岂尽是劣器?诽谤净土法门者"非愚即狂"。他特别重视《楞严经·势至圆通章》对于念佛法门的重要意义。认为念佛三昧有三种不同:念自佛,念他佛,念自他佛。念自佛者,摄归实报、寂光二种净土,只能竖入,不能横超;但被利根,不能普摄;又为诸圣所同,不显此门独异,非势至摄归本旨。而念他佛及念自他佛二种行人,归于同居净土,兼复横超方便、实报、寂光,正是势至所揭示的念佛法门。因为若念自佛,则与诸圣圆通是同。若念他佛,则与诸圣圆通是异。若念自他佛,则与诸圣圆通,同而复异。若先开圆顿解,了知生佛一如,心土不二,托彼依正,显我心性。既不迷性外有佛,亦不执彼土非心。此则开圆解处,与诸圣同。托他境处,与诸圣异。经文所谓

[①]《答顾兆祯居士》,《净土警语》,《续藏经》第109册,第395页上。

"不假方便,自得心开"①,与《观无量寿经》所谓的"胜异方便"相同。文殊菩萨于二十五圣中选择圆通法门,犹如国家用兵选将,或推作先锋,或压令殿后。殿后者为正选,余则各随常队而已。经文推作殿后者为观音、势至。暗选势至如同军中密令,不为人知。因弥陀法门诸根总摄、此土有缘、别益恶世,法末时不见佛众生,所以"暗选"。

对于禅净关系,行策继承永明延寿思想,认为禅、净二门,各宜专务,不必兼修。但彼此相非,深昧佛旨。参禅者,无论悟与未悟,但获往生,皆跻上品。若悟往生,藉极乐境缘,结习易断,三昧易修,可速成忍力,广度众生。未悟往生,亲近弥陀,易于见性,如永明所谓"但见阿弥陀,何愁不开悟"。修净者,虽五逆十恶,忏悔犹预下生。但须"不谤大乘",谤则不生,所以念佛谤禅者,如败种植乎腴壤。

行策之净土思想以具体落实修行为主。他强调信愿的重要,认为末世行人修持净业罕获灵验,是由于信愿不专:"苟无真信,虽念佛、持斋、放生、修福,只是世间善人,报生善处受乐。"②修行最重要的是要生起三种真信:第一,要信得心、佛、众生三无差别。第二,要信得我是理性佛、名字佛,弥陀是究竟佛,性虽无二,位乃天渊。若不专念彼佛,求生彼国,必至随业流转,受苦无量。第三,要信得众生是弥陀心内之众生,弥陀是众生心内之佛。心性无二,自然感应道交。"故今修行,别无要术,但于二六时中,加此三种真信,则一切行履,无烦改辙矣。"③

行策强调爱桩未拔,往生无望。如吃药治病,须有忌讳,"净土法门,药也;娑婆贪爱,忌也。"若服其药,而饱食其忌,则难保往生。譬如乘风扬帆之船,虽资具完备,去志坚决,倘若船头一桩,未肯拔却,被一条缆索系住,虽种种推排,无济于事。今时净业人,终日念佛,忏罪发愿,而爱桩未拔,情缆犹牢,则往生无望。所以他非常强调对娑婆世间的厌离。"情

---

① 《净土警语》,《续藏经》第109册,第399页上。
② 《劝发真信》,《净土警语》,《续藏经》第109册,第385页下。
③ 同上书,第386页上。

爱一分疏淡,则净业一分成熟","古人云:'爱不重,不生娑婆。'又云:'道念若同情念,则成佛多时。'"①

行策与诸多净土祖师一样,重视持名念佛,又主张持名与观像可以兼修:"苟能一心持名,往生可保。兼修妙观,则托品必高。"②并具体开示了修观的方法,以《观无量寿佛经》为依据,专观弥陀白毫一相:"弥陀毫相,自是我心本具。定中所现,亦是我心造出。是心作毫相,是心是毫相,不从他得,不向外来。如是了达,方名如法修观也。总之,能观观智为一心三观,所观毫相是一境三谛。"③若上品往生必须参究教理,净土法门虽三根普被,咸登不退,但见佛久近,闻法大小,证果、授记迟速,却天渊悬绝,《观经》九品详述了三品往生的差别:上品以解悟为本;中品以戒善为本;下品纯恶无善,惟临终遇善友,一念信心,灭罪往生。

行策强调"克期取证",从事例、罚例、疏文三个方面制定了佛七的仪轨④,对后世念佛法门影响很大。他认为念佛克期取证,贵在一心不乱,非必以快念、多念为胜。但不缓不急,密密持名,使心中佛号,历历分明。着衣吃饭,行住坐卧,一句洪名,绵密不断,犹如呼吸相似,既不散乱,亦不沉没。如是持名,可谓事上能一心精进。若能体究万法皆如,无有二相。所谓"生佛不二,自他不二,因果不二,依正不二,净秽不二,苦乐不二,欣厌不二,取舍不二,菩提烦恼不二,生死涅槃不二。是诸二法,皆同一相,一道清净。不用勉强差排,但自如实体究。体究之极,与自本心忽然契合。方知着衣吃饭,总是三昧。嬉笑怒骂,无非佛事。一心乱心,终成戏论。二六时中,觅毫发许异相不可得。虽则至心称念,亦同肆口诃骂。虽则精进修持,亦是梦中苦行。如是了达,方是真正学道人一心精

---

① 《示丁耕野居士》,《净土警语》,《续藏经》第109册,第395页上。
② 《观佛毫相法》,《净土警语》,《续藏经》第109册,第403页下。
③ 《观佛毫相法》,《续藏经》第109册,第403页上。
④ 《起一心精进念佛七期规式》,《续藏经》第109册,第404—409页。

进持名也。前一心似难而易,后一心似易而难。但能前一心者,往生可必。兼能后一心者,上品可阶。然此两种一心,皆是博地凡夫边事,凡有心者,皆可修学"①。

三、省庵

实贤(1686—1734),俗姓时,字思齐,号省庵,江苏常熟人。世代习儒。自少不茹荤,夙有出尘之志。父早丧,母张氏知其善根深厚,遂命出家。年七岁,礼清凉庵容选为师。二十四岁圆具于昭庆寺。严习毗尼,而胁不贴席者率以为常。寻入讲筵,明性相之学。二十八岁叩灵鹫和尚于崇福寺,参念佛者是谁,有省。曰:"吾梦觉矣"。因是机锋迅利,作辩纵横。灵鹫和尚欲付以衣拂,他谢而弗受。遂掩关于真寂寺,三年尽览藏经,开讲《法华经》,自此化缘日盛。晚持佛号,后诣阿育王寺瞻礼舍利,常以佛涅槃日,召集缁白,广修供养,开讲《遗教经》、《阿弥陀经》。著有《净土诗》、《西方发愿文注》、《劝发菩提心文》、《续往生传》等。后世推其为净土宗第十一代祖师。

省庵的净土思想多从实际修行入手,特别重视发菩提心,并对禅净关系、念佛法要、念佛规约等方面提出了颇有见地的看法。

1. 发菩提心

省庵非常强调发菩提心的重要性,认为"入道要门,发心为首。修行急务,立愿居先。愿立则众生可度,心发则佛道堪成。苟不发广大心,立坚固愿,则纵经尘劫,依然还在轮回,虽有修行,总是徒劳辛苦"②。《阿弥陀经》说"不可以少善根福德因缘得生彼国",多福莫若念佛名号,多善莫若发广大心,念佛本期作佛,大心不发,则虽念奚为? 大心一发,超过修行历劫。他认为菩提心是往生正因,念佛为往生助缘。因为:"盖念佛而

---

① 《起三年长期示众》,《净土警语》,《续藏经》第109册,第390页下。
② 《劝发菩提心文》,《省庵法师语录》,《续藏经》第109册,第592页上。

不发大菩提心,不与弥陀本愿相应,终不往生。""虽发菩提心,不专念佛,亦不往生。""故必以发菩提心为正因,念佛为助缘,而后期生净土,修净业者不可不知。"①

发起菩提心有十种因缘:一者念佛重恩故,二者念父母恩故,三者念师长恩故,四者念施主恩故,五者念众生恩故,六者念死生苦故,七者尊重己灵故,八者忏悔业障故,九者求生净土故,十者为念正法得久住故。

发心有邪正真伪大小偏圆八种。其中大小最为重要:"众生界尽,我愿方尽。菩提道成,我愿方成。如是发心,名之为大。观三界如牢狱,视生死如冤家。但期自度,不欲度人。如是发心,名之为小。"②"但期自利,是名小乘。普愿利他,方名大士。"③

在省庵看来,菩提心强调的是广度众生之愿。菩提,为能觉之智。不但专为自利,乃是普为十方无量世界一切众生,使其皆得一乘无上菩提之道。往生净土须发菩提心,说明净土法门不是小乘佛教。并引《法华经·信解品》说明此点:"迦叶等四大弟子白佛言,但念空无相无作,于菩萨法,游戏神通,净佛国土,成就众生,心不喜乐,故知净土法门,是菩萨所行,非小乘事。盖如来在小乘教中,不说有他方佛土,唯大乘方等经中,广谈十方佛国,而谆谆唯指归西方净土一门。故西域禀小乘教者,都不信有弥陀佛国往生之事,学大乘者,多修此法。今人反谓,净土是小乘法,大乘所不为,岂不大颠倒耶?"④

净宗往生西方之愿,总摄一切菩提誓愿:"求生西方,总摄一切菩提誓愿,及十方三世一切佛法,无有遗余。"⑤"言发愿则摄自利利他。"所谓自利即发往生之愿,利他即发往生后回入娑婆之愿。先期自利,故愿往

---

① 《西方发愿文注》,《续藏经》第108册,第413页下。
② 《劝发菩提心文》,《省庵法师语录》,《续藏经》第109册,第592页下。
③ 《西方愿文注》叙,《续藏经》第108册,第408页上。
④ 《劝修净土诗》,《省庵法师语录》卷上,《续藏经》第109册,第627页上。
⑤ 《西方发愿文注》,《续藏经》第108册,第412页上。

生。后愿利他,故须回入。发心虽在一时,行事则有先后。如果未能自度,则自身难保,安能度人,"故知不愿度生则已,愿则必求西方。不生西方则已,生则必须回入。"有人质疑净宗菩提大愿为虚妄,省庵做了回应:"谓虚愿无益,心真则事实,愿广则行深。虚空非大,心王为大。金刚非坚,愿力最坚。"佛陀之相好庄严也来自佛陀的大愿:"则安知未来三十二相,百福庄严,不从今日发心立愿而始也"①。

2. 唯心净土

禅宗悟达之士,虽有见地,不断惑业,"若生三界,一入胞胎,便成隔阴,毕世工夫,一朝唐丧。因为未证四果,便是凡夫,难免轮回。若能往生,亲近导师,一入圣阶,便登佛地"。所以"不悟则已,悟则求生西方,当愈急焉。如人得宝,须觅善地藏之,方得受用,否则终致散失,悟达往生,亦复如是"②。

《坛经》云:"东方人造罪念佛,求生西方。西方人造罪念佛,求生何国?"省庵认为这是六祖劝人修善,并非否定净土的存在,也不是说西方有造罪之人。不可以辞害意,执《坛经》排净土。他又引赵州禅师云:"念佛一声,漱口三日。"有人据此便说,不必念佛。省庵指出,这是"古人一时遣着之语,今人执之,作实法会"。他认为赵州所云"真实到家"之语,"若未到家,便成戏论"。

针对禅者认为往生西方"着相",他回应道:"无生毕竟有生在,离相依然住相中。"③因为理事本不可分离:即事显理,名为真空。拨事求理,名恶取空。所以诸佛菩萨未尝拨弃事修,单言理性。但近世聪明之士,闻心净土净,语以净土,便言着相。省庵认为若非法身大士、应化圣人,欲爱未除,业缘未断,不生西方,定在此土轮回。即便佛菩萨证得真空,也不能不生净土,因为空非断灭:"生本无生生四土,见犹离见见三身。"

---

① 《劝发菩提心文》,《省庵法师语录》卷上,《续藏经》第109册,第597页上。
② 《东海若解》,《续藏经》第109册,第587页上一下。
③ 《劝修净土诗》,《省庵法师语录》卷上,《续藏经》第109册,第626页上。

若以为往生西方为着相,正是错解了佛法的唯心之义:"今夫执空之人计五阴身中方寸妄心,谓是本来面目,与佛无二。而不知心体广大,含裹十方虚空世界,众生诸佛,一念遍收,不局在方寸内。"所以"不知心外无土,土外无心。但执唯心,不信净土。则心与土,划而为二"①。

3. 念佛规约

清代莲社盛行,省庵认为结社念佛,须有条章,约束身心,齐一彼此,相规相劝,无争人我,方能净业速成。因此作《净业堂规约》,详细制定念佛堂的各种规定,堪为典范。规定每日课程,十时念佛,九时作观,一时礼忏。黑白半月诵《菩萨戒本》,朔望日讽《梵网经》。并详细制定了僧人日常生活的各种行为规范②。

4. 念佛法要

省庵认为念佛往生除信、愿、行外,善友、经教、觉察之心,三者缺一不可。常人以为参禅固须明师,若无明师,须看经教。而念佛只贵深信力行,既能深信力行,则决定往生,何藉善友经教?省庵回应道:世间小技,尚不可无师,况念佛为出生死要门,若无善友经教,从何开发,谁为引导?《观经》下三品,皆是临终善友开发,故得往生。其上中品则不必言矣。若不因经教,何由而知净土法门,而生信向?上根之人《弥陀》一经足矣。中下根人,须遍阅净土诸书,备识信行愿三差别之相,才能生起信心。须知从凡至圣,由易至难,莫不以善友经教为根本。而觉察之心尤为最要,不可须臾暂离。若一念不觉,则一念颠倒,念念不觉,则念念颠倒。颠倒既起,魔事兴焉。毕世工夫,则一朝唐丧。所以净业行人不可生一念颠倒之心。③ 省庵又特别强调爱根不断净业难成,作《劝修净土诗》、《八苦诗》等,激发行人厌离娑婆欣求净土之心。

---

① 《劝修净土诗》,《省庵法师语录》卷上,《续藏经》第 109 册,第 626 页下。
② 详见《净业堂规约》,《省庵法师语录》卷上,《续藏经》第 109 册,第 621 页下—622 页下。
③ 《念佛着魔辩》,《省庵法师语录》卷上,《续藏经》第 109 册,第 617 页下—619 页上。

四、彻悟

彻悟禅师(1741—1810),法名际醒,字彻悟,一字讷堂,又号梦东,京东丰润县人(今河北丰润)。曾参禅有悟,为临济宗三十六世,磐山七世。后弃禅归净,认为"此一门,文殊、普贤等诸大菩萨,马鸣、龙树等诸大祖师,智者、永明、楚石、莲池等诸大善知识,皆悉归心。我何人斯,敢不归命"。并将以前的所有著述付之一炬,专修净业。他博学性相二宗,尤精三观十乘之旨,于禅净宗旨更深造其精奥。律己甚严,望人甚切。与众精修,莲风大扇,为当时"法门第一人"。晚年弘化于红螺山资福寺。① 清代悟开(? —1830)推其为中国净土宗第十一祖,民国印光(1861—1940)改推为十二祖。有《梦东禅师遗集》传世。印光将其收录于新增订的《净土十要》中,并极为推崇:"《彻悟语录》,洵为净宗最要开示,倘在蕅益老人前,决定选入《十要》。"②"《梦东遗集》此书词理精妙,为蕅益、省庵后之第一著作。"③"通皆词理周到,的为净宗指南。"④"其所发挥,实为近代所罕见。"⑤

彻悟佛学思想以心性论为核心,并贯穿其净土思想的方方面面。他认为从整个佛法的宗旨来看,无非显示唯心自性:"总佛一代时教,三藏十二部,半、满、权、实、偏、圆、顿、渐,种种法门,无非显示唯心自性,圆成无上妙觉而已。"⑥心性为佛法的宗旨,对佛法的修学更离不开"心性":"一切法门,以明心为要。一切行门,以净心为要。"⑦在谈到般若与净土两大法门之间关系时,曾说:"佛说种种般若门,无非显示此本源心性。

---

① 《彻悟禅师行略》,见于《净土十要》第 662—664 页,莆田,莆田广化寺,1992。
② 印光:《彻悟禅师语录序》,见于《净土十要》,第 590 页。
③ 《复郦隐叟书》,《印光法师文钞》卷上,第 118 页,北京,宗教文化出版社,2000。
④ 《复尤弘如居士书》,《印光法师文钞》卷上,第 122 页。
⑤ 《〈彻悟禅师念佛伽陀教义百偈〉小序》,《印光法师文钞》卷下,第 1374 页。
⑥ 《彻悟禅师语录》卷上,《续藏经》第 109 册,第 765 页下。
⑦ 同上书,第 752 页下。

佛说种种净土门,亦无非显示此本源心性。从本源心性,流出种种般若净土法门。而种种般若净土法门,皆悉指归本源心性。""所谓无不从此法界流,无不还归此法界也。"①

彻悟的心性论继承了宋明以来的中国佛教心性论传统,并围绕《观无量寿经》"是心是佛、是心作佛"来展开论述,"《观经》是心作佛、是心是佛二语,不唯是《观经》一经纲宗法要,实是释迦如来一代时教大法纲宗;不唯释迦一佛法藏纲宗,实是十方三世一切诸佛法藏纲宗。此宗既透,此法既明,何法不明?所谓学虽不多,可齐上贤也。"②

彻悟认为学人对佛法唯心义的理解存在种种偏颇,其中最为根本的是仅仅理解"万法唯心",而未理解"心唯万法",使唯心之意难成:"今人但知万法唯心,不知心唯万法。但知心外无佛,不知佛外无心。但知无量为一,不知一为无量。但知转山河大地归自己,不知转自己归山河大地。"然而,"既不知心唯万法,岂真知万法唯心?既不知佛外无心,岂真知心外无佛?""所谓一个圆球,劈作两半,离之则两伤,合之则双美也。"③因为"一切万法,既唯心现,全体唯心。心无彼此,心无分际。于十界万法,若依若正,假名实法,随拈一法,皆即心之全体,皆具心之大用,如心权遍,如心竖穷。以唯心义成,唯色唯声唯香唯味唯触唯法,乃至唯微尘,唯芥子,一切唯义俱成。一切唯义俱成,方成真唯心义。若一切唯义不成,但有唯心之虚名,而无唯心之实义。"④既然万法唯心,则随举一法,无非唯心,唯心若成,则必然心唯万法,正如《心经》由"色即空"必有"空即色"之义。

彻悟强调"万法唯心"与"心唯万法"的统一,其用意在会通唯心净土与西方净土,回应对净土信仰的质疑,使念佛往生建立在心性论的基础

---

① 《彻悟禅师语录》卷下,《续藏经》第109册,第773页上一下。
② 同上书,第762页上。
③ 同上书,第770页。
④ 同上书,第764页。

上。若仅仅理解"万法唯心"则必然曲解"唯心净土,自性弥陀"之义,而质疑念佛往生,倘若进一步理解"心唯万法",便会理解心必随缘,不随佛界,便随九界,"果明此理,而犹不念佛者,则吾末如之何也已矣。"① 彻悟从心与境的关系进一步展开论述:

> 一切境界,唯业所感,唯心所现。即其现处,当体即心。凡在有心,不能无境。不现佛境,便现九界之境。不现三乘之境,便现六凡之境。不现天人鬼畜之境,便现地狱境界。佛及三乘所现境界,虽有优降不同,要皆受享法乐而已。三界诸天所现之境,但唯受用禅定五欲之乐。人道之境,苦乐相间,各随其业,多少不同。鬼畜之境,苦多乐少。至于地狱,则纯一极苦。如人梦中所见山川人物,皆依梦心所现。若无梦心,必无梦境。设无梦境,亦无梦心。故知心外无境,境外无心。全境即心,全心即境。若于因中察果,当须观心。设于果处验因,当须观境。故曰:未有无心境,曾无无境心。果必从因,因必克果。苟真知此心境因果一如不二之理,而犹不念佛求生净土者,吾不信也。②

不仅"心外无境","全境即心";而且"境外无心","全心即境"。凡夫之心不能无境,不现佛境,便现九界之境,"一念净,即佛界缘起。一念染,即九界生因。凡动一念,即十界种子,可不珍重乎?"③ 只有心现佛境才为究竟解脱,若心现佛境,必心念佛境,因此佛不可不念。然而,佛数众多,为何单念阿弥陀佛,不念他佛? 彻悟认为,"此非人师意也。乃金口诚言,分明指示故。大乘显密诸经,同指归故。"从修行上看,初心之人必须专注一境,才易成就。而阿弥陀佛与此土众生有大因缘,"此土众生,无论僧俗男女老幼善恶之人,当其处极顺逆苦乐境缘之时,多必由中

---

① 《彻悟禅师语录》卷上,《续藏经》第109册,第613页。
② 同上书,第753页。
③ 同上书,第757页下—758上。

而发，冲口而出，念佛一声。然不念佛则已，凡念佛必念阿弥陀佛。此谁使之然，盖众生久蒙佛化，久受佛恩，与佛缘深故也。"往生西方也是末法时代最为契机之法："又《无量寿经》云：当来经道灭尽，我以愿力，特留此经，更住百年，广度含识。夫不留他经，而独留此经者，岂非以此法门，下手易而摄机普，入道稳而获益速耶。以是而知，其时愈后，此法愈当机矣。"[1]因此于诸佛之中要专念阿弥陀佛，于无量佛土中专求往生西方净土。

西方极乐世界与阿弥陀佛去此世界十分遥远[2]，何以念佛便能往生？彻悟从心具与心造两方面来说明，认为西方极乐世界与阿弥陀佛就在众生心中，"吾人现前一念心性，全真成妄，全妄即真。终日随缘，终日不变。横遍竖穷，当体无外。弥陀净土，总在其中。"此乃心具，是在理上说。"今以此念，念于西方阿弥陀佛，求生极乐净土。正当念时，西方依正，在我心中。而我此心，已在西方依正之内。如两镜交光，相含互照。此横遍十方之相也。若约竖穷三际，则念佛时，即见佛时，亦即成佛时。求生时，即往生时，亦即度生时。三际同时，更无前后。帝网珠光，难齐全体。"[3]这是在事上说，心念佛时则西方净土与阿弥陀佛便在心中，而我此心已在极乐世界与阿弥陀佛中，因此往生西方是往生到众生心中净土，念阿弥陀佛是念自己心中的阿弥陀佛。"两镜交光，相含互照"指众生心中的西方依正，与西方依正中的众生，由于众生的信愿行（自力）及弥陀的摄化（他力）相互呼应，方才往生西方。由有心具西方依正，才有心造西方依正，由有心造西方依正，方显心具西方依正。

"两镜交光，相含互照。"即所谓"感应道交"。由于佛与众生的心性平等，只是迷悟不同而已，"现前一念心性，本与佛同体。佛已久悟，而我

---

[1]《彻悟禅师语录》卷上，《续藏经》第109册，第768页上。
[2]《佛说阿弥陀经》云："尔时佛告长老舍利弗，从是西方过十万亿佛土，有世界名曰极乐，其土有佛号阿弥陀。"《大正藏》第12卷，第346页下。
[3]《彻悟禅师语录》卷上，《续藏经》第109册，第756页上。

犹迷。佛虽已悟,亦无所增。我虽犹迷,亦无所减。佛虽无增,以顺性故,受大法乐。我虽无减,以背性故,遭极重苦。"①"此心性,乃生佛平等共有,不偏属佛,亦不偏属众生。""若以心属弥陀,则众生乃弥陀心中之众生。若以心属众生,则弥陀乃众生心中之弥陀。以弥陀心中之众生,念众生心中之弥陀。岂众生心中之弥陀,不应弥陀心中之众生耶。"②"以我具佛之心,念我心具之佛。岂我心具之佛,而不应我具佛之心耶。"③"以是全佛之心,念全心之佛。实有自心果佛,全分威德神力,冥熏加被耳。"念佛必定见佛往生,因为生佛心性相通,能念的是即佛之因心,所念的是心中之果佛,因果交彻,才感应道交:"以吾即佛之因心,念吾即心之果佛。因果从来交彻,心佛法尔一如。而吾即心之果佛,无缘大慈,同体大悲,本自不可思议。"④

念佛往生,临终一念最为关键,因为众生在生死关头,唯有心力与业力在起作用,然"业由心造,业随心转。""心与佛合,即能转业。""吾人即今发心念佛,求生极乐。或观依正,或持名号,念念相续,观念之极,则心与佛合。合之又合,合之其极,则心能转业。而前境之娑婆,转为极乐。胎狱之来报,转为莲胞。便是乐邦自在人矣。"⑤临终往生,是在事上说。若从理上说,则西方净土唯心所现,"生而无生"。认为"'生则决定生,去则实不去'二语,上句说事,下句说理。"并强调理事并重:"然理事不可偏废,事是即理之事,谓生即不生,非直以生为生也。理是即事之理,谓不去而去,非直以不去为不去也。两句作一句看,则事理圆融,所谓合之则双美也。若两句作两句看,则事理分张,所谓离之则两伤也。"若不能做到理事圆融,彻悟承继莲池、蕅益的思想,认为"与其执去则实不去之理,不如执生则决定生之事为得"。因为"以执事昧理,犹不虚入品之功。若

---

① 《彻悟禅师语录》卷上,《续藏经》第109册,第766页下。
② 同上书,第761页上。
③ 同上书,第754页下。
④ 同上书,第772页上。
⑤ 同上书,第756页上。

执理废事，便不免落空之诮。以事有偕理之功，理无独立之能故也。"若"以有生为生，则堕常见。"若"以不去为不去，则堕断见。""断常虽同一邪见，而断见之过患深重，故不若执事之为得。"当然"总不如圆会二句为佳耳。"①

在修行上，彻悟禅师以"真为生死，发菩提心，以深信愿，持佛名号，十六字，为念佛法门一大纲宗"②。认为真为生死之心不发，一切开示，皆为戏论。不发菩提之心，外不能感通诸佛，内不能契合本性，上不能圆成佛道，下不能广利群生。修习净业，信贵于深，愿贵于切，信深愿切，则一切邪说莫能摇惑，即使达摩示现，释迦再来，授予其他妙法，也不放弃念佛法门。执持佛号，不可夹杂、间断，也不可求感应，应致力于一心不乱。执持佛号，念念相续，无杂无间，精进不已，渐入一心不乱，则圆成净业。若到一心不乱，仍精进不辍，将见开智慧，发辩才，得神通，成念佛三昧，种种瑞相现前。"一心不乱，乃净业之归宿，净土之大门。若未入此门，终非稳妥。"③

第二节 禅、台、贤、律与净土的合流

一、禅净合流

清代禅宗兼修净土者有道霈、济能、觉浪、成注、德峻、实定、了根等人，其中以道霈、济能、觉浪影响最大。德峻，字广闻，江苏苏州人，于城中妙隐庵出家，遍修诸方，承曹洞之禅旨，住杭州真寂寺，后卜居盘溪小灵隐，精修净业，造丈六弥陀像，重刻《净土或问》，导人念佛。乾隆二十八年（1763）圆寂。成注，江苏徐州铜山人，字杲彻，历参诸方，嗣法天童石吼彻公，乾隆十二年（1747）住苏州狮林寺，日日率众修

---

① 《彻悟禅师语录》卷上，《续藏经》第109册，第761页上—761页下。
② 同上书，第753页下。
③ 同上书，第770页上。

净业。居士问法,即曰:娑婆苦,何不从我去西方?乾隆三十四年(1769)年七十三圆寂。实定,松江(今上海市)人,字闻学,出家于天台万年寺,遍参诸方,发明心要,后主持天目山禅源寺,晚年住苏州文星阁提倡念佛法门,作净土诗一百零八首,乾隆四十二年(1777)归江阴香山寺,明年正月,六十七岁示寂。石雨,事迹不详,《角虎集》卷下,有湛然圆澄之法嗣佛日石雨方禅师,主张念佛有渐有顿,有顿中渐、渐中顿之说。了根,事迹不详,系磐山圆修之裔孙,住秀水县(浙江省嘉兴县)觉海寺,乾隆四十九年(1784)撰《阿弥陀经直解正行》一卷,主要以信愿行三,为得一心不乱之助。

为霖道霈是清初禅净双修的代表,常言"吾志在禅宗而行在净土"①。"虽主持宗门而实圆修净业。"②曾撰《发愿文》期生净土,康熙初年,于鼓山之别院,开莲社,结众专修净业。著作有《净土旨诀》、《续净生无生论》等,阐发禅净圆融之说。其思想主要继承永明延寿与天如惟则。认为部分禅宗信徒,参禅未能得旨,诋毁净土法门:"每执自性弥陀唯心净土之说,不信此净土法门,甚至广煽邪说,教坏人家男女,不惟自误亦复误他。"③其实参禅纵能开悟,若无始习气不断,来生不免堕落。念佛虽不开悟,而临终往生极乐,不再堕落轮回,往生见佛必然开悟。延寿禅师的"禅净四料简"便是针对此种流弊而发:"昔永明寿禅师作四料拣,以禅净二门抑扬诫劝,正为此辈耳,其意盖谓参禅者,纵得一念从缘顿悟,犹有无始习气,一生功行未能卒尽,若不求生净土亲觐诸佛,以自磨炼,久居娑婆则有阴境之患,故有十人九错路之诫。念佛者虽现生未能开悟而一生彼国即阶不退,一见弥陀即悟无生,故有万修万人去之劝。夫永明为法眼嫡孙,不专以本分事接人,而乃于净土一门晓晓若此,是岂无故而然耶?学者盍深思之。"后世禅者不达永明料简之旨,天如惟则又作《净土

---

① 《净土旨诀》序,《续藏经》第109册,第173页上。
② 《温陵圆行上座请示净土普说》,《净土旨诀》,《续藏经》第109册,第180页上一下。
③ 同上书,第180页下。

或问》,广引经论及祖师成言,阐发禅净圆融之旨,认为净土诸书不啻汗牛,求其婆心苦口示人无出《净土或问》,此书为净土指南、禅学金针①。

道霈禅师认为参禅念佛原非二法,前后迟速各随根器,并无定法,都是佛祖方便接引群生入道之蹊径。"参禅固有一棒一喝一语一机,直下顿悟者,亦有毕生不悟,二生三生始得悟者。""念佛往生虽是身后之事,而现生开悟者亦不少其人。"而且只要往生,开悟只是迟早的事,所以永明禅师说"但得见弥陀,何愁不开悟"。念佛能够开悟,说明净土法门并非如禅者所说的专接钝根之人,而是如天普盖,三根皆摄,龙树、马鸣、天亲、无著等地上菩萨,永明寿、慈受深、圆照本、中峰天如等宗门巨匠,无不发愿往生。②

佛陀于三乘教外别示一门净土,普接三根,其法门至简至易,难信难解,只有多善根多福德多因缘之人才能谛信此法门。起决定信、修真实行、发广大愿,为净土三资粮。念佛有理念、有事念,事念唯一心念去,务使字字分明、句句相续,盖不分明即是昏,不相续即是散。不昏不散,一句佛号历历现前,久之自然成就念佛三昧也。理念即达得现前能念之心,所念之佛,因缘合成本无所有,当体性空是念而无念也,虽然性空而能念之心,所念之佛,历历现前,是无念而念也。然念而无念空观也,无念而念假观也,空假不二法身现前是中道观也。如此念佛生净土必臻上品。③

济能,山阴(今浙江绍兴)人,号一鳌子,生卒年不详。十九岁出家,参圆澄于显圣寺,受戒于金粟密和尚,后至姑苏(苏州)北禅寺,谒汉月法藏而力参,当时三峰梵伊,瑞光项目,为两堂之首座,彼以亲炙深究,得入临济之堂奥。后遁迹庐山数年。又游历诸方,归隐姚江(浙江省余姚县南)之云顶山,乾隆三十五年(1770)撰《角虎集》二卷,鼓吹禅净双修之

---

① 《重刻天如禅师净土或问序》,《净土旨诀》,《续藏经》第109册,第186页上。
② 《答张确庵太史书》,《净土旨诀》,《续藏经》第109册,第186页下。
③ 《答龚岸斋居士净土八问》,《净土旨诀》,《续藏经》第109册,第177页上。

要。列举临济宗死心新禅师以下缁素十四人,曹洞宗真歇了禅师以下十六人,云门宗本觉真禅师以下九人,法眼及沩仰宗永明寿禅师以下九人,古今尊宿庐山远祖以下十一人之语要,主要是纂辑有关禅家诸师之净土说。"角虎"这题名是取自永明寿之"有禅有净土,犹如带角虎"之语;表明以禅净双修为其主旨。此书后来增补,收录济能之小传及语要数篇。

济能认为念佛与参禅在教理上是一致的。念佛是借西方之弥陀证本分之弥陀,借西方之净土证本分之净土。一旦证得本分净土弥陀,则十方世界,无一微尘所非我本分佛土本分弥陀。与禅宗"唯心净土、自性弥陀"无异。在修行上,也不可说参禅是直捷,念佛为迂曲。参禅在放下,念佛在全提。提放虽殊,功用则一。"善做工夫者,迂曲处皆直捷。不会做工夫者,直捷处亦成迂曲也。事在当人不必疑法门之优劣。"参禅之人若明心见性之后,无志于西方净土者,是住声闻之化城,终不克入如来之宝所矣。悟后,更能念佛,得生西方,其智慧、神通、性体、妙行与佛无异。到此地位,名为生如来家,同佛受用。① 所以禅宗五家祖师,如死心新、天如则、圆照本、慈受深、真歇了,无不发愿往生西方。

清末禅门重镇觉浪道盛,尝提六字公案,著《念佛直指图》等,多承莲池大师的思想,提倡禅净圆融:"以百丈禅师全提向上之正令,以明马祖即心即佛之宗旨,参合灵山、极乐二如来之直指人心见性成佛之秘要也。"②认为佛法之要,莫过于参禅念佛。而参禅虽为直指,但悟入者难。只有念佛才为真正的圆顿法门。古人虽指念佛为快捷方式,但未尽其善。道盛主要透过"一心不乱"来阐发念佛与参禅的一致,认为"人只有一心,既此一心,全提心佛。则一切妄念杂念,皆摄归于不乱之正念。无始业识种子,悉融化为独露之真心"。念佛就是自呼自醒,念念唤醒自家主人公,使常住真心,圆明净照。所以念佛"不别参公案,而话头自亲。

---

① 《云顶冰怀济能禅师》,《角虎集》卷上,《续藏经》第109册,第519页下。
② 《念佛直指图》,《角虎集》卷下,《续藏经》第109册,第544页下。

不细审戒律,而梵行自净。不修观法,而谛理自成。不持咒心,而神功自显。不分别名义,而旨趣自臻。不涉历阶梯,而地步自到。正以全提心佛,万法皈依。不假方便,自得顿超"①。道盛主张参究念佛,认为念佛之法,妙在全提:"当人本心自性,不可思议威力,使其念念愤烈,时时逼真,自然超越世间,以获自在殊胜。岂不与教外别传、不立文字之旨相参哉?"②

二、台净合流

天台宗受明末智旭的影响,欣求往生净土者很多,如道枢、具宗、成时等。其中,成时为智旭之门人,康熙七年(1668)印行《净土十要》,又自撰《观经初心三昧门》及《阿弥陀经行愿仪》。清代净土宗三位祖师都不同程度地受到天台教义的影响。又有明宏、明德。明宏号梅芳,杭州人,于绍兴河桥之弥陀庵剃发,次习天台之教观,坐禅苦行,后在天台万年寺阅藏,因而失明,从此一心念佛。雍正五年(1727)当实贤于梵天寺起念佛七期时,补招入社,期毕遂寂。明德,浙江海宁人,于梵天寺出家,实贤于梵天寺设业堂之时,彼在病床常念佛,及至病笃,乞贤开示,雍正七年(1729),于正念中而寂。其中彻悟的法孙达默为清代台净合流的代表人物。

达默,号慕莲学人,其生卒年、事迹不详,曾讲解《弥陀要解》十余座,于武昌宝通寺讲解成书为《弥陀要解便蒙钞》,后世讲《要解》者多依其说。道光二十九年(1849)著有《净土生无生论会集》。两部著述均为台净合流的名著,其思想多承蕅益、彻悟二位祖师。《净土生无生论会集》解释题目一科,完全汇集彻悟的观点,认为彻祖论著"尽采台宗之意"。其净土思想的主要贡献在于以天台教理诠释"唯心净土"的思想,颇有新

---

① 《念佛直指图》,《角虎集》卷下,《续藏经》第109册,第544页上。
② 《念佛以全提一心成净土说》,《角虎集》卷下,《续藏经》第109册,第548页下。

意,并从天台宗"六即佛"的立场诠释了净土宗的"一心不乱"。其唯心净土的思想集中体现在对智旭《弥陀要解》如下论述的诠释上:"一切庄严,皆导师愿行所成,种智所现。吾人净业所感,唯识所变。佛心生心,互为影质。奈何离此净土,别谈唯心净土,甘堕鼠即鸟空之诮也。"达默认为,所谓"鼠即鸟空之诮",即以第六识的攀缘妄心为净土:"世人不了即事之理,即土之心。离此不思议净土,别执缘影妄想。以为唯心净土,自性弥陀。"心非肉团,亦非缘影,乃即境之真心,为现前一念之心性。并与唯识四分说配合起来阐发此义:"一念具四分。一念,即见分。心,乃自证分。性,乃证自证分。十万亿土,即相分。四分不离一心,故曰不出。以心性本无外者,以心之真如性,竖穷横遍,本无内外故也。"并以铜镜为例说明:"谓此一念心性有四分,依正主伴乃相分,如镜中之影。一念乃见分,如镜光。心乃自证分,如镜面。性乃证自证分,如镜铜。"镜影、镜光、镜面都不能离开镜铜(心性)。①

西方净土唯心所现。就佛心而言:弥陀愿力所成、种智所现:"种智所现者,乃至果成一切种智所现,此明佛心所变相分庄严。"佛心所现净土唯有常寂光土一种。就众生心而言:净业所感,唯识所变。此明极乐世界为众生心所变相分庄严,按众生修持深浅分四种不同:"极乐四种净土,乃依自己本有之净心所感。谓增上善业,感同居净。即空观智,感方便净。妙假观智,感实报净。即中观智。感寂光净。"②"若依一念我执心,则现同居净土。依一念法执心,则现方便净土、实报净土,根据法执轻重、无明厚薄,方便分九人,实报四十二人。若依一念无执心,现寂光净土。"

佛之种智与生之唯识,不离现前一念心性。且佛心生心互为影质,佛心众生心,共变四土庄严,似一而不分,却是各人各庄严,然同业同相

---

① 《阿弥陀经要解便蒙钞》卷下,《续藏经》第91册,第982页。
② 《阿弥陀经要解便蒙钞》卷上,第902页下。

分，似难分。佛心所现之极乐庄严，为本质境，在众生心中，为独影境。众生心所现之极乐庄严，为本质境，在佛心内，为独影境。佛乃众生心内弥陀，名为自性弥陀。众生乃佛心内人民，唤作自性众生。佛之相分，为常寂光土；众生相分，为实报土、方便土、同居土。四土同在一处，重重交摄，不相妨碍，唯是一心。①

三、贤净合流

受明末四大师之一莲池大师的影响，清代华严学者都兼修念佛法门。其中以续法、彭际清、魏源为代表。

柏亭（1641—1728），名续法，为莲池五世法孙，平生慕庐山遗风，精修净业，其净土著述有《阿弥陀经略注》、《观无量寿经直指疏》、《势至圆通章疏》、《念佛异征记》、《乐邦净土咏》、《西资归戒仪》等。其思想主要承继莲池，以华严教理诠释净土教义，认为莲池大师的《弥陀疏钞》"体佛体经，顺机顺理，言言契乎本性，法法归乎自心。庐山七祖以来，弘扬净土一门，未有逾于斯作者也。"②其《阿弥陀经略注》便是随文摘录《疏钞》而成。《观无量寿经直指疏》也"遵贤首之宗承"而作。③

续法认为念佛法门，大小并收，利钝均摄，事理圆融，性相无碍，为见性成佛之妙法，在华严判教中属圆顿之教。化法五教为：一小教，二始教，三终教，四顿教，五圆教。判《观无量寿佛经》属终、顿、圆三教："是心作佛，终也。是心是佛，顿也。佛法界身，入一切众生心想中，圆也。"④化仪十门为：一本末差别门，二依本起末门，三摄末归本门，四本末无碍门，五随机不定门，六显密同时门，七一时顿演门，八寂寞无言门，九该通三际门，十重重无尽门。《阿弥陀经》为第一差别门中本法所摄，始终唯为

---

① 《阿弥陀经要解便蒙钞》卷上，第901页下—902页上。
② 《阿弥陀经略注》序，第713页下。
③ 《观无量寿经直指疏》序，第667页下。
④ 《观无量寿经直指疏》卷上，第669页。

一佛乘机,说念佛法圆顿教,所以兼通该通三际门与十重重无尽门。①

净土为圆顿之教,包含了华严四法界、五教、十玄门。净土念佛方法如称名念佛、观像念佛为事法界观,体现的是"心即佛",实相念佛为理法界观,体现"佛即心",观想念佛为事理无碍法界观,体现"心是佛"。《圆通》念佛境界,分四法界的不同层次:"有佛有心,净念相继,事法界也。无佛无心,不假方便,理法界也。念佛念心,入无生忍,事理无碍法界也。若佛若心,遍含无尽,事事无碍法界也。"②依华严判教,念佛境界也可分为五种:"念心外佛,小教也。念心内佛,始教也。念即心佛,终教也。念非心佛,顿教也。念普融佛,圆教也。"③念佛不仅含摄五教,且具足华严十玄门:"依正功德,念佛便周,同时具足相应门也。遍周诸法,不离念佛,广狭自在无碍门也。一根念佛,六根都摄,一多相容不同门也。念佛三昧,即一切法,诸法相即自在门也。正念佛时,余门不现,秘密隐显俱成门也。此念佛门,一切齐摄,微细相容安立门。五种念佛,互摄重重,因陀罗网境界门也。见念佛门,即见无尽,托事显法生解门也。前后念佛,不异当念,十世隔法异成门也。念佛一法,带无尽法,主伴圆明具德门也。"④

续法又将华严念佛与净土持名念佛做了会通,澄观分念佛为五种:"约能念心、不出五种。一缘想境界念佛门。二摄境唯心念佛门。三心境无碍念佛门。四心境俱泯念佛门。五重重无尽念佛门。"与华严五种念佛相近,净土持名念佛也可分五种:"一执持名号念佛门,心外有佛名相,小教,事法界观。二摄名归心念佛门,佛名唯心所现,始教,理法界观。三心名双融念佛门,即心即佛,终教。四心名俱泯念佛门,非心非佛,顿教,理事无碍观也。五重重无尽念佛门一念心,一佛名,遍含法界,

---

① 《阿弥陀经略注》,第715页上。
② 《念佛圆通章疏钞》,第119页,台北,一心圆有声出版有限公司。
③ 《念佛圆通章疏钞》,第118—119页。
④ 同上书,第119—120页。

缘起无尽,圆教,事事无碍观也。"①可见净土持名一法五教俱该,彻四法界,义理深广,与华严同为圆教。

彭绍升为清代华严大家,其净土思想多以华严义理阐发。自述"我读华严偈,信入净土门。"主要净土著作有《华严念佛三昧论》、《无量寿经起信论》、《观无量寿佛经约论》、《阿弥陀经约论》等。汪大绅评《华严念佛三昧论》:"此净土正因,华严正信也。"

华严法界,密义重重,念佛何能普摄?彭绍升认为:华严虽教指宏深,但入道初心,自有方便,入此一门,乃能遍彻无边法界。如《华严念佛三昧论》善财童子于普贤一毛孔中,过不可说不可说佛刹微尘数世界,尽未来劫,念念周遍无边刹海。念佛一门同样含摄无量法门。具体而言,念佛法门含摄华严法界三观:念佛法身即真空观,简妄情以显理。念佛功德即理事无碍观,融理事以显用。念佛名字即周遍含容观,摄事事以显元。又依澄观,念佛含摄华严四法界:一心念佛,不杂余业,即入事法界。心佛双泯,一真独脱,即入理法界。即心即佛,大用齐彰,即入理事无碍法界。非佛非心,神妙不测,即入事事无碍法界。所以一念佛门,无法不摄。所以《华严经》以毗卢为导,以极乐为归。既觐弥陀,则不离华藏。

《华严经》之所以以极乐世界为归,彭绍升认为"阿弥陀一名无量光,而毗卢遮那此翻光明遍照,同一体故,本无去来"。另毗卢报土,二乘凡夫无接引之分。而西方极乐九品分张,凡夫也可往生,一得往生,便横截生死。所以《起信论》说:初学佛法,住此娑婆世界,不能常值诸佛,容易退,若能往生西方则终不退转。

彭绍升认为《无量寿经》开篇劝进行人,三辈往生,俱云发菩提心,体现的是普贤行愿。结尾以不了佛智不思议智不可称智无等无伦最上胜智,纵修功德,还堕胎生,强调的是文殊智。说明必依文殊智,建普贤愿,回向往生,方有成就。而《华严经》,正当其教(文殊、普贤为华严二圣)。

---

① 《阿弥陀经略注》,第715页上。

《观无量寿经》说，上品上生者，必诵读大乘方等经典，大乘方等，以华严最尊第一。所以阐发念佛法门须以华严为基础。

净土法门与华严法门在修行上也非常一致：净土往生愿力尤为重要，往生净土大愿为重，华严一经特重发愿。强调华严大愿的重要性。《无量寿经》法藏菩萨发四十八大愿，《华严经》普贤菩萨十大行愿。彭绍升认为"心有广狭、愿有大小"唯称法界量而发心者，方能入于诸佛愿波罗蜜。如《华严经》普贤告善财言：欲成就如来功德门者，当修十种广大行愿，唯此十愿，是曰愿王。一切菩萨从此起行，直至成佛，然其间有一总持门，能使所愿速得成就，不离念无量寿佛求生西方。十大愿王最后导归极乐。《华严》普贤偈曰：愿我临命终时，尽除一切诸障碍，面见彼佛阿弥陀，即得往生安乐刹，我既往生彼刹已，现前成就此大愿，一切圆满尽无余，利乐一切众生界。"是知尽十方众生愿轮之胜，莫有过于往生安乐者。""无量寿佛，无上愿王。一切菩萨愿王，莫不以此为究竟故。"

彭绍升又从自他不二、性相不二、因果不二这三个方面来探讨净土与华严在教理上的一致：

第一，自他不二。诸佛法身，遍周沙界，全自全他，不相违碍。约化仪中现有主伴，如毗卢遮那为主，则十方诸佛为伴，乃至不可说不可说微尘数佛刹，无不是毗卢遮那法界。如无量寿为主，则十方诸佛为伴，乃至不可说不可说微尘数佛刹，无不是无量寿法界。所以无量寿佛即毗卢遮那佛。

第二，性相不二。据《起信论》，色心不二，法身遍一切处，没有分齐，有情无情，非一非异，真如界中无彼此故。华藏世界与极乐世界无非阿弥陀佛的法身。《华严经》云：器界尘毛形无形物，皆悉演出妙法言音，具足十方法界诸庄严具。《华严经》亦言："一一华中，一一光中，风声水声诸音乐声，若见若闻，无一物而非佛身，无一音而非佛法。"

第三，因果不二。《华严经》言法藏比丘方发愿已，空中赞言决定必成无上正觉。又言众生一念念佛，则是具足无上功德。当知因该果海，果彻因原,初发心时,即成正觉。以法性中因果不异故。若能如是信入净土法门。一刹那间,即已严净诸佛国土,即已具足无上功德,成佛度生。一时究竟。与法藏比丘无二无别。具如经说。真实不虚故。

清末魏源也从华严导入净土,将《大方广佛华严经》第四十卷《入不思议解脱境界普贤行愿品》列为净土根本经典,以成《净土四经》,认为《普贤行愿品》"为净土之归宿"。净土入门必须先次第修而后圆修。圆修莫圆于《普贤行愿品》。认为"尽法界为一心,故为念中之王。修净土而不读行愿品,则其教偏而不圆,故以殿四经之末"[①]。

四、律净合流

清代律宗兼修净土者有寂光、见月、文海、实圆等。寂光称为三昧律师,广陵(今江苏扬州)人,初习贤首之教观,受戒于古心如馨,专究律宗。见庐山东林寺之废圮而复兴之。建立戒规,精修净业,僧俗来集者很多,莲社一时颇盛。后又至金陵重兴宝华山(今江苏省句容市)为律宗道场,建梵宇二十余处,顺治二年(1645),六十六岁寂。读体是其法嗣,字见月,生于云南白鹿郡,年长不欲做官,就宝洪山亮如剃染,至润州,从寂光受具足戒,由此穷研诸律,后受寂光付嘱主持宝华山。修般舟三昧,不坐、不卧、不倚,九十日中昼夜壁立,不懈其行。缁素翕然皈依,又乞授戒者,数千人以上。康熙十八年(1679)年七十九示寂。文海,名福聚,浙江义乌人,迁居溧水,至金陵宝华山具戒,精研律部,承珍辉实永之后,董理宝华山第七世之席。雍正十二年(1734)召入北京,住持法源寺,乾隆二年(1737)辞还宝华,率众昼夜念佛,乾隆四年(1739),以八十岁高龄示寂。实圆,松江人,往宝华山受具足戒,后至金山,修般舟三昧满一百日,乾隆二十五年(1760)住常州天宁寺,于念

---

① 《普贤行愿品叙》,《魏源集》,第253页,北京,中华书局,1976。

佛堂励修净业,乾隆二十八年(1763)寂。①

第三节 清末净土信仰的特点

一、散心往生的争论

念佛是否要达到一心不乱方能往生是净土佛学的重要问题,清末出现了有关争论,其中以古昆、沈善登为代表,主张散心往生,而王耕心则主张念佛必须达到一心不乱方能往生有望。

古昆,江西广信(今江西苍梧县)人,字玉峰,又号恋西。十余岁投普宁寺出家。受具于天台国清寺。随众参禅,离究宗乘,一日闻钟声而有悟。后于咸丰五年(1855)于杭州崇福寺阅幽溪之《弥陀圆中钞》有感,遂严持戒律,一心念佛,誓生净土,自行化他,专修净业,僧俗之被化者甚多。同治以后,著有《莲宗必读》、《西方径路》、《净土自警录》、《净土神珠》、《西方行仪》、《念佛开心颂》、《净土随学》、《净土必求》、《念佛要诀》、《阿弥陀佛礼想仪》等书。又重刊《弥陀圆中钞》、《净土十要》等,努力于净土之高扬。光绪十五年(1889)应浙江省明州西方寺之请而移住该寺,光绪十八年(1892)七月示寂。著书多集录古人之语要,主要以信愿持名为净业之关键。

古昆多次自述修习净业,难证一心不乱,而颇为困惑,"昆每揣障重,要仗一心不乱,方得往生,今生决定不能。"②"信也信极,愿也愿极,行也尽力,深愧妄想,究竟难息。"③"持名经七七,未曾见感应,皆由宿业重,使我心无定,念佛多散乱,哀哉真大病。"④但非常庆幸的是念佛往生不必要达到一心不乱:"幸读《弥陀要解》,至解五浊之文,而得死尽偷心,专持名

---

① 参见《中国净土教理史》,第354—355页。
② 《七期发愿》,《净土随学》卷下,《续藏经》第109册,第971页上。
③ 《满七自庆述怀告众》,《净土必求》卷下,《续藏经》第109册,第995页上。
④ 《解七忏愿偈》,《净土随学》卷上,《续藏经》第109册,第946页上。

号。欲共有缘,同死偷心。故将所幸,而述偈云:持名容易死心难,幸把弥陀要解看,欲想一生离五浊,非凭此行必徒然。"①

古昆一再强调念佛不论解与不解、散与不散。往生的关键不在念佛是否开悟,是否一心不乱,而在于信愿是否深切。"彻悟禅师云:净土一门,最初省求悟门,末后不待发慧。不须怀业,不断烦恼。至极省要,至极径捷。及其证入,至极广大,至极究竟。"②"纵未到一心不乱,信愿必然坚固,往生决定可期,不过品位暂低而已。故《要解》云:得生与否,全由信愿之有无。品位高下,全由持名之深浅。"③未能一心不乱之所以能往生在于临终之时信愿深切,蒙佛外力加被,暂得一心不乱,而乘佛愿力往生净土。古人往生者虽多,但并非现生就证得念佛三昧:"古人念佛,往生甚多。先得三昧,而后往生,能有几位?实为信深愿切,临终仗佛力冥加,暂得一心不乱,而往生者多。"所以"《普贤菩萨行愿品》云:愿我临欲命终时,尽除一切诸障碍,面见彼佛阿弥陀,即得往生安乐刹。"因为,"若先得三昧,何用愿临欲命终,无诸障碍?"④古昆认为《观无量寿经》中的临终十念必生净土,就说明往生者并不需要一定现生达到一心不乱:"赖有弥陀愿力,九品齐收,临终苦逼,心中不能念佛,口称十声,亦得往生。"而《法华经》云:"若人散乱心,入于塔庙中,一称南无佛,皆已成佛道。"十称一称,功德尚尔,况终身受持读诵。所以蕅益大师曰:"每见学者,未识方隅,靡惭滥吹。或云念佛,散心无益。或云念佛,须一心不乱。或云念佛,须参究是谁。诘其信愿,毫无所知,可悲也夫。如意珠王,遇此等人,而成瓦砾。以此故述信愿持名历九品说,行者宜勤览之。"古昆认为蕅益所说的"品位高下由持名之深浅",说明往生的品位高下取决于持名的深浅,并非要先得一心不乱才能往生。"灵峰云:得生与否,全由信愿之有

---

① 《读要解幸死尽偷心》,《净土必求》卷下,《续藏经》第109册,第988页上。
② 《念佛开心颂》,《净土随学》卷上,《续藏经》第109册,第949页下。
③ 《称名自慰》,《净土随学》卷上,《续藏经》第109册,第955页下。
④ 《满七自庆述怀告众》,《净土必求》卷上,《续藏经》第109册,第994页下。

无。品位高下,全由持名之深浅。此亦不说,先得一心不乱,成就三昧,方能往生。"古昆认为若得一心不乱能上品上生:"唯先得一心成三昧者,可往上品上生耳。""《秘藏指南》云:深信切愿念佛,而念佛时心多散乱者,即是下品下生。此语真是阿伽陀药,万病总持。令我垢重心乱无救之人,得知念佛不用怕妄想,只要信深愿切,必定往生。末法亿亿人修行,罕一得道,唯依念佛,皆可度脱,此之谓也。"①当末法时代,现生证得一心不乱非常困难:"当知今时之人,垢心日炽,先得一心不乱,成就三昧,岂易言哉?我但求一不改变之志,亦千难矣万难矣。"古昆自己也是力求下品往生的"愿我速脱轮回,早登下品(因念佛时,心多散乱故)。"②"我从此,不管妄想多少,只顾持名每日几万,愿早生下品。"

"心内之乱,犹可称佛,犹可往生。"所以念佛之人最忌之事就是信愿不够深切:"念佛之人,将往生时,最怕心怀疑惑,自生退屈。谓我等生死凡夫,罪障深重,岂能一世便得往生?"《观经》十恶之人都能往生,所以净业行人一定要坚定信念:"十恶五逆,临终苦逼,教称十念,即生彼国。此岂非一生成就之明证乎?十恶五逆,乃极大恶人,尚能一生成就,何况小恶,何况无恶,何况一生念佛之人,岂不决定往生?"③

古昆认为念佛不求一心,而自然一心。所谓"口称佛,心必清"。音声不绝是因,一心不乱是果。因行若真,果必成就,自然而然,所谓形直则影端,声和则响顺。"可惜今时人,佛尚不肯常称,于句句中,有销尘融滞之功德亦不知,便先想一心不乱,岂非鸟无翼而欲飞,树无根而欲茂?"莲宗初祖《念佛三昧序》云:"夫玄音之扣,尘累每销,滞情融朗,非天下之至妙,其孰能与于此。"妙叶禅师说:"能运身口之念,毋论其散,但不间

---

① 《满七自庆述怀告众》,《净土必求》卷上,《续藏经》第 109 册,第 994 页上一下。
② 《九品观章颂》,《净土随学》卷上,《续藏经》第 109 册,937 下。
③ 《往生要关》,《净土随学》卷下,《续藏经》第 109 册,第 982 页上。

断,自能一心。亦可即名一心。"①

沈善登与古昆为友,赞同古昆的散心往生之说,并广引经典论证此说。他以《无量寿经》的思想为基础,认为散心往生有四种明确的经文为证明②:一、《佛前发愿章》。叙述弥陀接引众生往生正因,自始至终,不过曰善、曰恶、曰至心、曰发愿、曰系念、曰十念、曰诸功德、曰众德本、曰菩萨行。详略互见,并无散心一心之分。二、《三辈往生章》。阐述三辈往生,其中一向专念,发菩提心,三辈皆同。只是由于"修诸功德","多少修善","假使不能",而判为品位不同。三、《劝进往生章》。所述的往生方法不过为善择善作善积善,再以念力愿力贯摄之。四、《五善五恶章》。略述五戒十善,并念佛回向,而为往生净因,也未谈到一心不乱,而所说的"一心制意者",仍不过一向专念之谓。

对于《佛说阿弥陀经》中的"一心不乱"梵文的意思,心念专一而不杂乱之意,故什师译作一心不乱。唐译为"系念不乱",不作一心,可见此之一心,仍不过《无量寿经》,一向专念之谓。六朝写本,原以一心不乱专持名号为一句,也在重视一心专持名号而不乱。一心念佛而不杂乱,临终之时受佛力加被,往生之时正念分明。至于理一心与事一心之说,为明代莲池大师首创,其极力主张一心不乱,是为了回应当时的狂禅对净土的轻视。

与古昆不同,清末居士王耕心则强调念佛三昧的重要性。王耕心,生卒年不详,河北正定人。居士之父梅叔公,曾亲近扬州省一,深熟红螺宗旨,尝校定魏源会集之《阿弥陀经》。少承家学,儒佛皆通,长于文字,于佛法"沈潜研索,几三十年",潜心研究,精于修持。于光绪年间作《摩诃阿弥陀经衷论》。是论凡分六篇,遍考《无量寿经》诸译而成,于论中诠释此会集本经文之来处,可谓用心良苦。他提出净宗六要。所谓六要,

---

① 《称名自慰》,《净土随学》卷下,《续藏经》第109册,第955页上。
② 《往生正因定论》,《报恩论》卷正上,《续藏经》第110册,第533页下—535页上。

即权戒、实戒、权定、实定、权慧、实慧。具体而言：权戒，唯持具戒，不能进修三福也。实戒，则既持具戒，复进修三福。权定，唯能终身念佛，未证一心不乱。实定，则闭关专念，现证一心不乱，内则伏除见思二惑，外则面见阿弥陀佛依正庄严，及十方诸佛也。权慧，深通净宗信解行证诸说，不为世谛所摇夺也。实慧，则闭关专念，已获实定，又精进专念不已，更见真如本性，径发一切智慧。

此六要虽具载于佛经之中，六要之中，以实定与实慧最为重要，王耕心称之为念佛三昧的两种次第，实定为根本三昧，实慧为究竟三昧。实定为《佛说阿弥陀经》、《般舟经》所陈。实慧为《文殊般若》、《大般若经》所陈，但古来净宗大德皆未强调。数千百年来推阐无人，几成绝学。元明以来，净宗诸师，虽尝上考古经，而不能下征今验，故对此皆无所发明，只有省一、澍庵二师现证三昧。王耕心认为先哲（包括莲池、蕅益等净宗祖师在内）对念佛三昧的看法存在十种错误，不可不纠正："一七日刻期之误。二不坐不睡之误。三高声念佛之误。四事持理持之误。五参究念佛之误。六集众念佛之误。七执著观想之误。八执著事忏之误。九因陋就简之误。十避难趋易之误也。"①

王耕心认为发愿往生与念佛三昧为净宗正因。果能念佛至一心不乱，则往生有把握，否则虽获往生，终非净宗之究竟。对散心念佛提出了批判："散念之法，则无论在家出家，皆当如法修习。乃可渐收一心之效，如不能念兹在兹，往生实未敢必。"②对于传统的十念往生之法，也提出了质疑：十念虽出佛经，但唯修十念辄能往生者，实未尝亲见。散念与十念之所以难保往生，其根本原因在于末法众生业力太重，非现证念佛三昧难抵业力。若期念佛三昧，除定散二课外，特别重视闭关专念，"修净业者，如惟依定散二课念佛，以冀徼幸往生。则专念之法，不足持赠。如有

---

① 《摩诃阿弥陀经衷论》，《续藏经》第 23 册，第 604 页上。
② 《摩诃阿弥陀经衷论》卷一，《续藏经》第 23 册，第 587 页上。

志向上,必欲真修实证二种三昧,具握往生见性之符,则闭关专念之法,固有不可不亟讲者。"①

耕心对古昆的散心念佛思想直接作了批判:近有讲师古昆,未达先佛净宗权实二义,及闭关专念现证三昧之法,唯以终身念佛不倦为宗。其学说当然有其价值,能对畏难之徒生起信心,但也有很多流弊,具体说,有五种流弊:一适阻上智进修之地,二适开中下退惰之缘,三上违古经,四下负今验,五未达净宗之大全,转为禅教两宗所深鄙。乘除功过,终非第一了义也。②

二、净土宗的入世性

清代净土修行人重视社会慈善事业。嘉庆、道光年间,彭绍升、张师诚等以结社行善、戒杀放生倡导乡里。彭绍升曾出资银万两,以其利息收入兴建佛寺,刊行佛教经论,创立"近取堂"救济贫民,组织"恤孤会"帮助孤寡。张师诚为官清廉至极,任上屡颁公文戒杀,还禁止在放生河里捕鱼。彭绍升也组织了放生会。至于像吕蔚若那样以乐善好施为本分,不求回报,随缘自然地去做的净土教徒,仅据《净土圣贤录》不胜枚举。③

清末居士沈善登著有《报恩论》,其中特别阐发了净土宗的这一入世思想。他认为提倡净土法门,最为关键之处在于强调不坏世法而行佛法。"欲提倡净宗,莫要于不坏世法,不谈元妙。三经具在,诸方明眼,当共鉴诸。"④佛法无非世法,佛无非人,世法佛法不可分割。也正因为净宗不废世法而行佛法,所以若想佛法昌盛,必然提倡净宗:"是故欲望法运之转机,莫要于提倡净宗。"因为佛教所行之法,无非饮食男女伦常日用

---

① 《摩诃阿弥陀经衷论》卷一,《续藏经》第23册,第597页下。
② 同上书,第591页下。
③ 参见陈兵、邓子美《二十世纪中国佛教》,第320页,北京,民族出版社,2001。
④ 《报恩论》卷首,《续藏经》第110册,第500页下。

等种种世法也。而佛则如是若干众中之一人也。所说之法,如是若干法中之一法也。使佛意必离如是若干众所行之法,而后行我法,其为偏小极已,废而不行久矣。何待三武之暴,诸儒之谤,使依教奉行者,必抑黜世法,而后为护持佛法。则其必不能护持亦决矣。

善登援引隋都那崛多所译的《大集贤护经》,其中载有阿弥陀佛的说法:"尔时阿弥陀佛语是菩萨言:若人发心求生此者,常当系心正念相续阿弥陀佛,便得生也。(中略)阿弥陀如来告彼人言:诸善男子,汝当正念,精勤修习,发广大心,必生此也。(中略)阿弥陀佛复告彼言:诸善男子,若汝今欲正念佛者,当如是念。今者阿弥陀如来,具有如是三十二相,八十随形好,身色光明,坐师子座,沙门众中,说如斯法。其所说者,谓一切法本来不坏,亦无坏者。如不坏色,乃至不坏识等诸阴故。又如不坏地,乃至不坏风等诸大故。又不坏色,乃至不坏触等诸入故。又不坏梵,乃至不坏一切世主等(中略)。"①善登认为阿弥陀佛说法,唯见此经,而所说之法,如"系心正念相续"、"精勤修习"、"发广大心"等,与《无量寿经》"一向专念,万行回向"之意一致。经中强调不坏梵者不废诸天业休咎祲祥等,不坏一切世主者,不废十方国土,王法人情等,正体现了大乘佛法的"立处即真"、"当下即是"的精神。与《法华经》"是法住法位,世间相常住"的思想一致。如此证明"净土法门,但说事修,不说理性,极平极实,正是极圆极妙,而不许说圆说妙。若必离平实而说圆妙,则早不圆妙矣。"②

正因为净土法门至极圆妙,于平实中显圆妙,所以净土经典不谈玄理,而专谈有为事相,"色身即法身,妄念即正觉,全体大用,具足现成。诸大乘经,广谈理性,莫要于此。净土诸经不然,功德庄严,不外根尘,且但说事,不说理。但说修,不说性。所以者何? 种种言说,皆是名相有对

---

① 《报恩论》卷首,《续藏经》第110册,第497页下。
② 同上书,498页下。

待法。"①其他经典则往往侧重破世间有为相,显示真如理性:"诸经法门,外除名遣相。遣除之极,于无可遣除,显真如。净土法门,一味建立名相,建立之极,至于无可建立,当体真如。"真如理性的遣除名相,目的在于体现净土之妙用:诸经遣除名相正为建立净土,如斗斛量米,必倾尽米粒,方显全量,若不尔者,空知其量,而不量米。同无斗斛,非中道第一义空矣。②

净土法门专谈事相,正体现了佛法的"真俗不二"、"圆融无碍",而禅宗等其他宗派对净土宗的批判正是由于未能完整把握"真俗不二"的精神。世间法出世法理无二致,不可打作两截,善登认为禅宗等对净土的质疑便是未能达到世间与出世间的圆融。认为"净土法门一切圆融,故世法决定不废"③;"其所谓修,不外有为事相。且广谈世谛,归重人伦日用。前后反复,至二千余言,直令行者即世间法,成出世法"④。

净土法门是本着阿弥陀佛所发四十八大愿而成立的,而"四十八愿,皆不外人情物理,谛审自明"⑤。"不废世法,乃真佛法。大本经劝修五大善,二千余言,悉是世法。今以三条约之:一重伦纪,如家门雍睦,一无间言,可逐日记之,如承事亲长,躬执劳役侍疾居丧,竭诚尽力,及料理亲族、戚友、医药、婚丧等大事,乃至消释嫌疑,规过劝善等,均逐事记之。二畏王法。如劝息诤讼,遵完国课等,亦逐事记之。三勤生业。如安分营生,终日不闲宕,不偷懒,可逐日记之。"⑥

善登认为一切佛经皆是秘密说此法门,《无量寿经》则显说此法门。释迦牟尼独留此经,人道一日不坏,此经典也一日不坏。之所以能令行人即世间而修出世间法,善登认为其核心之处即是一句佛号,摄一切世间法为佛法:

净土法门,以一佛名,贯摄众善。使称念者,时时处处,如忆慈

---

①②《报恩论》卷正上,《续藏经》第110册,526页下。
③⑥《报恩论》卷正下,《续藏经》第110册,567页下。
④ 同上书,第561页。
⑤《报恩论》卷首,《续藏经》第110册,第514页上。

母,如对严师,如质帝天,如临君上。则恶念起时,自能降化。善念起时,自能扩充。此正弥陀善巧方便,令众生心,不离佛法,以行世法。自然不坏世法,而证佛法。是以弥陀本愿度生之力,虽历兆载永劫之久,能感众生发愿往生,众生发愿往生之力,虽隔十万亿刹之遥,能感弥陀本愿来度。缘法法之本一,故愿愿之皆如。①

因为净土修行不碍世法,"是故念弥陀,不碍家务纷。念佛愈纯熟,作务愈精勤。游荡败家子,诃斥在经文。佛法通世法,本来无可分。"②甚至认为在家修行胜于出家:"是故念弥陀,在家胜出家。"③

---

① 《报恩论》卷五上,《续藏经》第110册,第533页上。
② 《报恩论》卷五下,《续藏经》第110册,第560页上。
③ 同上书,第559页下。

第七章　清代律宗

清代律学由于上承明代诸宗"中兴"的遗绪,因此自身也得到一定程度的发展,律学与律宗都展示出一种崭新的气象,从南宋后就一直沉寂不振的南山律学也得到了弘扬。传承南山律宗的宝华山隆昌寺,由于得到清初康熙、雍正和乾隆三帝的尊崇,在清初即名声大振,其后经过诸代僧众的努力,宝华山即事实上成为中国佛教律宗的中心。在律学研习、法脉传承和传戒放戒诸方面都对中国近代佛教和律学发展产生了很大的影响。

第一节　清代律学的复兴

清代佛教虽然仍是以教、律、禅三门相分,但由于各宗的融合日益增加,诸宗学理互有交融,事实上造成了教门只有"教""律"相分的现象。清初康熙年间,纪荫编纂的《宗统编年》即以答问的方式说当时的佛教是"有讲有律,今皆并行",不过即便如此,"教""律"两门也事实上常常混为一体,造成了"宗统不明,年历无征"的现象。[①]

[①] 纪荫:《宗统编年·别问》,《续藏经》第86册,第71页上。

清代佛教兴盛的仍然是禅宗,与之相比,律宗则相对为弱。在持戒的观念和行为上,禅律之间的分歧仍然一直存在着,并且相当明显。正如戒显所批评的:"习禅者呵木叉为秕糠,而恣意莽荡;缚律者视参究如水火,而执相终身。大同法中,割裂殆尽。"①这种现象必然影响到律宗的发展,在清代书玉律师笺记的《毗尼日用切要香乳记》前,海宁杨雍建题序中说:"宇内说教说禅,亦如稻麻竹苇,究之毗尼一宗,捷于影响。"②这种现象也可从清代上半叶形成的一些灯录中看出。尤其是自明代嘉靖以来,不开戒坛③,这对此一历史阶段的佛教及其律学都造成了严重影响。像汉月法藏十五岁时即出家,但到二十九岁时才在云栖处受沙弥戒,直到古心在灵谷寺开戒坛后,法藏才得以正式受具足戒。事实上,直到读体之时,临安昭庆寺、仙林寺、姑苏开元寺等重要戒坛,都是律席荒芜。④

清代律宗出现一定程度的复兴,这不仅是因为佛教自身发展的需要,同时也由于清初政府的提倡与支持。清初诸帝对戒坛、律学和律宗都是比较重视的。也正是得益于清初诸帝的重视和提倡,清初律学的复兴才形成一定气势,并大致形成了四个颇有特色的中心。

第一个是传统上南山律学就极为兴盛的江南吴越地区,这以金陵附近的宝华山和杭州的大昭庆律寺为代表。康熙和乾隆两帝多次亲临宝华山和大昭庆律寺,不仅赐物赐诗,还对寺院律僧进行褒扬。第二个是以北京的法源寺为代表的京师地区。自从雍正皇帝诏宝华山福聚律师赴北京法源寺,并住锡于该寺放皇戒之后,唐宋以来历史上一直流行于南方的律宗思想和研习传统随即传播并扎根于北方。第三个即是山西省五台山地区。由于历史的影响、佛教的传承和清代的佛教政策,五台

---

① 《沙弥律仪毗尼日用合参》"序言",《续藏经》第 60 册,第 334 页上。
② 参见《毗尼日用切要香乳记》"序",《续藏经》第 60 册,第 162 页上。
③ 参见《慨古录》,《续藏经》第 65 册,第 369 页上。
④ 《宝华山志》卷六《敕建宝华山隆昌寺戒坛铭》,杜洁祥主编,《中国佛寺史志汇刊》第 1 辑,第 225 页。

山地区的佛教在明清时代十分繁荣。此地戒坛的授戒活动对整个中国佛教和律学都有着重要的影响,吸引着当时中国各地的僧众律师来此参学。南北高僧、律家硕学多游学观礼于此。如紫柏真可、憨山德清都曾寻礼五台山。德清在明神宗万历元年(1573)游五台山时,因慕憨山之神秀而取名为憨山。莲池袾宏也于万历年间两次寻礼五台山。宝华山的著名律师古心如馨、见月读体等也都曾于五台山大受启发。第四个则是广东鼎湖山,以弘赞为最重要的代表。他在这里研律传戒,使之一度成为岭南重要的律学中心。①

另外,明末清初一段时间,云南地区律学研习也很有特色,在传承南山律学方面取得了一定的成绩,其主要代表有无住律师和善行非相。无住律师(1591—1663),号洪如,俗姓邓,曾经赴金陵寻请藏经,后于云南水目山弘传律学,并于当地建宝华寺,主要著作有《苍山集》和《南灯续焰》等。善行非相(1604—1690)律师,先从鸡足山德周出家,又从学于无住律师传承律宗,时有"授龙戒于洱河,导幽魂于榆郡"之说,著有《非相语录》等。②

清朝初期,政府对佛教的支持客观上也促进了律学的发展和律师队伍的形成与稳定。清初以降,出现了一些著名的律师和律学著作。在《新续高僧传》"明律篇"中,记清代律师正传者四十八人,附见者有十六人,可见此时律师为数不少。清代律师主要是以宝华山的师传为代表,其传承法系是:古心如馨、三昧寂光、香雪戒润、见月读体、宜洁书玉、定庵德基、文海福聚等,以此师传为代表的宝华山成为中国律学的杰出代表,他们促进了清代律学的发展。

清代没有严格意义上的律学著作翻译。整体上说,清代的义学僧人

---

① 顺治十四年(1657),弘赞成在广州传戒,当时有各县的尼众来求受具。弘赞即立二部僧,各满十人,与授大戒。但弘赞说,其后十人难得,弘赞也以五人为其授戒。参见《比丘尼受戒录》,《续藏经》第60册,第708页下。
② 王海涛:《云南佛教史》,第279页,昆明,云南美术出版社,2001。

著述主要是对以净土诸经、《金刚经》、《心经》、《法华经》、《华严经》和《梵网经》以及菩萨戒等经典解读及注疏或再注疏为代表的。在《大正藏》中收入清代僧人和学者的著作共八种,其中与律学和僧众仪轨类相关的有工布查布译的《药师七佛供养仪轨如意王经》一卷、阿旺扎什补译的《修药师仪轨布坛法》一卷。在《清史稿》志一二二《艺文三》中收清代佛教撰述六十一种,其中无一与戒律或律宗相涉。在《续藏经》中,收有撰、述、记、汇类著作等共有三百余种,其中与戒律、菩萨戒、律学相关的著作约有三十余种。

由于南宋金元时期的战乱,加之禅宗修行方式在一定程度上的影响,明代中期,谙律者已经不多,律宗已经不昌。迄于明末清初,唐宋诸家的律学著作数千卷也均已散失,唯存道宣的《四分律删补随机羯磨》一卷。① 这不仅使明清时律学的发展受到严重影响,造成了律学思想的苍白,也使诸多仪式规程不传,学律者难以为继,传戒者不知章法。甚至有的律学揭要之作,"大都目不见律,而袭取他书"②。僧团及律门内部也因不知古德之旨和律学坛法之古风,造成了"律学荒芜、渐成浅陋"的现象。③ 也正是由于明末一些高僧和律师没有见到唐宋两代的律学典籍,因此,尽管有以明末四大高僧等为代表的僧人对律仪建设付出了极大的努力,但在律宗的发展、律学的研习等方面仍然起色不大。要么是"谈经者多,弘律者鲜"④,要么是"为师不谙律典,妄授人戒,相踵讹风,以为正轨"⑤。虽然有蕅益大师考大乘、览律藏,学宗《四分律》,并著有《梵网经疏》和《毗尼事义集要》等著作以弘扬戒律,但当时也没有受到人们的重视。直到宝华山见月读体律师及其后学专门弘扬律学,律学才随之重振于江南丛林古刹。读体律学著述甚丰,其著名的《传戒正范》从明末至清

---

① 参见弘一法师《律学要略》,《弘一大师全集》第1册,第196页上。
② 元贤《律学发轫》序,《续藏经》第60册,第553页上。
③ 《沙弥律仪毗尼日用合参》序言,《续藏经》第60册,第334页上。
④ 《清凉山志》卷三《如馨律师传》,第86页,北京,中国书店,1989。
⑤ 弘赞《四分戒本如释》凡例,《续藏经》第40册,第193页中。

末,佛门传戒多赖此书。不过,虽然读体学宗南山,以弘律为旨,但其学与南山律学"颇有不同之处"。①

从明末开始,律师们更为重视的是对僧众日常行为规范和威仪的建设。诸宗僧人也尽力搜沉博钓,以期创造一些实用的典章规范以为急用。这就造成了明清两代"毗尼日用"的异常兴盛。最早有明代被性祇称为宣城主师所集的《苦海浮囊》以及性祇述的《毗尼日用录》等。此两者增补稍有差别。至于清代,则出现了几种重要的"日用规范",如:读体的《毗尼止持会集》十六卷、《毗尼日用切要》一卷、《传戒正范》四卷、《毗尼作持续释》十五卷,德基的《毗尼关要》十六卷、《毗尼关要事义》一卷,戒显修订、济岳汇笺的《沙弥律仪毗尼日用合参》三卷,书玉的《毗尼日用切要香乳记》笺释本二卷、《羯磨仪式》二卷、《沙弥律仪要略述义》(科释)二卷(原为云栖寺祩宏辑),弘赞的《沙门日用》二卷、《归戒要集》三卷、《八关斋法》一卷、《比丘受戒录》、《比丘尼受戒录》,寂暹的《瑜伽焰口注集纂要仪轨》二卷等。

上述日用威仪规范大都属于两个系统,一是明代云栖祩宏的《沙弥要略》,一是明代性祇的《毗尼日用录》。如,戒显订阅、济岳汇笺的《沙弥律仪毗尼日用合参》是对祩宏辑集的《沙弥律仪》、《毗尼日用》的再次整理。读体的《毗尼日用切要》和书玉的《毗尼日用切要香乳记》是对性祇著的《毗尼日用录》一卷的重新整理。这些律学著作已经没有了唐宋律师的理论创见,而大都是对元明两代律家和他宗僧人辑录的律学戒条的汇编、注释或重新科录,贯穿其中的精神是更为重视僧众日常行为的仪式和仪规,严格说来,它们并不是严格意义上律宗或律学理论著作。

除了律师撰述的著作,明末至清代还有其他宗师的戒律学著作。其主要者如:(1)福州鼓山的永觉元贤(1578—1657)著的《四分戒本

---

① 《律学要略》,《弘一大师全集》第1册,第196页下,福州,福建人民出版社,1992。

约义》四卷、《律学发轨》三卷。(2)灵隐寺晦山戒显(1610—1672),根据云栖袾宏辑所集的沙弥律仪而整理成的《沙弥律仪毗尼日用合参》三卷。(3)仪润的《百丈清规证义记》十卷。(4)智旭集、仪润和陈熙愿增订的《在家律要广集》三卷。(5)汉月法藏撰集、超远检录的《传授三坛弘戒法仪》一卷。(6)净挺的《阅经十二种》之《梵网戒光》一卷,等等。

清代的律学研究与唐宋时期的著疏繁荣、理论争鸣相比,已经少却了内在的理论建树。所以,此阶段与其说是作为宗派的律宗的复兴,不如说是佛教内部重在对佛教戒律和仪轨规范的重振。在最根本上,清代律学著作没有了唐宋律师所关注的律宗思想的义理问题,甚至对唐宋诸家律疏的引用也不多,其最大特点是不断地对汇集进行注释。如《沙弥律仪毗尼日用合参》即是先取《沙弥要略》、《毗尼日用》,"搜刮义类,参合笺释,自琅函海藏,逮世间经史,内外典籍,无不搜罗。又每事逐句下,穿贯禅灯,引据公案,不惟初学童蒙开卷了然,知禅律同条,即老于参学者,欲得深细行持,亦必向此中潜讨。"[①]行文虽广征博引,但缺少对律宗理论的继承和发扬,它们的价值是在僧众日常修行中强化了日用毗尼的作用。

在清代,《梵网经》和菩萨戒也十分流行,从皇帝到一般的社会大众都对受菩萨戒抱有热情。以宝华山为代表的律师也大都重视《梵网经》,他们不仅讲授而且多有著述,出现了一些对后世较有影响的注疏,如书玉的《梵网经菩萨戒初津》八卷、德玉的《梵网经顺朱》两卷、鼎湖山弘赞的《梵网经菩萨戒略疏》八卷等。值得一提的是,这一阶段诸家对《梵网经》的注疏较为完整,既有对其下卷梵网菩萨戒注疏的,也有对其上下两卷进行注疏的。这一点不像唐宋时期的注家那样仅仅是注释下卷的梵网菩萨戒部分。整体上说,清代的菩萨戒注疏和思想渊

---

① 《沙弥律仪毗尼日用合参》序言,《续藏经》第60册,第334页上。

源都是在明代云栖袾宏的《戒疏发隐》的基础上进行的,是对《梵网经》奥义尤其是梵网菩萨戒的进一步阐发。同时,菩萨戒在社会上也广受重视,并出现了一些对佛教义理和律学思想都有研究的居士。如乾隆年间的彭绍升(1740—1796),修净土,诵梵网,受优婆塞戒,取菩萨戒法名"际清",著有《受菩萨戒发愿文》《闭关发愿偈》《体仁要术》等。清末周思仁著有《戒杀四十八问》一卷。还有的居士致力于对明清时代僧人的著作进行整理,或序或跋或刻,为文献的保存和流布作出了贡献。

太平天国以后,除宝华山和昭庆寺之外,江浙一带仍然有部分律师传戒,律学还有一定的影响。如金山的观心、焦山的大须、天台的敏曦等都弘传戒律。敏曦自称其学禅学戒数十年。清光绪二十三年(1897),发朗又重建杭州昭庆寺戒坛①。曾列席于敏曦的法华讲席的谛闲法师(1858—1932),诵《法华》、行《楞严》,念佛为课,但也诵梵网菩萨戒。光绪二十九年(1903),谛闲法师曾奉旨传戒。这也正是清末民国时期居士佛教兴起与繁荣的历史基础。

第二节　弘赞的律学思想

伴随着明末清初的律学复兴,佛门不仅律师迭出,其他宗僧人也有突出的律学贡献。以禅僧形象活动于世的广东鼎湖山弘赞则是其中最重要的代表。

一、弘赞与鼎湖山

鼎湖山为粤东名山,山上有庆云寺,曾为曹溪六祖的弟子智常禅师隐迹之处。明末鼎湖山的开山者为道丘和尚。道丘(1586—1658),广州

---

① 参见中国佛教协会编《中国佛教》第1辑,第131页,上海,东方出版中心,1980。

顺德人,字离际,号棲壑,后多称为棲老和尚。道丘十七岁出家,十八岁从学于当时被流放到岭南而居宝林寺的憨山大师,二十五岁时赴杭州参学于莲池大师,得传净土法门。三十八岁时始受具戒。道丘四十二岁时离开岭南遍参诸山,四年后返回广州住于白云山蒲涧寺,第二年(1632)即在该寺开戒。1636年,五十一岁的道丘和尚开山于鼎湖,主法庆云寺,倡禅、净、律三学并行。因为曾开山于云顶,道丘后又被称为云顶和尚。道丘度弟子数百人,授戒者三千余人。① 道丘之后,鼎湖山高僧辈出,成为粤东名刹。

鼎湖山第二任寺主为弘赞,他将鼎湖山律学研习发展到一个更高的水平。弘赞(1611—1685),广东新会人,俗姓朱,号在犙,生活在明末清初,但按其活动应该属于清代僧人。弘赞二十二岁出家,出家后曾遍参名师,初参杭州妙行寺雪关和尚,其后,又学于横山光明寺,入室于云门、径山、天童等处,三十三岁返回岭南。顺治十五年(1658),在主持鼎湖山的棲老和尚示寂后,弘赞被推为住持。康熙三年(1664)有居士舍地为其建宝象林,弘赞其后即住于宝象寺和瑞塔禅寺。年逾七十后,弘赞又北赴金陵、宁波等地礼长干塔、阿育王塔。弘赞也重视修行净土,曾引道俗三百余人,立报恩会,修西方净业。

弘赞受具后,曾阅大藏和律本数年,但自认为不得其宗趣,遂遍参诸方,以求明哲,但因发现当时佛门之内"无一习学毗尼者",他忧虑法不久住,不能自安。三十四岁那年,他兴起往天竺求请梵僧数人再传戒法之念,并于1644年春天抵达福建海滨,欲乘船南行天竺那烂陀寺。② 但最后没有成行。弘赞虽为曹洞宗禅僧后学,但因念律学如缕不兴,乃一生致力于戒律的弘传、穷研,所以一些学者都将他列入律宗传人。弘赞戒律精严,为诸方推重,声名远播。

---

① 参见《鼎湖山志》卷二《初代开山主云顶和尚年谱》,杜洁祥主编,《中国佛寺史志汇刊》第1辑,第47册,第238—239页。
②《比丘受戒录·序》,《续藏经》第60册,第703页上。

弘赞博学多闻,力攻内学外典,著述甚多。他一生中注释经律、撰述著文共百余卷。根据《鼎湖山志》卷三和《续藏经》等,弘赞的主要著作有《四分戒本如释》十二卷、《四分律名义标释》四十卷、《沙弥律仪要略增注》二卷、《梵网经菩萨戒略疏》八卷(附《半月诵菩萨戒仪式注》)、《归戒要集》二卷、《兜率龟镜集》三卷、《观音慈林集》三卷、《六道集》五卷、《沩山警策句释》二卷、《比丘受戒录》一卷、《比丘尼受戒录》一卷、《八关斋法》一卷、《沙弥学戒仪轨颂注》一卷,以及《心经添足》、《准提会释》、《式叉摩那尼戒本》、《沙弥仪轨颂》、《解惑篇》、《摄颂戒相图》、《礼佛仪式》等①。另外,弘赞还编有《礼舍利塔仪式》、《礼佛仪式》,集有《供诸天科仪》等文。

继主鼎湖山第三代者为传源。传源(1621—1686),字湛慈,因其曾隐居于石门山,后即以石门为号。传源二十岁时,从云顶受具戒,并随师学律阅教十三年,三十六岁时入杭州报国寺并副讲《楞严经》,三十八岁时南返入鼎湖山辅弼弘赞,监庆云寺院六年,1663年去职归隐,后复出建梅砰精舍,1686年继席庆云寺"主持禅律"。在传源的主持下,仍然遵守云顶和尚的宗旨,禅净律三教并重。②

通过弘赞师徒的努力,鼎湖山在南国有着很大的影响,"岭海之间,以得鼎湖戒为重"③。

二、弘赞的律学思想

1. 重视毗尼,兼采咒语

弘赞自称"菩提心沙门"。他善梵音、重真言,显密两乘无不洞贯,

---

① 参见《鼎湖山志》卷三《第二代在犙和尚传》和《鼎湖山志第二代住持在犙禅师塔志》,杜洁祥主编,《中国佛寺史志汇刊》第1辑,第47册,第291—296页。
② 参见《鼎湖山志》卷三《石门和尚年谱》和《湛慈和尚传》,杜洁祥主编,《中国佛寺史志汇刊》,第306—312页。
③ 《鼎湖山志》卷三《第二代在犙和尚传》,杜洁祥主编,《中国佛寺史志汇刊》第1辑,第47册,第291页。

并通不空、金刚、龙树诸家之学。他非常重视真言咒语在持律中的意义,将准提真言融于其律学建设之中,所以他制《沙门日用》,显密具存,兼采咒语。他强调,为沙门者,当"于二六时中,身被四仪,口持显密,心存定慧。三密于是相应,万行由斯渐备"。他认为,其前所编的一些"毗尼日用","名号既多不同,条相不无差舛。其间偈颂,多出'净行品'中,真言咒语,悉录密部诸经。但其所集,广略欠宜"①。而且,当时一些僧人编辑的日用威仪,不稽律典,不依所犯忏除,仅仅是令用者持咒尔许,全违说露,没有体会到显密两异,忏各有旨。所以他自己删补成帙《沙门日用》,其菩萨轻重戒相全依于经论,比丘五篇七聚详具律藏,以便学习者持诵。

弘赞对融有真言咒语的《沙门日用》极为重视。对于在家众,他说,由于一般凡夫,虽闻佛戒,但难以持守,用此大不思议神咒即可得求而出生死苦海,"纵不斋戒,亦获成就"②。而对于出家者,此神咒即更为有益。如他说:"此诸真言神咒,若能依法诵持,即事理双运,业本罪源并消。若犯禁戒,准律说悔,加以神咒,则事理兼备,性遮齐遣。"因此,"以准提真言,似如意珠,若持诵行人,处处用之,皆得成就也。"另一方面他也强调,不能因为神咒有此功力,便无视禁戒,数造众过。同时,若有所犯,也不可托真言仪轨,而不忏悔。这是因为不论是犯性戒还是遮戒,"事须披陈发露,礼佛名经,行方等仪,能伏业本。理谓专观实相,达罪性空,灭业根源。"③他因此对唐代不空翻译的《七俱胝佛母所说准提陀罗尼经》进行会释,还从《七俱胝佛母所说准提陀罗尼经》中辑出《持诵准提真言法要》,并把这种真言法要融于沙门日用及在家众的日常规范中去。弘赞十分重视沙门日用中的真言咒语或偈颂,在他撰写的《沙门日用》中有二十多种活动都要诵念咒语的,有的需要诵七遍,另外还有更多的是偈颂。

---

① 《沙门日用》卷上,《续藏经》第60册,第212页中。
② 《持诵准提真言法要》,《续藏经》第59册,第249页下。
③ 《七俱胝佛母所说准提陀罗尼经会释》卷下,《续藏经》第23册,第781页上。

不过,也有后学门人指出,前代所编的"毗尼日用",名即不当。一者,即是因为咒语载之密部,毗尼即是律藏,唯明比丘二百五十戒法,根本不说诸真言咒语。经律真言,各有宗旨,而这些"日用"中兼有咒语,不是真正的"毗尼"。二者,这些"日用"中的偈颂又多出华严诸经,也算不得毗尼。① 这可能也正是弘赞为其所撰"日用"名之以《沙门日用》而不言"毗尼"的原因。

2. 强调戒为万行之本

弘赞重视归依三宝、受戒持戒的重要意义,也把五戒比为儒家的五常。奉戒不杀,不寻仁而仁自著;持戒离盗,不崇义而义自敷;守戒除淫,不修礼而礼自立;遵戒息妄,不期信而信自成;受戒断酒,不履智而智自明。但他又强调五常仅是一生,而五戒功归多劫。② 在《比丘受戒录》中,弘赞开篇即强调,佛教虽有菩萨、缘觉、声闻三乘,但都以戒为定慧之本,如来初坐菩提树下,即为诸大心菩萨传卢舍那佛三聚净戒。后至鹿苑、王城,而为二乘渐制五篇七聚,立十人僧,白四羯磨,授比丘具足戒。③ 在其他著作中,弘赞强调的仍然是持戒而行。

弘赞极为重视依法授戒,他对当时的授戒状况非常不满。如他说:"比见诸方丛席,与人授戒,不依佛制,尽是非法别众。非法者何?不知白四羯磨,惟抄写他人杜撰,闲文唱诵,或师自心所作。"弘赞此处所说的"法"即是"佛制",因为世无二佛,法无二制,"佛制受具者,至多惟许三人同坛,若过即成非法。纵依羯磨,而诵文生涩,事多舛谬,尚是非法,况杜撰者乎!别众者何?不知依律结大界及戒场。既无戒场,即一人受具,同住比丘,或百或千,尽要共集,与彼授具,有一比丘不集,是名别众。众既获罪,受者亦不得戒。"④ 由于认为当时的僧众受戒仪式不合佛制,所以

---

① 《沙门日用·序》,《续藏经》第 60 册,第 212 页上。
② 《归戒要集·序》,《续藏经》第 60 册,第 678 页上。
③ 《比丘受戒录》,《续藏经》第 60 册,第 702 页中。
④ 《比丘受戒录·序》,《续藏经》第 60 册,第 703 页上。

弘赞才极为重视仪式仪轨的建设,并作《比丘受戒录》、《比丘尼受戒录》、《归戒要集》、《八关斋法》、《沙弥学戒仪轨颂注》等以为轨范。在这些著作中,他强调佛戒为重视沙弥戒、比丘戒和比丘尼戒,强调其为菩萨万行之本。他重视戒律的授受和持守,反对那种以专修大乘、成菩萨行为名而忽视戒律的做法。

《沙弥律仪要略增注》两卷是弘赞的主要著作之一,是弘赞对袾宏辑的《沙弥律仪要略》中的典故、引文、名相以及字音作注而成。通过这种对原著进行注释,弘赞不仅对当时不合律制的行为进行了批评,也在文中阐述了自己关于授戒持戒的观念和律学思想。在本文中,弘赞强调遵守为学修行的三乘次第。他批评那种愚狂之人,或者于诸戒相茫乎不知、狂妄邪见,或者是不循位次、忽而不学即欲跨越等级,不依三乘次第,直奔大乘、急授菩萨戒的错误思想。他指出,经中早就说过,不先学小乘后学大乘者,非佛弟子。今不学沙弥欲得具戒、不持净戒欲得顿悟,何等愚也!"由狂忽学,故失慧明;由失慧明,故无所知;由无所知,故不识教行理果"。①

禅律关系历来受到世人关注,一些禅者的持律观念也受到僧俗的诟病。针对一些丛林中流行的轻戒重禅的倾向和一些人对修禅的误解,弘赞也进行了批评,他强调要有禅有律,禅律并行。他说,一些人不顾五夏以前专精戒律、五夏以后方听教参禅之制,越次而学,"才沾戒品,便乃听教参禅,为僧行仪,一无所晓。况复轻陵戒检,毁訾毗尼。贬学律为小乘,忽持戒为执相。未穷圣旨,错解真乘"。这样,行既失序,所以造成了入道无由。② 弘赞所强调的则是要先戒后禅,禅律并行,"言经律则必兼于禅,言禅则必兼于经律。"③同时,弘赞更对那种日益堕落的禅法和禅徒进行了批评:

---

① 《沙弥律仪要略增注》卷上,《续藏经》第60册,第227页上。
② 同上书,第226页下。
③ 《梵网经菩萨戒略疏》前序,《续藏经》第38册,第695页中。

况兹末世狂妄,多以识心影子,为见性悟道;错认石火电光,为了却生死。肆志空谈,拨无因果。毁持戒者为执相,诋看教者为钻故纸,贬往生者为小根下愚。①

弘赞对菩萨戒也十分重视,并强调比丘戒和比丘尼戒为菩萨万行之本。他曾作有《半月诵菩萨戒仪式注》和《梵网经菩萨戒略疏》。《半月诵菩萨戒仪式》是一本未详作者的戒仪,内容综合有北凉昙无谶译的《菩萨戒本经》和唐代义净译的说一切有部戒本之文。《梵网经菩萨戒略疏》八卷是弘赞关于菩萨戒的重要的著作之一,写作时间不详,但其八关斋弟子孙廷铎写的序标为康熙十八年(1679)夏。《梵网经菩萨戒略疏》的第一、二两卷为释经题及基本玄谈,卷三为对梵网菩萨戒十重戒的注疏,后五卷是对四十八轻戒进行注疏。对于弘赞的《梵网经菩萨戒略疏》的特点,孙廷铎在撰序中说:

> 昔天台智者著《义疏》,以明其宗趣,标其大纲;云栖大师复注《发隐》,以发天台之所未发。今鼎湖在犙和尚总理略疏,又补《发隐》之未尽者,珠珠相应。②

弘赞所补的《梵网经》下卷之"《发隐》之未尽"者,其实即是对于禅律关系的发微。弘赞一方面强调佛性戒的重要性,另一方面也表达了修菩萨道者严格持戒的意义。正如他说:"生佛同源,性本清净。在诸佛则已还其源,在众生则要戒方复其本。本源之性,性本清净,非源外别有自性,亦无性外,更有清净可得也。"③他强调,行菩萨道的根本即是持戒。此种戒之所以能形之外,正是因为其源自于心,这种心地的本源戒才是大众诸佛子的根本,诸佛以此心地戒为本源。所以他说,本经要受持诵

---

① 《兜率龟镜集·缘起》,《续藏经》第88册,第50页上。
② 《佛说梵网经菩萨心地品下略疏》前序,《续藏经》第38册,第695页上。
③ 《佛说梵网经菩萨心地品下略疏》卷二,《续藏经》第38册,第706页上。

学,领纳在心,执之不忘,熟玩戒文,精彻其义。① 由于弘赞注《梵网经》戒本重在日用,所以其行文简洁,注释具体,而不过分重视对其中玄义的发挥。

弘赞指出,法无广劣,大法小法都是中观,大小由心,所以,"西方学法,始习小乘,次阅大教"。所谓习"小乘",即是严守戒律,阅"大教",即是修菩萨行。但是,若不始从小学,而是先习大典,必然难成佛果。② 显然,这是弘赞对长期以来存在于僧众内部的关于持戒错误认识的批评。

总的说来,弘赞强调学戒受戒,宜遵佛制,由下而上终入大乘,那种忽视十戒而径奔大乘的做法是错误的,因为十戒为比丘的阶梯、修菩萨行的根本,若无此初阶,次步难登,如根本一亏,则菩萨戒也即无有是处。③

3. 学宗《四分律》

弘赞律学,宗承《四分律》,其重要著作还有《四分戒本如释》和《四分律名义标释》,它们是自南宋之后至明末清初时期具有重要意义的研究《四分律》的著作。

《四分戒本如释》共十二卷,文前弘赞的序作于明崇祯十六年(1643)。所谓《四分戒本》即是为了实用而从《四分律》中选撷戒相条文而成的文本。史上广泛使用的《四分戒本》前后有两种,一是由姚秦时佛陀耶舍译就,一是由唐代怀素律师依《四分律》编集而成。弘赞的《四分戒本如释》即是对怀素集成戒本的注释。虽然弘赞为了易于初学,而对其进行删繁撷要,但由于是取戒本如律而释,其解释是理本如如,故名之为"如释"。卷一通过对基本名词作解的方式,简单地说明了佛陀制戒的因缘、持戒的功德等,卷二至卷一二分别对波罗夷法、僧残法、舍堕法、波逸提法、众学法和灭诤法等戒相进行了注释和意义发挥,文末附二百五

---

① 《佛说梵网经菩萨心地品下略疏》卷二,《续藏经》第38册,第709页上。
② 《四分戒本如释》凡例,《续藏经》第40册,第193页下。
③ 《沙弥律仪要略增注》卷上,《续藏经》第60册,第227页中。

十戒摄颂和戒相篇聚图。

《四分律名义标释》是弘赞积精数年而编,成书并发梓于崇祯十六年(1643)。严格说来,《四分律名义标释》是一部关于《四分律》的辞典,文中共解释词条约1935个。弘赞广引经论,分章节对《四分律》中的重要名词、人名、地名、典故及律学事件等进行了解释,或对繁难字词进行注释证义,以扫后学阅读《四分律》之障碍。从内容上说,弘赞的这部著作,把经论中关于戒律的论述提纲挈领地贯穿起来,是十分有用和方便的工具书。不过,在词汇内容编排顺序上,弘赞并没有严格按照它们在《四分律》中出现的顺序来说明,例如,他把《四分律》第一卷即出现、且自己也在不断使用的"世尊"一词,直到《四分律名义标释》中的第十九卷才作为词条进行解释。

虽然弘赞的《四分戒本如释》和《四分律名义标释》等著作在律学理论方面上难以超越唐宋诸家的《四分律》注疏,但对明末至清初四分律学的繁荣和律宗的挺立起到了一定的推动作用。

第三节 清代宝华山律宗中兴

清朝初期,江南闽越一带律宗的复兴得益于明末以灵峰蕅益、永觉元贤等为代表的一大批高僧。正是他们对戒律不懈的弘扬和模范的持守,使僧众对律学研习如缕不绝,并促进了南山律学的发展。

清代的南山律宗主要以宝华山隆昌寺的历代律师为代表,他们直接继承了明代末期的律僧如馨(1541—1615)的事业。如馨律师,俗姓杨,字古心,江苏溧水人,后世多称为古心如馨。万历十年(1582)(一说嘉靖年间)投摄山栖霞寺素安(又作素庵)出家,后因读《华严经》的《菩萨住处品》而立誓从文殊菩萨受戒,遂赴五台山,夙夜虔诚恳求。僧传中说,有一天,如馨在恍惚间自一老妪处受了僧伽黎衣,觐见到菩萨,顿时悟得五篇三聚心地法门,大小乘律有如从胸中流出,后被人称为优波离再世。

万历十二年(1584),如馨律师入住南京定淮门内古林寺弘律传戒,所以其学也被后世称为"古林派",他也因之而被视为古林派之祖。古心如馨曾于江南吴越一带的栖霞寺、甘露寺、灵隐寺、天宁寺、昭庆寺等地举行戒会,后学众多。万历四十一年(1613),明神宗诏其至五台山传戒三年,赐紫衣锡杖等,并敕建圣光永明寺,举龙华大会,授千佛大戒。神宗并以司礼内臣张然代为从如馨受菩萨戒。由于认为授戒当日有五色瑞云出现,神宗又赐其"万寿戒坛"的匾额和"慧云律师"之名。

如馨在五台山讲律一期后即南归,随有如馨后学远清律师继其讲席,使该地法戒大兴。① 如馨圆寂后,明神宗皇帝下诏让京师愍忠寺画其遗像供奉内廷。神宗赞他为"瞻其貌,知其人,入三昧,绝六尘,昔波离,今古心"②。古心如馨的主要著作有《经律戒相布萨轨仪》一卷。如馨之后,古林派由性理、性璞传承。入清代以后,古林派有海华(1608—1679)、寂鼎、普璠、本修等人相继。直至清末时,还有辅仁(1862—?)等传戒不绝。③

如馨的另一重要后学三昧寂光则分灯于宝华山,大振宗风,把清代律学推向一个新的高峰,并分为古林、宝华二派。三昧寂光入宝华山后,仿慧远于东林寺立莲社而于宝华山结"千化大社",后世又因此称宝华山律宗为"千华派"。

宝华山,位于今江苏省句容县境内,在律家著作中又常被称为华山,相传南朝梁时宝志和尚首先于此处建立道场,其后因世远而渐废。明万历三十三年(1605),有妙峰禅师于山上建铜殿,神宗赐名"护国圣化隆昌寺",佛事随兴。清雍正十二年(1734),寺毁于火,后又重建。

清代,隆昌寺受到皇帝的重视,地位相当高。康熙四十二年(1703),

---

① 参见《清凉山志》卷三《如馨律师传》、《远清律师传》,林洁祥主编,《中国佛寺史志汇刊》第2辑,第146—148页。
② 《宝华山志》卷八《古心宗师》,杜洁祥主编,《中国佛寺史志汇刊》第1辑,第287页。
③ 根据《律门祖庭汇志》所记,该支师承演派是:"智慧清净,道德圆明,真如性海,寂照普通,心源广续,本觉昌隆,能仁圣果,常演宽宏,惟传法印,证悟会融,坚持戒定,永纪祖宗。"

隆昌寺得康熙亲书赐名"慧居寺",并因之而扬名于世。康熙四十六年(1707),康熙皇帝曾亲至宝华山,为铜殿和戒坛赐匾"莲界云香"、"精持梵戒",并赐心经、法帖和御扇。雍正十一年(1733),世宗曾下诏要宝华山福聚律师赴京传戒。乾隆十六年(1751)三月,乾隆皇帝也亲至宝华山,分别为寺中大雄宝殿、铜殿和戒坛赐字"光明法界"、"宝网常新"和"精进正觉"匾额,并赐物褒奖。其后,于乾隆二十二年(1757)三月、乾隆二十七年(1762)三月、乾隆三十年(1765)三月、乾隆四十五年(1780)三月和乾隆四十九年(1784)闰三月,高宗又五次亲临宝华山,赐额、赐物、赐诗、赐经书等。在此中的几十年间,还不断有许多其他赏赐。[①]

明末清初的一段时间,宝华山律学的重要人物、事迹和文献被收在《宝华山志》中。山志最早由宝华山律师定庵德基撰于康熙二十九年(1690),乾隆年间又由刘名芳重新整理、补充,共十五卷。内容不仅有序、赋、诗、赞以及僧传、塔铭、碑记等,还收有南朝梁武帝、唐代诗人李白、宋代僧皎然、明太祖和明代焦竑等名士的题撰,也收有明神宗敕建护国圣化隆昌寺的谕旨。除此之外,该志还在"卷首"记载了清初三帝与宝华山的事迹、史料及相关诗文。

宝华山因三昧寂光而闻名遐迩。其后,在历代住持的努力下,宝华山事实上已经成为东南律学名刹,成为清初汉传佛教著名的律宗道场,也成为明清以来中国南山律宗的代表。宝华山律师的律学思想和活动对中国近代佛教的发展有着重要的影响。

一、南山律在宝华山的传承

作为明清以来中国律宗的重要代表,宝华山律学繁荣,律师辈出,师传严整。《宗教律诸宗演派》以终南山道宣律师为律门第一世,其后十三

---

① 参见《宝华山志》卷首《御制》,杜洁祥主编,《中国佛寺史志汇刊》第1辑,第41册,第3—22页。

世传至金陵古林庵慧云如馨律师。此后如馨传三昧寂光律师,为宝华山第一代。如馨、寂光一系,法脉兴盛。寂光传至读体之后,宝华山律宗得以挺立。

1. 三昧寂光

寂光(1580—1645),广陵人,俗姓钱,字三昧,后世多称为"三昧寂光"。寂光二十一岁时出家,曾从雪浪洪恩学贤首教观,又从律学名家古心如馨受具足戒,为副座弘律。崇祯十二年(1639),三昧应请入住宝华山,并为监院。① 崇祯十六年(1643),寂光应诏修建南京大报恩殿。崇祯十七年(1644)三月,寂光奉诏于南都忏荐大行皇帝。清顺治二年(1645),寂光示寂。

寂光从其师如馨所嘱,爰启戒坛,专弘律法,被视为南山律学的重要继承者。寂光重振宝华山隆昌寺,并将其建成律宗道场,开创宝华山律宗"千华派"。寂光也因此被后世奉为律宗千华派开山祖,并上追唐代道宣为高祖,明代如馨为太祖。南明弘光元年(清顺治二年,1645),寂光开戒坛于金陵,并受赐紫衣等,被弘光朝敬为"国师",后谥号"净智律师"。寂光一生开法席几十处,临坛说戒百余回,修建佛寺达二十余所,戒嗣"数十万计"②。宝华山由此成为律宗三大祖庭之一,"海内仰千华一席,巍然如南山"③。

寂光徒众甚多,门下出香雪戒润与见月读体等光耀其学,他们均成为清代著名的律师。④ 香雪戒润,初在宝华山担任羯磨师,但由于他认为读体改古法九人一坛为三人一坛,不合寂光遗法,因而离开宝华山住于

---

① 参见《羯磨仪式·缘起》,《续藏经》第60册,第745页中。
② 《宝华山志》卷五《寂光传》,杜洁祥主编,《中国佛寺史志汇刊》第1辑,第41册,第176页。
③ 《宝华山志》卷七《三昧大律师塔铭》,杜洁祥主编,《中国佛寺史志汇刊》第1辑,第41册,第274页。
④ 三昧律师后学另演一派:"戒元常定,信理妙恒融,从闻修福慧,绍隆佛祖心。"以及"大智德勇健,观照万法通,本性周沙界,应现临济宗。"《宗教律诸宗演派》,《续藏经》第88册,第566页中。

常州天宁寺,继续弘扬律宗。香雪戒润著有《楞严经贯珠》十卷。

另有戒显也曾从三昧寂光出家,为南岳法嗣,后致力于对律学著作以及宝华山律师的著作的汇集辑录。三昧律师最有名的后学为见月读体,他主持宝华山道场后,筑石戒坛,光大师说,使宝华山名扬天下。

2. 见月读体

读体(1601—1679),俗姓许,祖籍句容,因祖上从军于滇黔地区,以功受封而世居于云南,读体生于云南楚雄。明季崇祯元年(1628),读体二十七岁时,始信道教并修真三年,后有老僧送他一部《华严经》,当他读到《世主妙严品》,恍然有悟,决心入佛。崇祯五年(1632)从宝洪山亮如剃度,因为亮如法师说"自性理体,读教方成",因此为其取法名读体,世称见月读体。① 而在其《一梦漫言》中,见月自道:"余名读体,体者,身也。乃法身理体,读教以明所诠之理。理明则诠忘,犹因标指见月,见月则指泯。今余改号见月。"②

崇祯六年(1633),读体出云南、经贵州,至湖南宝庆五台庵,后又至江西礼庐山,又至黄梅破头山、潜山等道场,并礼三昧寂光律师重修的诸祖庭。崇祯七年(1634)冬,读体三十三岁时到南京,止于南京报恩寺,学楞严咒。后又因得闻三昧在五台山传戒,乃北上参礼。崇祯九年(1636),读体离开五台南返至镇江,第二年四月于镇江海潮庵从三昧受了具足戒。从此以后,读体即随侍三昧律师传戒诸方,并开始阅读律藏,为各方所推重。

康熙十八年(1679)正月二十二日,读体示寂于宝华山。③ 御史李模为其撰《见月大师塔铭》,名士方咸享、尤侗各撰有《见月和尚传》,它们都

---

① 《毗尼日用切要香乳记》卷上,《续藏经》第 60 册,第 166 页下。
② 《一梦漫言》(铅字排印本),第 33 页,南京,金陵刻经处,2002。
③ 此处依陈垣《释氏疑年录》,第 410 页,北京,中华书局,1964。《定庵和尚塔铭》中说有"庚申春,体公将圆寂……"之句,"庚申"为康熙十九年(1680)。参见《宝华山志》卷七《定庵和尚塔铭》,杜洁祥主编,《中国佛寺史志汇刊》第 1 辑,第 41 册,第 305 页。

被收于乾隆年间刘名芳所撰的《宝华山志》中。《南山宗统》卷五记载他的法嗣有性澄(1616—1684)、德基、书玉等六十八人。他们都持戒弘律,广布师说,使宝华山成为清代律学的重镇。其门下诸人,均成为清初重兴律宗的巨匠。① 印光老人评价他们师徒在律学贡献时曾比喻为"律宗则慧云中兴,实为优波;见月继踵,原是迦叶"②。

读体圆寂前两年,应弟子之请,自撰《一梦漫言》两卷,追述行脚时的事情和他一生参学、弘律以及重兴宝华山的始末。《一梦漫言》具有重要的价值,历来受教内外学者重视,民国时期弘一律师还曾为之句读,并作序跋。

见月戒行精严,护法能干。其师三昧寂光曾经对人说:"今日道场魔事不兴,则不显见月的才能,这是我在这一戒期中的收获。"寂光还对人说:"老人三十年戒幢,若非见月,几被摧折。"③三昧对见月的赏识与厚望由此可见一斑。清顺治二年(1645),三昧临殁前,以紫衣戒本付读体,总持三学,继任宝华山法席。④ 对于读体一生的律学努力,后学书玉曾如是说:

> 三十余年,戒戒考实,事事举行,由此渐还佛制矣。于是为沙弥者,毕令习十戒律仪,为比丘、为菩萨者,竟令精五篇三聚……此实先老和尚开物成务之心真切也。⑤

读体生平做事,力求依照律仪,德道双馨,禀性正直,受到僧俗的极大尊崇,时人称之为"南山律虎"⑥。蕅益在《寄见月大师律主》、木陈道

---

① 参见《宝华山志》卷四《读体传》、卷七《见月大律师塔铭》,杜洁祥主编,《中国佛寺史志汇刊》第 1 辑,第 41 册,第 177—182 页。
② 《与佛学报馆书》,《印光法师文钞》卷一,第 17 页,北京。
③ 《宝华山志》卷一二《见月和尚传》,杜洁祥主编,《中国佛寺史志汇刊》第 1 辑,第 41 册,第 510 页。
④ 《羯磨仪式缘起》,《续藏经》第 60 册,第 745 页中。
⑤ 《毗尼日用切要香乳记·缘起》,《续藏经》第 60 册,第 208 页上至中。
⑥ 《宝华山志》卷一三《见月和尚像赞》,杜洁祥主编,《中国佛寺史志汇刊》第 1 辑,第 41 册,第 527 页。

恣在《见翁法兄华山大和尚七十序》的长信中也都对读体给予极高的评价。

读体不仅"内重躬行,外严作法",而且兼勤著述,其主要著述有《毗尼止持会集》十六卷、《毗尼作持续释》十五卷、《传戒正范》四卷、《毗尼日用切要》一卷、《沙弥尼律仪要略》一卷,此五种现均见于《续藏经》中。另有《薙度正范》、《僧行规则》、《黑白布萨》、《出幽冥戒》、《大乘玄义》、《药师忏法》等各一卷。他还对宋代知礼所集的《千手千眼大悲心咒行法》一卷进行了重纂。其中,《毗尼止持会集》、《毗尼作持续释》和《传戒正范》曾于乾隆二年(1737)由福聚奏请入藏。

3.定庵德基和宜洁书玉

在读体的法嗣中,德基和书玉较为著名。在读体入灭后,德基继主宝华,而书玉则分席于杭州昭庆寺,广布宝华山的律学规范于吴越之地。

德基(1634—1700),俗姓林,号定庵,因此世称定庵德基。德基祖籍福建莆田,因祖上为官于婺(今属安徽黄山一带)而生于此地①。德基早年即怀出世信念,因游历时路经苏州宝林寺,听竹怀法师讲《楞严经》而求剃度出家。后又从宝华山读体受具足戒,专研诸部律达十年,得其要旨,表于撰述。读体入寂前,将其戒本、紫衣等授予德基,德基遂被尊为宝华山千华派第三祖。康熙二十二年(1683),德基应昭庆寺众僧之请而至昭庆寺开戒,期满后回到宝华山。康熙三十九年(1700),德基于念佛声中示寂。德基弟子三十多名,其中著名者为松隐真义。

书玉(1645—1721),俗姓唐,字宜洁,号佛庵,江苏武进人,世称宜洁书玉。书玉幼通儒学,因闻有僧诵《华严经》之《行愿品》而萌生出家之志。书玉二十二岁时依京口嘉山自谦剃度,康熙三年(1664)上宝华山求戒,因病未果。直到两年后的春天,才于宝华山隆昌寺从见月读体受具足戒。其

---

① 《昭庆寺志》卷八《定庵宗师》说"字定庵,徽州人"。杜洁祥主编,《中国佛寺史志汇刊》第1辑,第41册,第186页、第288页。

后,书玉立志操持,专究律部。康熙二十二年(1683),与定庵德基赴杭州昭庆寺临坛演戒。后受德基之嘱,居此地长达三十八年。① 在书玉主持下,从宋代兴盛起来的古昭庆寺戒学得以重振。康熙二十八年(1689)二月,康熙皇帝亲临大昭庆寺,书玉恭候迎接。康熙帝不仅赐物、赐藏经、赐匾额,也赐诗以示对昭庆寺律宗的褒奖。书玉之后,昭庆律寺仍然名扬天下。乾隆十六年(1751)三月、二十二年(1757)二月和二十七年(1762)三月、三十年(1765)闰二月,乾隆皇帝多次来到昭庆寺。乾隆曾赠五言律诗道:"钱唐西北隅,律寺接通衢,六度守毗苑,千年对圣湖。"②

书玉每年春冬两期弘戒,听众云集,受具足戒者达万余人。康熙五十二年(1713),书玉受赐《龙藏》。有人从读体开始,演书玉在昭庆寺的法脉传承为:

> 读书福德大,持戒定方真,慧发开心地,灵光耀古今,
> 千华同一脉,万善总归因,顿超佛祖位,永远续传灯。③

书玉著有《梵网经菩萨戒初津》八卷和《毗尼日用切要香乳记》、《沙弥律仪要略述义》、《二部僧授戒仪式》、《羯磨仪式》各二卷等。对其著作撰写之由,书玉说:

> 自甲子春住持昭庆以来,每怀先老和尚,创立法门,洪功硕德,虽人人共知,恐日久渐晦,故于《毗尼切要》著《香乳》以记之;《菩萨梵网疏解》繁多,学人泣歧,故会《初津》以指之;比丘羯磨,布在律文,临事难讨,故叙《仪》式以佐之;尼众求具,二部同授,世所少闻,故集《轨范》以传之;《沙弥要略》,文简义深,初心罔谙,故详义以明之。斯皆继述先老和尚未发之事也。其言虽不支,直显事相,然义

---

① 在书玉《沙弥律仪要略述义》跋中,有"自甲子春住持昭庆以来……"之句。甲子即康熙二十三年(1684),参见《续藏经》第60册,第332页上。
② 参见《昭庆寺志》卷一·盛典,杜洁祥主编,《中国佛寺史志汇刊》第1辑,第41册,第186页、第15—20页。
③ 《宗教律诸宗演派》,《续藏经》第88册,第566页中。

理无违开明心性。阅者见之,因文会意,严护威仪,吾愿足矣。若云流益将来,未敢望也。①

可见,书玉不仅严守家法,弘扬律学,更是多有发挥。

4. 松隐真义、闵缘常松和珍辉实琜

真义,生卒不详,字松隐,广陵人,俗姓曹,从宝华山德基受大戒后,南下吴越,遍参尊宿,后复归宝华山德基之门,发誓弘扬律学。"真义",即"由律而悟真实了义"之意。真义曾入京传戒,法筵大开,名动京师。在德基圆寂后南返继主宝华山,为宝华山第四代律主。②

宝华山第五代律主为常松律师。常松,生卒不详,世寿五十五,字闵缘,俗姓陈,金坛人,于松隐真义后继主宝华山。常松曾于康熙帝寿诞时入京开道场,并得康熙帝授予紫衣玉器。

第六代律主实琜律师,俗姓陈,江南霍邱人,生卒不详,世寿四十八。二十五岁赴宝华山,得戒后精研诸部大律,广开律学,与文海福聚师承契洽,示寂前亲付法衣与福聚,嘱其弘扬毗尼上承诸祖。③

5. 文海福聚

福聚律师(1686—1765),俗姓骆,字文海,号二愚,祖籍浙江义乌,后迁溧水,十四岁即发心出家,于上方寺苦行十年,后入宝华山从隆昌寺闵缘常松和尚得受具戒,并精究律部。福聚曾于诸山游学八载而归宝华山,后为上座,主持宝华山三十年,声闻天下,学徒数十万,其后学有二十多人主持南北丛林。福聚被推为千华派第七祖,世称为文海福聚。在《宝华山志》卷七中收有和硕显亲王作的《宝华山文海和尚寿塔铭》。福聚著有《南山宗统》十卷以及《瑜伽补注》、《施食仪轨》、《宝华志余》诸书。④

---

① 《沙弥律仪要略述义》"跋",《续藏经》第60册,第332页上。
② 参见《宝华山志》卷四《真义传》、卷七《松隐和尚塔铭》,杜洁祥主编,《中国佛寺史志汇刊》第1辑,第41册,第186页、第310—313页。
③ 参见《宝华山志》卷五《常松传》、《实琜传》,第188—192页。
④ 参见《宝华山志》卷五《释福聚传》、卷七《宝华山文海和尚塔铭》,杜洁祥主编,《中国佛寺史志汇刊》第1辑,第41册,第192—207页、第316—324页。

福聚对宝华山律学有两大杰出贡献。一是雍正十二年(1734)赴京传戒,入住法源寺,使得自南宋以后一直流行于南方的律学和律宗传入北方,因此他又被称为法源寺第一代律祖。福聚后回宝华山,乾隆八年(1743),由其后学天月明实任法源寺方丈。① 其次,是福聚于雍正、乾隆年间,上书请得"华山律部五种"入藏,这对宝华山律学的传承有着重要的意义。

福聚著有《南山宗统》,记载了南山律宗世系传承,依元照所立律宗九祖次第,在道宣下又续文纲、满意、允堪、元照等,定为中国律宗十六祖。此书在中国律学史上有着一定的史料价值。

6.宝华山第八代至第十六代律主

释性言,字理筠,浙江人,生平不详,为宝华律宗第八祖。

释圆先,号浑仪,俗姓范,山东沂州人,十四岁投海州碧霞宫祝发,乾隆二十九年(1764)圆具戒,为宝华山律宗第九代祖师,曾任宝华山主持三十四年,在乾隆登宝华山时曾受到宠施优渥。

释明如,号恺机,扬州府(今江苏东台)人,生卒不详,为宝华山第十代律祖。

释定静,号卓如,扬州府(今江苏东台)人,俗姓丁,十二岁投本地复兴庵出家,主持宝华山十年,为宝华山第十一代律祖。

释慧皓,号朗鉴,俗姓韩,扬州府(今江苏东台)人,少年出家,后投宝华山定静受大戒,继主法度,为第十二代律祖,道光二十六年(1846)九月示寂。

释昌苍(1798—1848),号体乾,江苏海州人,俗姓陈,十二岁出家于本州法起寺。后入宝华山,继主二十年,整顿规模,重光布萨,为宝华山第十三代律祖。道光二十六年(1846)开戒,受戒者达一千二百余人。

---

① 参见《宝华山志》卷七《宝华山文海和尚塔铭》,杜洁祥主编,《中国佛寺史志汇刊》第1辑,第41册,第321页。

释海然(？—1860)，号敏通，江苏盐城人，俗姓季，九岁出家于本邑三元宫继信和尚，二十岁至宝华山受大戒，又赴峨眉山、清凉山等处参访名宿。道光十八年(1838)返回本乡广利院，是年冬天即开堂传戒。道光二十五年(1845)退院，道光二十八年(1848)始主持宝华山法席，为宝华山第十四代律祖。

道光三十年(1850)，释海然将宝华山律宗法衣传于圣性印宗，咸丰十年(1860)退位返回广利院常住。① 圣性印宗成为宝华山第十五世律主，其后有浩净发圆继为第十六世。

清末，吴中南禅沙门守一空成重编的《宗教律诸宗演派》列有宝华山山律师从"如"字起，演派的五十六字：

> 如寂读德真常实，福性圆明定慧昌，
> 海印发光融戒月，优昙现瑞续天香，
> 支岐万派律源远，果结千华宗本长，
> 法绍南山宏正脉，灯传心地永联芳。②

二、宝华山弘扬的律学思想和特点

宝华山律师的著作丰富，传世很广。从形式上说，这些著作主要是对前代律学著作的注疏或再集。从内容上说，它们主要是关于毗尼日用的解释说明和对《梵网经》的注疏及其意义发微。

宝华山律学虽然继承了唐代律师道宣的主旨，高扬南山宗的大旗，但是以见月读体为代表的宝华山律家们对古德都有继承和吸收，所以其律学思想中包含着相部宗、东塔宗和义净的有部律学的思想。

---

① 参见《宝华山志》卷五《释隆言传》、《释圆先传》、《释明如传》、《释定静传》、《释慧皓传》、《释昌苍传》、《释海然传》，杜洁祥主编，《中国佛寺志汇刊》第1辑，第41册，第197—201页。
② 参另有湖北麻城如是山支浮戒岳律师亦于前派心字下续演二十字："禅灯照本觉，灵源自永昌，法云迷大地，智日亘光扬。"参见《宗教律诸宗演派》，《续藏经》第88册，第566页上、中。

宝华山传承的律学接受了法砺的相部宗的宗旨，主止持、作持为宗，而不仅仅是道宣所强调的以三聚净戒为宗。其律制是"三坛前唱，后和二持"①。如读体曾说："然持戒之心要唯二辙：一止持，二作持。止持则自唐迄今代有人弘，作持则数百余载寂无提举。"②

以见月读体为代表的宝华山律学也对怀素东塔宗的思想及义净有部律的思想都有继承，这应该从慧云律师那里就已经开始，同时代的佛教名家对此也是有所认可的。例如，灵峰蕅益在《寄见月大师律主》中说："律学之伪，将及千载。义浮（按：疑当为"义净"刻版之误）、怀素二师既没，能知开遮持犯、轻重缓急者，绝无其人。近世憨忠大慧律主颇纠正小半，犹未复佛世芳规。"③

简而言之，宝华山弘扬律学的精神即是重视持戒而行、行必持戒。

1. 重视毗尼日用

宝华山的律师们强调僧众日常行为的持律而成，所以尤为重视日用毗尼，重视对开遮止持的研究。读体是其中的杰出代表，他主张"三坛传戒、两乘布萨，各著正范以定仪轨；止持作持，则皆刊定要典以贻后学"即是此意。④

读体禀性正直，规过无隐，生平做事，力求依照律仪，革弊遵古，以身示范，意在祛除时世颓堕之风。读体认为要整顿佛门，应该建立规制，清除弊端，一切按照制度办事。于是他"乃立规约十条与众同守，是制必遵，非法必革。凡授戒、安居、自恣等规模法范，皆按律藏，依制而作"。⑤

---

① 《虚云和尚法汇》"宝华三昧寂光律师"，季羡林主编，《中国现代佛学大师著作系列》，第232页，合肥，黄山书社，2006。
② 《毗尼作持续释·序》，《续藏经》第41册，第347页中。
③ 《宝华山志》卷一三《寄见月大师律主》，杜洁祥主编，《中国佛寺史志汇刊》第1辑，第41册，第539页。
④ 参见《宝华山志》卷一一《见翁法兄华山大和尚七十序》，杜洁祥主编，《中国佛寺史志汇刊》第1辑，第41册，第448页。
⑤ 《宝华山志》卷一二《见月和尚传》，杜洁祥主编，《中国佛寺史志汇刊》第1辑，第41册，第510页。

读体曾修般舟三昧共两次,以为众人之楷模。并遵祇园精舍之遗制而建石戒坛,开坛说戒,受戒者颇多。他又尝应诸寺之礼请说戒,躬修般舟三昧,不坐不卧,不旁倚,壁立者九旬。如此,宝华山宗风闻名于全国,四方学者翕然从风。弘一大师在《一梦漫言》"序"中说,对读体如是评价说:

> 一生接人行事,皆威胜于恩。或有疑其严厉太过,不近人情者。然末世善知识多无刚骨,同流合污,犹谓权巧方便、慈悲顺俗以自文饰。此书所述师之言行,正是对症良药也。①

读体一生弘律为务,广为布化,曾于常州天宁寺、真州五台寺、江宁碧峰紫竹林寺、宿迁极乐寺等随处说戒。所至之处,男女老幼,阗咽道路。读体戒子一千四百人,堂食三万指,法席之盛,为近古以来未曾有。而且,读体重视日常行为的毗尼作用,不仅立法定制,"内重躬行,外严作法",而且翻阅全藏,考核毗尼,撰《毗尼止持会集》,以明四分戒本;注《毗尼作持续释》,用解道宣的随机羯磨,力图使僧众的安居、自恣、布萨、羯磨,"事事遵行,复还旧制,时人皆称为南山再世也"②。读体重视弘律,更重视对律学要义的把握。读体曾说:

> 余自乙亥(1635)春,纳戒润州,恒侍先老人,辅化诸方,每以作持扣请。老人云:"汝既志存毗尼,愿维绝纽,藏内有《昙无德部删补随机羯磨》,乃南山律祖之所撰集,事法兼备,诚为典型,但以久湮,卒难力振,俟汝异日为众阐扬。"於戏!谆谆师训尤在耳也。③

据《一梦漫言》所言,读体为了能对发习学律者以完美的解答,随遵师意,觅得《四分律》,此后,昼则总理各堂戒规,夜则灯前展卷详阅,遍阅藏中大小乘律千余卷,深思研究,由是毗尼大畅,遂使三昧开创的宝华道

---

① 《一梦漫言·序》,《弘一大师全集》第7册,第432页上。
② 书玉:《羯磨仪式缘起》,《续藏经》第60册,第745页中。
③ 《毗尼作持续释》序,《续藏经》第41册,第347页中至下。

场声名远扬。读体重视日用毗尼的思想贯穿于他的《毗尼日用切要》、《毗尼止持会集》和《传戒正范》之中。

读体还对僧众日用毗尼作了精心的研究与设计,并集录成为《毗尼日用切要》一卷。这是读体从《华严经》的净行品和密部经律中采集偈咒而成。毗尼,是从律教而言;日用,即对于僧众从旦至暮、从暮至晓,二六时中,僧众于一切时间、在一切方面止持行为而言。其旨在于有教有行,主成胜用。切要,即是"亲切简要,拣非疏漫冗杂也,谓此偈咒,是切近身心,如切物器具,乃道德要务"①。本文对除去菩萨戒相之外的比丘、比丘尼、沙弥、沙弥尼、式叉摩那、优婆塞戒相和八关斋法戒相都条例清楚,其内容涵盖僧众一日生活的广大方方面面:早觉、鸣钟、闻钟、着衣、下单、出堂、登厕及洗净、去秽、洗手、净面、饮水、登道场、赞佛、礼佛等饮食起居和法事。它规定了僧众对自己生活用品和法器的使用和放置,如五衣、七衣、大衣、三条、卧具、敷坐。同时,它还设计了每一行动所应诵念的经文或偈咒、真言。②《毗尼日用切要》其内容实用、戒相完整,所以后世诸丛林传戒之时,皆令熟读《毗尼日用切要》。

《毗尼止持会集》作于清顺治六年(1649),时读体已经继席宝华山。他强调以法制僧,以使"事事遵行,复还旧制"。但因"念律海汪洋,学人难讨,爰搜诸部之精要,详明止持之大成,虽未尽源,庶几便览"③,他乃翻阅全藏、考核毗尼大藏而撰就,以明《四分戒本》。其目的是专为初学者而用。对于为师者,读体要求他们不要乐简厌繁,应当须览全藏,博究二持。此后,读体又书其未尽之事,名为《毗尼作持续释》,以解随机羯磨、安居、自恣和布萨羯磨等。《毗尼止持会集》的写法仍然是文前玄谈,其后细释。毗尼止持的思想仍然以《四分律》为

---

① 《毗尼日用切要香乳记》卷上,《续藏经》第60册,第166页中。
② 参见《毗尼日用切要》,《续藏经》第60册,第161页上、中。
③ 《毗尼止持会集·序》,《续藏经》第39册,第320页上。

宗,酌情采用它部律文。读体采集成书,一是因为当时道宣的《行事钞》世没太久,觅访不得,所以只好研穷广部,校雠作持,另一方面也是对自己行持二十年的体会和总结。

《传戒正范》,或称为《三坛传戒正范》、《三归五戒正范》,是读体的另一部重要著述。由于明代后期一度封过戒坛,明清之际,戒法沦丧,戒坛之法,世间不张,于是造成了清代戒学无有深研,传戒、放戒多无规度,失去准仪。以至于顺治年间,

> 海内放戒,开坛所至多有,考其学处,则懵昧无闻;视其轨仪,则疏慵失准。仓皇七日,便毕三坛。大小乘而不分,僧尼部以无别;心轻露忏,羯磨视为故文;罔谙开遮,问难聊云塞白。一期解散,挂名只在田衣;三业荒唐,戒本束归高阁。列圣戒法,等同儿戏,而毗尼大坏矣。①

有鉴于此,读体遂于两乘布萨律制僧行外,另作《传戒正范》,言三坛轨则,列七众科仪,以匡时弊。《传戒正范》共分四卷,第一卷内容为"初坛授沙弥戒前请戒忏悔仪",内容包括第一净堂集众法、第二通启二师法、第三请戒开导法、第四验衣钵法、第五露罪忏悔法、第六呈罪称量法。第二卷为"二坛授比丘戒前请戒忏悔仪",内容有第一明习仪法、第二请戒开导法、第三通白二师法、第四教衣钵法、第五审戒忏悔法。第三卷为"三坛授菩萨戒前请戒忏悔仪",内容是第一通白二师法、第二请戒开导法、第三开示苦行法。第四卷为"初坛传授沙弥戒正范"、"二坛传授比丘戒正范"、"三坛传授菩萨戒正范"。但是,《传戒正范》中所有的开示多用的是骈体文,这有可能造成诵者的理解困难。

由于读体所制传戒正范,条条有律制为本,而又能结合中国传戒之习惯,所以其本既"不违古本"又"别出新型",其三坛轨则,巨细有条,七众科仪,精详不紊。不仅对于专门弘律者,即使对于禅律兼行者,也是大

---

① 《传戒正范》之戒显"序",《续藏经》第60册,第626页上。

有裨益。所以此《传戒正范》一出，"天下奉为司南，名曰律主"①。在本《传戒正范》中，根据授戒的不同，读体在沙弥戒、比丘戒和菩萨戒的三段"请戒开导"中强调了受戒者受戒的内在性，即达到"受禁戒是其性"，以避免当时那种"但以衣钵之相，而全作戒体授受"的形式化倾向。因此，读体强调，在授沙弥戒的请戒开导中即需讲清戒法、戒体、戒行和戒相之深意。读体对律宗四科的法、体、行、相也做了详尽的论述和说明。这与明代法藏、袾宏以及清初的弘赞等人的律学研究重点是有所不同，与他们的设计也不尽一致。

在《传戒正范》中，读体对沙弥戒、比丘戒的法、体、行、相进行了说明。至于菩萨戒，读体尤重其戒体的形成。他强调纳戒者要发十四种深宏誓愿，菩萨戒师为其顶礼启白后，要十方现住诸佛及诸菩萨感发受戒者等圆宗戒体。当菩萨戒师初白竟时，十方世界妙善戒法，由心业力，悉皆震动；二番白竟时，十方世界妙善戒法，如云如盖覆汝受戒者顶上；三番白竟时，十方世界妙善戒法从顶门流入身心，充满正报尽未来际永为佛种，此是无作戒体，无漏色法，是因增上善心感得。②

读体与唐代道宣一样，主张《四分律》分通大乘，且以南山宗的律宗四科来诠释和理解戒法的获得及戒体的形成等问题。读体还在《传戒正范》中详述了比丘三坛大戒中对律宗四科的论述和不同要求，以做到范有所本，戒有所指。

不过，尽管这本《传戒正范》风行海内，但仍然有人指出其不足。认为其中存在四个"不贯串"之处。所谓"不贯串"即是不完整、不合逻辑或不合规度。它们是：发菩提心不贯串、忏摩不贯串、问遮难不贯串、白四羯磨不贯串。

"发菩提心不贯串"的意思是说，一旦有菩提心即具足一切佛法，受

---

① 参见《传戒正范》之戒显"序"及"觉源禅师与本师借庵老和尚论传戒书"，《续藏经》第60册，第676页下。
② 参见《传戒正范》，《续藏经》第60册，第626页中至676页下。

此一戒则具足一切戒。而《传戒正范》却不预受此戒,而是先教受戒者以忏摩。而到授菩萨戒时却又问受戒者是否已发菩提心,回答又是"已发"。如此则授者受者皆不知菩提心为何物,只是含糊问答而已。至于"忏摩不贯串",这在《决定毗尼经》中即有世尊所教发露之法,此可为式。而《传戒正范》却专称释迦一佛,此为发露不周。"遮难不贯串",因为律中授戒制以一人一坛为正,多不得过三人,而《传戒正范》决定三人一坛,有畏烦徒简之意。至于衣钵,不是问"今此衣钵是汝自己有否"而是问"今此衣钵是汝三人有否",即使回答为"有",却也明开其借衣钵。"羯磨不贯串",意为佛制是以默然为印证,但《传戒正范》中却规定齐答四个"成"字。而灵峰《毗尼事义集要》则不用"成"字。批评者还指出,《传戒正范》删去了求授人具足羯磨一条,简直是减损律制。① 弘一大师也说:"近世以来,受归戒者,多宗华山《三归五戒正范》,曲逗时机,是彼所长;惜其仪文,颇伤繁缛。"②

事实上,读体的《传戒正范》与古规相比确是有所不同,这是时代的变迁和佛教的发展在日用毗尼和律学精神中的反映。这对于匡正佛法、以戒为师是极为重要的。其能风行海内即是明证。

读体对毗尼的重视也为其后的宝华山律主德基继承,这在德基的著作《毗尼关要》中得到阐发。《毗尼关要》为德基的主要著作,是其励志阅藏二十年而成,共十六卷。卷一为"序"以及对律学的简单解释,卷二至卷一五分别释四波罗夷法、十三僧伽婆尸沙法、三十尼萨耆波逸提法、九十波逸提法、四悔过法和众学法,卷一六为释七灭诤法、劝学余法等。其写法是先列条目,然后广引三藏进行简单的解释和阐发。为了强调僧众对毗尼的坚守,他强调:"八戒五戒十戒亦不如比丘戒为最","禅戒、无漏

---

① 参见《传戒正范》附《觉源禅师与本师借庵老和尚论传戒书》,《续藏经》第60册,第676页下至第677页中。
② 参见林子青编著《弘一大师年谱》,第146页,北京,宗教文化出版社,1995。

戒,亦不如波罗提木叉戒最为殊胜。"①另外,德基还有《毗尼关要事义》一卷,以对佛教名词概念的简单解释,对一些字加以注音。虽称为"毗尼关要事义",但所解名词并不仅限于毗尼的内容。

同样,读体对毗尼日用重视的思想也得到移锡于昭庆寺的书玉继承。书玉曾作有《毗尼日用切要香乳记》二卷以为阐发。它是书玉对明代性祇的《毗尼日用录》一卷和读体的《毗尼日用切要》一卷所做的笺记。清康熙二十三年(1684)夏安居时,书玉于昭庆寺为众讲律,此为随文笺释而成。康熙三十六年(1697)又得重讲,并受请付梓。其文直接继承了读体的《毗尼日用切要》,所谓"香乳"即有以香乳济众生之意。性祇的《毗尼日用录》,是明代净土盛行时的产物,强调以净土为持戒的终极目的。但事实上,社会上许多人往往以念佛代替持戒,把净土与持戒视为两个法门。书玉作《毗尼日用切要香乳记》正是为了把戒律精神贯穿于净土法门之中,强调它们的内在一致性。正如书玉所注:"身语意业既然清净,则两乘戒体自圆。净戒为因,净土为果,便同诸佛无二无别。西方极乐,弹指可超,三界自不漏落矣。"②之所以对读体的注上加注,那是因为书玉对此切要十分重视。他说:"夫《毗尼切要》者,为大道心人利生修证之本也。凡人能读斯文、发斯愿、行斯行者,即同圆觉,无二无别。欲度众生,欲求佛道,要须行在一心,自然功成二利,其或行愿未备,则证入无由矣。"③

2. 重视沙弥律仪

诸律家都发现,僧伽戒律不张并不是因为玄义不解,而是持守不成,因此都不约而同地重视起沙弥律仪,以从最基本的守戒上进行努力。读体和书玉即是其中的代表。

明末云栖袾宏曾辑录有《沙弥律仪要略》,发明律仪日用之妙义,以

---

① 《毗尼关要》卷一,《续藏经》第 40 册,第 492 页上。
② 《毗尼日用切要香乳记》卷下,《续藏经》第 60 册,第 195 页下。
③ 《毗尼日用切要香乳记·序》,《续藏经》第 60 册,第 163 页上。

为时用。袾宏鉴于末法时期，人多懈怠，闻繁则厌，于是从威仪、经、律、清规、成范中删去繁文，撮为要略，分为二十四类：敬大沙门法、事师、随师出行、入众、随众食、礼拜、听法、习学经典、入寺院、入禅堂随众、执作、入浴、入厕、睡卧、围炉、在房中、到尼寺、至人家、乞食、入聚落、市物、凡所施行不得自用、参方、衣钵名相。其后，《沙弥律仪要略》一直受到佛教各派及律家的重视和采用。但是，《沙弥律仪要略》原文内容比较简略，随后即有人对其进行补充注疏，如鼎湖山弘赞著有《沙弥律仪要略增注》。

  重视沙弥律仪也是宝华山律学的一大传统。见月读体对《沙弥律仪要略》作高度评价，认为《沙弥律仪要略》"观其要略，文理优畅，感发初机"。故传戒三十余年，他都要求"凡受戒者，必令深思熟读，使其威仪庠序，知所施行，乃与登坛受具。是以此书盛行于世也"①。读体并作《沙弥尼律仪要略》两卷和《说戒法仪》以为补充。《沙弥尼律仪要略》上卷主要讲的是十戒，下卷讲的是威仪，是读体从《大爱道经》、《沙弥尼离戒文》的第二分《比丘尼随律威仪》中节出，并采撷云栖《沙弥要略》内的可用条文，删繁撮要分类，间有补充而成。

  书玉律师也作有《沙弥律仪要略述义》，虽然只有两卷，但却是书玉的科释著作中重要的一种。书玉虽然后来分灯于杭州昭庆寺，但其律学思想上承见月，又与宝华山同辈多有交流，所以其思想仍然属于宝华山一系，或者说是宝华山律学的一种反映。大昭庆寺寺志中也言道，"今昭庆衍华山宗派，凡有轨则，悉遵隆昌"②。书玉律学思想一个重要特征即是对沙弥律仪的重视。书玉特别强调沙弥律仪对于出家者的重要性绝不亚于菩萨戒，所以其《沙弥律仪要略述义》只言"十戒"而不说"五戒"，那是因为五戒通于道俗，不必另说，而"沙弥十支戒相，是五篇三聚之基，

---

① 《沙弥律仪要略述义》序，《续藏经》第60册，第270页上。
② 《武林大昭庆律寺志》卷六《戒坛》，杜洁祥主编，《中国佛寺史志汇刊》第1辑，第16册，第98页，第245页。

二十四门威仪乃三千八万之本,必须清净守持,以为八德之要。凡受戒者,不可忽也"①。

书玉认为见月读体的《沙弥尼律仪要略》是"以春秋之才,而解戒相;用礼记之法,而辑威仪,若非穷究经律,博通传史者,则不能识其源委也"。所以书玉承继乃师之绪,"数十年来,恒以为念,因此朝夕黾勉,遍搜内外诸书,析义消文,积成上、下两卷,名曰述义,谓述其要略之大义也。"以使后之览者因跬步而登山,由初津而入海,达如来境界,事理宛然,"知一切治世语言文字,皆与实相不相违背也。"所以,他随于康熙四十七年(1708)撰成《沙弥律仪要略述义》。依书玉所说,《沙弥律仪要略述义》与其所撰《毗尼日用切要香乳记》应当互为参照,因为内容互有补充。书玉认为此"随律威仪,犹儒门之小学也。初心小众,皆宜习学行持,琢磨有渐,则道器易成"。但由于佛教整体状况的衰落,沙弥持律也日益松弛,"闻开,则切记于心;见遮,则视为故纸"。②

简单说来,书玉作《沙弥律仪要略述义》的目的主要是为了强调沙弥律仪的重要意义,而不在于探究事相玄义。如他说:

> 沙弥律仪者,明事之典也;云栖要略者,显理之书也。事即戒相威仪,理即无作戒心。事无理不明,理无事不显,事理一如,戒心明矣。盖如来大慈,说是戒经,使出家者,无为无欲,清净自守。③

但由于经律深奥,义广难明,故删繁取要,略而解之,"以世间法,释出世间法;以出世间法,显世间法。其间少研罪相,多于劝持者,意谓沙弥初入道门,未便预闻篇聚也。"书玉还强调说:"沙弥十戒,与菩萨戒,大同小异。菩萨十重,以杀戒为首,此沙弥戒,亦以杀戒居先。菩萨四十八轻,以敬师友戒为首,此沙弥二十四门威仪,亦以敬大沙门为第一。故经

---

① 《沙弥律仪要略述义》"凡例",《续藏经》第60册,第270页中。
② 同上书,第270页中、下。
③ 《沙弥律仪要略述义》卷上,《续藏经》第60册,第296页中。

云:是戒能为比丘戒之阶梯,菩萨戒之根本,直至成无上菩提。故须清净守持,勿令丝毫有失也。"①

基本与之同时,另有云居山真如寺晦山戒显订阅、黄山慈光寺石树济岳彙笺的《沙弥律仪毗尼日用合参》3卷。晦山戒显,字愿云,生卒不详,祖籍江苏太仓,俗姓王。虽然他是临济宗僧人,但与宝华山律门的关系是十分密切的。明崇祯十七年(1644),在鼎湖之变后,戒显哭庙燔书,弃儒业而登宝华山,从三昧寂光和尚出家。② 在《宝华山志》中收有戒显写的诗、赞、碑文共六首,由此可见,他和宝华山律门的思想是有着一定的内在继承关系的。

《沙弥律仪毗尼日用合参》曾于清光绪六年(1880)重刻,时天台教法嗣敏曦曾写有《补刊沙弥律仪合参跋》,文中说:

尽山河大地,形形色色,无非显吾心也,皆心之注脚也。七千余卷之大藏,千七百则之公案,无非明吾心也,亦心之注脚也。然则能悟心者,梵网诸经尚为赘语,何论乎沙弥律;传镫诸录,尚属陈言,更何待以合参,为沙弥律之注脚也哉!

宝华山诸代律师的精神都是重视对戒律的持守,而不仅仅是对其玄义的阐释。即使对被认为宽松的菩萨戒也是如此。所谓的持戒即是"要皆炼磨又炼磨",经数年或数十年,身如槁木,心似死灰,此则不戒而戒,不持而持,"其光明严净,有较胜于专持戒律,百千万倍者也。假令空论唯心而不知戒律,漫言悟心而不净毗尼,上者堕豁达空,狂禅招祸,下者堕大妄语。"他们并强调,"盖心地戒品,是一切佛本源,一切菩萨本源。而沙弥律仪,尤为一切比邱(丘)戒、菩萨戒之根本,且为一切参话头、破无明之根本。"③因此,只有发明律仪日用之妙义,才能成就慧身。

———————————————
① 《沙弥律仪要略述义》卷上,《续藏经》第60册,第296页中。
② 参见《宝华山志》卷六《敕建宝华山护国圣化隆昌寺观音·碑阴》,杜洁祥主编,《中国佛寺史志汇刊》第1辑,第41册,第211页。
③ 参见《补刊沙弥律仪合参跋》,《续藏经》第60册,第433页中、下。

3. 重整授戒羯磨仪式

宝华山律师们对传戒仪式的整治和设计是以读体和书玉为代表的。在经过两宋至明季的几百年间,禅学的兴盛对律宗和律学的冲击尤为明显。从明代开始,即有僧人对三坛大戒的仪法进行设计和应用。这种以汉月法藏和明末四大高僧为代表的律学复兴运动一直持续到清初,其主要内容即是对二部授戒仪的重整。因此三峰法藏的《弘法戒仪》和清初终南山超远根据《弘法戒仪》补充的《传授三坛弘戒法仪》都受到重视。在此基础上,读体的《传戒正范》奠定了后世中国的"三坛大戒"的基础。书玉的《二部僧授戒仪式》确立了授戒仪式,《羯磨仪式》则规范了传戒过程中的羯磨。

自清代以来,读体的《传戒正范》成为我国佛教界传授三坛大戒的范本,延续至今。对其意义,民国时弘一大师评价道:

> 见月律师弘律颇有成绩,由于其不得见南山著作,使其《毗尼作持》和《传戒正范》与南山律学颇有不同之处。同时,从明末至今,传戒之书独此一部,传戒尚存之一线曙光,惟赖此书;虽与南山之作未能尽合,然其功甚大,不可轻视。①

读体严净毗尼、大振南山,遂为天下戒学所趋,南山律学得以重振,宝华家风也远播四方。

书玉对僧尼二部授戒仪的贡献是《二部僧授戒仪式》二卷和《羯磨仪式》二卷。它们由书玉撰于杭州昭庆寺。《二部僧授戒仪式》、《羯磨仪式》也是书玉重要著作。与其他一些戒坛法仪出于律师或法师的制定和设想不同,《二部僧授戒仪式》成于康熙四十一年(1702)年底,其中设计的授戒仪是作者对其所见授戒仪式的追记。内容有两个主要来源:其一,书玉二十二岁时,参加了见月读体举行的授戒仪式。康熙六年(1667)春,昆山蜜照尼和尚同信众上宝华山设供,众学戒女随来求具戒。

---

① 《律学要略》,《弘一大师全集》第1册,第196页。

读体即集二部僧尼,为其作法圆具,行持半月。书玉即随侍左右,亲见二部僧的授戒仪式。① 二者,是其法侄松隐律师和巨源尼和尚传授三坛大戒,其与读体所行成规一致,由此将其所见之坛仪录成一册而成本文。② 由此可见,书玉的《二部僧授戒仪式》二卷和《羯磨仪式》,所设计的授戒仪是对社会上广为流行的授戒仪的辑录、认定和完善。

《二部僧授戒仪式》卷上是关于"授本法尼戒具十八法",下卷是"正授本法尼大戒具十八法"。"授本法尼戒具十八法"是:净坛敷座法、鸣椎集众法、僧中请师法、祝延圣寿法、赞礼三宝法、升坛白众法、请慈加护法(缺第八项)、僧集约界法、差教授师法、教授师出众问难法、自召人众法、从僧乞戒法、戒师单白法、正问难遮法、开道发心法、正授戒体法、本法尼往大僧中受戒法。"正授本法尼大戒具十八法"是:先陈乞戒法、敷设坛仪法、鸣椎集众法、正明请师法、祝延圣寿法、赞礼三宝法、升坛白众法、请慈加护法(缺第九项)、僧集问和法、白召乞戒法、单白问难法、开道发心法、正受戒体法、示记时节法、传授戒相法、后说四依法、回向出坛法。③ 书玉在其中设计了具体的方法、引礼、礼赞程序和羯磨词等。

至于羯磨仪式,经过南宋元明之后,"法渐式微,布萨、羯磨、寂无闻矣"④。而且禅门有列祖提纲,讲家有台贤教义,所以律家们定出一部羯磨仪式,使一切法不至于生疏茫昧。书玉重视羯磨仪式的作用,把羯磨仪式看成是纳戒的重要机缘。如他说:"浣染成净,须假羯磨,感发殷心,要藉仪式。缘成,则彼此事辨;缘坏,则能所皆非。若无仪式,作辨谁稽?"⑤故作《羯磨仪式》二卷,共二十篇二百二十四法,言律中所讲一百八十四种羯磨。上卷内容为"时事",下卷内容为"非时事",方便检索使用。所谓"时事"即是忏摩、布萨、安居、自恣,它们都以时而作。"非时事"是

---

①②《二部僧授戒仪式·缘起》,《续藏经》第 60 册,第 731 页中。
③ 同上书,第 738—742 页上。
④《羯磨仪式缘起》,《续藏经》第 60 册,第 745 页中。
⑤ 同上书,第 745 页下。

指一切成善治罚羯磨,它们有无不定。对于本《羯磨仪式》,书玉说其是研磨再四,补失删繁而成,"虽律宗纲要,不在于兹,而作办之体,大略备矣。"①但是他也强调,"律藏大部,总也;随机羯磨,别也;作持续释,详也;羯磨仪式,略也。如是或总、或别、或详、或略,随机行用,并为法要。既学律宗,必须博究毗尼,深明大部。"②

读体的《传戒正范》以及书玉的《二部僧授戒仪式》和《羯磨仪式》不仅对清代佛教的规范发展有着极大的影响,也奠定了中国佛教近代的传戒体制。

4.重视梵网菩萨戒,强调禅律的一致

宝华山诸代律师都十分重视梵网菩萨戒。他们对梵网菩萨戒进行不断注疏,并将其与比丘戒和比丘尼戒结合起来。

三昧寂光就非常重视《梵网经》,后人称其为"梵网捞世"③。他的主要著作有《梵网经直解》(或称《梵网直解》)和《十六观忏法》。《梵网经直解》作于明崇祯十一年(1638)秋,共四卷,以释《梵网经》的两卷。崇祯十七年(1644)冬,寂光于会稽戒坛放戒之时,又对此重加删润,以为定本,清顺治二年(1645)年秋刻成流布。④《梵网经直解》是寂光融会贤首教观以理解《梵网经》而成。寂光自称其《梵网经直解》为"直解义,唯备自观,若大智者,应阅云栖大师《戒疏发隐》"⑤。寂光的《梵网经直解》是继云栖袾宏的《梵网菩萨戒疏发隐》(自序写于1587年)、蕅益智旭的《梵网经合注》(成书于1637年)之后的另一部重要的《梵网经》注疏,一直受到后人重视。《梵网经直解》在清乾隆年间由福聚律师奏请入藏。

临济宗僧人德玉(1628? —1701)对《梵网经直解》评价说:"文理浩

---

① ②《羯磨仪式缘起》,《续藏经》第60册,第745页下。
③《虚云和尚法汇》"宝华三昧寂光律师",季羡林主编,《中国现代佛学大师著作系列》,第232页。
④ 参见《梵网经直解》前范景文的"弁言"和戒显的"后记",《续藏经》第38册,第722页上,以及第874页下。
⑤《梵网经直解》卷末,《续藏经》第38册,第874页下。

瀚,引证攸长,肤学者实难趣入,非悟戒体广学多闻,细心于经论律部者,亦不识三昧和尚之深心也。"因此,在寂光《梵网经直解》的基础上,德玉作《梵网经顺朱》二卷以释《梵网经》的上下两卷,"顺朱填墨,亦从《直解》中截出,间或别出己意,亦不敢杜撰,外三昧和尚法眼也"。德玉,四川果州人,俗姓王,号圣可。据其自述,他受戒于清顺治十三年(1656),出家后重于学禅而不及律。后在南北参学中抵"华山律堂",见其僧众威仪后,十分惭悔,"欲依学以赎前咎",但因为同行者二三友人牵制而未得深学。行脚事讫后,德玉回四川,并创开华严寺,禅律并行。德玉随后闭关三年,日课《华严经》、《楞伽经》和《梵网经》等。尽管德玉被认为从学于寂光,但他于宝华山停留多久难以考证。不过,他可能正是从此得到寂光的《梵网经直解》,所以当他回到蜀地日读《梵网经》遇到理解的困难时,才"展三昧和尚《直解》,谛究之年余,少有进益。"德玉作《梵网经顺朱》也正是"欲雪心澡身以赎荒戒之咎,并令肤学者稍识戒体,三十心十地根本戒用,十重四十八轻。端倪戒师有据,戒用有体,戒学有本,以黾勉躬行,证悟自性本有金刚宝戒也。"①

《佛说梵网经菩萨戒初津》是书玉对《梵网经》下卷的注疏,成书于康熙十四年(1675)冬。书玉从止行的角度分析重轻戒相,其写法基本与传统写法一致,只是疏前玄谈略有不同。明代袾宏的《梵网菩萨戒经义疏发隐》玄谈立为五门融会他宗,读体的《毗尼止持会集》开为七门以明通局,书玉则把他的《佛说梵网经菩萨戒初津》依华严大疏之法,开成十义。在对菩萨戒的理解上,书玉与德基也略有不同。如书玉说:"大乘律法自不同于小乘,故其中开遮持犯轻重,并不以声闻戒而定。惟依菩萨戒经也……三无漏学,以戒为基,菩萨木叉,普被诸有,但能解语,悉皆得受。"②

---

① 《佛说梵网经顺朱·序》,《续藏经》第39册,第1页上。
② 《梵网经菩萨戒初津》"凡例",《续藏经》第39册,第69页下。

禅律问题一直是佛教修行中的重要问题,也是历来律家们十分着意之处。他们或批重禅轻律之谬,或诠禅律一体之真。在《沙弥律仪要略述义》中,书玉也对禅律关系做了大段的说明,以强调禅净持戒修行的意义。

> 若初心不守律仪,放旷总成邪见,后心不达实相,勤修终属有为。若参禅不持戒,纵有空解,未免沉堕。故云:若无真戒,必无真慧也。离戒修定慧,名魔外因;离定慧修戒,名人天因。三学俱备,是成佛因。故听教参禅,继之五年后者,本欲增心增慧,三学齐修也。由戒净故慧净,由慧净,故戒净。如两手互洗,不分先后。①

书玉说,由于"去圣时遥,人多好胜,以禅教律三字横在胸中,各执所见,殊不知禅教律皆从如来一鼻孔出"。所以,"禅是佛心,教是佛语,戒是佛身,如是执之于身,闻之于耳,观之于心,则本源心地彻矣。"若参禅不由开导,但乃堆堆死坐,落圣亡外道,所以知理观未明,必须听教,依教起行,必须参禅。他强调:"通教不通宗,如蛇钻竹筒;通宗不通教,开口便乱道;宗教一齐通,如日照虚空;法法头头现,山川路有通。"②这在某种程度上也反映了他对禅律并举的努力。

5.持戒与咒语相结合

由于历史的原因和清代秘密教的流行,宝华山的律家们也重视咒语在持戒中的地位,因而他们在设计授受戒仪、戒律持守时还吸收了密教的咒语。

在如馨纂要的《经律戒相布萨轨仪》即已经出现对咒语的重视。文中不仅广集经律戒相,而且在设计仪轨时,对持戒者的行为举止都要求持诵咒语,如比丘每日三时课诵仪、传授锡杖偈咒仪等。读体也曾删补重纂《千手千眼大悲心咒行法》以为时用。《千手千眼大悲心咒行

---

①②《沙弥律仪要略述义》卷上,《续藏经》第60册,第273页上。

法》一卷本,或称为《大悲心咒忏法》、《大悲忏法》、《出像大悲忏法》,本由宋时四明尊者知礼根据唐代伽梵达摩三藏译的《大悲心陀罗尼经》所集成,以其成为指导天台门人修持的忏仪。全书分为十科,即(1)严道场,(2)净三业,(3)结界,(4)修供养,(5)请三宝诸天,(6)赞叹伸诚,(7)作礼,(8)发愿持咒,(9)忏悔,(10)修观行。读体将此书删文重纂,废除十科的分类,全文内容编为"一心顶礼十方常住三宝"、"一心顶礼本师释迦牟尼世"、"一心顶礼广大圆满无阂大悲心大陀罗尼神妙章句"、"一心顶礼观音所说诸陀罗尼及十方三世一切尊法"、"一心顶礼千手千眼大慈大悲观世音自在菩萨摩诃萨"、"一心顶礼大势至菩萨摩诃萨"、"一心顶礼总持王菩萨摩诃萨"、"一心顶礼日光菩萨月光菩萨摩诃萨"、"一心顶礼宝王菩萨药王菩萨药上菩萨摩诃萨"、"一心顶礼华严菩萨大庄严菩萨宝藏菩萨摩诃萨"、"一心顶礼德藏菩萨金刚藏菩萨虚空藏菩萨摩诃萨"。

　　读体强调咒语在持戒中的作用。因为菩萨行愿无边、法门无量,不论是沙弥、比丘还是为菩萨者,都要求他们在未秉戒之前重研毗尼偈咒,先令熟读行持。正因为对咒语的重视,读体的《毗尼日用切要》也采用了咒语。如书玉所言:

> 用此偈咒,束缚身心,令初学受戒人,于五尘境上,四威仪间,或早觉、或洗足,涉历事缘,皆即发弘誓愿:离诸过恶,持秘密咒,调伏三业,普令一切众生,均沾法利,同成觉道。①

他还要求,初学戒人和初发心人,须当读此日用偈咒,以勇往直前,统摄身心,制心一处,昼夜无间,精修善法,正其身心。以生处转熟,熟处转生,如是方可无事不辨、日新其道。因此,学戒者不得轻此偈咒,唯是持诵边事,当知皆是大乘菩萨所发上求下化之弘愿,及诸佛心印秘密之

---

① 《毗尼日用切要香乳记》卷上,《续藏经》第60册,第166页上。

妙法。①

也正是由于《毗尼日用切要》重视咒语的作用，所以它又被俗称为"五十三咒"。

三、宝华山律学的传播

清代以来，宝华山律学成为中国律宗的代表。宝华山的律学传承挺立于三昧寂光，扬名于见月读体，辉煌于文海福聚。正是文海福聚的努力使宝华山的律学上闻天听，传播到中国北方地区，并使宝华山律师的著作收入大藏之中。

1.福聚传律宗于中国北方

福聚对律学和律宗发展的最大贡献是赴京"放皇戒"，重传南山律学于中国北方。

雍正十一年(1733)四月，雍正帝诏谕和硕庄亲王，从各省遴选一千五百人进京受戒，并命福聚进京授戒。同时雍正皇帝还诏谕福聚可将放皇戒之意广为传播，如各省僧人愿意赴京受戒者也可进京。雍正十二年(1734)二月十三日，福聚携徒一百二十人抵达京城，十五日即得庄亲王引见，面见皇帝。雍正帝即命将京城悯忠寺改为法源寺，召福聚入住②。同月二十日，即命开皇坛传戒。二月二十四日，雍正帝又谕庄亲王带福聚师徒至圆明园，并赐紫衣四顶和御制诸经典等物以为赏赐。雍正帝并每班十人次第接见了福聚所携徒众一百二十人及所有一千八百一十九位纳戒者。③ 福聚于京城放皇戒一直持续到四月份，具体纳戒人数不得其详，但从雍正帝的态度以及短短几天的开坛，即有超过原定计划三百余人受戒来看，人数之多，应该是很可观的。

---

① 《毗尼日用切要香乳记》卷上，《续藏经》第60册，第166页中。
② 相传本寺是唐太宗为悼念征辽阵亡将士于贞观十九年(645)诏令修建，武周万岁通天元年(696)建成，或称为悯忠寺。
③ 《宝华山志》卷首《御制》，杜洁祥主编，《中国佛寺史志汇刊》第1辑，第41册，第5—7页。

雍正帝对这次放皇戒是很重视的,不仅厚赏福聚师徒,四月五日,雍正帝又一次召见了所有的纳戒者,并通过庄亲王诏谕所有纳戒者道:

> 尔等谕新受皇戒僧人等,夫持律讲经,因为佛制要务,若不明此本性,纵然持律,俱属空虚。必须明了本性,持律是为真持律,讲经是为真讲经,方为克尽持律讲经之道。如宗门更属紧要,彼又不持戒、又不讲经,若不了悟,实为佛门罪人,较之持律讲经之人,更属不可。
>
> 尔等新受戒众,荷蒙朕恩,得受皇戒,朕期尔等人人上达、各各了悟,方为不负朕恩也。再著询问伊等,如有向上者,情愿入内,闭关操持,以洞澈为期,朕以本分钳锤,令其透彻;如纵有一知半解,示莫出宫门。如在内居住,而又不能了明此事者,实为深负朕恩之辈,必将原戒追回,仍从重惩治。①

这次放皇戒不仅提高了宝华山在中国社会和佛教界的地位,也将自唐末五代一来一直扎根于南方的律宗传入北方,扩大了传统律学在北方佛教中的影响,律宗也因之焕发了生机。

福聚后坚请回宝华山,由其后学天月名实主持法源寺,因此世称天月名实为法源寺的第一代律祖。

2. 福聚请得"华山律部五种"入藏

福聚的另一贡献是通过他的努力,将宝华山前三代祖师所著的律宗五部著作编入清藏之中。

雍正十二年(1734)五月,福聚和尚即请庄亲王、和亲王转其折子,上奏皇帝:

> 臣僧念本山第一代臣僧寂光著有《梵网直解》四卷,二代臣僧读体著有《毗尼止持》十六卷、《毗尼作持》十五卷、《三坛正范》四卷,三

---

① 《宝华山志》卷首《御制·清世宗》,杜洁祥主编,《中国佛寺史志汇刊》第1辑,第41册,第7—9页。

代臣僧德基著有《毗尼关要》十六卷,诚乃戒律之楷模,可为苾刍之纲领。今蒙圣恩重修《大藏》,敬将三代著述,上恳天慈,收录末学,编入《大藏》,续如来之慧命,作后学之津梁,臣僧福聚,躬阐殊恩,不胜感格之至。①

雍正帝即命庄亲王和超善等负责此事,将上述诸书校阅明白编入大藏。此后,又亲自问庄亲王关于此五部等书入藏之事。庄亲王复奏,华山三代所著戒律著作能够入藏,但是其中内容或有重复,可酌量删去后再行编入。雍正帝并命,若有删改者,令福聚带往回宝华山删改整理。乾隆元年(1736)十二月,福聚上书和硕庄亲王、和硕和亲王,认为此几部著作,"咸属戒行之楷模,僧人之律典,解释详明,毋庸增注条分,缕细无可减删……实不能增损一字。惟《三坛正范》四卷乃阐扬作持,部内未尽精微,存之虽似涉冗繁,删之则作持部内又少发明,恐后学难于领会"。所以福聚将应否将《三坛正范》四卷删除抑或并存,等候钦定。后又有僧人超盛等奉命详加查看,认为《三坛正范》四卷中受戒仪轨与作持部分确实有所重复。删去后,将华山律部五种一并呈上。乾隆二年(1737)正月,上述五种著作奉旨准予入藏,收入于乾隆三年(1738)的《乾隆大藏经》中。②

宝华山律门从慧云如馨弘传戒法,三昧寂光中兴,开千华派律学,使宋元以来日渐沉寂的南山律学得以重振。其后读体住持宝华山三十余年,兴扬戒学,八坐道场,开戒七十余期,法嗣六十余人,门弟子以数万计,并使宝华山成为各方的模范。③ 宝华山的律学为明清以来中国律学的一面大旗,其法脉延续至今。他们对律学的弘扬和传播推动着

---

① 《奏请将宝华山律宗五部编入大藏疏》,《宝华山志》卷八,杜洁祥主编,《中国佛寺史志汇刊》第1辑,第41册,第329页。
② 参见《进大宝华山三代律师著述奏章》,《羯磨仪式缘起》,《续藏经》第38册,第772页下至第773页中;以及《宝华山志》卷五《释福聚传》,杜洁祥主编,《中国佛寺史志汇刊》第1辑,第41册,第192—196页。
③ 《得依释序文缘起》,《续藏经》第88册,第393页上。

中国近现代律学的发展和重兴。他们开创的三坛戒仪、传戒轨范等都对中国近现代佛教有重要的影响。时至今日,宝华山仍然是中国律宗的重镇。

第八章 清代华严宗

第一节 清初华严宗的弘传

清初华严,从地域分布上看,大致可以区分为南北二系。南方华严以雪浪洪恩(1545—1608)一系为主,其门下巢松慧浸、一雨通润的再传弟子苍雪读彻、汰如明河、含光等人集中于吴地弘传华严,其性质属于禅僧兼弘华严,通过以教证禅、禅解华严,继承了澄观、宗密等人禅教融合、禅化华严的思想特点。这是明末华严弘传的主流,在佛教界影响较大。另有柏亭续法(1641—1728)在浙江杭州等地力阐华严,长达五十余年,致力于华严教法的通俗化疏释,力求恢复贤首教观,成为清代华严宗重兴的代表教僧。在北地,则主要有承续于颛愚观衡的宝通贤首一派,影响广泛,远及清末民初。

若从华严法系上看,正传旁出之外,当时在南北两地还有众多在家居士修学华严观行,推崇华严信仰,华严净土观念更是盛行一时,其中尤以彭绍升的《华严念佛三昧论》影响最著。

一、清初南方的华严弘传

清初南方华严,主要为明末佛教界的雪浪洪恩一系。对此,明末清初的著名文士钱谦益(1582—1664),尝评述吴地贤首教学相承的情形,称:"贤首之宗,弘于雪浪。其后为巢、雨,为苍、汰,皆于吴中次补说法。瓶锡所至,在华山、中峰,两山云岚相接,梵呗相闻。"①文中提及的四位僧人,巢、雨、苍、汰,当时佛教称为"四公"。他们四人都归列于雪浪洪恩一系。正是在洪恩师徒的相继倡导下,三吴之地,成为明末清初江南弘扬华严教学的中心地区之一。

一雨通润(1565—1624)②,俗姓郑,苏州西洞庭山人。削发于本邑长寿寺,究心于大乘经论,旁通义学。尝至无锡,从雪浪听讲《楞严经》。此后追随雪浪,并与雪山呆、巢松浸等同参于华藏寺,深入《楞严》、《法华》等大乘经义。通润、巢松等随侍雪浪十余年,历住金陵宝华山、镇江焦山诸刹,直至雪浪示寂。此后,通润一度住常熟虞山秋水庵。不久,即应请迁住南京天界寺,"大弘雪浪之道"。时人尝称:"巢师讲,雨师注",是"雪浪之分身也"。③

正如雪浪洪恩一样,通润畅演《华严》,实由《唯识》而入。他尝称,"自贤首、清凉唱《华严》,人皆畏数逃玄,习者益少。本师(雪浪)唱演《华严》,实发因于《唯识》"④。唯识宗与华严宗都注重教义阐释,十重唯识观门与华严观行关系更是密切。通润历时十年,撰成《唯识标义集解》,广征博引《宗镜录》、《楞伽经》、《解深密经》、《瑜伽师地论》、《显扬论》、《杂集经论》、《俱舍论》、《因明正理论》等大小经论及《华严疏钞》等典籍,

---

① 钱谦益:《初学集》卷六九《汰如法师塔铭》,《钱牧斋全集》第 3 册,第 1577 页,上海,上海古籍出版社,2003。
② 有关通润的生平行历,参见钱谦益《初学集》卷六九《一雨法师塔铭》,《钱牧斋全集》第 3 册,第 1574—1577 页。
③④ 钱谦益《初学集》卷六九《一雨法师塔铭》,《钱牧斋全集》第 3 册,第 1575 页。

"靡不疏通证明"。①

通润嗣法于雪浪洪恩,"出世说法利生者十有六年","讲《法华》、《楞严》、《华严玄谈》、《唯识》者十二座。"因其讲演《楞严》、《楞伽》,故自称"二楞主人"。疏释之作,凡二十余种,主要有《法华大窾》七卷、《楞严楞伽合辙》8卷、《圆觉经近释》六卷、《维摩直疏》、《思益梵天直疏》、《金刚经心经解》、《梵网经初释》、《起信续疏》二卷、《瑠璃品·杜妄说辩谬》、《唯识集解》十卷、《所缘缘论论释发硎》、《因明集解》、《三支比量释》、《六离合释释》等。其弟子有弘法于吴中的汰如明河、继主于中峰的苍雪读彻等。通润在其《起信论续疏自序》中称,"是论之作,菩萨有释,贤首有疏,永明主此论而作《宗镜》。故集《宗镜》中互相发明者作续疏。言续疏者,是续贤首之疏,以显不外贤首,亦不尽贤首也。"②

在《法华大窾自叙》中,通润阐释了《法华经》与《华严经》相互发明之义:"予初习《法华》时,即知此经是如来自陈出世本怀,然不知妙法莲华命题之意。每于禅诵之暇,拈此四字,时时提撕,终无所解,及寻诸疏解,皆以法喻为名,终不释然。后读《佛华经》(即《华严经》),至《华藏庄严世界品》云,香水海中有大莲华,名种种光明蕊香幢,有十佛刹微尘数世界种,住在其中。又至《如来出现品》云,有大莲华,名如来出现处。跃然有省,乃知一切世界种,皆在自心莲华中住,一切如来,亦在自心莲华中住。所谓妙法莲华者,意在兹乎。于是将此二经置案头,展转披阅,然《佛华》文广而义周,易寻头绪,故开卷时,即有入处。《法华》文显而义幽,血脉难会,每一展卷,未尝不反复沉思,胸中着一疑团也。涵泳日久,而后灼见二经一贯之旨,故以二经大义合解,命名《大窾》。庶读《法华》者,藉《佛华》而知《法华》之要,读《佛华》者,藉《法华》而知《佛华》之详。如是不独常转《法华》,即《佛华》亦常转矣。"③

---

① 钱谦益:《初学集》卷六九《一雨法师塔铭》,《钱牧斋全集》第3册,第1576页。
② 通润:《起信论续疏自序》,《续藏经》第45册,第402页中。
③ 通润:《法华大窾自叙》,《续藏经》第31册,第674页上。

汰如明河(1588—1640)，俗姓陈，扬州人氏，别号高松道。十余岁时，披剃于本邑东寺，"究心于大乘方等诸经，兼工词翰"。此后，腰包行脚，遍参诸方，从学于一雨通润。随住铁山，继住中峰，先后应请赴杭州皋亭、吴中花山、白门长干寺等刹说法，人称"真雪浪之玄孙"，讲经说法，名重一时。汰如与苍雪是当时开讲澄观《华严疏钞》的僧人。据《塔铭》记载，"从上诸师，未讲《大钞》，苍、汰二师有互宣之约。"①可惜仅首唱一期，汰如就因病去世，未能遂愿。

苍雪读彻(1587—1656年)，云南呈贡人，俗姓赵。早年即随父出家于昆明妙湛寺。后入鸡足山，从寂光水月学。二十五岁时，发志遍参行脚。入吴中，终嗣法于一雨通润。其后，继通润入住中峰，在明季乱世举办讲经法会，曾于苏州宣讲《华严》、《楞严》。"雪浪之后，巢讲雨笔，各擅一长，二师殆兼有之，诸方所谓巢、雨、苍、汰者也。"②苍雪注重华严经本及澄观《疏钞》，尝称"《华严》一经，经王法海，非精研《疏钞》，不能涉其津涯，穷其奥窔"③。他与明河相约开讲澄观《华严疏钞》，一年两期，二人分讲。明河示寂后，苍雪一人独担讲任，先后在花山、中峰、慧庆、昭庆、锡山等寺，凡讲五期。至讲第六期《十地品》时，才因"病笃辍座"。至此，在苍雪主持下，"东南法席，于斯为盛"。

读彻颇重华严忏仪，曾撰修《华严海印忏仪》，凡四十二卷。并著有《法华珠髻》，颇具诗名，有《南来堂集》行世。在华严教学方面，读彻以传讲法藏、澄观著述为主，但并不以专弘为务。继之而兴者，则有明河汰如的弟子含松(1599—?)，曾讲《华严》。

入清以后，《法华》与《华严》同阐者，仍大有人在。其中，如金台传讲沙门大义，号半翁法师，于康熙三十四年(1695)刊刻《法华经大成》，自叙称："初游吴越诸大禅师门，后讨《华严悬谈》，考核十门五

---

① 钱谦益：《初学集》卷六九《汰如法师塔铭》，《钱牧斋全集》第3册，第1578页。
②③ 钱谦益：《有学集》卷三六《中峰苍雪法师塔铭》，《钱牧斋全集》第6册，第1264页。

教。间尝留意《法华》，遍考诸注疏，融会诸说。间有管见，而是集渐成。窃惟吾宗顺祖立三观，云华开十门，贤首判五教，清凉疏之钞之，一乘圆极之理大备……至于十门悬解，五教析理，三观修证，十玄圆融，具如《华严悬谈》并《法界观》，推本穷源，吾深有望于后之学贤首宗者。"①借《法华》而宣华严宗旨，其诠《法华》之格式，皆准于法藏等唐代华严祖师疏释《华严经》的释经定式，凡分十门，即一教起因缘，二藏教分摄，三义理分齐，四教所被机，五教体浅深，六宗趣通别，七部类品会，八传译感通，九总释名题，十别解文义。

另有云中来舟，号广度法师，主京师旃檀寺，称贤首二十八世。他一生弘法，凡三十余年间，未尝辍讲席。尝以《本生心地观经》自唐以来未有疏解，因考证群经，融会诸论，依照长水子璇疏释《楞严》的体例，积三年之功，著成《大乘本生心地观经浅注》，其中《悬示》一卷，卷一分本末，共成八卷。于康熙三十五年(1696)成书。

在贤首传法世系中，来舟列归贤首第二十八世。承贤首第二十四世明代无极明信(1512—1574)而下，中有第二十五世慧通、第二十六世仁魁及第二十七世海潮。这是明末到清初的华严法系传承。

来舟法师所撰《大乘本生心地观经浅注》一书，凡分悬示、科文、疏释等内容。其悬示，显然是仿效于清凉澄观《华严经疏悬谈》的格式，阐述了疏解本经的体例与格式，最能体现疏主依循新《华严经》疏释的特点。来舟对于经疏注释，凡列十门，即教起因缘、藏教所摄、义理分齐、教所被机、能诠教体、宗趣通别、品目次第、传译时年、总释名题和别解文义。他解说称："夫十门通判者，始于贤首，富于清凉。然随经定义，各有广略，如《华严悬谈》、《弥陀疏钞》，概可知也。"②于此可见，来舟法师把始创于法藏、终成于澄观的华严释经体例，运用于前代鲜有疏释的《大乘本生心

---

① 大义：《法华经大成》卷一，《续藏经》第32册，第337页中。
② 来舟：《大乘本生心地观经浅注悬示》，《续藏经》第22册，第854页下。

地观经》,颇能体现其宗归贤首的疏释立场。

来舟依据贤首五教判,明确提出了《大乘本生心地观经》的分判类型。"若以教摄经,正属顿教,分属终圆。若以经摄教,全收五教,更带人天,以经中具足五教人天义理故。"①在疏释具体行文中,来舟释华严圆教义称:"圆教者,明一位即一切位,一切位即一位,是故十信满心,即摄五位,成等正觉,依普贤法界,帝网重重,主伴具足,故名圆教。即《华严经》所说,唯是无尽法界,性海圆融,缘起无碍,相即相入,如因陀罗网,重重无际,微细相容,主伴无尽,十十法门,各摄法界故。"②这就忠实地坚持了华严圆教的本宗立场。

二、清初北方的华严弘传

明末清初,北方华严亦有传习相承,并表现出与南方华严不同的弘传特点,即在以教证禅之外,还注重华严教典的讲习。清初在北方兼弘华严的代表僧人即是嗣法于憨山德清的颛愚观衡,以及受其影响的宝通一系。

颛愚观衡(1579—1646),字颛愚,号华居,俗姓赵,河北霸州人。十二岁,皈依于五台山圆炤寺惠仁,法名观衡。十八岁,游历五台山,依空印镇澄修学三年,取字颛愚。"穷研经典,寝食俱忘。数载中,《楞严》、《法华》诸经,莫不了然心目间也。"③二十二岁,入燕京,赴明因寺讲席,得圆大戒,并识紫柏大师。辞空印、紫柏二师而南游,历齐鲁吴越,遍参知识,"初参雪浪和尚,次谒云栖大师。凡属当代宗匠,莫不访见,谘决心疑"④。既而飘南海,登洛迦山,礼观音大士。后至天台,登华顶,结茅习静,研《楞严》。二十九岁入粤,游南华寺,礼曹溪祖师,谒憨山德清,并嗣

---

① 来舟:《大乘本生心地观经浅注显示》,《续藏经》第22册,第858页中。
② 同上书,第858页中。
③④ 正印:《紫竹林颛愚衡和尚行状》,《紫竹林颛愚衡和尚语录》附卷,《嘉兴藏》第28册,第605页上。

其法。于此可见,观衡与憨山德清,学脉相关。他后来兼弘华严,也与德清相关。

观衡历游南北二京,及齐鲁吴越闽粤赣荆楚诸地,先后从学于达观真可、雪浪洪恩、云栖袾宏、憨山德清等名僧,终嗣法于德清。《新续高僧传》卷八称其"初侍空印,宗贤首,而禅宗印可于憨山。立法不为崖岸,不分门户"①。其嗣法弟子印正则称"得业于五台空印大师,嗣法于曹溪憨山肉祖师之说法也"②。可见观衡之学,受镇澄与德清二人的影响最大,并不以专弘一宗为主。他后来在北方弘传华严,同样属于兼弘类型。

观衡历住江西云居山、青原山等,晚居金陵紫竹林,故称紫竹观衡。世寿六十八岁,法腊五十四年。嗣法受戒弟子有元白可、德慧熹、方融玺、法玺印等数十人。

观衡在传统禅门中被归为"未详法嗣"。其著述颇丰,有《紫竹林颛愚和尚语录》二十卷行世,主要内容包括法语、书问、序疏、经解、传铭、杂著、诗偈及行状、塔铭等,由其弟子正印重编而成。

观衡虽无阐释华严教学的专门论著,但与德清等人一样,留下了许多涉及华严经教义学的文字。其中,最为著名的是他于崇德二年(1637)为德清《华严经纲要》所撰写的序文。此序集中体现了观衡对华严经教及其义学的总体理解。文称:"华严大经者,乃毗卢遮那佛称法界量,显现自性因果,本妙庄严,究竟圆顿总持法门也。文丰义富,事渺宗玄,要而收之,不出四法界而已。"③观衡与憨山德清一样,所接受的主要是清凉澄观对新华严经义学阐释,特别推崇华严的四法界思想。这与清初道霈、续法等人,或会通李通玄与澄观,或宗归贤首法藏,其华严学的阐释

---

① 喻谦:《新续高僧传》卷八,《高僧传合集》,第812页上,上海,上海古籍出版社,1991。
② 正印:《紫竹林颛愚衡和尚行状》,《紫竹林颛愚和尚语录》附卷,《嘉兴藏》第28册,第611页下。
③ 观衡:《华严经纲要序》,《紫竹林颛愚和尚语录》卷七,《嘉兴藏》第28册,第435页下。

取向颇有不同。

观衡对于澄观及其《华严疏钞》，推崇备至。他认为，唐代清凉澄观大师，以"文殊应身"出现于世，体法界观，开合《华严》，以六相十玄发其幽旨，以五周六分收其全文，分章剔义，义无不备，事无不周。以其博大包容，体现了《华严大经》的思想内容。

与此同时，观衡还进一步辨析了明末时期澄观《华严经疏》无讲于世的原因。他指出，"《疏钞》一出，自唐至明，代不虚讲。至于我朝神宗年次，亦讲未歇时。奈何二十年来，不闻有处论及疏义，究此玄宗。人与物俱为减消，身与心并之虚弱。事推容易，道懼艰难。无论黑白，皆为时气所夺也。即僧中辈为座主者，或经或论，不肯深求；或句或文，唯从轻决。以为简易，以为分明，反以古人疏论为迂谈，率以时尚口语为切妙。是以比来法席皆贵指点本文，讲解渐于虚浮，疏钞将同湮没……嗟乎！今之学者多识心浅近，因视古之疏论，谓智境支离。又则此时狭劣慢习，日滋日深，轻浅狂见，时染时厚。即于本经望涯而返，岂独古疏厌繁不寻？复有弄机缘作究竟，宗乘鄙藏经为糟粕文字，每掉头弗顾，掩耳不闻，何乃逐末忘本，认派迷源，颠倒至斯，何因启悟？邪风狂扇，一期难回。"①

观衡辨析华严不兴的原因，固然是佛教整体衰落的时代因素，但与当时义学沙门普遍以简易为尚、游谈无根的学风密切相关。有鉴于此，观衡明确主张，弘扬《华严》经义，必须坚持经本为主、兼重疏钞的为学立场，盛赞"清凉大师为本经之勋臣，我憨山先师又为《疏钞》之导师也"②。于此可见，观衡阐述澄观的华严教学，颇受憨山德清的影响。

观衡对于《华严经》的阐释，始终围绕着完成于清凉澄观的四法界观。他认为，华严宗要，不出四法界。身为禅师，观衡对华严四法界提出

---

① 观衡：《华严经纲要序》，《紫竹林颛愚衡和尚语录》卷七，《嘉兴藏》第28册，第694页中。
② 同上书，第694页下。

了禅学化的阐释：

> 盖四法界者，一、理法界。此界也，以真性法中，本无生佛名言，岂有自佛影像？世出世法，染净因缘，当体全空，究竟清净，不可思议，是谓理法界也。二、事法界。斯界也，即理法界，至虚而灵，净极而妙，不动本然，循业发现，顿变相见二分，幻开迷悟二两途，情与非情，圣凡依正，炽然同异，究竟所有，不可思议。三、理事无碍法界。是界也，即理外无事，事外无理。理不拒事，缚脱历然；事不拒理，生灭寂尔。波涛万殊而全彰水体，水性一味而遍示波涛。空有并施，性相不二，不可思议，是谓理事无碍法界。四、事事无碍法界。兹界也，合上三界，圆入一真，理事既不相违，彼此自是无碍。以事入理，理无尽，而事事无尽；以理收事，理无殊，而事理无殊。举一念而三世圆明，吹一毛而十方炳现。正中有依，一毛孔中有无量无边世界；依中有正，一微尘里有无穷无尽如来。一多互融，延促自在，不可思议，是谓事事无碍法界。①

观衡对《华严经》的推崇，还体现于诗文创作中。观衡行世之时，颇具诗名。而观衡的诗才，虽有世俗的影响，但根本上是源于佛教诗偈。其中，影响最深刻的就是《华严经》，特别是《净行品》。观衡称："佛经诸有颂偈句都不论，只《华严净行》一品，凡所见闻，皆诵四句，真诗之奥府，正见闻、正性情、正动止，莫尚于斯矣。"②于此或可看出，明末清初《华严经》的影响是多方面的，既体现于佛教修行实践领域，又渗透于佛教文学领域。

颛愚观衡受业于空印镇澄，又为憨山德清的嗣法弟子，据《宗教律诸家演派》载，金陵紫竹林颛愚观衡禅师，从观字起演派三十二字："观音旋

---

① 观衡：《华严经纲要序》，《紫竹林颛愚衡和尚语录》卷七，《嘉兴藏》第28册，第694页上、中。
② 观衡：《拟古长诗述志序》，《紫竹林颛愚衡和尚语录》卷八，《嘉兴藏》第28册，第445页上。

明，闻复清净；殊胜妙德，真实圆通；功超戒定，行越明一；智愿广大，福慧周圆。"①在禅系法派中，属于"未知世数临济下分支"。而观衡则称推为"衡当于此，乃临济三十世也"②。

作为兼弘华严的临济禅僧，颛愚观衡对后世华严宗的影响，主要是他与清代北方宝通系贤首之间的传承关系。尽管在观衡的传记文献中，或许由于其撰著者归属于禅派传承的原因，观衡受戒弟子中并未记载其弘传华严的弟子。但在《宝通贤首传灯录》中，观衡嗣法于空印镇澄，为贤首第二十六世，镇澄则为第二十五世。观衡再传不夜照灯，则为贤首下传第二十七世。清代北方华严，即以照灯所开创的宝通系为主体。

清代宝通贤首一派，始创于不夜照灯（1604—1682）。照灯为颛愚观衡弟子，北游开法于通州宝通寺。门下出玉符印颗，遂开贤首教宝通一系。

印颗（1633—1726）于康熙十三年（1674）继席宝通，为贤首宗第二十八世。其弟子有耀宗圆亮、滨如性洪、波然海旺、有章元焕等，时称"宝通四支"，为传贤首第二十九世。"宝通四支"的传法地域，主要集中于河北等地。这或许与宝通系贤首直承河北籍的紫竹观衡有一定关联。当然，更可能与历史悠久的五台山华严系传承具有地区上的相关性。

此外，清代有关《华严经》的撰著，现存有弘璧的《华严感应缘起传》 卷，撰者题为"吴郡邓山圣恩禅寺沙门弘璧"。其前引有称："夫华严感应，详略不同。《传记》、《纂灵》，散遗难考。今于《华严疏演义钞》内，节出教起因缘，部类传译，及《付法藏经会玄记》等，总立十门，详分次第。先明说经结集等事，次明翻译感应因缘。使探玄之士，不

---

① 守一空成：《宗教律诸家演派》，《续藏经》第88册，第562页中、下。
② 熊文举：《紫竹林颛愚观衡和尚塔铭》，《紫竹林颛愚观衡和尚语录》附卷，《嘉兴藏》第28册，第613页下。

阅疏而了然；持诵高贤，才展卷而在目。如海一滴，味具百川焉。"①其具体文本凡分十门，包括九会说经、围山结集、天龙护藏、龙树诵出、流传西域、法领请归、觉贤初译、喜学重翻、正彰感应、续集感通等。此书属于称颂《华严经》不可思议性的教化功能，反映了当时佛教界对华严信仰的基本理解。

第二节　道霈及其禅化华严

清代初期兼弘华严的曹洞禅僧，影响最大者是归属于鼓山派的为霖道霈。

为霖道霈（1615—1688）道霈嗣法于明末时期的禅僧闻谷广印(1566—1636)。②广印，字闻谷，别号掌石，嘉兴嘉善人，俗姓周。十三岁，入杭州开元寺为沙弥。开元寺为明中叶空谷景隆禅师的道场，"慨然有慕隆(即景隆)之志"③。闻谷披剃后，一度随西蜀仪峰和尚习禅，发愤力参。二十四岁，入云栖，受具足戒。二十六岁，从介山法师习天台。翌年，云栖大师开法净慈寺，任维那之职。

闻谷遍参诸方，学无常师，在传统宗门著述中，被归于"法嗣未详"④。据相关文献，闻谷受菩萨大戒于云栖袾宏，"朝夕请益，遂尽得云栖之道"。后参禅于龙池幻有，似于承大慧虎丘派之法脉。但其悟明心地，则又多源于自参自悟。如尝结茅棚于双径白云峰，影不出山者六年，终见黄瑞香花而忽然大悟。尝只笠北游五台，崇尚切实修行。钱谦益在《塔铭》中赞曰："呜呼！万历中方内有三大和尚，紫柏

---

① 弘璧:《华严感应缘起传》卷一,《续藏经》第 77 册, 第 636 页中。
② 闻谷广印之生平行实, 参见永觉元贤《真寂闻谷大师塔铭并序》,《鼓山永觉和尚广录》卷一八；钱谦益《闻谷禅师塔铭》,《牧斋初学集》卷六八；及《续灯正统》卷四二等。
③ 永觉元贤:《鼓山永觉和尚广录》卷一八《真寂闻谷大师塔铭并序》,《续藏经》第 72 册, 第 488 页下。
④ 参见《续灯正统》卷四二补遗《杭州府苕溪真寂闻谷广印禅师》,《续藏经》第 84 册, 第 647 页。

可公、云栖宏公、憨山清公，各树法幢，为人天眼目。三公入灭，魔外横行，喝棒错互，吴越之闲人，如中风狂走。当此之时，真修退藏，密传三老之一灯者，禅师一人而已。师痛夫世之盲参瞎悟者，以狂易之病饮涂毒之药，穷老参究，终不以悟自居。"①所以，云栖之后能继承遗绪者，非闻谷广印莫属。承云栖袾宏之脉，是清初佛教界对闻谷广印的基本评价。

闻谷禅师参学多方，游化南北，颇悉禅弊法病。就江南禅修来说，即便是像径山这样宋元及明初的江南禅修中心，亦存在多不如法的情形。有鉴于此，他"始创禅期于观音殿，继复结期于莲居永庆，英衲骈至，克期煅炼，多有喷地一发者"。经过多年修学，闻谷功夫益进，颇受仪峰老人之印可，洞明临济宗旨。

闻谷中年，主要在杭州一带弘法。其中，兴复杭州真寂院，颇具古禅者之风。"众至五千指，规约之严整，僧行之精勤，称江南法社之最矣。"②后杖笠南游，隐居建州一个废寺之中，历时三载。后又尝住居楚之黄安、建之宝善，皆有所成。

闻谷虽习临济禅法，却不拘于一宗一派，而是博学多闻，尝与无尽法师，修法华忏于胜果寺，颇入止观之境。他虽洞透祖关，却终不以悟自居，而是致力于对治种种世俗之弊，不愿开堂说法。尤可一提者，闻谷禅师深入经教，相当重视。据记载"教家三宗鼎立，师皆能洞晰其微，时或为众演说，闻者靡不心服，常与三宗诸师论议，屡能屈之。师游五台，时月川法师，出示正量论，师力辟其非，往返数日，川卒无以应。其化导法众，则禅教双举，不局一途，然必以尸罗为之闲，学者少逞知解，师必深锥痛札，未尝少假，期于爆断命根而后已，其于古德机缘，则多有偈颂，别出手眼，其问答语句，则机辩自在，绝无定轨，然皆严诫不许录，故知者鲜

---

① 钱谦益：《牧斋初学集》卷六八《闻谷禅师塔铭》，《钱牧斋全集》第3册，第1567页。
② 永觉元贤：《真寂闻古大师塔铭并序》，《鼓山永觉和尚广录》，《续藏经》第72册，第489页中。

矣，大抵师之一言一行，无非力为大法堤防，至有蒙众诮而弗恤，犯众怒而弗顾者，庶几使学者于衰残寥落之余，犹见汉官威仪，然后知师闲道之心独苦，而维世之功独深也。"①

闻谷广印主持丛林法席凡二十五年，建道场二所，度弟子千有余人。其得戒弟子，万有余人。他广结善缘，当时诸居家修学与之结交往来者，不下数百人。编集有《宗门警语》二卷、《语录》四卷等行世。

闻谷广印在晚年住于福建建州宝善寺时，时年十八岁的为霖道霈尝前往参学，闻谷老人授以念佛毕竟成佛之说②，示以净土法门，并取字"为霖"，荐举永觉元贤指导他参禅办道。元贤戒法，本自闻谷，而闻谷具戒于云栖。故元贤自称"禅本寿昌，戒本真寂（即闻谷），不可诬也。"③元贤又将云栖戒法传给道霈。因此，从元贤到道霈这一鼓山涌泉寺禅系的戒法，源于云栖袾宏。此外，云栖倡导的净土法门，也经由闻谷广印直接传给元贤与道霈。元贤和道霈都刊行了阐释净土修学的撰著。元贤撰有《净慈要语》，道霈则作《净土旨诀》。值得一提的是，从云栖经元贤至道霈，这一传承关系，对于道霈兼弘华严，当有一定的影响。道霈针对幽溪传灯基于天台宗义造《净土生无生论》，仿作《续净土生无生论》，明确主张融会净土与华严。这是表明道霈继承云栖袾宏阐述华严净土义的典型例子。

据道霈自述，其一生撰述甚勤，大多属于禅堂语录的辑集。这部分撰著计有，在鼓山编撰了《秉拂录》一卷、《鼓山录》六卷、《餐香录》八卷、《还山录》四卷。在温陵，则辑有《开元录》一卷。在玉融，则有《灵石录》一卷。在建州诸处，则有《旅泊庵稿》六卷、《法会录》三卷。其禅语集古之作，有《圣箭堂述古》一卷，《禅海十珍》一卷。其忏法修仪，撰有《八十

---

① 永觉元贤：《真寂闻谷大师塔铭并序》，《鼓山永觉和尚广录》，《续藏经》第72册，第489页下。
② 道霈：《旅泊幻迹》，《还山录》卷四，《续藏经》第72册，第673页中、下。
③ 潘晋台：《鼓山永觉老人传》，《鼓山永觉和尚广录》卷三〇，《续藏经》第72册，第579页上。

八佛忏》一卷,《准提忏》一卷。其修净业,则作有《净业常课》一卷,《净土旨诀》一卷,《续净土生无生论》一卷。佛经注释,有《心经请益说》一卷,《佛祖三经指南》三卷(亦称《沩山警策》一卷),《舍利塔号注》一卷,《发愿文注》一卷。其往复书问,则有《笔语》一卷。以上撰著,共计二十种,凡四十四卷。其纂述,有《华严疏论纂要》一百二十卷,《金刚般若经疏论纂要刊定记略》二卷,《护国仁王般若经合古疏》三卷等。① 除此之外,今收录于《续藏经》等藏经文献中,尚有《四十二章经指南》一卷、《法华经文句纂要》二卷、《佛遗教经指南》)一卷等。

  道霈阐释华严的著述,除作《续净土生无生论》,以阐华严净土义外,道霈最重要的华严撰著,乃是编集《华严疏论纂要》一百二十卷。

  道霈是嗣法于元贤的南方曹洞宗著名禅僧。据其自述,道霈二十五岁时,即开始修习《华严》,称"遂矢志生生依经修证,自是涵泳经文,研穷疏论,余三十年,粗知门户次第"②。对于唐译《八十华严》更是情有独钟,并由此而留心于澄观《华严疏钞》及李通玄的《新华严经论》(《华严经合论》)。凡一百二十卷之巨的《华严疏论纂要》,正是道霈禅师勤研《华严》的成果。

  在道霈有关华严经教的论述文字中,尝数处提及澄观清凉及枣柏大士李通玄,却几乎从未提及智俨、法藏甚至宗密等唐代华严祖师。如其《清凉国师赞》称:"乘愿而来,续佛慧命。入法界海,佩毗卢印。东流圣教,非师莫定。杂华大经,非师孰正。疏之钞之,字字心镜。涌真法乳,哺真法胤。巍巍五顶,草木皆香。万年坚冰,毛骨清凉。"③而在《枣柏李长者赞》则称:"生为帝胄,隐于方山。掀如来藏,破祖师关。即俗而真,即事而理。论法界经,字字归已。天女送供,猛虎驮经。心境俱寂,游杂华林。一念无生,超贤越圣。当阳拈出,

---

① 道霈:《旅泊幻迹》,《续藏经》第 72 册,第 672 页中。
② 道霈:《华严经疏论纂要序》,《旅泊庵稿》卷三,《续藏经》第 72 册,第 695 页上。
③ 道霈:《跋李长者十明论》,《鼓山为霖禅师还山录》卷四,《续藏经》第 72 册,第 663 页中。

毗卢正印。"①

对于李通玄的新华严经阐释,道霈还撰有《跋李长者十明论》。其文称:"华严第六现前地菩萨,寄位缘觉,以十门逆顺观察十二因缘,成般若门,三空自在,智能现前。枣柏长者既释之于论,又重以十义明其大旨,谓之《十明论》。其意盖谓十二缘生是一切众生逐妄迷真,随生死流转波浪不息之大苦海,亦是一切诸佛宝庄严大城,亦是文殊普贤常游止之华林园苑,恒对现色身,在一切众生前教化无有休息……若以戒定慧观照方便力,照自身心体相,皆自性空,无内外有。即众生心,全佛智海。又以空慧长养大慈大悲,入生死海教化众生,如莲华处水而无染污。若厌十二缘生别求解脱,如舍冰而求水,逐阳焰以求浆。若以止观力照之,心境总亡,智日自然明白,如贫女宅中宝藏,不作而自明,穷子衣中珠,无功而自现。此乃华严圆顿大旨,李长者特拈出指示于人,最为肯切。"②

在《旅泊庵稿》卷三《华严经疏论纂要序》中,道霈阐释说:"其八十卷经,清凉国师有《疏钞》,枣柏长者有《论》,世所盛行。《疏钞》则穷源极委,章分句析,不唯是此经标准,实乃如来世尊一代时教之标准也。《论》则广论佛意会归自心,不唯是此经阃奥,实乃宗门之阃奥也。禅者喜读《论》而不知《疏钞》之广大精微,讲者喜读《疏钞》而不知《论》之直捷痛快,两者皆失之也。道霈年二十五始遇华严,如贫获摩尼,饥餐王膳,悲喜踊跃,无以云喻……但《疏》、《论》异旨,悟者难于和会;文言广博,读者惮于浩繁。于是不揣漫于《疏》、《论》,纂其精要,合注本经,窃欲令大地含生凡厥有心者,同入斯门,启自心文殊决择妙慧,圆自性普贤恒沙功德。愿周法界,则毗卢是师;果办一生,则善财为友。于一毛端顿周尘

---

① 道霈:《跋李长者十明论》,《鼓山为霖禅师还山录》卷四,《续藏经》第72册,第668页中。
② 同上书,第668页上。

刹,参礼知识;于刹那际遍穷劫海,津济群生,仰报佛恩,少尽卑愿云尔。"①

除序文外,《华严疏论纂要》收录了自署"私淑弟子道霈"所撰的《清凉国师赞》及像、《枣柏李长者赞》及像,另收有《清凉国师传》、《李长者传》。其每卷题署则称,"五台山清凉国师疏钞、太原方山长者李通玄论、闽鼓山私淑比丘道霈纂要"。

据桂林谢大材《书刻华严经论纂要缘起》称:"大师(即道霈)虽主持宗门,而平生游泳《华严》,栖心法界,观其智愿广大,乃与毗卢、文殊、普贤及诸圣师声气相同,臭味相似,无间然矣。故四十余年来,探讨清凉《疏钞》,研究枣柏《合论》,焚膏继晷,手不释卷……然大士以利物为怀,四依以弘经是务,虑疏、论部帙重叠,后学难以受持,故十载以来,躬自秉笔,删繁取要,直注本经,命名曰《大方广佛华严疏论纂要》。"并评论此作的意义说,"自清凉、枣柏相传以来,将千有余载,未有精微广大、直截痛快若此者也。吾师岂惟清凉、枣柏之功臣,实乃毗卢、文殊之嫡胤也。"②浔阳熊官梅则在《重刊序文》中称誉道霈:"直接清凉、枣柏之心传,畅演毗卢遮那之妙谛,津梁后起,一片婆心……"③康熙二十二年(1683),其俗家弟子谢宏钟在《旅泊庵稿序》中则称,"既而又纂《华严疏论》二部,乃法门大典,刊布天壤间。盖欲得一二夙有灵骨者,从般若门,入华藏海,栖心法界,繁兴普行。庶藉此药其痼疾,挽其颓澜,不然何所砥止哉。自清凉、枣柏而下仅一见之,其卫道之功不可思议。"④明末时期,李通玄的《华严经合论》在参禅者颇受重视。道霈兼阐华严,发心编纂《华严疏论纂

---

① 道霈:《华严经疏论纂要序》,《旅泊庵稿》卷三,《续藏经》第72册,第695页上、中。另见华藏净宗学会印赠本,第5页。
② 谢大材:《书刻华严经论纂要序》,华藏净宗学会印赠本,第11页。另见张曼涛《关于华严经论纂要》,《印佛研》第13卷第1号,第256页。
③ 熊官梅:《补刊华严经论纂要序》,华藏净宗学会印赠本,第8页。另见张曼涛《关于华严经论纂要》,《印佛研》第13卷第1号,第256页。
④ 道霈:《旅泊庵稿》卷首,《续藏经》第72册,第685页下。

要》,反映了当时华严与禅修结合的趋向,迎合当时佛教修学诸宗并阐的时势。

《华严疏论纂要》的编纂形式,就是唐代阐释新译《八十华严》的二大家李通玄的《新华严经论》与澄观《华严经疏钞》摘要汇编,配释于经文之下。这将疏、钞、论合一的撰著立场,鲜明地反映了道霈试图糅合澄观、李通玄二系华严之学的努力。在明末时期的华严教学中,《华严合论》与《华严疏钞》成为兼弘华严者的重要二支。有鉴于《华严经》在当时佛教修学中经典指导方面所具有的重要地位,道霈敏锐地察觉到唐代华严经义学的阐释对于参禅与研教的指导意义。身为禅僧,道霈之所以撰著此书,其初衷并非为弘扬华严,而是有鉴于华严对于参禅的补益效用。这同样不出以教证禅的阐释立场。

道霈盛赞唐代清凉澄观、李通玄的经论疏释,显然是关注这些著论对佛教修学者发明心地、转迷启悟的现实有效性。因此,道霈所关注的是疏论基于"即心即佛"的生佛圆融统观对于佛教修学实践的指导意义,而并非基于唐代《八十华严》阐释华严教义学的理论建构本身。在此意义上说,道霈并非是专弘华严宗的专门学者,而是兼弘华严的禅僧。道霈作为明清之际曹洞宗僧兼弘华严者,其地位类似于清初临济宗僧中的颛愚观衡。

道霈对华严经学的阐释,主要体现于其评述中。如其"经前悬示"称,"疏论各有十门,取其大意,略立六段。一明处会品第,二分经之大科,三显经之宗趣,四判经属圆教,五示圆义分齐,六明所被之机……《疏》《论》稍殊,意各有在。"①

正如当时诸多佛教学僧一样,为霖道霈身历明清易代之乱,深感佛教修学对于《华严经》作为佛教崇圣意识与报恩观念的理想表达,通过《华严疏论纂要》的编集,还寄托了道霈通过《华严经》来表达佛法修行之

---

① 道霈:《华严疏论纂要》卷一《悬示》,华藏净宗学会印赠本,第53页。

于治世康宁的向往。因此，道霈在撰著过程中，多次举行礼忏、谢恩等佛教修仪，来表明态度的庄严神圣。如称"华严性海杳无边，疏论慈航任往还。纂刻微言功已竣，弘通终古愿尤坚。佛恩浩荡诚难报，法泽汪洋实莫宣。勿谓当机人不见，善财依旧向南旋。"①又称："尘尘佛刹，莫非法界真源；字字灵文，尽是遮那智海。私淑圣师疏论，采集大部精醇。如水银泼地，而珠珠皆圆；似琼枝雕琢，而器器尽玉。大功云竣，具疏陈情。切念(道霈)末法下凡，叨佛庥荫，衣食教海，得出火宅之门，动止兴居，常在清凉之境，慈恩浩荡，法泽汪洋，游泳华严，纂述疏论，窃窥圆顿之旨，深植见闻之因，经历六载，书刻告成，若非我佛愍念之恩，安成希有难思之业？虽捐躯而莫报，即殒命以何酬。唯资弘法之诚，少效轻埃之志。兹者将藏板于石鼓名山，期流通于阎浮末世……"②

道霈编撰《华严疏论纂要》，起始于康熙十七年(1678)③，完成并刊刻于康熙二十二年(1683)，历时五年。道霈寂于康熙二十七年(1688)，此著当是其晚年著作之一。只可惜此作刊刻后，在当时并未产生多大影响。直至清嘉庆丙寅(1806)，了堂法师发心再行补刻以广流通。

《华严疏论纂要》初刊后，初藏于福建鼓山涌泉寺藏经楼，但因其未能被收入包括《嘉兴藏》在内的佛教诸大型藏经之中，故世所罕见。直至1929年3月，弘一法师与苏慧纯居士邀游鼓山涌泉寺，方于旧经楼偶见此书。弘一见此稀世珍宝，欣喜万分，募集资金在上海刊印《纂要》。可惜仅刊行二十五部，其中十五部分赠日本各著名大学图书馆及佛寺，其余十部则分赠国内图书馆及少数佛学院。

---

① 道霈：《康熙癸亥腊月八日刊刻华严经疏论纂要告竣赋以志喜》，《旅泊庵稿》卷四，《续藏经》第72册，第719页下。
② 释道霈：《刻华严经疏论纂要告成礼忏谢恩疏》，《旅泊庵稿》卷四，《续藏经》第72册，第721页下。
③ 参见道霈：《起手写华严经疏论纂要求加被疏》，《旅泊庵稿》卷四，《续藏经》第72册，第720页中。

第三节 续法与清代华严再兴

一、生平与著述

续法是清代江南专弘华严教学的第一人。在贤首华严的传承法系中,续法华严第三十代传人。

续法(1641—1728),字柏亭(亦作百亭),自号灌顶,俗姓沈,仁和(今浙江杭州)亭溪人。九岁时,师从杭州天竺山慈云寺德水明源为沙弥。续法在慈云寺完成其内、外之学的始蒙教育,自称"习朝暮课诵、大小经忏,旁及《四书》、《诗》、《易》。"①在续法早年的学业生涯中,接受过传统经学及理学的基础训练。

顺治十三年(1656),十六岁的续法正式剃发出家。于慈云寺"日间收饭供众,夜晚礼佛持咒。"三年后,辞明源师,于南屏豁堂岩和尚座下求戒。

据其七十"自识实行"所述,续法的从学师资,主要为德水明源。此外,尚有内衡、圣先、灵沧、石公、景淳诸法师。主要修学、听习《楞伽经》《成唯识论》、《大乘起信论》及《华严悬谈》、《施食仪轨》等佛教著述。从二十岁至二十五岁,凡六年间,续法先参德水明源,于城山听《楞严经》,后往天竺听《梵网戒疏》。再随内衡法师,研究贤家诸祖教部,并从圣先法师、灵沧法师学性相宗。在此期间,续法参学多师,听习经论,学力大增。

德水明源(?—1666),名明源,时称"宝轮大师",为华严宗第二十九世传人。上承新伊太真(1580—1650),为云栖袾宏四世孙。据称,明源"三阅大藏,注释万言,洵为前辈指南"②。

续法对明源甚为推崇,在其《华严诸祖》中,更将明源列归为华严宗

---

① 《慈云伯亭大师古希纪》(自识实行),《续藏经》第88册,第393页下。
② 徐自洙:《浙江天竺山灌顶伯亭大师塔志铭》,《续藏经》第88册,第396页下。

传人。他说："先师宝轮大师,博极诸宗,尤于《华严》,宿有缘契,精研深入,心领神会。尝痛贤首未坠之绪,仅尔如线,誓愿振兴绝业,以继往开来。阐法后,力宏此宗,五教十玄,盖无时无处不高提圆唱也。著《五教解诮论》《论贤首宗未知圆义解》二篇,大旨谓贤首大师之离四以为五,非悖天台,实备天台之所未备。清凉绍隆之,即天台以清凉大师为大元勋,亦匪为过。中间晢两家之殊涂若镜悬,会两家之同归若璧合,且分铢不爽,纤累无偏,则又若衡平,向使悖悖者见此,应无从置喙矣。"①

续法对华严教义的理解,直承德水明源。德水明源撰著有《五教解诮论》《论贤首宗未知圆义解》二文,对唐代法藏所确立的华严五教判理论进行辩护,回应以蕅益智旭为代表的明末天台宗僧的持续批评。这一立场同样为续法阐释华严教义学思想所继承。

康熙四年(1665),明源为天溪受登(称"景淳法师")所著的《准提三昧行法》(亦称《准提持诵轨仪》)撰序,这似乎是其所撰写的最后文字。文称："夫陀罗尼咒,出于果位人口。非莲华眼,不能视其际;非金刚手,不能棒其体……如准提神咒,梵字无多,功效最胜。金刚智译本,载之详矣。然咒属总持,即称秘密。要知总莫总于真性,密莫密于惟心。若见此心,融归性地,则罪无可灭,福不足生矣。受持者可不识观心之要,乃以缘坛印守字声为专务欤……"②准提行法,作为明末时期佛教修学中颇为盛行的仪轨之一,在清初仍保持有广泛的影响。而天溪景淳本人,正是续法修学佛教仪轨的主要师资之一。在续法早期修学生涯中,立誓愿"每月施食六坛,夜夜变食出生",当受景淳之学的影响。

1666年,二十六岁的续法,完成了第一部、也是最重要的华严宗撰著,即《贤首五教仪》六卷。此书颇受德水明源的首肯,赞称"贤宗教观,今方备矣"。正是在这一年年底,续法受明源法衣,为云栖袾宏五世孙。

---

① 释真立:《贤首五教仪序》,《续藏经》第58册,第625页下。
② 关于德水明源《准提三昧行法序》,参见《续藏经》第74册,第547页上、中。

同时,明源还劝诫续法,"熟习经论本文,毋支离于诸家批注"①。

在续法的修行中,持咒与诵经是贯穿其一生的主要方式。

在出家之初,续法即于慈云寺"日间收饭供众,夜晚礼佛持咒"②。求戒时,续法因身体不适,即于观音大士像前,讽《楞严咒》,未逾三昼夜而得愈。三坛戒法,得以圆就。③对此,续法自称为"十九岁之难"④。二十七岁,据称"难过生日"。续法于《楞严咒》后,加如意陀罗尼一百零八遍。此后,续法加持释迦、药师、弥陀三佛名于楞严咒之前,加药师、往生二神咒于如意陀罗居之后。终其一生,续法早晚课之不缺,并更自号为"灌顶"。

"熟习经论本文",是先师明源的劝嘱,续法持之不辍。续法诵经的本文,主要包括《楞严》、《法华》、《圆觉》、《梵网》、《金刚》、《药师》诸经,至于《华严经》,则诵《名号品》、《问明品》、《净行品》、《梵行品》、《僧祇品》、《随好品》、《行愿品》等。在律论教典,则坚持读诵《四分律》、《起信论》、《唯识颂》和《法界观》。"一日五叶,细细记背,三昼一转,练为常行。"⑤

续法精进修学,颇具唐代华严祖师清凉澄观之遗风。他在三十岁之前,复究三宗(华严、天台、法相等教家)诸大部典,重作标本,以备遗忘。更删出《贤首五教仪开蒙》一卷。三十岁,排定《五教继证图》一卷。

《贤首五教仪开蒙》一卷,由续法弟子证询校刊而成,其前引概括本书内容称:"贤首大师判释一代佛教,不出三时、十仪、五教、六宗、三观。"⑥续法通过摘引法藏《华严五教章》、《探玄记》、《妄尽还源观》等所述,概括地解析了华严教义的五门内容,故称"以上五门,散在诸部,今为开蒙,略录如此"⑦。

至于《五教继证图》一卷,全称《贤首五教断证三觉拣滥图》,为续法方便讲述华严教义所创编的图解。其作前引称:"东传三藏,迨唐始足;

---

① ④《慈云伯亭大师古希纪》(自识实行),《续藏经》第88册,第394页上。
② ③ 同上书,第393页下。
⑤《慈云伯亭大师古希纪》(自识实行),《续藏经》第88册,第394页上。
⑥ 续法:《贤首五教仪开蒙》,《续藏经》第58册,第689页上。
⑦ 同上书,第696页上。

列祖判教,贤首方周。良由典诰既多,知见自广,约义判教,备所未备,是以后后胜于前前,贤首二十余部,清凉五十余部,圭山十余部,皆详教观断证。况五教断证,原出经论,前尚未来,后尽流至,人未之察,反曰无断无证,岂不屈抑佛祖也欤?(续法)痛心,遂准贤宗诸大部中,录出断证,排图贯线,庶使学者,于一家判释,明如指掌,无纤疑滞。果能从小发心,至圆妙觉,于中一一解行无谬,毕得断执障于莲华藏刹,证法界于毗卢性海,渐历顿超,又何难哉!此亦略示其梗概耳,若欲委明,宣阅教仪诸书。"①

学有所成后,续法受善信施衣礼请,就慈云寺登座开讲《般若经》。是为续法讲经之始。此后,续法集诸学徒,讲《楞严三转》。当时,适遇天溪景淳法师来访,对续法所作的《贤首五教仪》及《五教继证图》,颇表赞赏,称其为"毗卢佛之遣使,贤首祖之功臣"②。此后,续法所讲析的佛教经典,主要计有《金刚经》、《法华经》、《楞伽经》、《起信论》、《华严经》。华严教典,则计有《华严五教仪》、《华严悬谈》等。

在讲经弘法之余,续法勤于笔述,撰著甚丰。就其数量来说,堪与唐代法藏、澄观、宗密等华严诸祖师相比肩。续法一生撰著,凡二十余种,共六百余卷。综观续法撰著,约可分六类。

一是经论释抄。

包括《起信论疏记会阅》十卷、《药师疏钞》六卷、《观音疏钞》八卷、《金刚直解》五卷、《四十二章经疏钞》五卷、《观经直指疏》十卷、《楞伽记》三十八卷、《楞伽圆谈》十卷、《瑜伽施食经疏》十卷、《观音疏钞》、《弥陀略注》、《如意经疏》、《般若心经二解》(理性解与事观解)、《(佛顶)尊胜(陀罗尼)经疏(亦作释)》、《势至疏钞》(《楞严经势至念佛圆通章疏钞》)、《楞严经序释圆谈疏》二十五卷、《像想章疏》、《八大人觉经解》(亦称《八大人

---

① 续法:《贤首五教断证三觉拣滥图》(门人严指校),《续藏经》第58册,第696页中。
② 《慈云伯亭大师古希纪》(自识实行),《续藏经》第88册,第394页中。

觉经疏》)、《起信摘要》二卷、《兰盆会纂》八卷、《钞遗教经疏》四卷、《钞心经疏》三卷等。

其中，值得一提的是续法四十岁时(1680)编成的《大乘起信疏笔削记全阅》十卷、科文一卷。《大乘起信论疏》原为法藏所制，后由宗密录注，再经北宋长水子璇撰"笔削记"，凡二十四卷。戴京曾深感此书各自为帙，检阅不便，故提出制作会本，易于披对。续法遂合二十四卷，编成十卷。此书题为"清钱塘慈云沙门续法会编、顺天府府丞戴京曾阅定"。

二是华严撰著。

包括《华严别行经圆谈疏钞记》十二卷、《贤首五教仪》六卷、《贤首五教仪科注》四十八卷、《华严镜灯章》(亦称《法界镜灯章》)一卷、《贤首五教仪开蒙》一卷、《法界观镜纂注》二卷、《贤首五教断证三觉拣滥图》(简称《断证图》)一卷、《法界颂释》一卷、《法界宗莲花章》一卷、《法相图录》一卷、《贤首十要》二卷、《华严别行记》八卷等。

这些有关华严教典的阐释之作，主要完成于续法四十岁之前。《五教仪科注》四十八卷，为续法三十六岁时所著。此书今佚无传。《华严镜灯章》则由续法弟子如朗校刊而成，其前引称："昔藏和尚为不了事事无碍法界旨者设巧方便，于一暗室，中供五佛，像前各然一灯照之。取十圆镜，安置十方，面面相对，影影交涉。学者因此悟入刹海涉入重重无尽之旨。今亦就此一喻，以演贤宗百门。"①至于《法界宗莲花章》，则由弟子法贤校刊而成，其前引有称："森罗万象，至空而极。百川众派，至海而极。一切圣贤，至佛而极。一切教法，至圆而极。如来说经，华严而极。古德判释，贤首而极。故今依彼教观，开合五门百法，若非大经莲花，无由取喻开悟。"②

三十九岁，刻《莲花章》、《镜灯章》、《断证图》，三本同帙。

---

① 续法：《华严镜灯章》，《续藏经》第58册，第706页中。
② 续法：《法界宗莲花章》，《续藏经》第58册，第700页上。

续法四十岁时，募刻《五教仪》。戴府丞赠曰："身在云堂二十秋，静依禅观度群流。轩眉祇为谈经合，行药翻因问义留。梅坞渊源原不滥，慈云章草孰偕修。腊高德厚从来说，四十登坛君最优。"①

三是密咒经忏类。

主要有《如意咒经疏》一卷，《大悲咒释》、《准提咒释》各一卷，《西资归戒仪》、《瑜伽归戒仪》、《系念仪》、《放生仪》各一卷（见附于《天目云朗月禅师语录》二卷一册中。云朗了月禅师（1768—1820）述，嗣法门人达梵、达樾等谨编）。《焰口仪疏》十本，《焰口摘释》一卷。续法晚年还发心刊刻《万佛忏》、《报恩忏》、《弥陀忏》、《七佛药师忏》、《改订观音忏》各三卷，并《华严别行品经》，便于四众一日礼诵。又《仁皇忏》三卷，以祝圣祖不可思议之弘恩；《保蚕忏》三卷，以佑兆民时和年丰之利赖。《课诵诸经全集》二卷、《焰口施食广略二解》十二卷。《万佛忏》、《观像章疏》、《持验因果记》、《大悲准提咒解》、《瑜伽归戒》。出《显密翻译名义》、《焰口略释》、《放生仪》、《放生剃度归戒仪》各一卷。纂《课诵诸经全集》二卷。

四是戒律教化类。《毗尼香乳记》、《昭庆羯磨仪》并述序、《毗尼切要蒙解》、《沙弥广解》二卷。

又《金刚开蒙注》、《开道注》、《开悟注》、《心经开蒙注》共四集，便三乘人，一目了然。

五是净土与禅宗史类。《弥陀经解》、《吟净土百咏》、《西资归戒》一卷，《佛祖纲宗》四卷，《贤宗十要》四卷，《华严宗五祖略记》一卷，《注沩山警策》一卷，《科提玉林国师工夫、客问二说》，述《传心四集》。续法另撰有《华严宗佛祖传》十四卷（雍正四年，1726），未刊刻。

六是杂著述类。《法华圆谈科注》十七卷，《持念因果记》、《念佛异征记》、《乐邦净土咏》、《醒世善言》等。其他寺志等作，则有《上天竺志》、《慈云志志》八卷、《仁寿志》、《楞严志》，板存各寺。刻《灵感签经》及《神

---

① 《慈云伯亭大师古希纪》（自识实行），《续藏经》第88册，第394页下。

异传》。

此外，续法博通儒典，尝撰《序四书》、《序图章解》、《纲鉴》、《随笔》、《问道说》、《觉迷录》、《醒世善言》等，"皆深入性理，足以知其通儒也。"①

三十八岁，赴戴京曾（复斋先生），述《势至疏钞》一卷。

是年，撰《华严宗五祖略记》一卷。另编有《法相图录》一卷，更出《四十二章经疏钞》五卷。

四十一岁，著《观音疏钞》五卷。

续法于三十九岁时，于慈云寺，开为丛林，厨库浴圊，充拓广大，禅堂安众，潴池放生。"春讲《法华》，夏论《起信》，中元启兰盆期，设无遮会，秋演《楞严》。"②续法历住杭州圣果寺等。在杭州、嘉兴、湖州等地，曾数度主讲"《华严经》会"、"《般若》讲期"、"《金刚》讲期"、"《楞伽》讲期"、"《法华》讲期"、"《弥陀疏钞》"等。

在续法晚年，曾集刻《贤宗十要》并《贤首传》；并撰《华严别行记》八卷；成《圆谈》二卷。兼出《华严字母释》及《普庵咒》。

清代以续法为代表的华严学复兴，其最显著的思想特点，就在于维护法藏所奠定的华严五教判。续法的思想资源有二，既是唐代华严学、特别是法藏华严学阐释的继承，更是上承宋、元代华严学的阐发。其思想效应亦有二，既是对华严教义学的维护与辩护，更是对宋代以来天台与华严之诤的回应。

从明末云栖袾宏到柏亭续法的世系传承，即是续法所推定的华严宗传承。"凡二十六传，至莲池大师，讳袾宏。大弘净土之教，为末法慈航，即师之高高师祖也。二十七传。则有土桥绍觉法师，名明理。二十八传，则有莲居新伊大师，名太真。二十九传，而为乳峰焉，称德水法师，讳明源，号宝轮……而师（即续法）实受其嘱法焉。"③据此以推，续法当为传

---

①②《慈云伯亭大师古希纪》（自识实行），《续藏经》第88册，第394页下。
③徐自洙：《浙江天竺山灌顶伯亭大师塔志铭》，《续藏经》第88册，第396页中、下。

承华严教的第三十代。由此上推莲池袾宏为清代中兴贤首的先导祖师。如宋代晋水净源一样,续法同样重视华严的法脉传承,致力于宋元以降、特别是明清时期华严法系的推定与确认。

> 幸我乳峰得水大师(即德水明源)自弘法以来,朝夕提撕,时为演唱,特未布诸方策,普令一切见闻耳。(续法)虽忝轮下,性极颛蒙,昼夜参随,日渐熏熟,窃谓此皆贤家所传心法,若不传于后叶,在己则有恪法之愆,在他安得正眼之益?爰将先师常所乐说者录之,复寻诸大部中所切要者集之。十余年间,考阅再三,穷思至四,始成六卷,名之曰《五教仪》。庶得华严宗旨弥播于尘寰,法界心印重光于昔日。灯灯相续,化化无穷矣!①

二十六岁时,续法重治《华严五教仪》成六卷(即《贤首五教仪》)。二十八九岁,更删出《五教仪开蒙》一卷。《贤首五教仪》既是续法的成名之作,亦是其阐释华严学的代表之作。

自五代宋初的谛观法师撰著《天台四教仪》以来,天台教观体系全面确立,对宋代天台与华严的教观之争,华严一直居于下风。

续法阐释法藏五教判理论,提出重新组织,充实了华严教判思想。续法在《贤首五教仪序》中称:"其立教也,有始有终,有顿有圆,断则断其厚薄,证则正其浅深,位则品其高下,行则定其远近,显法相若然烛之朗,明拣机益比析薪之分剖。其判宗也,有小有大,有性有相。相则妄相为相空则真空亦空,顿则无所不绝,似影离于天日;圆则无所不融,如像含于海空。其分时也,有先有后,有别有通。非先无以知其为开渐之顿,非后无以知其为摄末之本,非别无以见说法之次第,非通无以见教理之圆融。其叙仪也,有本有末,有显有密。非本无以了一乘之顿实,非末无以识三乘之权渐,非显无以抉决其一定,非密无以测度其不定。其明观也,有方便,有因缘,有对法,有观门,有六相,有十玄。非方便无以辩修证,

---

① 续法:《贤首五教仪序》,《续藏经》第58册,第627页上。

非因缘无以明德用,非对法无以解无尽,非观门无以入法界,非六相无以显圆通,非十玄无以彰无碍。何者?凡夫见色为实色,见空为断空,故开真空绝相门,使之观色非实色,举体是真空;观空非断空,举体是幻色,如是于理则见矣,于事犹未也。复开理事无碍门,使观不可分之理,皆圆摄于一尘。本分限之事亦通遍于法界。如是以理望事,则可矣,以事望事犹未也。又开周遍含容门,使观全事之理随事而一一可见全理之事随理而一一可融,然后一多无碍,大小相含,则隐显施为,神用不测矣。教观既周,时仪已备,则判释诸佛说法仪式至矣,尽矣,无复加矣!以此自修,无法不通;以此教他,无机不被。"①

自《佛祖统纪》华严教义学"有教无观,无断无证"以来,竟成之见,教观与时仪并立,教观双美,突出华严之为圆宗的教义学地位。

续法在其《集刻五教仪缘起》中曾历数自己研习华严教理的一生,称"《五教仪》者,诸佛说法之规矩,历祖判释之权衡也。教理智断,皆出乎此;行位因果,亦不离此。一乘由之而成三觉,大乘由之而阶三道,三乘随之而超三界,人天仗之而越三途,是知舍此无以莹煜乎自体,去此无以化导乎众生,外此无以宏扬乎佛教,绝此无以传持乎祖印,远此无以津梁夫末世,背此无以救疗乎饥时,故此一书,诚法门中之要典也。噫!诸祖教部,卷多义广,末学惊心,罔知所适。予初参即以为虑,自庚子(1660,顺治十七年)夏,蒙先师授清凉《玄谈》,遂录出贤首教仪诵之。辛丑(1661)春,偶于坊间得贤首五教仪,检之乃西蜀道闲潜法师本也,亦全依华玄中教仪、宗趣、义理三门,疏钞录成八卷,持呈于先师,师曰,此乃清凉教仪,非贤首教仪也,现具华玄,何劳多此?乃复授以贤首《教章》,予即录出分教开宗、所诠差别二门,到此始知有贤首宗、清凉宗之别。壬寅间(1662,康熙元年),阅《佛祖统纪》,谓贤家有教无观,无断无证,遂以此说请决先师,师以《五教解诮论》、《贤宗未知圆义解》三章,开示之。癸卯

---

① 续法:《贤首五教仪序》,《续藏经》第58册,第626页中、下。

春(1663,康熙二年),复将贤首、清凉二祖判释时仪,及杜顺《法界观》,合录一帙,求证先师。师曰:'观师集四教仪,录义也,非录文也,汝今集五教仪,文义双取,可谓得矣,非昔人单录华玄、单录教章之可比也,汝再研之,还有无尽妙意得焉。'乙巳年(1665),有一同学在莲居听《唯识》,语予,清凉十宗似为错谬,予未之对,重为考《华严》、《起信》、《般若》、《行愿》诸疏,及圭山《圆觉广略钞》、高原《真唯识量》等解,始知清凉立无差忒,但后学肤浅,读彼不读此,致多讥刺耳。丙午夏(1666),重治教仪,将三宝章之方便,会入观中;取《禅源诠》之辨异,会入宗中;《圆觉疏》之空性五门,《教义章》之机益,《会玄记》之通妨,并会教中,《会玄记》之出没三照,《指归》中之经时,《禅源诠》之说意,并会时中,就正于先师。师首肯曰,'贤家要旨,今方备矣,较前觉得教观斗星,时宗眉目,断证位次,犹如镜像,性相空义,似为掌果。'丁未(1667),痛师逝,闭户数载,再四研磨,逐一对会,弗令要义有所遗漏,缺者增之,涩者润之,倒者次之,讹者正之,复删出《五教仪开蒙》一卷,日为常课。庚戌春(1670),排五教断证图一纸,便人观览,壬子冬(1672),天溪景淳和尚至,亦以《五教仪》并《开蒙》、《断证图》请正,和尚合十称曰,'贤首家之得人也,毗卢佛之遣使也。'癸丑春(1673),至甲寅冬,《楞伽圆谈》十卷稿成。乙卯秋(1675),脱五教仪六卷稿,兼讲一遍,乙卯冬至戊午夏,出《五教仪科注》四十八卷。书成矣,未梓,迨己未秋(1679),欲论教仪,诸弟子苦录不及,改演楞严,因而请先募刻,予亦发心未果,偶见云栖集中有云,工大施微,心力多则功自不朽,遂于九月望旦,立千佛愿单,一愿一钱,一单十愿,时岵瞻戴先生并大公郎仁长,并加赞善,愿领数单,继而訚中法师,同门诸兄,及余知识檀护,各各乐助,即于庚申(1680)新正刻始,及门中月标指又哲贤启南询三人阅,至八月告成,是则纂集此书也。十五六年,募刻此书也。三百余日,所冀学者,从凡入圣,回小向大,转权成实,自因至果,生生利生,世世救世,是所愿也。果能依此修持,不入毗卢性海,乃至读一言半句,不解其教,不悟其理,我堕耕犁,受妄语报,倘有见闻,生疑起谤,所招罪报,缘佛法致,愿我代受其苦,所植善种,因自发心,愿彼早成其果,览者鉴之,将欲流通,详记集刻之事如此。"①

在《五教仪开蒙叙》中,续法记称:"丙午(1666)出教仪六卷,欲诵之而未能也。己酉(1669),略成一卷,练习之以为日课,久久渐得其奥妙。初集录也,知教观之创于华严诸祖。次阅藏也,知教观之本于经论。后精纯也,知教观之从于自心流出,不从遮那佛口所宣。从兹于如来一代时教,或判或释,无有不当者矣。乙卯秋(1675),讲全本教仪一遍,听众茫然。辛酉(1681)再讲,落堂考之,众亦不知教观义之终始,此皆不熟究之故也。遂于箧中,出是略本,普令录之,昼夜研诵,然后各各庆其不月而工成,教观义果,灿发于心花,入室礼谢时,问之,果然豁通而无碍焉,因请梓流传。予曰,详而又略,不亦赘乎?众曰,详之略之,各有其益。非略本不能开蒙童,便记诵,非详本不能训久学,施化导,苟能利于生物,幸无秘惜也。壬戌春(1682)募资刻之。盖大千之人,莫不有法界心;具法界心者,莫不以教观昭廓。俾现前知见而成普贤甚深知见,则此略本,非仅应蒙童之求耳,实为行远登高之要诀也,学佛法者,顾可负诸。"②

关于续法的一生,据徐自洙所撰《塔铭》称,"其一生梗概,心不违如来之训,性不染尘俗之累,体不损沙门之表,行不违法律之经。目不视非仪,口不食重味,手不释念珠,胁不触尘榻,足不履邪径,宿不离衣钵。入污泥而不染,处混浊而不淆。以清净弘法门,以智能为福果。皇皇于超济,汲汲于普渡。不以一行自高、一功自许。人有归依者不俟请而往,有求益者不待愤则启矣。虽幼稚不简于应接,纵傲狠不惮于开诱。洵乎佛祖之化身,众生之模范也。"③这种评论显然源于《妙觉塔记》对于澄观的评论。也许在撰者的心目中,续法俨然是澄观再世,完全了清代华严澄观形象。

---

① 续法:《集刻五教仪缘起》,《续藏经》第58册,第687页上、中。
② 续法:《五教仪开蒙叙》,《续藏经》第58册,第688页下。
③ 参见徐自洙《浙江天竺山灌顶伯亭大师塔志铭》,《续藏经》第88册,第397页下。

续法门下弟子众多。其付衣传法者,有长明、月标、姚园、悦峰、仁寿、旭如、曹源、可久、筏喻、剑眉、东来、弘苑、报国、与安、兴福、玉山、马鞍、默闻、凤山、明藏、拈花、大振、北京、体闲、慈云、启南、上竺、培丰、慈裔、正中、天怀等,通计二十余人。嗣其法者,主要有培丰、慈裔、正中、天怀四人,堪称续法门下的"四杰"。这四位弟子同时也是清代弘传华严的教僧。①

据守一空成所编《宗教律诸家演派》记载,柏亭法师一派,其续演六十字:"忆念常清净,闻思悟睿聪。戒定忍慧力,万善总归功。华藏圆融观,赡养圣贤宏。寿光照无量,能仁教道隆。京兆总持旨,海印炳现胸。如勤静思虑,永振祖家风。"②

二、思想与影响

续法一生,著述宏富,精力过人,广涉佛教诸经、律、论。续法的华严教学阐释,与宋、元及明代的华严学理解,重点在于明确表达对华严宗实践创宗者贤首法藏的思想回归,而不是继承澄观、宗密等人所倡导的华严与禅宗的结合,或者像云栖袾宏等人那样主张华严净土的阐释。

从中国华严宗发展的历史脉络上看,续法对华严教学的阐释,与宋代华严学的关系,则把忏仪方式更加普及,由于时代环境的变迁,华严教学的影响更多地局限于讲寺之中,并无较大的社会影响。但清代的华严学修习,并未完全同于宋代华严学的经院化趋向。续法在注重培养弘法僧材的同时,还重视华严教学的普及。其华严阐释是经院华严与通俗华严的结合。续法一生专宗华严的思想成就,主要涉及如下数个方面。

首先,面对明清之际佛教禅宗、天台、律宗等新派系的相继涌现,续

---

① 参见《上竺灌顶大师嘱法语》,《续藏经》第88册,第398页中、下。
② 守一空成:《宗教律诸家演派》,《续藏经》第88册,第566页上。

法通过对华严传法世系的重新厘定,最终促成了华严传法世系的全面确定。这是自宋代以降华严传法世系的重要成就。续法的华严世系说,对于清代华严、特别是宝通一系的华严传承产生了直接的影响。

不同于宋代华严七祖或五祖之说,续法提出了另一种类型的、更为完整的华严传法世系。他不仅更进一步确定了唐代中土华严宗的法统谱系,即华严初祖帝心和尚法顺、二祖云华法师智俨、三祖贤首国师法藏、四祖清凉国师澄观、五祖圭峰大师宗密,而且还下贯宋、明及清初,从而真正确立了中国华严传承的世系传统。这是续法对华严宗的最引人注目的贡献。直至后世,追溯中国华严宗的传法世系,皆依续法之说。①

徐自洙所撰《塔志铭》记载,续法在其临寂前所完成的《华严宗佛祖传》十四卷(或即是《新注华严佛祖传》),确立了完整的华严世系:自宗密而下,"圭峰传彻微,彻微传海印,印传法灯,灯传长水,长水传伯长,伯长传中和。中和传佛智。佛智传玉峰。自玉峰而后,有性空、竹坡、洁庵、珍林、聚英、春谷、一云、古峰、止翁、达庵、鲁山、遍融等,由是一十二传,历唐、宋、元、明,各建法幢……凡二十六传,至莲池大师袾宏,大弘净土之教,为末法慈航,即师之高高师祖也。二十七传,则有土桥绍觉法师,名明理。二十八传,则有莲居新伊大师,名太真。二十九传而为乳峰焉,称德水法师,讳明源,号宝轮……三阅大藏,注释万言,洵为前辈指南,而师实受其嘱法焉。"②自唐代以降的华严宗传法世系,至此朗明于世。传法世系的持续性,向来是推崇祖师教化的中国化佛教宗派的一大特色所在。明清之初,最具影响力的天台教僧"幽溪大师"无尽传灯和"灵峰大师"蕅益智旭等人都关注天台宗传法世系的明确建构。至于推定华严宗的世系法脉,无疑应归功于柏亭续法。所以,蒋维乔在其《中国佛教史》

---

① 镰田茂雄:《简明中国佛教史》附录《华严宗系谱》,郑彭年译,第324页,上海,上海译文出版社,1986。
② 参见徐自洙《浙江天竺山灌顶伯亭大师塔志铭》,《续藏经》第88册,第396页中。

中称:"自柏亭大师研考经藏,于华严宗之源流始末,辨析异同,此宗系统,始厘然分明。"①

其次,续法把华严释经学方法运用于众多的佛教经释之作中,对于后世(如通理等人)的华严经学疏释产生了直接的影响。特别是对于天台教家在教观论、断证论等思想义理的抨击,更是通过诸多撰著做出了自己的回应。

如对于华严教义"无断无证"之论,续法曾撰《贤首五教断证三觉拣滥图》1卷以辟之。在此作前引中,续法称,"东传三藏,迨唐始足。列祖判教,贤首方周。良由典诰既多,知见自广,约义判教,备所未备。是以后后胜于前前,贤首二十余部,清凉五十余部,圭山十余部,皆详教观断证。况五教断证,原出经论,前尚未来,后尽流至,人未之察,反曰无断无证,岂不屈抑佛祖也欤?(续法)痛心,遂准贤宗诸大部中,录出断证,排图贯线,庶使学者,于一家判释,明如指掌,无纤疑滞。果能从小发心,至圆妙觉,于中一一解行无谬,毕得断执障于莲华藏刹,证法界于毗卢性海,渐历顿超,又何难哉!此亦略示其梗概耳,若欲委明,宣阅教仪诸书。"②无论是贤首国师法藏、清凉国师澄观,还是稍后的圭峰大师宗密,在他们阐释华严义理的著述中,莫不对教观、断证做出了阐释。为了让学人了解华严教观、断证的修持阶位,续法尝试着通过图示的简明方法,把华严宗的教观、断证进行了图文结合的说明,其图称"一乘不共教无尽妙觉根本佛性无障碍法界"。

此图初制于 1670 年(康熙九年,庚戌)春,其后数易其稿,终刻于 1681 年(康熙二十年,辛酉)。在此图决定刊刻后,续法再次提示称:"若作迷本逐末看,竖则先上次下,横则先前次后。若作返妄归真看,竖则先下次上,横则先后次前。人但知小、始、终、顿、圆,不知圆、顿、终、始、小。

---

① 蒋维乔:《中国佛教史》卷四,第43页。
② 续法:《贤首五教断证三觉拣滥图》前引,《续藏经》第58册,第696页中。

今特图出之,令作两观。以见其行布中,而实圆融无碍焉。"①这就明确表达了行布中见圆融、终以华严圆教为旨归的立场。

再次,续法顺应清代佛教注重佛教信仰与仪式实践的时代特点,在寺院弘传华严教学的同时,还把忏仪活动、民众教化与佛教信仰结合起来,从而扩展了佛教在江南地区的影响力量。

自宋代以来,佛教信仰在江南地区的民众生活中有着广泛影响。而主导民众佛事活动的则是以忏仪著称的天台宗一系。续法没有规避这一现实,而是充分正视。

后人评续法之学称:"师生当顺治,寂在雍正,行道于康熙之年。平生向道殷殷,久为后学模范。轮参乳峰,智流香海,出入大部,扶竖贤首。著刻传通,约有五十余般。帙分卷列,不下二百余本。五祖面目重开,诸佛心宗圆现,师之功大矣。"②

总之,续法转益多师,博闻多识,精进向道,行化于康、雍盛世,以其充沛的精力及渊博的学识,讲经,尤在存续华严宗上功不可没。他一生所完成的许多佛教撰著,无不运用华严教学加以疏释,扩大了佛教经典的普及,推广了华严教学的影响,成为清代华严宗复兴的代表僧人。

第四节 华严观行及其信仰

教观问题,自智者大师倡导以来,成为天台宗的根本要义之所在,也是天台宗区别于其他佛教宗派的标识之一。教属教相判释,亦称教相门。观是修行实践,亦称观心门,或称观行。教观双美,如车之双轮,如鸟之两翼,一直为后世的天台宗所称颂。自宋代天台与华严二家之间就教观问题展开辩论以来,华严教观的问题,同样一直是后世

---

① 此图收于《续藏经》第58册。引见续法《贤首五教断证三觉拣滥图》后语,第699页中、下。
② 谈玄:《贤首宗诸祖略传》,《海潮音》第13卷第11号,第108页。

所注目的一大问题。对于来自天台宗指责华严宗"有教无观",在清代时期,只有续法在《贤首五教章》中有所回应。但教观,对于华严宗同样如此。清代对观行的阐释虽然并无特别的建树,但仍然受到华严信仰者的普遍重视。

一、周克复及其《华严持验记》

清代华严宗复兴的一大特点,往往表现为对于修学实效性的讨论。因此,华严观行法门成为佛教修学者普遍关注的重要内容。佛经信仰向来是佛教信仰的重要组成部分。为了强化华严观行的信仰性理解,一些归信《华严》的佛教僧人和佛教居士,开始搜集文献,从事华严信仰史的撰著活动。如弘璧的《华严感应缘起传》一卷,即是其中的例子。通过《华严经》信仰及生活感应关系的历史性追溯,来确立现实生活中对华严实修法门的崇信。对于居家修行、注重经教文献的佛教徒来说,则可以通过周围的力量,来表达自身的佛经信仰。其中,最主要的表现就是佛经信仰验效的传记系列的刊刻。在这个方面,最为典型的就是署名为"古阳羡净业弟子"的清代佛教居士周克复。周氏自1659年至1719年间,先后发心刊刻了《观音持验记》、《金刚经持验记》、《法华经持验记》和《华严经持验记》等一系列佛经感应撰著。此后,他还续刊了《净土持验记》。周克复对于民众佛教中影响广泛的《金刚经》、《华严经》、《法华经》、《净土》诸经及观音信仰,结合历史的信仰事例,表现其佛经的阐释取向。这些作品,体现了清初时期佛教信仰的广泛与普及。值得说明的是,佛经信仰往往与净土信仰相结合,反映了佛经信仰的净土关怀。

周克复为吴中人氏,具体行历不详,活动时间为清代顺治、康熙年间(1644—1722)。在雪浪洪恩及其亲传、再传弟子们的持续努力下,苏州一带成为明清之际宣讲《华严》最为兴盛的地区之一。

《华严经持验记》,全称为《历朝华严经持验记》,凡一卷。记述了从印度龙树、世亲直到明代辨融真圆等人的华严信仰实践活动。其本文之先,录有题为"同善道人周克复"的《劝流通华严持验引》一篇。

在周克复看来,《华严经》、《金刚经》、《法华经》等佛教经典作为佛教修行的最上一乘法,各具其不同的宗趣。如"《华严》以即秽即净为宗,《金刚》以无相不取一法为宗,《法华》以人人成佛为宗,学者能究心三经,佛法即蟠际寸胸矣"。在《华严经》的信仰活动中,《华严经持验记》高度评价了《华严经》在佛教中的修学地位。周克复称:"莲池师云:'《华严》具无量门,诸大乘经犹《华严》无量门中之一门耳。《华严》,天王也;诸大乘经,侯封也;诸小乘经,侯封之附庸也。'观此语,则是经之尤尊重可知。盖是经为世尊初时所说之第一义谛,世尊成正觉已,与诸菩萨,七处九会,放光说法,文殊、阿难等结集铁围山,忉利天龙,咸护法藏,由是菩萨搜秘典于龙宫,大贤阐迦文于东夏,如斯胜妙,得闻何幸?故一品之持,已得净戒;一偈之诵,能破地狱。以至盥掌滴水,尚足拯济微生,矧夫书写、读诵、讲说、思修,冥通幽感,殊绝人天,如诸传记所录,不彰彰欤!"①

上述序文,表明了周克复撰集《华严经持验记》,颇受明末云栖袾宏辑录的《大方广佛华严经感应略记》一卷的影响。不过,从其选辑内容来看,却与袾宏之作以专题归纳的形式大不相同,而是以与华严宗历史相关的佛门人物及其经历为主体。这就更能表明《持验记》与佛经的殊胜效应之间的个人实修必然性,不完全与对《华严》经义的信受理解、教义阐释相关,而是源自于《华严经》本身的效验,从而更切合普通信仰者的修持实践,更能唤起一般信众的信心。

《华严经持验记》大致总结了《华严》信仰活动的具体实践方式,主要包括书写、诵读、讲解及思修等四种类型。这些具有日常普遍性的佛经修持实践活动,虽非《华严经》修持所独具,但这并不妨碍从天竺龙树菩

---

① 周克复:《华严持验记序》,《续藏经》第 77 册,第 647 页中。

萨、世亲菩萨直至明代明辨融禅师止,三十多位佛教大德的修持成就(主要集中于唐宋时期),以及十多位居家修行者的殊胜感应。

透过这些持验感应的实例,周克复还告诉人们,《华严经》信仰通过与净土信仰相结合(即华严净土的方式),以及与持咒相结合(即以华严密的方式),同样也是华严信仰效验的有效方式。这就把《华严经》信仰的实践性与净土往生、持咒修行等内容结合起来,更有效地体现了日常性。"一句赞扬,即是一句护持善根;一念鼓动,即是一念消弭罪业。"[①]这种平实的信仰语言,的确是颇能打动佛教徒的心扉。

《华严经持验记》等辑作的刊刻,把佛经信仰与菩萨信仰、净土信仰、持咒修行等实践活动结合起来。在这种综合化的修持方式中,特别是以佛经的信仰为修持根本,成为后世的佛教影响民众生活的重要途径之一。

二、彭绍升及其《华严念佛三昧论》

如果说柏亭续法是清代江南华严宗弘传的学僧代表,那么彭绍升则可称为华严宗在清代江南影响的居士代表。

清代的江南华严,其弘传方式主要有两大类型。一是专弘华严者,如续法等人。二是兼弘华严者,此类学僧颇众,尤以雪浪洪恩及其门下为多。在华严修学的具体方式上,华严与禅修的结合、华严与持咒的结合,固然在当时佛教界有其广泛的影响,但更重要的是华严修持的实践方式,却是华严与净土、与念佛的结合。总体来说,在清代时期,佛教经义学的阐释退居其次,更重要的是强调佛经对于具体修学的指导性与权威性,这无疑体现了以经教为师的思考取向。彭际清正是这种类型的佛教学者。

彭际清(1740—1796),名绍升,字允初,又字尺木,长洲人(今江苏苏

---

① 周克复:《劝流通华严持验引》,《续藏经》第77册,第648页中。

州)。早年研究宋明性理之学,又从道士习修炼之术。因受罗有高(1734—1779,字台山)影响而归信佛教①,自号知归子,又号二林居士。彭绍升撰有《四大师传》②,评述了晚明紫柏、德清、袾宏、智旭四大高僧生平行历及其佛学成就。彭绍升本人的佛教信仰情况,则是"游于华严藏海,世出世间,圆融无碍"③。他不仅推崇唐代华严教诸祖师,更对云栖袾宏所倡导的华严净土论情有独钟。

彭绍升出生于吴中"文献之邦",交游甚广,著述颇丰。其方外之著,主要有《居士传》五十六卷(撰于1775年)、《净土三论》五卷(《无量寿佛经起信论》三卷、《观无量寿佛经约论》一卷、《阿弥陀佛经约论》一卷,撰于1775年)、《二林唱和诗》一卷(撰于1776年)、《观河集节钞》一卷(撰于1779年)、《测海集节钞》一卷(撰于1779年)、《一乘决疑论》(撰于1780年)、《善女人传》二卷(撰于1780年)、《华严念佛三昧论》一卷(撰于1783年)、《体仁要术》一卷(撰于1783年)、《净土圣贤录》九卷(撰于1783年)、《省庵法师语录》二卷(撰于1792年)、《重订西方公据》二卷(撰于1792年)、《念佛警策》二卷(撰于1792年)。此外,尚编有《二林居集》、《一行居集》八卷等诗文集行世。

彭绍升所撰著的华严作品,主要为《华严念佛三昧论》一卷。此书撰于乾隆四十八年(1783),属于彭氏的晚年作品。稍晚于彭氏的另一部论著《一乘决疑论》,该书撰于乾隆四十五年(1780),其内容亦有涉及华严理事圆融的思想。据汪缙(字大绅,1725—1792)《知归子传》称,"著《一乘决疑论》,以通儒释之阂。著《华严念佛三昧论》,以释禅净之诤。"④于

---

① 罗有高,字台山,江西宁都瑞金人。彭绍升《二林居集》卷六《罗子遗集后叙》记称,"吾友罗子台山,躬明粹之资,志高而行笃。其学原三于六经,出入乎思、孟、庄、荀,驰骋乎韩、李。由儒入佛,沉潜天台、永明之书。久之而悟其所从出者,因之旁推,交通四达而不悖。其著于言者,在儒而儒,在佛而佛,初未尝见其同且异也。"罗氏撰有《尊闻居士集》八卷。
② 彭绍升:《四大师传》,收于《一行居集》卷六,这是始称晚明佛教"四大师"的最早文献之一。
③ 彭绍升:《一乘决疑论序》,《续藏经》第58册,第704页中。
④ 《一行居集》卷首,第2页,台北,新文丰出版公司,1973。汪缙泛滥于儒、释,而以净土为归。汪氏为彭绍升《居士传》各卷撰写了许多评论。

此可见,《一乘决疑论》一书的对象是评述儒释关系,《华严念佛三昧论》则是出于对禅净关系的评议。但两书的共同基础,却是归趣于华严圆教思想。总体而言,彭绍升之学,博综三教,而以净土为归。因此,他对华严教学的理解,同样体现这种佛学旨趣。

1784年,王文治(1730—1802)为彭氏的《华严念佛三昧论》撰序,对于彭际清修学华严观行的经历,略有所述。其文称:

> 知归居士修念佛三昧者十数年,而又于华严义海一门深入,顷过镇江,出所著《华严念佛三昧论》见示,举清凉、枣柏恒河沙字数,而包举以五六千言,觉《疏钞》、《合论》非多,此论非少。且当枣柏著论时,《行愿》全品未至此方,故于他方净土,辄生别异。此品全出,必待此论而义始完,其殆阿弥陀佛神力加被,俾居士随宜说法,广导群品者乎?①

这种评论,似乎把《华严念佛三昧论》与李通玄的《新华严经论》并称,可见此作在当时的影响力。彭绍升通过把《新华严经》中《普贤行愿品》与念佛三昧法门的结合,表明其关注华严教学,不是注重华严教义学中的教观问题,而是转向更具信仰实践意义的念佛法门或净土法门,即华严净土的修行实践。

在华严修学的历史阐释中,相比于天台宗来说,华严净土思想显得较为微弱,但仍不乏其倡导者。唐代李通玄、宋代圆证义和与明代云栖袾宏,就是其中的代表人物。由于宋代义和的《无尽灯》早佚无传,故对清代影响较大的是李通玄与袾宏的华严念佛论。

李通玄的华严思想对彭氏有着相当的影响。彭绍升在《居士传》卷一五《李长者传》赞称:"予读《华严经》,悲悔故见狭劣暗大方,不知局此几何世。然而,浑浑乎其无涯,郁郁乎,渊渊乎,无所施吾视听也。久之,

---

① 王文治:《华严念佛三昧论序》,《续藏经》第58册,第713页下。王文治自称,"文治自弱冠即喜修禅,四十以后,始兼修念佛,比年来以念佛为禅,复以禅念佛,禅净并运,将终老焉。"

得李长者论绅绎之,恍乎其有会焉。吾愿生生穷游于华藏海中,其庶几乎。"①

至于云栖袾宏华严净土论的影响,除了《弥陀疏钞》之外,更有袾宏对《普贤行愿品》之于佛教修学特别是净土修行实践有效性的极高评价,"要开一切行门之终,实开一切行门之首。何以故? 非行无以满愿,果外无因故。非愿无以起行,因外无果故。故《经》中明诵持书写之功,殊胜无比。云栖谓此一卷经,该全部《华严》,义在于此矣。其不指归华藏,而指归极乐者何?"②《普贤行愿品》该摄《华严》经义,行愿与因果,圆满于普贤大士,极类于净土极乐。

无论是李通玄,还是云栖袾宏,其阐释华严思想所依据的都是唐译《八十华严》。彭绍升亦是基于唐译《八十华严》的理解,其中最重要的是《普贤行愿品》。据王文治对华严念佛三昧的理解,华严念佛三昧的重要理据之一,虽然与《大乘起信论》有关系,但《华严经》的修持归趣正在于"念佛三昧"。据其阐释,佛名为觉,众生具念为不觉。"念佛者,以觉摄不觉也。念佛三昧者,以觉摄不觉,入于正觉海也。《华严》具诸佛一切三昧,而其间念佛三昧,为一切三昧中王,大莫过于是,方莫过于是,广莫过于是矣。"③据王文治之所述,彭绍升撰著的《华严念佛三昧论》正是全新阐扬《普贤行愿品》的首度尝试,把华严观行与净土念佛三昧一体统观,意义重大。对此,彭氏本人同样自称,"李长者著论时,未见此卷于净土一门……"④

《华严念佛三昧论》一书,题为"菩萨戒弟子彭际清述",其风格似乎是一部纯粹的护教论著。其前引称"念佛法门,诸经广赞,约其总贯,略有二涂,一普念,一专念。如《观佛相海经》、《佛不思议境界经》等,但明

---

① 彭绍升:《居士传》卷一五《李长者传》,《续藏经》第 88 册,第 213 页上。
② 彭绍升:《书普贤行愿品卷后》,《一行居集》卷二,第 2 页。
③ 王文治:《华严念佛三昧论序》(撰于 1784 年),《续藏经》第 58 册,第 713 页下。
④ 彭绍升:《书普贤行愿品卷后》,《一行居集》卷二,第 2 页。

普念。《药师琉璃光如来经》《阿閦佛经》《无量寿经》等,特明专念。今此华严,一多相入,主伴交融,即自即他,亦专亦普。略标五义,以贯全经,一念佛法身,直指众生自性门;二念佛功德,出生诸佛报化门;三念佛名字,成就最胜方便门;四念毗卢遮那佛,顿入华严法界门;五念极乐世界阿弥陀佛,圆满普贤大愿门。"①专念,即善导所开启的"称名专念阿弥陀佛",这是净土修行的根本法门。而普念,则涵盖广泛。彭际清认为,"华严念佛"属于专念与普念兼摄交融的类型,并依此而别开五念佛法门,念佛法身对应于众生自性门,念佛功德对应于诸佛报化门,念佛名字对应于成就最胜方便门,念毗卢遮那佛对应于顿入华严法界门,念极乐世界阿弥陀佛对应于圆满普贤大愿门。这就不仅把专念弥陀的净土法门与普贤大愿的圆满成就相互交融,而且把种种普念法门与华严观行结合起来。通过对华严念佛论的专题阐释,彭绍升提出了一种新的经义学阐释方法,并因此而构成了《华严念佛三昧论》的主体内容。

在具体阐述方法上,对于五种念佛法门,《华严念佛三昧论》博征经文,附以自释。如对于"第一念佛法身,直指众生自性门",称"吾人固有之性,湛寂光明,遍周尘刹,诸佛别无所证,全证众生自性耳。"同时征引《如来出现品》《贤首品》《初发心功德品》《光明觉品》等经文,以证华严念佛的殊胜,指出"以自心智慧本无障碍故,无障碍智慧即如来境界故,此名念自性佛,亦名自性念佛。自性念佛者,无佛外之念能念于佛。念自性佛者,无念外之佛为自所念。不入此门,所念之佛,终非究竟,以不识法身自性故,将谓别有故。入此门时,一念功德,过于虚空,无有限量。"②

对于"第二念佛功德,出生诸佛报化门",其阐述内容包括"一切如来称法界量,现种种身,示无尽庄严,作无边佛事,一以普光明智而为其

---

① 彭绍升:《华严念佛三昧论》,《续藏经》第58册,第714页上。
② 同上书,第714页中。

体。"彭绍升征引《世主妙严品》、初会六品等经文,特别初会《普贤三昧品》(卷七《普贤三昧品第三》),称"正显佛华严全体,经明普贤菩萨,入一切诸佛毗卢遮那藏身三昧。此三昧者,依于法界,称性遍周,一切刹尘,普身示现,教诸众生,不舍尘劳,繁兴大用,随说《世界成就品》,说《华藏世界品》,以示净秽诸刹,一切唯心,唯能深入普贤愿海者,一切处无非佛土,一切时无非佛事,此《三昧品》贯彻全经,寻文自见"①。以《普贤三昧品》为中心、结合《世界成就品》、《华藏世界品》,构成华严念佛法门的经文依据,这种阐释最能体现彭绍升的自得之见,同时也成为《华严念佛三昧论》全书的要义所在。

至于念佛功德所对应的"出生诸佛报化门",作为华严念佛三昧的要义,还体现于念佛法门的诸多成就。如善财童子遍参五十三善知识、德云比丘、解脱长者"俱以念佛一门而得解脱","是名忆念一切诸佛境界智慧光明普见法门,诸佛别无境界,唯以智慧光明,随顺众生而作佛事,此念佛人亦复如是。由信解具足故,能入佛智慧,由观行具足故,能见佛光明,智慧光明,不从人得,唯藉缘因得显发故。下文又开诸大菩萨三七念佛门,尽于十方三世及一一毛端量处,念念佛出世,念念佛说法,念念佛灭度,一以自心无边智行而为其体,本具三身,一念相应,名为念佛三昧。入此三昧门,即能遍摄一切诸三昧门。"②

第三,"念佛名字,成就最胜方便门"。对此,彭绍升阐释称,"夫法身无朕,假于名而法身显矣。报化无边,缘于名而报化该矣。"据此,念佛名字是念佛法身、念佛功德的具体化。由此环节,华严念佛三昧论转入与弥陀净土持名念佛的修行关系。彭绍升征引《文殊般若经》所述,"欲入一行三昧,应处空闲,舍诸乱意,不取相貌,系心一佛,专称名字,随方所,端身正向,能于一佛念念相续,即是念中能见过去未来现在诸佛。"

---

① 彭绍升:《华严念佛三昧论》,《续藏经》第58册,第714页下。
② 同上书,第715页中。

"系心一佛,专称名字",不仅可以结合《阿弥陀经》"执持名号"称念佛名的修行,更可与《八十华严》中《兜率偈赞品》、所述的"以佛为境界,专念而不息,此人得见佛,其数与心等"相配析。

对于"念佛名字"所成就的"最胜方便门",彭绍升依据《如来名号品》、《毗卢遮那品》等经文,阐述了具体的数念方法,"初入此门,必依乎数。日须克定课程,自一而万,自万而亿,念不离佛,佛不异心。如月在水,月非水内,如春在枝,春非枝外。如是念佛,名字即法身,名字性不可得故;法身即名字,法身遍一切故,乃至报化不异名字,名字不异报化,亦复如是……一如来名号,与法界虚空界等,随众生心各别知见,则知世间凡所有名,即是佛名,随举一名,诸世间名无不摄矣。又如称引古先诸佛,各各不同,而一以毗卢概之,以一切诸佛皆有毗卢藏身故,古今不异故。如是念佛,持一佛名,全收法界,全法界名,全法界收……"①

华严念佛法门中"念佛名字",其实并非专门称念弥陀佛名,而是普念法界诸佛之名。由于毗卢舍遮那佛作为法界诸佛的人格象征,因此"念法界佛"基本含义即是念毗卢舍遮那佛。由此,《华严念佛三昧论》转入"第四念毗卢遮那佛,顿入华严法界门。"

众所周知,毗卢遮那佛是《华严经》的本尊佛("本师"),具有殊胜的至尊地位,也是华严境界的极致象征。彭绍升援引《世主妙严品》中十方众多大菩萨及天龙神鬼的颂词,各出自证法门,以如来果地发人信解,令入念佛三昧。特别是《如来现相品》,以及十信、十住、十行、十回向,《十地品》每历一地,必曰不离念佛、念法、念僧,是知诸位阶次虽有不同,莫不以念佛为其本行,佛佛道同,举一毗卢,摄无不尽。"如是念于毗卢遮那,即念是佛,即佛是念,尽十方虚空乃至针锋芥子许,无一不是毗卢法界,是名念法界佛,亦名遍念一切佛。"著名的善财童子,初参德云比丘,

---

① 彭绍升:《华严念佛三昧论》,《续藏经》第58册,第715页下、第716页上。

即闻念佛法门。普贤菩萨,最后称赞如来胜功德偈,教人信解,依旧不离念佛法门。法界始终,更无二谛。①

最后一门为"念极乐世界阿弥陀佛,圆满普贤大愿门"。彭绍升径引《普贤行愿品》,称欲成就如来功德门,当修十种广大行愿,即礼敬诸佛、称赞如来、广修供养、忏悔业障、随喜功德、请转法轮、请佛住世、常随佛学、恒顺众生和普皆回向,"于此愿王受持读诵,临命终时,即得往生极乐世界。"

彭绍升指出,《华严经》专显毗卢境界,却"必以极乐为归",其理由是阿弥陀亦名无量光,而毗卢遮那意为"光明遍照"。因此,弥陀与毗卢遮那,实为同一法体。由于众生初学是法,信心怯弱,加之住此娑婆世界,不能常值诸佛,亲承供养,每生退心。有见于此,专念西方极乐世界阿弥陀佛,摄护信心,常修善根,回向求往生,以此见佛,终无有退。

尽管阿弥陀佛与毗卢遮那佛毕竟同一法体,但毗卢报土对于二乘凡夫来说,并无接引之力,而弥陀极乐,则九品分张,万流齐赴,一得往生,横出三界,更符合娑婆世界的修行实际。至于佛教经典所历述的念佛法门,却不如《华严经》所说"一念普观,竖穷三世,横亘十虚,初发心时,即超数量,所有净因,最为殊胜"。

信愿念佛的结合,由阿弥陀佛以四十八愿遍摄众生,与普贤大愿王体合虚空,丝毫不隔,不必移时,不必易处,任运往生,即同本得。彭绍升在《书普贤行愿品卷后》一文中尝称,"阿弥陀佛以四十八愿接引,十念归诚,便登九品。诚能信入普贤愿门者,称法界量,净同居土。如水赴壑,如响应声,一得往生,华开见佛。始知极乐不离华藏,弥陀即是遮那。佛佛道同,心心无别。"②文殊、普贤,不离此处而现彼方,随众生心,念念出现,故知阿弥陀佛在极乐国中,常转此经,炽然无间。又此法门,非妙智

---

① 参见彭绍升《华严念佛三昧论》,《续藏经》第58册,第716页上。
② 彭绍升:《书普贤行愿品卷后》,《一行居集》卷二,第2页。

观察,无以明我心本具之净因,故首推文殊。非大愿庄严,无以圆我心本具之净果,故次推普贤。而观音菩萨、弥勒菩萨,一则次补弥陀,一则次补释迦,二圣同会,以证乐邦华藏通一无二,而弥勒以谛观十方唯识,识心圆明,入圆成实,此净土之正因也。观音以如幻闻熏无作妙力,遍入国土,成就菩提,此净土之极果也。①文殊、普贤、观音、弥勒四圣菩萨,或明众生本具净因,或圆本具净果,或成净土正因,或证净土正果,无不以净为归,以净为导。这就把净土修持与菩萨信行密切结合起来。

《华严念佛三昧论》在五门念佛之外,还"别申问答,豁破群痴,普与见闻,同归一乘",作为针对性的辨惑解答。在其设问解答部分,对应于五门念佛,彭际清阐释了五个问题。

首先是解答"五门念佛",应该是从一门深入还是五门并入的问题。彭氏指出,自性弥陀,唯心净土,举一法身,摄无不尽。然理则顿悟,事须渐除。华严教指,十住初心,即同诸佛,然五位进修,不无趣向。未臻妙觉,阶次宛然。全凭一念,便摄诸门。结论是,凡夫修行,由持名念佛一门深入。②

其次是华严与净土如何真正会通的问题。有人认为,念佛法门应以净土诸经为主导,而不必力主华严,据果论因,恐难合辙。对此,彭绍升辨析说,在净土诸经中,《无量寿经》"首述普贤行愿,劝进行人,三辈往生,俱云发菩提心"。《观经》上品上生者,必诵读大乘方等经典。而大乘方等,则又以《华严》最尊第一,为佛经中王。因此,结论是"依文殊智,建普贤愿,回向往生,今此《华严》,正当其教"③。

再次是华严教义与华严净土的会通问题,根本上属于华严净土与念佛净土的融通问题。华严法界,密义重重,为什么"唯一念佛门而能普摄"?对此,彭绍升援引了杜顺法界观、澄观四法界观与念佛法门,作为

---

① 彭绍升:《华严念佛三昧论》,《续藏经》第58册,第717页上。
② 同上书,第717页上、中。
③ 同上书,第717页中。

会通的根本理据。对应于杜顺的法界观门,"简妄情以显理"的真空门,即是前念佛法身。"融理事以显用"的理事无碍门,即是前念佛功德。"摄事事以显元"的周遍含容门,即是前念佛名字。对应于清凉澄观的"四法界观","一心念佛,不杂余业,即入事法界。心佛双泯,一真独脱,即入理法界。即心即佛,大用齐彰,即入理事无碍法界。非佛非心,神妙不测,即入事事无碍法界。是知一念佛门,无法不摄,故此经以毗卢为导,以极乐为归,既觐弥陀,不离华藏"①。

第四,关于李通玄华严净土权实与方便如何会通的问题。一般认为,佛教净土具有四种类型,即果佛所居的常寂光土、法身大士所居的实报土、二乘所居的有余土及凡圣交参、或秽或净的同居土。彭绍升历述了净土修行者渐次往生同居土、有余土、实报土、寂光土的阶位。最终结论则是"住权乘者,一切皆权,如法华化城,不外自心故。明实相者,一切皆实,如此经极乐,全具华藏故。方山著论时,《行愿》末卷未至此方,故于净土一门,辄生分别,却与经文互相乖刺。须知从真起幻,即幻全真,生灭俱离,自他不二,一念圆融,普周法界,方为一乘中道了义。且方山吃紧提唱,唯在十住初心,即成正觉,然依教诠判,正大不易。何则?圆信位中,见思惑尽,并断尘沙,进入圆住,豁破无明,证无生忍,位齐别教初地,若依自力,譬彼群氓,骤希宝位,即谓本来是佛,不落阶梯,亦赖善巧方便,始能克证。何如《行愿》末卷中说以深信心,持诵十大愿王,一刹那中,往生极乐,住不退转,从凡夫地,创发信心,横超直入,至圆至顿,无比无伦"②。《普贤行愿品》最后称颂,刹那往生极乐,始心信心,横超直入,至圆至顿。

最后是华藏世界与弥陀净土的关系问题。有人认为,"但得直趣华藏,何须更觐弥陀"。对此,彭绍升不以为然。他辨析说,华藏世界,有十

---

① 彭绍升:《华严念佛三昧论》,《续藏经》第58册,第717页中、下。
② 同上书,第714页上。

不可说佛刹微尘数香水海,有十不可说微尘数世界种安住。一一世界种中,又有不可说佛刹微尘数世界,西方极乐世界,亦在其中。但觐弥陀,即是直趣华藏。善财童子、龙树菩萨,千圣同行,莫不如此。极乐与华严,是同还是别,言下之意甚明。①

《华严念佛三昧论》初稿,成于乾隆四十八年(1783)冬十二月。汪大绅阅后,评论此作有两大特点,一是"净土正因,《华严》正信",二是"五念一念,一念无念"。翌年春,过丹徒,王文治见而赏之,为之叙。此后数年,彭际清屏居僧舍,展读《华严》大经,与方外之交性宗唯然相互质证,又对此论时有损益。晚年时,彭绍升自钱塘归,重闭关文星阁中,修念佛三昧,再次进行修改,最终于乾隆五十六年(1791)成稿,前后历时十余年。②

彭绍升的《华严念佛三昧论》,其义理要旨,虽源出于《华严经·普贤行愿品》之义,但辅之以自己的理解。从其思想渊源上看,则主要是出于云栖袾宏在《弥陀疏钞》中所阐释的净土观念。对此,彭绍升颇为自得,称"于贤首、方山外,不妨别出手眼,设遇云栖老人,定当相视而笑也"③。从上看,彭际清《华严念佛三昧论》,依据唐译《八十华严》经文,提出了阐释《八十华严》一种新尝试,充实了华严经义学阐释的内容,对后世的华严弘传产生了一定的影响。

其实,华严念佛与华严净土,并非为等同性观念。澄观在《华严经疏》卷五六中,阐释《入法界品》德云比丘所说的二十 种念佛三昧法门,约能念之心,归纳五种念佛三昧,即缘境念佛门、摄境唯心念佛、心境俱泯门、心境无碍门和重重无尽门。④ 澄观在《华严经随疏演义钞》卷八五,又称引李通玄《新华严经论》,列出"五方便念佛门",即称名往生念佛门、

---

① 彭绍升:《华严念佛三昧论》,《续藏经》第58册,第718页上、中。
②③ 同上书,第718页中。
④ 澄观:《华严经疏》卷五六,《大正藏》第36卷,第923页。

观像灭罪念佛门、摄境唯心念佛门、心境无碍念佛门和缘起圆通念佛门。① 圭峰宗密在《普贤行愿品疏钞》第四中,更是直接征引善导法师的四种念佛法门,称"然念佛不同,总有四种。一称名念、二观像念、三观想念、四实相念"②。华严念佛一直未能在其教学史上成为相对独立的观行法门。更进一步地说,作为华严教学的构成内容之一,华严净土是基于自心自力的行愿修持,与弥陀净土所注重的他力信仰,仍存在着一定的差异。这就是说,在华严教义学及其修持实践中,还在一定程度上有着毗卢遮那佛身意、莲华藏净土观、念佛观如何与弥陀净土及其念佛观之间的真正融通问题。③

《华严念佛三昧论》刊出后,其华严净土思想对后世产生了较大的影响,印光法师等人都有评议。其中,清末杨文会的评点,颇具代表性。他在重刊彭绍升的《华严念佛三昧论》时,曾评论说:"彭二林居士撰《华严念佛三昧论》,以五门分疏,可谓尽善尽美矣。唯后之回答第四章中,谓方山吃紧提倡,在十住初心,即成正觉。若依自力,积劫熏修,程途尚远。此语与华严圆顿门似觉有碍,何则? 方山宗旨唯是一时一处法门,不立目劫远近之见。二林见地圆明,当不至以时量为实法,想是偶失检点耳。"④

第五节 通理与清代华严的影响

清代继续法而后兼弘华严者,尚有通理(1701—1782)。

通理,字达天,俗姓赵,河北新河(新邑)人。因家世贫寒,八岁即从

---

① 澄观:《华严经随疏演义钞》卷八五,《大正藏》第 36 卷,第 923 页。
② 宗密:《续藏经》第 5 册,第 280 页下至第 281 页上。
③ 参见李杏九(道业)《关于华严净土与弥陀净土》,《印佛研》第 51 卷第 2 号(2004),第 525—534 页。
④ 杨文会:《书华严念佛三昧论后》,《等不等观杂录》卷三,周继旨校点《杨仁山全集》,第 393 页,合肥,黄山书社,2000。

妙音铎出家。二十岁，受具足戒于潭柘山岫云寺德彰。先后听习《阿弥陀经》、《楞严经》等佛典。雍正三年（1725），于京城香严寺随不二老人习《法华》，颇具心得。其后，一度隐修于妙峰山石草精舍，致力于疏释《法华经》。而后出山，随洞翁律主修《四分律》，得受南山之传。雍正十一年（1733）奉诏入圆明园校勘《宗镜录》等佛教藏经，得研《华严大疏》。居京城时，从永祥寺有章元瑮学，"深得秘要，遂发明十宗五教之旨，不遗余力，为清代中兴贤首一人。"①通理入万善殿，教授义学。两年后出宫，历往嘉兴等地弘法。通理历住善应、香界、拈花诸寺，凡讲经三十余会。弘戒十四期，得度者不可胜计。嗣法门人有兴宗祖旺、怀仁祖毓等人。

通理教宗华严，对于澄观之学尤为关注。在其修学生涯中，因慕澄观而登五台山为菩萨住处，发心朝圣。止万缘庵，开讲《报恩经》（全名《大方便佛报恩经》），以供养圣山。通理为乾隆一代名僧，尝奉命出任僧录司正印。乾隆十八年（1753），赐封"阐教国师"，成为当时弘扬华严教学的代表学僧，在北方地区力弘华严（主要集中于北京及河北一带）。

通理教律兼弘，撰著颇丰，计有《法华经指掌疏》七卷、《法华经指掌疏科文》一卷、《法华经指掌疏事义》一卷、《法华经指掌疏悬示》一卷、《金刚经偈》（经疏合刻，亦称《金刚般若经偈会本》、《金刚新眼经疏合释》等）一卷、《楞严经指掌疏》十卷、《圆觉经析义疏大义》一卷、《圆觉经析义疏》四卷、《圆觉经析义疏悬示》一卷、《贤首五教仪开蒙增注》五卷等。其疏释佛经，主要集中于《法华经》、《金刚经》、《楞严经》、《圆觉经》等。另有《山居撰要》、《五经会要》、《八识规矩摘要》，凡三卷，被称为"翠微三要"。

通理的华严学阐释之作，主要有《五教仪开蒙增注》五卷。这是继清代续法《贤首五教仪开蒙》的增注之作，反映了清代华严学弘传中对法藏立教之作《华严五教仪》的高度重视。这是清代华严中兴的重要特点之一。

---

① 喻谦：《新续高僧传》卷一〇，第815页下。

在这些著述中,通理皆署名为"传讲沙门"、"贤宗后学",表明其传讲《华严》经教、阐释贤首教义的佛法立场。具体而言,通理疏释《华严经》的方法,则主要参仿清凉澄观疏释唐译《八十华严》的格式,即先例悬谈("悬示"),再疏经文。这也是后世疏经之作的通行格式。如在《金刚经》疏释中,通理明确指出,"将释此经,预建章门。夫杂华严饰,为诸经中王。贤首清凉,乃一家之祖。十门通经,万世标准……故今解释此经,略变其式,而为六门,一翻译前后,二宣说时处,三教乘摄属,四因缘所为,五受持感通,六释题解文。"①在此,其疏经格式是将华严传统的"十门释经",简化为"六门释经"。

晚年的通理还一再提及澄观疏经之作的影响,"后因讲《华严》,阅《大疏》,乃知非繁不能尽妙,惟简无以匠心。且《法华》、《华严》,相为终始。若不法彼《悬谈》,恐致昧斯圆理……"②特别是在其代表作《楞严经指掌疏》,更是潜心撰著二十余年,有感于《楞严正脉》之作,"驳辨太甚,且前后次第,与清凉大有径庭,不合贤宗家法。至题中繁言乱心,如洪阔等八义之类,亦私意之所不取,因不揣鄙陋,辄为签释,学众喜其易明,请制新疏。"③这一立场,颇以严守"贤宗家法"为己志。

最能体现通理"宗归华严",是他坚持法藏十宗五教的华严判教论。他指出,"言约宗分教者……事精理备,无越贤首。因依贤宗诸祖,略述五教……若广辩所诠,及断证分齐,具如《华严悬谈》,并贤首《教仪》等书。"④这里所说的《华严悬谈》,即指澄观的《华严疏钞玄谈》九卷。而贤首《教仪》,显然就是指法藏的《华严教义分齐章》四卷。

通理尝自述其修学《华严》的行历,称"时思《华严》为诸经之王,清凉擅一家之宗。不究其源,宁摄于末。由是于乾隆六年辛酉(1741),启建

---

① 通理:《金刚新眼疏经偈合释悬示》,《续藏经》第 25 册,第 234 页中。
② 通理:《法华经指掌制疏本末》,《续藏经》第 33 册,第 434 页中。
③ 通理:《续梦始末》,《续藏经》第 13 册,第 12 页上。
④ 通理:《楞严经指掌疏悬示》,《续藏经》第 16 册,第 5 页中至第 6 页上。此外,通理在《圆觉经析义疏悬示》中,也有几乎相同的表述。参见《续藏经》第 16 册,第 700 页下。

《华严》讲期,醉心《大疏》,三越暑寒……甲子(1744)冬,再讲斯经,重治兹疏,功未及半,即赴他请。乙丑(1745)冬,归自清凉,誓终此志,约闭无期之关,限待有成之日"①。由此得知,通理在乾隆六年(1741)至乾隆十年(1745),凡五年间,专致于澄观《华严经疏》的讲解,坚持以盛传华严为家务。

尽管通理与稍前的续法未有直接的师承关系,但通理的华严疏释之作,与柏亭续法颇有关联。其中,特别借鉴了子璇、续法等人在《楞严经》中所运用的科析方法。

通理是清代中期兼弘华严、著称一时的义学沙门,与明清之际兼弘华严传的禅僧有所不同。后人评通理之学称:"入京师,参永祥有祥,深得秘要。遂发明十宗五教之旨,不遗余力,为清代中兴贤首一人矣。"②

继通理之后,清末还有永光法师弘扬华严宗。他撰著有《华严经纲目贯摄》一卷、《三十九品大意》一卷,于清光绪三十一年(1905)四月集成问世。

---

① 通理:《法华经指掌制疏本末》,《续藏经》第33册,第433页中。
② 谈玄:《贤首宗诸祖略传》,《海潮音》第13卷第11号,第109页,上海古籍出版社,2003。

第九章 藏传佛教的发展及其与清廷的关系

第一节 藏传佛教的发展

明朝末年,西藏内部新兴的格鲁派和噶举派之间纷争不断,一直到固始汗入藏,西藏的混乱局面方得到控制,格鲁派也依靠固始汗的军事实力,稳固了其在西藏的地位。

西藏纷乱不已的时候,满族人正在东北兴起。1636 年,皇太极即皇帝位,建立大清之后,他的主要军事力量都用来对付明朝,对蒙古诸部则采取了安抚的政策。由于此时蒙古诸部和西藏佛教诸派建立了很密切的关系,这一点是清朝统治者所不能忽视的。所以,1638 年,清太宗就派以车辰为首的使团出使西藏,和西藏建立联系。次年,清太宗又派以察罕喇嘛为首的九人代表团赴藏,这个使团的目的是延请高僧,宣扬教法。西藏方面对清政府的行为做出了积极回应,约在 1640 年左右,五世达赖喇嘛和四世班禅封色钦却结(se-chen-chos-rjes)为伊拉古克三胡图克图,派他率领一个使团前往东北。但此时的伊拉古克三并不只是格鲁派一派的使者,而是身负达赖喇嘛、藏巴汗、噶玛噶举派活佛的书信,实际上是西藏各派势力的一个使团。1642 年,伊拉古克三到达盛京,清太宗亲率诸王、贝勒、大臣出怀远门迎接,待之以殊礼。伊拉古克三在盛京停留的八个月中,受到盛情款待,清太宗先后数次宴请和赏赐他,还令八旗诸王、贝勒每五日也宴请一次。

1643年,伊拉古克三返回西藏时,清太宗亲自送行,并派遣使臣一同前往西藏,分别致书达赖喇嘛、四世班禅、藏巴汗、固始汗、萨迦巴、噶玛巴等西藏大小势力,并随赐金银、绸缎、珍宝等物。

1651年,顺治帝再次派遣使臣到西藏正式邀请五世达赖入京。1652年,五世达赖正式应邀赴京朝觐,顺治令和硕承泽亲王硕塞及内大臣率户、礼、兵、工四部理事官代表皇帝往代噶地方(今内蒙古自治区乌兰察布市凉城)迎接。达赖抵达北京后,顺治帝在南苑接见了他,隆重款待,并让达赖下榻在专门为他修建的西黄寺内。次年二月,达赖喇嘛返回西藏时,顺治仍命和硕承泽亲王硕塞等率八旗官兵送至代噶,并派礼部尚书和理藩院侍郎等专程前往代噶,在前来朝拜达赖的众多的蒙古王公贵族前面对达赖进行了封授,封其为"西天大善自在佛所领天下释教普通瓦赤喇怛喇达赖喇嘛",赐金册金印。又封固始汗为"遵行文义敏慧固始汗",这等于将固始汗视为统治西藏地方的汗王。达赖喇嘛的封号中,"西天大善自在佛"和"所领天下释教",是沿用明朝分封法王旧例;"普通瓦赤喇怛喇达赖喇嘛"则是沿用俺答汗对三世达赖喇嘛的尊号。自此,达赖喇嘛的封号及其在西藏地方的政教地位遂被正式确定下来。

达赖喇嘛接受清朝册封之后,不仅地位和声望大为提高,而且在物质上也得到清政府大力支持,清朝每次除赠送大量礼品外,还拨给他白银五千两。此外,凭借着中央政府对他的支持,达赖喇嘛在政治上和宗教上更加具有号召力,蒙古各部落对他愈加敬信,前往西藏布施、熬茶者,络绎不绝。1656年,固始汗死后,诸子争位,和硕特部的势力逐渐衰弱,西藏地方政权逐渐向格鲁派转化。1679年,达赖喇嘛直接任命桑结嘉措(sangs-rgyas-rgya-mtsho)为第五任第巴,管理西藏政务,西藏的政教权力都回到了达赖喇嘛的手中。五世达赖依靠自己控制下的政权力量,在各地兴建寺院13座,并把噶举派的一部分寺院改为格鲁派寺院,格鲁派的寺院迅速地发展起来。五世达赖又规定了全藏各寺院的僧人数字和征集僧差的制度,授给色拉、哲蚌、甘丹三大寺管理寺属庄园和百姓的权力,并规定每年从政府收入中供给各寺院粮食和资金。所有的这些措施都为佛教在西藏的进一步发展提供了有力的支撑。1694年,西藏共有寺院1 807所,僧人数97 538人。到1733年,短短的40年间,达赖喇嘛所辖寺院达到3 150所,僧人342 560名;班禅所辖寺院327所,僧人13 670名。其中,新增寺院1 777所,新增僧人221 742名。①

在清代获得长足发展的还有宁玛派,在宁玛派的重要寺院多吉札寺、敏珠林寺、噶陀寺、佐钦寺、白玉寺中,多吉札寺、噶陀寺建立时间略早一些,其余都是在17世纪以后建立起来的。其中,敏珠林寺创建于17世纪中叶,它是由一个名叫居美多吉的宁玛派僧人创建的,地址在前藏雅鲁藏布江以南的山南札囊县境。这座寺院是宁玛派在山南的主要寺院之一,主要以传授"南藏"为主,附带也传授"三素尔"以来所传承的佛教经典。

佐钦寺创建于18世纪晚期。1678年,五世达赖命他的弟子、宁玛派高僧白玛仁增(1625—1697)前往康区传教。1684年在德格土司的支持下,在德格东北不远的地方建立了佐钦寺,白玛仁增任寺主。佐钦寺建成后,声望超过了前藏的多吉札寺和敏珠林寺,各地宁玛派的僧人常到这个寺院求学,后来就连不丹和尼泊尔的宁玛派僧人也前来求学,所以佐钦寺后来居上,成为宁玛派在西康地区最著名的寺院。佐钦寺开设了十三部显教经论作为必修课程,同时,宁玛派高僧隆钦饶绛巴等的著作

---

① 这些数字详见东嘎·洛桑赤列:《论西藏政教合一制度·藏文文献目录学》,陈庆英译,第55—58页,北京,中国藏学出版社,2001。

也是寺中必修科目之一。佐钦寺寺主采用活佛转世的方式,其属寺达一百多座,遍布阿坝、玉树、甘孜等地。

白玉寺是由仁增贡桑喜饶在1675年创建的,该寺位于今四川甘孜藏族自治州白玉县城附近。其最大的特点在于它同帕竹噶举的玛仓支系在教法仪轨上有一定联系,历代白玉寺的活佛白玛诺布(又名噶玛阳赛)都要到德格的噶玛噶举派寺院八蚌寺去受戒。八蚌寺为德格土司的家庙,在德格土司的辖区里有特殊的地位,因此,白玉寺的这一受戒行为也有一定的政治内涵。白玉寺在四川的阿坝和甘孜地区、西藏昌都的江达一带、青海的果洛等不少藏族地区拥有一百多座属寺。

宁玛派的发展也和五世达赖喇嘛密切相关。五世达赖身为格鲁派政教领袖,但他本人崇信宁玛派教法,他有不少关于宁玛派密法的著述。五世达赖对宁玛派的支持主要表现在:第一,扩建宁玛派的主要寺院多吉札寺和敏珠林寺。由于他的大力支持,多吉札寺和敏珠林寺才有了显著的发展。第二,五世达赖自己又创建了南杰盘德林寺。他曾从宁玛派僧人刹仓·罗乔多吉学经,所以后来资助他修建此寺,并在寺内专门弘传宁玛派教法。这座寺院在1718年与敏珠林寺、多吉札寺一起被侵入西藏的准噶尔兵毁坏,修复后此寺变成了格鲁派的寺院。五世达赖还把噶举派都松钦巴在洛札地方所建的拉隆寺从噶玛噶举派手中夺过来,交给了宁玛派,此外,还帮助宁玛派建立了不少属寺。第三,他给宁玛派寺院划拨了大量庄园和属民,从经济上加强了宁玛派的实力。鉴于五世达赖对宁玛派的支持,宁玛派僧人把他附会成法主、大掘藏师娘·尼玛畏赛的转世。

在五世达赖后,到18世纪时,西藏地方政权的掌权人物颇罗鼐等,也崇信和支持宁玛派,他曾帮助宁玛派修复了五百五十多座被准噶尔人毁坏的寺院。

第二节　清政府对藏传佛教的管理

清朝政府继承了元、明两代管理西藏的政治理念,即以宗教作为统治藏区的重要工具。在具体的实施过程中,清政府又根据当时的具体情况,制定了一系列新的宗教政策,通过对宗教的有效管理,达到统治蒙、藏,加强多民族国家统一的目的。清政府对藏传佛教的管理主要体现在以下方面:扶持格鲁派、规定活佛的等级和特权、规范朝贡制度、实施"金瓶掣签"制等。

一、扶持格鲁派

清高宗御制《喇嘛说》碑文中说:"中外黄教,总司以此二人(指达赖、班禅)。各部蒙古,一心归之。兴黄教,即所以安众蒙古,所系非小,故不可不保护之。"[1]因为兴黄教即可以安抚众蒙古,所以清政府尽力扶植格鲁派。其具体措施就是册封和优礼格鲁派上层僧人,利用他们的政治影响和宗教地位,实现对蒙藏地区的统治。清政府入主中原以后,很快就宣布承认明朝在西藏分封的大喇嘛的原有社会地位,让他们仍袭其旧封,只是将印册改换为清朝颁发的而已。顺治五年(1648),清入关后不久,就明确宣布:"念尔西域,从来尊重佛教,臣事中国,已有成例。其故明所与诰敕印信,若来进送,朕即改授,一如旧例不易。"[2]1653年,敕谕青海瞿昙等九寺国师公噶丹净等仍承袭旧号,改给敕印,并谕令西宁等处官吏军民等不得侵扰。

对格鲁派高僧的册封,除了顺治十年(1653)封五世达赖为"西天大善自在佛所领天下释教普通瓦赤喇怛喇达赖喇嘛"外,康熙五十二年(1713),清政府还遣使册封五世班禅罗桑意希为"班禅额尔德尼",并

---

[1] 张羽新:《清政府与喇嘛教》,第340页。
[2] 《清世祖实录》卷三〇,第14页。

赐金印、金册,建立了班禅活佛转世系统。

康熙三十二年(1693),外蒙古的哲布尊丹巴呼图克图因不堪忍受准噶尔部的欺凌,率众内附,康熙封其为"大喇嘛",让他管理外蒙喀尔喀等部宗教事务。雍正元年(1723),第一世哲布尊丹巴在京圆寂,雍正下诏允其作为呼毕勒罕(蒙语音译,意谓转世或化身)转生,并赐金印、金册。乾隆二十一年(1756),因第二世哲布尊丹巴在喀尔喀部诸王公没有附逆叛乱方面起到了重要作用,被晋封为"敷教安众大喇嘛",赏乘黄车。在清朝不断的扶植下,哲布尊丹巴成为外蒙古地方最高的宗教领袖。

青海佑宁寺的第二世章嘉呼图克图罗桑却丹(blo-bzang-chos-idan,1642—1714),康熙二十六年(1687)进京,深受康熙器重。康熙三十二年(1693),再次奉旨入京,后在多伦传经,因善于安抚当地蒙藏民众,康熙赐其呼图克图名号。康熙四十四年(1705),康熙再次封罗桑却丹为"灌顶普善广慈大国师",并赐其一颗重八十八两八钱八分的金印,让他管理西藏以东的甘、青、内蒙古的宗教事务。从此,历代章嘉呼图克图均受清朝重用,成为掌管甘青、内蒙古及京城喇嘛事务的大活佛。这就是清代最有影响的格鲁派四大活佛系统。有清一代,受政府册封的活佛的具体数量难以有确切的统计,但根据嘉庆十九年(1814)的统计资料,仅在西藏通过金瓶掣签确定的重要的活佛就有一百三十四名。

除了册封格鲁派上层以外,清朝还在京城修建寺庙,设立驻京呼图克图,也就是把一些社会影响较大的蒙藏地区的高僧延请至北京,供给钱粮,让他们或掌管京城、承德、五台山等地的喇嘛事务,或奉旨去蒙藏地区办事。清朝驻京的呼图克图重要的有章嘉、敏珠儿、济隆、噶勒丹锡、拉果、察汉达尔罕、洞阔尔、阿嘉、土观等。这些驻京的呼图克图中又以历代章嘉活佛的地位最高。驻京呼图克图的设立,一方面体现了清政府对喇嘛教上层的礼遇和重视,另一方面,他们也是联络西藏、蒙古和中央政府的重要纽带,通过他们可以随时了解蒙藏的情况。并且,蒙藏地区的一些重要事务,也由他们出面去协调、处理,减少了不必要的抵触和误解。

清政府对这些格鲁派的上层僧人,除了赐给他们尊贵的封号外,还给他们极高的待遇。六世班禅到热河为乾隆庆祝七十寿辰时,乾隆先是命驻藏大臣留保柱等将其护送至西宁,再命理藩院侍郎保泰等前往迎接。在六世班禅奉命赴热河的途中,乾隆又派人专程赐给他御用貂帽、貂袍以及御用的金顶黄轿、夏季衣帽、香水、避疫丹药和珍珠凉帽、水晶念珠等大量的珍贵物品。途中还派专使传送水果、香瓜等。班禅经过的桥梁,要事先加以修缮。为了让班禅住得舒适,乾隆特意命仿照班禅在日喀则的故居,在热河修建了须弥福寿寺,供其居住、诵经。又按照后藏的古式,在北京香山的静宜园修建昭庙,作为班禅夏季在北京的居所。同时,为了接见班禅,乾隆还专门学习了一些日用藏语。在热河期间,乾隆多次宴请赏赐他,乾隆的赏赐再加上大臣及蒙古王公的布施,六世班禅共得到数十万两白银。

清朝推崇和尊奉格鲁派的另外一个重要措施就是修建了许多黄教寺庙,尤其是在北京、承德、五台山这三个中原地区。顺治九年(1652),为了迎接五世达赖,顺治在北京创建了西黄寺。康熙五十年(1711),清朝又在多伦修建了汇宗寺,这是内蒙古一个重要的黄教寺院。整个清朝前期,在北京地区修建的重要寺院见于史料的有:雍和宫、东黄寺、西黄寺、弘仁寺、嵩祝寺、福佑寺、妙应寺、梵香寺、大隆善护国寺、嘛哈噶喇寺、长泰寺、普度寺、普胜寺、慧昭寺、化成寺、隆福寺、净住寺、三宝寺、三佛寺、圣化寺、慈佑寺、永幕寺、大正觉寺、阐福寺、同福寺、宝谛寺、正觉寺、功德寺等[1]。康熙和乾隆朝,在承德也修建了十二座规模宏伟的喇嘛寺庙。同时,从顺治年间开始,清政府还不断派人到五台山,对原有的寺院进行修葺。从而在内地最终形成了北京、承德、五台山三个藏传佛教的中心。

---

[1] 详见《钦定理藩部则例》,第386—392页,天津,天津古籍出版社,1998。

二、喇嘛的等级及其管理

清政府为自己册封的西藏僧人划分了相应的等级。作为职衔的依次有呼图克图、诺们汗、班第、达堪布、绰尔济;作为名号的则有国师、禅师,并且规定"呼图克图等除恩封国师、禅师名号者准其兼授外,概不得以呼图克图兼诺们汗、班第、达堪布、绰尔济等职衔,亦不得以国师兼禅师名号。"①在印信方面,除了达赖喇嘛、班禅额尔德尼、哲布尊丹巴为金印、金册外,其余各呼图克图等如果同时恩封国师名号者,印册均为银镀金,恩封禅师名号者为银印,颁给敕书。

驻京喇嘛的等级划分就更加详细了,他们的等级依次为:掌印札萨克(札萨克本意有旗长、各旗行政长官之意)达喇嘛、副掌印札萨克达喇嘛、札萨克喇嘛、达喇嘛、副达喇嘛、画佛副达喇嘛、苏拉喇嘛、德木齐、格斯贵,这些人的徒众被称为格隆、班第。这些等级不同的大喇嘛随着他们地处京城、盛京、五台山、口外、蒙古等不同的地域,其补缺、任免也有详细的规定。

清朝册封的大喇嘛,除了拥有大小不等的政治权利外,清政府还对他们的钱粮、奴仆、车轿、服饰等都做了详细的规定。钱粮方面,朝廷供给从边疆进京朝觐的大喇嘛"廪",而对驻京和其他内地的大喇嘛则直接供给钱粮,份额是"扎萨克达喇嘛本身每日给银一钱五分一厘一毫八丝一忽、米二升五合;随带徒弟格隆六名,每日各给银二分九厘九毫七丝二忽、米各二升五合;班第六名,每名每日各给银二分八厘八毫四丝二忽四微、米各二升五合。每日共给银五钱零四厘六丝七忽四微、米三斗二升五合,应拴马四匹、牛三头,每日给黑豆一斗一升、谷羊草各七束"②。扎萨克达喇嘛以下的不同等级的喇嘛,也都有诸如此类的详细规定。

支搭黄布城、乘坐黄车、黄轿,是清代皇帝及其亲族(需经特批)的特

---

① 《钦定理藩部则例》,第 392—393 页。
② 同上,第 432 页。

权,而达赖喇嘛、班禅、哲布尊丹巴则被特批享有这些权利。章嘉呼图克图则被恩准在"紫禁城内赏用黄车"的特殊待遇,这些都是大臣和少数民族王公难以享有的特殊恩宠。

根据《钦定理藩院则例》记载,在坐褥、车帏方面,住京的呼图克图呼毕勒罕及外来的呼图克图呼毕勒罕喇嘛等转世多次,来京三次以上者,坐褥冬用狼皮,夏用红褐,乘坐绿帏车。转世次数较少,来京一、二次者,坐褥冬用獾皮,夏用红褐缘青褐,乘坐青帏车。扎萨克堪布喇嘛等坐褥,冬用貉皮,夏用青褐缘红褐,乘坐青帏车。

在服色方面,喇嘛的衣服用金黄、明黄、大红等色,其余颜色不准擅自使用。扎萨克喇嘛并由藏调来的堪布等,并准其服用貂皮、海龙皮褂外,其余达喇嘛以下及呼图克图喇嘛等之跟役徒众,不准僭服。此外一切服饰均不得滥用。违者,照违制例治罪,并将失察的呼图克图喇嘛等,一并随案拟议。

乾隆在《喇嘛说》中明确地指出自己对待西藏的僧人"非若元朝之曲庇谄敬番僧也",所以,相比前朝而言,清朝对西藏僧人也有严格的管理和处罚制度。清朝专门设立了理藩院管理国家的民族宗教事务。理藩院设有旗籍、王会、典属、柔远、徕远、理刑等六个司,同时还设有管理日常行政事务的满当房、蒙古房、喇嘛印务处等众多机构。其中的柔远司、典属司、理刑司、喇嘛印务处的职分中都涉及喇嘛。比如柔远司主要负责呼图克图、喇嘛请安进贡的事务,以及京城内外各寺庙喇嘛的钱粮、草豆、烤火用的炭、银两,还负责颁给各寺庙时宪书。典属司主要掌管"达赖喇嘛、班禅额尔德尼进丹书克,在京喇嘛考列等第、升迁调补、札付、度牒、路引、奏请寺庙名号,各寺庙工程,咨取学艺班弟,台吉充当喇嘛"以及僧正、僧纲袭替等事。理刑司主要掌管缉拿私自逃逸的喇嘛以及喇嘛违法犯罪等事。喇嘛印务处设立在北京弘仁寺,主要掌管有关喇嘛事务的公文。① 所以,只从

---

① 张羽新:《清政府与喇嘛教》,第128—130页。

机构设置方面来看,清朝对西藏活佛、喇嘛的管理就很规范。

清政府虽然给予西藏的僧人很高的礼遇,但对于违反国家律法及喇嘛的各项规定的僧人,也是按律治罪,决不姑息。清朝在《钦定理藩部则例》中,对西藏僧人制定了许多详细规则,很多规则还对违反者制定了相应的处罚措施和法律惩处方式。如札萨克喇嘛如果贻误了御前差事和中正殿的道场,一次罚钱粮六个月,贻误一般的道场,罚钱粮三个月。因此,僧人必须恪守职责,勤于佛事活动。各寺庙中的僧人,如有不安分守己者,一经本庙逐出,别的寺庙不得徇私收留,否则,交给掌印呼图克图鞭责四十,失察的大喇嘛、德木齐等罚钱粮三个月。同时,喇嘛也不许容留游方僧和作奸犯科者,否则与犯人同等处罚,这一条最大限度地杜绝了寺院私匿人口的问题。另外,喇嘛之间严格的等级必须遵守,如有僭越,朝廷可以根据情况议处。

喇嘛一入僧籍,也不许随便逃逸。凡喇嘛、班第等私自逃走者,如能自己返回,初犯鞭六十,二犯鞭八十,三犯鞭一百,并加以革退。如果是被抓获的,鞭一百,革退僧籍。负责管理的德木齐等隐匿不报的,初犯罚钱粮一个月,二次罚钱粮两个月,三次以上俱罚钱粮半年。

在生活方面,严禁妇人在喇嘛所住庙宇内出没行走,否则以罚没牲畜的方式加以处罚,地位越高,处罚越重。喇嘛出外诵经,也不许留在事主家中,更不许留在无夫之妇人家中,否则双方均受处罚。可见,清朝在僧人的戒律方面,对内地藏僧的管理更加严格。

清朝对喇嘛的严格管理还体现在详细、明确地规定了寺院中的僧额以及对不同职衔的僧人的数额、补缺方式。这有效地限定了僧人数量的恶性扩张,防止了由此带来的社会问题和经济问题。《钦定理藩部则例》卷五六集中而系统地论述了这个问题,对寺院中具有职衔的上层喇嘛和一般僧人的数量都有明确规定。当然理藩院的这些规定主要是针对北京、承德、五台山、内蒙古地区以及藏汉边界处的寺庙的,对于西藏本土的僧数管理,则属于达赖喇嘛及班禅的分内之事。

至于京城寺庙有职衔的喇嘛的名额分配是这样的:京城各庙额设掌印札萨克达喇嘛一缺,副札萨克达喇嘛一缺,札萨克喇嘛四缺,达喇嘛十四缺,副达喇嘛三缺,画佛副达喇嘛一缺,额设苏拉喇嘛(办理杂务的喇嘛)十缺,教习苏拉喇嘛六缺,额外教习苏拉喇嘛四缺,仓苏拉喇嘛九缺。公缺德木齐三十一缺,格斯贵五十缺。

在以上这些份额中,札萨克喇嘛和达喇嘛在京城各寺院的分配是这样的:扎萨克喇嘛四缺内,雍和宫专设一缺,其余札萨克喇嘛三缺并京城公缺达喇嘛十四缺,共十七缺,系阐福寺、嵩祝寺、福佑寺、隆福寺、普胜寺、大隆善护国寺、妙应寺、净住寺、三佛寺、长泰寺、慈度寺、达赖喇嘛庙、察罕喇嘛庙、圣化寺、大正觉寺、慈佑寺、永慕寺等十七寺庙。① 其余各地的寺院都有类似的规定,此处不再赘述。对于处于汉藏交汇区的河州、西宁县、碾伯县、洮州厅等则主要规定的是都纲、僧纲、僧正等的名额差缺。

除此而外,清朝还对京城等寺院的僧人数进行了详细的限制,例如:

弘仁寺,二两钱粮喇嘛五十五缺,一两钱粮喇嘛十四缺,折色(指银币)班第钱粮七缺。德木齐四名,格斯贵二名,在二两钱粮缺内。德木齐、格斯贵等随缺跟役徒弟共六名,在折色班第钱粮缺内。

嵩祝寺,折色格隆钱粮三十七缺,折色班第钱粮三十二缺。德木齐一名,格斯贵二名,在折色格隆钱粮缺内。德木齐、格斯贵等随缺跟役徒弟共三名,在折色班第钱粮缺内。

福佑寺,折色格隆钱粮十二缺,折色班第钱粮十缺。德木齐一名,格斯贵一名,在折色格隆钱粮缺内。德木齐、格斯贵等随缺跟役徒弟共二名,在折色班第钱粮缺内。

妙应寺,二两钱粮喇嘛三十缺,一两钱粮喇嘛五缺,折色班第钱粮四缺。德木齐一名,格斯贵二名,在二两钱粮缺内。德木齐、格斯

---

① 《钦定理藩部则例》,第384—385页。

贵等随缺跟役徒弟共三名,在折色班第钱粮缺内。

梵香寺,折色格隆钱粮三十一缺,折色班第钱粮十四缺。德木齐一名,格斯贵二名,在折色格隆钱粮缺内。德木齐、格斯贵等随缺跟役徒弟共三名,在折色班第钱粮缺内。

大隆善护国寺,二两钱粮喇嘛二十五缺,一两钱粮喇嘛二十八缺,折色格隆钱粮三十一缺,折色班第钱粮四缺。德木齐一名,格斯贵一名,在二两、一两钱粮缺内。德木齐、格斯贵等随缺跟役徒弟共三名,在折色班第钱粮缺内。①

三、规范朝贡制度

朝贡是联系藏区和中原王朝最重要的纽带,也是中央主权得以确立的重要标志。从元代西藏纳入中原王朝的统治下开始,西藏的僧人就一直在源源不断地进入内地朝贡。而中原王朝对前来进贡的藏族僧人,也一直厚加赏赐,这就使得朝贡不仅具有巨大的政治意义,而且具有了重要的经济意义。明朝藏僧因慕恋朝贡的丰厚回报,最后的进贡使团甚至多达三四千人,成为朝廷的经济负担之一。

入清以后,政府对前来进贡的藏族僧人仍然厚加赏赐,尤其是对达赖喇嘛和班禅的贡使更是如此。中央规定达赖和班禅每两年进贡一次,其贡使:

> 由西宁至京,寓居西黄寺,由部奏到,带领瞻觐,恭进哈达、铜佛、舍利、珊瑚、琥珀、数珠、藏香、氆氇等物。其来使亦准附进哈达、铜佛、藏香、氆氇等物。元旦次日进丹书克,系五色哈达、银曼达、七珍、八宝、八吉祥、佛像、金字经、银塔、银轮、杵、瓶、红花诸物。

清政府对于他们的进贡,"均予折赏",《钦定理藩部则例》卷五七载:

---

① 《钦定理藩部则例》,第386—387页。

回藏时皆降敕慰问,并赏达赖喇嘛重六十两镀金银茶筒一、镀金银瓶一、银钟一、蟒缎二匹、龙缎二匹、妆缎二匹、片金二匹、闪缎四匹、字缎四匹、大卷八丝缎十四匹、大哈达五个、小哈达四十个、五色哈达十个。正使二等,雕鞍一、重三十两银茶筒一、银执盂一、缎三十匹、毛青布四百匹、豹皮五张、虎皮三张、獭皮五张。跟役喇嘛十八人,每人各给缎二匹、毛青布各二十匹。跟役一名,缎一匹、毛青布十匹。副使三等,蟒缎一匹、方补缎一匹、大缎一匹、梭布二十四匹。跟役喇嘛十二人,每人各给彭缎一匹、毛青布十匹。赏班禅额尔德尼,重二十两银茶筒一、银瓶一、银钟一、各色人缎二十匹、大小哈达各十个。来使,金黄色蟒袍一、重三十两银执盂一、缎二匹、毛青布六十二匹。跟役喇嘛二十八人,每人各给缎二匹、毛青布二十匹。跟役一名,缎一匹、毛青布十匹。俱系会同内务府颁给。①

这无疑是一份十分丰厚的回赐礼单。除了达赖、班禅,清朝对哲布尊丹巴、察木多帕巴拉呼图克图、嘉喇呼图克图等重要的活佛进贡的回赐都有详细的规定。可见,清朝在对待藏族僧人的进贡方面,依然延续了明朝的"优贡使之利"的做法,但为了防止出现像明朝贡僧出现的诸多问题,清朝对西藏僧人的进贡制定了许多详细的规定。

在贡期上,正如上面所提到的,达赖和班禅为隔两年一进贡,而岷州圆觉寺等二十六寺喇嘛分成四班,每三年进贡一次。帕巴拉呼图克图和嘉喇呼图克图隔五年进贡一次,庄浪卫报恩寺喇嘛也为隔五年进贡一次。

在贡品上,《钦定理藩部则例》卷二二也有详细的记载。达赖、班禅的贡物为西藏特产中的一些珍品,如:哈达、佛像、珊瑚、琥珀、氆氇。正月初十以内进丹书克庆贺,所贡之物也是西藏特产和一些珍贵的法器,如银轮、银塔、八吉祥、藏香等。哲布尊丹巴的贡品则是白马八匹、白骆

---

① 《钦定理藩部则例》,第404—405页。

驼一只,这被称为"九白之贡"。逢皇帝过生日或哲布尊丹巴亲自到北京,则要进贡丹书克物件,以及"迎手靠背坐褥、佛经、塔曼达、七珍、八宝、八吉祥、本巴、轮杵"。察木多帕克巴拉呼图克图的贡物有金碗、黄连等。岷州的僧人进贡的物品则为马一匹、青木香二筒。庄浪卫报恩寺的僧人进贡的物品主要为马二匹、青木香二筒、延寿果二包。

对于进贡者的奖赏,《钦定理藩部则例》卷五七的记载是,朝廷首先是对于所贡的物品折价回赏,然后再给予另外的赏赐,如曾给帕克巴拉呼图克图三十两银茶筒一个、各色大缎十二匹、大小哈达七个。嘉喇呼图克图则另外赏赐了各色大缎四匹、大小哈达各四个。对于前来进贡的正、副使,朝廷都有赏赐,如上述两位活佛的进贡正使获赏三等蟒缎一匹、缎二匹、布二十四匹;副使缎二匹、布二十四匹;跟随的六人各给布六批。岷州进贡的僧人,每马折给表缎一匹、里绸一匹、绢一匹。赏为首达喇嘛表缎三匹、里绸一匹、红缎袷衣一件、袷袈裟一件、单裙一件、靴袜各一双、玲珑泡子十件、秋辔连踢胸漆鞍一副。其余达喇嘛等各赏表缎二匹、里绸一匹、红缎袷衣一件、袷袈裟一件、单裙一件、靴袜各一双、玲珑泡子十件、秋辔连踢胸漆鞍一副。赏小番僧表缎各一匹、里绸各一匹、红布袷衣各一件、靴袜各一双。仆从,布各四匹。在部赐宴一次。①

为了防止贡僧在沿途使用官驿私带贸易货物,达赖喇嘛的贡物和贡使乘载骡子沿途官驿提供的数量为一百六十头,班禅的为一百二十头。作为贡使的堪布自带的货物,由经过当地的官府代为租雇,数量分别不能超过一百头和八十头。贡使所带的杂役仆众也不能超过四十名。进贡喇嘛由西藏起程时,应将所进贡物品的箱包斤重、数目等,上报给驻藏大臣,驻藏大臣按包发给烙印木牌,编列字号,沿途点验。沿途经过各省,要将各省出境、入境的时间写明,到京城以后交给理藩部。贡使由京回藏时,则由陆军部将其所携带的物品给予勘合,发给印单,沿途传示

---

① 《钦定理藩部则例》,第 409—411 页。

州、县。这中间如果有浮冒，则各州县不提供相应的支应，并且还有负责查参的权利。

清朝对进贡藏僧的各项措施，保证了中央对地方行使权力的畅通，最大限度地降低了进贡沿途的各州、县、驿站所受到的侵扰，使西藏僧人的进贡制度和前朝相比，更加规范、更加严格，成为清朝对西藏实施有效管理的有力措施之一。

四、"金瓶掣签"制

清朝所制定的管理西藏佛教的政策中，意义最为深远、对后世影响最大的就是金瓶掣签制度。所谓"金瓶掣签"，即将转世灵童的候选人名书写于牙签，装入金瓶，通过一系列宗教祈祷活动，抽签确定最终人选。在清朝前期，蒙藏地区的活佛的呼毕勒罕皆由西藏的四大护法预言，最后由达赖喇嘛许可。但这中间就出现了许多徇私舞弊的现象，西藏各大势力往往贿赂护法神，使得同一个家族中往往同时出现几个大活佛，这样就出现了盘根错节的地方势力。同时，活佛的势力也不好控制。基于这样的原因，乾隆五十七年（1792），清朝派军驱逐了入侵西藏的廓尔喀后，清政府下令以后蒙藏地方的活佛转世实行金瓶掣签制度，并下令把此项内容写入善后章程，成为定制。

1793年，清政府颁布的《钦定藏内善后章程二十九条》中对金瓶掣签主要有以下规定：

> 嗣后认定转世灵童，先邀集四大护法神初选灵异幼童若干名，而后将灵童名字、出生年月日书于签牌，置于金瓶之内，由具大德之活佛讽经祈祷七日后，再由各呼图克图暨驻藏大臣于大昭寺释迦牟尼佛尊前共同掣签认定。如四大护法神初定仅一名，则须将初定灵童名字之签牌，配一无字签牌置于瓶内，若掣出无字签牌，则不得认定为初选之灵童，须另行寻访。因达赖喇嘛与班禅额尔德尼互为师弟，凡达赖喇嘛、班禅额尔德尼之呼毕勒罕，即仿互为师弟之义，令

其互相拈定。掣定灵童须以满、汉、藏三种文字书于签牌上,方能公允无弊,众人悦服。大皇帝如此降谕,旨在弘扬黄教,以免护法神作弊,自当钦遵执行。金瓶应净洁不污,常供于宗喀巴佛尊前。①

就在《善后章程》颁布的同一年,福康安在西藏对西宁和科尔沁送来的四位活佛的待选灵童进行了试掣。西宁的松巴活佛送去呼毕勒罕三名,掣出其中的一名。科尔沁送来的三位活佛的呼毕勒罕每人各一名,所以各配空签一只掣抽。其中一位活佛因掣着的是空签,所以其呼毕勒罕另行寻觅。这次掣签是在福康安和达赖喇嘛的共同监管下进行的,也是清政府颁布金瓶掣签制后的第一次掣签活动。

就达赖喇嘛、班禅额尔德尼活佛转世系统来看,第九世、第十三世达赖喇嘛是由中央政府批准免于掣签的。第十、十一、十二世皆是通过金瓶掣签确认的。第八世、第九世班禅额尔德尼都是通过金瓶掣签确定的。

清代实行金瓶掣签的地方有两处:拉萨大昭寺和北京雍和宫。西藏和西宁各地产生的呼毕勒罕,均由驻藏大臣和达赖喇嘛共同缮写名签,在大昭寺供奉的金瓶内掣定。内蒙各部落所出的呼毕勒罕,则须呈报理藩部,理藩部堂官会同掌喇嘛印之呼图克图缮写名签,在雍和宫供奉的金瓶内掣定。而且,蒙古各部落呈报的大活佛的呼毕勒罕不允许在达赖、班禅的亲族以及蒙古汗、王、贝勒、贝子、公、札萨克台吉等子孙内指认,以期达到权力制衡和权力分散的目的。

另外,青海的察罕诺们汗系札萨克,他们有管理当地游牧民的职责,所以他们呼毕勒罕的选定与其他活佛的有所不同,可以不论是否亲属,只要属下众人悦服,即可入金瓶内掣定。

金瓶掣签制是清朝对西藏进行有效统治的最明确的标志之一,通过

---

① 《元以来西藏地方与中央政府关系档案史料汇编》(3),第826页,北京,中国藏学出版社,1994。

金瓶掣签,蒙藏势力肆意组合地方权力的行为得到有效遏制,中央对地方权力的控制力度加大,这同时也加大了西藏地方上层活佛的向心力和凝聚力。

第三节 藏传佛教制度

一、政教合一制度

1.早期的政教合一

一般来说,政教合一制是把政权与教权(神权)合而为一的政治制度。它有一些基本的特点:首先,它表现为政治领袖和宗教领袖由一人兼任,形成独掌政教大权的状况;其次,政教合一制下的法律制度完全体现宗教教义,维护宗教特权,并以此作为处理世俗事务的基本原则;第三,全体民众都受到宗教的全面支配,表现出浓厚的宗教情感。

但是,就中国古代藏区政教合一制的表现形式而言,又不完全等同于上述三个特征,尤其是第一个特征。中国藏区的政教合一制在其发展过程中,除了一人兼任政教领袖之外,尚存在着其他的表现形式,比如由特定家族而非特定人物掌握政教权力;教权与政权优势的天平也并不总是倒向教权一方等等。另外,在藏区政教合一制成长的历史上,明显存在着中国中央政权直接确定和调整的制约作用。在这一层面上,政教合一制更成为中国古代大一统国家中治理特定民族、宗教地区的特定政治制度,是服从于中国专制主义中央集权制度的区域变种。这些都是在理解中国藏区政教合一制度时不可忽视的政治特色。

中国藏区政教合一制度的起源与藏传佛教在西藏的形成和发展有着密不可分的关系,它是伴随着藏传佛教逐步成为藏民族占统治地位的意识形态而产生的。在后弘期藏族社会从奴隶制向封建农奴制过渡的特定历史条件下,以佛教上层僧侣为代表的新兴宗教势力与地方贵族家族势力越来越紧密地结合在一起,互相依赖,互相推动,终于在吐蕃王朝瓦解的权力真空中走上了政教合一的道路。虽然在吐蕃王朝后期已经出现了佛教僧侣秉政的历史现象，但是，以当时的佛教上层僧侣的活动分析，他们还未形成能够左右藏区地方政治的足够的社会政治经济实力和相应的社会基础。吐蕃王朝崩溃时期的王族内战和属民大起义彻底结束了古代吐蕃地区局部统一的政治局面，各地区的地方政治力量经过长期纷争以后最终形成某种程度的政治平衡。其间，新兴奴隶主阶级兴起，他们以特定的区域为政治地理单位，在力求保持自身政治经济特权的同时，迫切希望能以一种尽可能减少纷争，缓解社会阶层对抗的意识形态来巩固自身的地位。被达玛赞普禁止的佛教此时业已改头换面潜入民间广泛传播，真正从部分贵族生活走入西藏社会的各个阶层。因此，不论客观条件还是主观需求，佛教都成了后弘期西藏各个地方势力追捧的对象。

　　于是从10世纪开始，随着佛教在民间的再度复兴，政教合一制也开始崭露头角了。例如，吐蕃王氏后裔的君主益希坚赞就是这样一个代表。益希坚赞的王系占据西藏山南地区，他既是西藏地方割据势力的统治者，同时又是著名的桑耶寺的寺主。同为吐蕃王室后裔的古格王朝君主也是如此，他同样身兼国王和僧侣的双重身份。类似的新的政治结构逐渐成为分裂时期西藏的政治潮流。到了11世纪中期以后，在大多数藏区已经涌现出大大小小许多早期的政教合一式的结构。其中最具代表性的有萨迦、帕竹、蔡巴、止贡、夏鲁、雅桑等六个，此外，甚至河湟地区的唃厮啰政权也带有类似政教合一的色彩。

　　萨迦政教合一体是由昆氏家族与萨迦派相结合的地方势力。昆氏家族的昆·官却杰波于1073年在仲曲河谷建立萨迦寺之后，形成了藏传佛教的萨迦派。这一系统在创立之初就呈现出僧俗不分、家族与寺院密切结合的特点。这样，寺院和家族的土地、财产也就不分你我了。萨迦政教合一体实行族内传承，当家族继承人只有一位时，便身兼萨迦僧侣和家族首领双重角色；当传承人有两位以上时，则由幼子娶妻生子，管理政务。经过四代人的努力,萨迦政教合一体具有了雄厚的经济实力。同时又有日喀则夏鲁家族的联姻、拉堆绛土酋的联系和江孜小割据势力的归附。这都促使萨迦势力迅速扩张,为其与蒙元政权建立关系并受其青睐创造了有利的条件。萨班与蒙古人建立关系以后,又为西藏归附中央提供了重要的前提,进而在八思巴时期终于形成了以昆氏萨迦为代表的控御全藏的政教合一制度。

帕竹政教合一体是帕竹噶举派与郎氏家族相结合形成的。帕竹噶举派的创立者并非郎氏家族成员。在帕竹派1158年创派以后到1208年之间,虽然教派信众增加很快,影响也在扩大,但是该派的主寺——丹萨替寺的寺主却更替频繁,又难以服众,甚至在1208年之前的二十年中竟致寺主时有空缺,这些都严重阻碍了帕竹派的进一步发展。直到1208年,长期活动在帕竹地方的实力派——郎氏家族中的扎巴迥乃出任帕竹寺座主之后,情况才有了变化。也正是从此时开始,帕竹噶举才与郎氏家族真正结合在一起,形成了政教合一的地区政权。帕竹噶举的座主从此落入郎氏家族手中,完全由其兄弟叔侄所承袭。到蒙元时期帕竹终于成为西藏重要的地方势力之一,并在元末崛起,取代萨迦成为西藏的统治力量。

蔡巴政教合一体中的蔡巴噶举派是由帕竹派中分化出来的藏传佛教派别,大约于1175年在拉萨蔡豁卡建立蔡巴寺而创派。1187年又在蔡巴寺附近新建了贡塘寺。两寺成为蔡巴噶举的共同主寺。在蔡巴噶举的发展过程中,有两个家族产生过影响,但它们所起的作用不同。虽然蔡巴噶举很早就与噶尔家族结成了供施关系,可是在蔡巴噶举发展的早期阶段噶尔家族并未直接染指蔡巴教派。蔡巴的寺主由师徒相传,或经选举产生,一般行政事务由另一普通家族(史不载其名称,可知并非西藏的名门望族)管理了三代。因此,早期蔡巴势力发展与其他教派有所不同。当然这一格局随后就为蔡巴教派与噶尔家族相结合的结构所替代。噶尔家族的桑杰额珠成为蔡巴行政官以后,蔡巴政教合一势力便稳定下来。在蔡巴系统中,有人认为它明显地表现出政权大于教权、教权从属于政权的色彩。

止贡政教合一制与萨迦派类似,是由止贡噶举派与居热家族相结合的地方势力。该教派的创立人就是居热家族的成员。1179 年居热家族的僧人仁钦贝创建止贡替寺,形成止贡噶举派。止贡从形成时起就确立了家族传承的原则,而且教派势力发展迅速,相当兴盛。有意思的是,在与蒙元政权的关系中,发生摩擦最多的就是这一势力,足见其力量不可小觑。

夏鲁政教合一体出现得比较早。1040 年古老的吐蕃杰氏家族杰尊喜饶迥乃建立了夏鲁寺,形成了夏鲁政教势力。夏鲁的宗教传承也局限在杰氏家族内部,也有自己管辖的部落和属民。此外,夏鲁势力还得到了另一个吐蕃王室后裔——杰尊家族的支持。夏鲁政教势力内有杰氏家族的承继和经营,外得杰尊家族为奥援,也成为元初有较大影响和较强实力的地方割据小政权。

雅桑政教合一体同样是雅桑噶举派与雅桑地方势力相结合的产物。1206 年以后逐步形成,统辖的民户数量也很大,具有相当实力。①

唃厮啰政权是 11 世纪兴起于河湟藏族地区的地方政权,约当内地北宋时期,立国近百年。该政权的统治家族据称也是吐蕃王室后裔,这一政权的建立过程与蕃僧李立遵有密切的关系。虽然在唃厮啰政权中没有出现西藏那种家族与教派直接结合的比较典型的政教合一形式,但不可否认在全民信仰佛教的政权中,宗教力量往往具有影响乃至左右政治的强大实力。只是由于该政权地处藏汉民族的交界处,民族文化的融合与变异使得唃厮啰政权没有出现西藏地区的那种明显的政教合一形式,然而它却不乏政教合一的色彩。

---

① 详细内容参见王献军《西藏分裂割据时期诸政教合一体的形成》,载《西北民族学院学报》1999 年第 1 期。

2. 元代的政教合一

元代西藏地方势力内部的政权组织结构与此前的政教合一形式相比要清晰得多,这主要得益于藏汉文史料中的记载和相关的研究已经能够勾勒出政教组织结构的基本框架和实际作用。透过元代西藏地方政教组织,我们既可以看到后弘期兴起的政教合一形式在得到继续发展,又能够发现西藏地方政教合一制从元代开始就不是一种独立发展的政治制度,而是受到内地中央王朝制约的,并且从属于中央政治体系的地方行政制度。

虽然总的来说,元代西藏政教两者之间结合得十分紧密,但并非彼此不分。在元代西藏,萨迦系统政教关系结合得非常密切,而其他各教派势力中的情况就不太相同了,他们往往在政教两方面拥有各自的领导和属官系统。也就是说,除了以各宗派的宗教领导人为中心形成的主要从事宗教活动的僧侣集团之外,还有元朝设于西藏地方、直属于中央宣政院统辖的三个地方机构——乌思藏纳里速古鲁孙等三路宣慰使司都元帅府(乌思藏宣慰司)、吐蕃等处宣慰使司都元帅府(脱思麻宣慰司)、吐蕃等路宣慰使司都元帅府(朵甘思宣慰司)。三个宣慰司之下又设有万户府、千户所等军政组织机构。其中乌思藏宣慰司所辖的所谓"十三万户"①就反映了后弘期以来的各个西藏地方政教集团力量消长的情况。

至于乌思藏宣慰司的最高长官即乌思藏本钦(dbus-gtsang-dponchen)

---

① 元代的十三万户研究的详细内容可以参见王森《西藏佛教发展史略》、张云《元代吐蕃地方行政体制研究》等专著的相关部分和专门的研究论文。参照藏汉文史料的记载并联系其实际措置情况看,十三万户并非一个固定、准确的概念,它的数量、名称、消长更替的种种变化自元代即已发生,以下仅就其大体情形作一概括:1) 拉堆洛(la-stod-lho);2) 拉堆绛(la-stod-byang);3) 曲弥(chu-mig,《元史》作"出密");4) 夏鲁(zha-lu,《元史》作"沙鲁");5) 绛卓(by-ang-vbrog,又称"香",《元史》作"嗸笼答剌");6) 羊卓(yar-vbrog,《元史》作"俺卜罗");7) 止贡(vbri-gung,《元史》作"密儿军");8) 蔡巴(tshal-pa,《元史》作"擦里八");9) 帕木竹巴(phag-mo-gru-pa,《元史》作"伯木古鲁");10) 雅桑(g·yav-bzang-pa,《元史》作"牙里不藏思八");11) 嘉玛哇(rgya-ma-ba,《元史》作"加麻瓦");12) 甲域瓦(bya-yul-ba,《元史》作"札由瓦");13) 达垄巴(stag-lung-ba,《元史》作"思答笼剌");此外尚有汤卜赤(thang-po-che)八千户、古尔摩(gur-mo)等汉藏记载互缺的万户。

则只能由萨迦派的人员出任,显示了萨迦派在元代西藏各政教势力中鹤立鸡群的优越地位。当然,即使萨迦派长期把持本钦一职,它的产生也必须遵循帝师举荐、元朝皇帝任命的原则。至于其他参与西藏地方政务的教派,也只有当其领导人兼任万户长(喇本,bla-dpon)时方可实现,否则也不能决定所辖地方的军政大事。所以元朝在西藏地方的行政体现了中央控制与地方治理上僧俗并用、军民通摄的特色。

这种特殊的地方行政体系包括了僧职系统和行政系统两套机制,并统一于宣政院——宣慰司——万户府的体制之下。

僧职系统是包括萨迦派在内的十几个政教结合的区域性集团中的宗教组织体系。它与各自的行政体系既相联系,又有区别,表现在:

各教派的领袖并不能天然地成为各政教集团的行政长官。这既反映了政教集团内部宗教与行政的平衡互动的传统习惯,也受到蒙元中央政府在西藏推行的政策和制度的制约。事实上,只有元朝的皇帝才握有处理西藏事务的最高权力,如果得不到皇帝的任命,不论是何种宗教领袖都不可能自动获得本地方的行政权力。在有元一代,只有很少数的西藏地方教派的宗教领袖兼任地方行政长官。这种极少数的政教权力完全集于一身的情况反而使得从政僧人更要受到皇帝任命的控制和上级官员的约束。其中,唯有萨迦宗教领袖由于担任元朝帝师,享有了相当大的参政权利;其他教派首领如果不能通过兼任万户长成为喇本的话,则只能通过自身的威望和声誉来影响本万户的内部事务,而不及其他。

在行政系统方面,西藏地方因为全民信仰佛教之故,包括万户长、千户长在内,几乎所有的行政官员均有入寺为僧或追随高僧大德学习佛法的宗教经历。因此,尊重僧人们的意见,尤其是帝师和本派宗教首领的意见,在西藏地方行政中十分重要,其目的就是为了获得在西藏社会占据优势地位的宗教力量的支持,以及取得基本信教群众的认同。对此,《元史·释老传》总结说:"元起朔方,固已崇尚释教,及得西域,世祖以其地广而险远,民犷而好斗,思有以因俗而柔其人,乃郡县土番之地,设官分职而领之于帝师。乃立宣政院,其为使居第二者,必以僧为之,出帝师所辟举,而总其政于内外者,帅臣以下,亦必僧俗并用,而军民通摄。于是,帝师之命与诏敕并行于西土。"①

这样一个行之于西藏的行政体系是基于古代西藏政教合一制度初步发展的现实出发,糅合政教合一色彩的地方行政制度。在经历了元朝政府的整合与肯定之后,各种类型和表现方式的政教合一制度基本确立下来,并且继续发展。当然此时西藏的政教合一情况与清代中央任命七世达赖喇嘛建立噶厦政府以后的政教合一状况存在着诸多不同之处。

3. 明代的政教合一

元末,帕竹噶举势力已经完全超过了萨迦等其他各政教力量。它最终兼并部分地方势力,击败萨迦,成为当时西藏的统治力量。作为帕竹地方政权的领导人,大司徒绛求坚赞曾规定,继任行政首领的人必须有过出家为僧受戒的经历。在一个比较长的时期内,这一原则基本得到了坚持。从第一任第司绛求坚赞到第六任扎巴迥乃为止,都符合这一规定。这个原则改变了以前帕竹政教合一体由家族中不同人物分别执掌行政权和宗教权的传统,变成朗氏家族中的一个人先为泽当寺座主,再卸教职转任行政职务的前后身兼宗教、政治领袖的形式。可以看出,此举很明显向政教合一的紧密化又迈出了一步,它也是从早期家族式政教合一形态向甘丹颇章时期典型政教合一形态转变的过渡类型。这是明代西藏地方主要政教领袖的变化之一。

另一方面,与元代相比,帕竹政权的领袖不如萨迦派的宗教领导人那样在中央和地方上都具有明显的政教优势。元代萨迦的宗教领袖有着其他教派难以望其项背的特殊地位,他们在中央是宣政院的最高领导,在西藏地方也是名义上的最高领袖。而明代在西藏实施了"多封众建"的策略,中央政府并未明显偏爱某一教派和扶植某一政教势力。所

---

① 《元史》卷二〇二,第 4520 页。

以在明朝中央对西藏地方政教势力的册封上看不到什么特殊性的安排。因为从明代的历史条件出发，其军事斗争的重点放在北方对蒙古方面的所谓"九边"防卫上，在藏区没有派驻重兵把守，而是利用茶马贸易的经济手段实施柔性统治。所以，在西藏内部，明朝控制的指导思想是以安抚为主，根据各政教集团的实际统治情况，因势利导分化地方势力，而且特别注重任用宗教人士，也就是"其势既分，则皆直统于中央；尚用僧徒，则易于抚慰"①。

为此，明朝在整个藏区册封了三大法王和五大教王。三大法王是大宝法王（噶玛噶举派）、大乘法王（萨迦派）和大慈法王（格鲁派）。有的研究者往往将法王与教王并列，仅从地理范围的角度强调三大法王的重要性，实际上类似的看法既不能反映当时西藏政教势力对比的事实，也不能完整体现中央对藏区的真正认识。对三大法王的册封实则完全出于其宗教上的影响力，噶玛噶举派是传统上宗教力量雄厚的教派；萨迦派是受到元朝大力提携而获得大发展的教派；格鲁派是新兴最有潜在实力的教派。三大法王的册封反映了藏区主要教派宗教地位的状况。

对五大教王的认识，有人讲到"其设置了三大法王，于其间的小空间配置了五名教王"②。实则五大教王是结合了宗教与地方势力，在特定地区有较长时间的统治系统、基础较为坚实的区域性政教合一政权。其中，西康地区的护教王与噶玛噶举派（一说为萨迦本钦）有密切关系。辅教王是分裂后萨迦的四喇让之一都却拉章的后代，是唯一代表萨迦昆氏家族政教势力的孑遗。阐教王是止贡派的僧人，他们在元代虽遭受打击，但仍能顽强支撑下来，到明代力量又有所恢复。阐化王则是帕竹政权的扎巴坚赞。所以说，五教王的性质明显与三大法王有所不同，绝非完全从属地位。

在宗教方面，帕竹派并不能像噶玛噶举派、萨迦派那样有那么大的

---

① 王森：《西藏佛教发展史略》，第257页，北京，中国社会科学出版社，1987。
② 佐藤长：《明代西藏八大教王考》（下），邓锐龄译，《西藏民族学院学报》1988年第4期。

影响力,这也构成了他们政教合一政权上的一个弱点。仅仅依靠政治力量而没有宗教威望是难以维持其统治的。为了弥补这一缺憾,帕竹领导人在整顿自身教派的同时,花更大的力气支持和利用新兴的藏传佛教派别——由宗喀巴创立的格鲁派,以此来提高帕竹政权的声望,为帕竹政权服务。帕竹政权上下,尤其是帕竹属下的内邬宗宗本扎噶尔巴家族都是格鲁派的主要支持者之一。帕竹鼎力相助为格鲁派在藏区快速传播创造了极为有利的条件。格鲁派也正好利用了这一外部条件而迅速崛起,成为西藏佛教史上形成时间最晚,影响和规模却是最大的佛教派别。

3. 清代藏区的政教合一制度

自明代初年宗喀巴大师创立格鲁派后,格鲁派以其革新的宗教特色迅速成为重要的藏传佛教支派,其影响也遍及全藏。再加上帕竹政权不遗余力的支持,遂使其发展得到了有力的政治帮助,在某种程度上也拥有了很大的政治影响力。格鲁派的快速发展势必与一些旧教派的既得利益之间产生复杂的矛盾,而这些矛盾反过来又容易被一些地方政治力量利用,成为反对帕竹政权的宗教依据。

15世纪帕竹政权衰落时,其下属的仁蚌巴和继起的辛厦巴政权在架空和取代帕竹政权的同时,也在宗教上依靠噶举派打击格鲁派。因此西藏的宗教矛盾和政治斗争互相交织,引起了藏区长时间的政治动荡。斗争双方随着矛盾的不断升级,最终不约而同都选择借助外部蒙古势力的介入。

17世纪初,新崛起的辛厦巴政权推翻帕竹政权,以十世噶玛巴作为全藏法王,自称"藏堆结布"(后藏上部之王),汉文史书称"藏巴汗"。藏巴汗严厉打击格鲁派,格鲁派面临空前危机。格鲁派无奈,只能另寻政治后盾,1641年遂约请当时已移牧青海的厄鲁特蒙古和硕特首领固始汗将兵入藏。由于此前不久,固始汗已经击败了青海蒙古却图汗和康区的白利土司,在藏区的政治、军事上拥有压倒性的优势,所以,固始汗很快于1642年灭亡了藏巴汗政权,"以西藏三区十三州政教全权悉以供养第五世达赖喇嘛",建立了甘丹颇章政权。甘丹颇章政权的实质是固始汗监护下的又一个政教合一政权,以达赖为宗教领袖,实行固始汗与达赖的联合统治。甘丹颇章西藏地方政权建立后,镇压了反对格鲁派的其他西藏地方政教势力。凡是以前追随藏巴汗迫害过格鲁派及其贵族者的土地和属民均被没收,把其中一部分分配给格鲁派的大小寺院作为曲豀;一部分分配给支持格鲁派的贵族作为格豀;剩下的部分由地方政府掌握,叫做雄豀,这就是著名的西藏三大领主实力的进一步发展与完善。虽然名义上达赖是全藏的最高领袖,但他并不亲自处理政事,总理政事的是达赖之下的行政官——第巴(西藏俗称藏王)。

与此前的西藏地方政权相比,甘丹颇章政权形成了经过调整而比较完备的行政制度和法律体系,在组织化建设方面得到了很大的发展。比如,第一任第巴索南拉丹修改原有藏法十六条为十三条并重加解释;在萨迦时期原有十三种官职的基础上新增了多名官职。根据实际需要,在从五世达赖起到十四世达赖的长时间内,西藏地方政权还不断地派遣僧俗官员到藏区各地清查土地、人口,登记造册,建立和更新了赋税档册。五世达赖更利用自己控制下的政权力量,新建了除噶举派之外的其他教派的寺院十三座,又将一部分噶举派的寺院改为格鲁派,还规定了全藏各寺院的僧人数量和征集僧差的制度。他还授予色拉、哲蚌、甘丹三大寺等寺院管理寺属庄园和百姓的权力,并要求每年从西藏地方政府的收入中拿出相应的粮食和资金供给寺院。那些著名的寺院除了拥有自己管理寺属庄园和属民的权力之外,也获得了独立的司法权力。另一些没有庄园和属民的寺院则由西藏地方政府供应粮食、酥油、茶叶等物品,而它们就没有司法权力了。在这两种类型的寺院中,前者坐拥庄园、属民,有着坚实的经济基础,享有特殊的司法权力,在政治上的地位就很高,还有免除差税负担的特权。寺属属民要向寺院不断地支应各种差税。于是,原来的那种主要从事宗教活动的寺院具有了司法机关的性质,掌握着政教权力的大寺院不再像以前那样依照宗教戒律处理所谓罪犯,而是把世俗法律制度结合进寺院之中,形成一整套类似世俗政府审理案件的制度。除了对寺属属民的司法管理之外，对从事宗教活动的僧人们也不再按照宗教律例而是依照政府法律来惩罚罪犯和判决案件了。格鲁派从此在西藏社会获得前所未有的优势地位。

固始汗与格鲁派领袖的联合统治确立之时，也正是内地明清两朝鼎革之际。清帝为稳定边疆局势，安抚蒙藏地区，很自然地要利用格鲁派的影响，所以，清朝政府和达赖之间的联系越来越密切。1652年，五世达赖进京入觐顺治帝，受到了极为隆重的接待。次年返藏时，清朝册封五世达赖为"西天大善自在佛所领天下释教普通瓦赤喇怛喇达赖喇嘛"，又封固始汗为"遵行文义敏慧固始汗"，正式确立了达赖作为蒙藏地区宗教领袖的地位和固始汗作为西藏地区政治领袖的地位。这一册封的实质是建立了西藏地方和清朝中央政府间的隶属关系，表明固始汗的政治地位在西藏是最高行政领袖，对中央而言则是清朝的西藏藩臣。五世达赖的地位仅限于宗教领袖。这一分权的体制安排在固始汗与五世达赖在世时得到了很好的遵行，稳定了西藏社会。但是潜在的蒙古汗王与格鲁派寺庙集团矛盾在两位领导人死后逐步浮出水面，并且进一步激化。1682年五世达赖圆寂后，第巴桑结嘉措秘丧不报，极力强化自身权力和地位，对外暗中联系准噶尔部的噶尔丹势力，准备推翻西藏的和硕特蒙古统治。1705年，固始汗后裔拉藏汗终于和桑结嘉措兵戎相见，桑结嘉措兵败被杀。六世达赖仓央嘉措被解往内地（逝于青海湖边）。但西藏的局势并未就此安定下来，1717年准噶尔部的策妄阿拉布坦围攻拉萨，杀死拉藏汗，终结了固始汗政权。准噶尔的介入使西藏局势陷于混乱，进而威胁川、滇、青诸省的安全。清朝康熙帝调大军入藏，平定了准噶尔之乱，清除了准噶尔喇嘛，加封了七世达赖，初步稳定了西藏形势。

在制度方面，清廷废除了第巴职位，任命康济鼐为藏王，管理地方事务，另设四噶伦从旁协助。但时隔不久，噶伦内讧，康济鼐被杀。1727年，颇罗鼐率后藏军队平定了叛乱，晋升藏王，受"贝子"衔，总理藏事。清雍正帝再次进行制度改易，调整西藏地方行政区划，设置了驻藏大臣两人,同时在西藏驻军。颇罗鼐死后,其子珠尔默特那木扎勒袭任藏王,又阴谋反叛,为驻藏大臣诛杀。驻藏大臣旋为叛军所杀,后来七世达赖消灭叛乱余党,平息了未遂叛乱。有鉴于西藏形势的多次反复,在总结前人经验的基础上,清乾隆帝再次改革西藏地方各项制度。

乾隆将藏北三十九族和达木蒙古八旗划归驻藏大臣直接管辖,正式废除了藏王制,取消了封授郡王制度,进一步削弱了世俗贵族权力,乾隆还在西藏建立起噶厦制度。噶厦直接受达赖和驻藏大臣领导,噶厦中设噶伦四名,三俗一僧,处理日常事务;领衔者为僧噶伦,四噶伦地位平等,僧俗相互制约,事权分散。乾隆还制定了西藏地方官员任免的章程,对于噶伦、代本等重要官员的任命,必须得到中央政府的批准。为了平衡噶伦权力,在达赖之下还设有译仓,内置大仲译,由僧官担任,噶厦公文不经译仓审核,就不能上行下达。此外,在布达拉还设立僧官学校,训练各寺僧人为充任宗本和噶厦各勒空(机关)的官职做准备。以上措施的目的在于大幅度提高格鲁派寺庙上层僧侣的政治地位,削弱世俗贵族的实力,建立僧俗统治者的力量平衡,互相牵制。同时,清朝也进一步加强了驻藏大臣的权力,巩固中央对西藏地方的控制。

乾隆帝对西藏的全面政治改革完成后,表明中央王朝正式授权达赖管理西藏地方行政事务,确立了格鲁派僧侣集团对西藏的统治,加强了西藏宗教与政治的结合程度,最终形成典型的僧俗领主联合统治的"政教合一"制度。在这一典型的"政教合一"制度中,完全体现了政治与宗教、僧侣与贵族结合的特色。

历代达赖都是西藏最高僧俗领导,他既身兼哲蚌、色拉两寺寺主,又是西藏地方政府的最高统治者,西藏三大领主的统治权由此集于一身,而且每一任达赖的家族又成为西藏的世袭大贵族,不断扩大达赖系统的贵族数量。每一世达赖从转世到亲政的执政空隙由摄政代行权力。第一任摄政是在七世达赖圆寂后的第穆德勒嘉措。从八世达赖到十四世达赖亲政的近二百年中,摄政执政的时间总和明显超过了各辈达赖的亲政时间总和①，摄政的重要性由此可见一斑，而这些摄政也全部出身于西藏上层大贵族家庭。至于西藏地方政府中的官职也都由僧官出任或者僧俗参半。三大寺在一些重大问题上的态度至关重要，他们同时参加噶厦政府的扩大会议，显示了格鲁派上层僧侣集团重要的参政地位。

二、活佛转世制度

1. 总论

"活佛转世"制度是中国藏传佛教重要宗教特色。它是藏传佛教寺庙僧侣集团的一种宗教首领的继承方式，是以佛教灵魂转世说为理论依据，结合寺院经济利益建立起来的一种特殊的宗教传承制度。

所谓活佛转世，按藏传佛教说法，是指部分高僧在世时，已断除妄惑业因，证得菩提心体。圆寂之后，为了继续完成普度众生的弘愿，不昧本性，无业力而自在寄胎转生，继续承袭其前生名号、地位的宗教行为。

"活佛转世"中的"活佛"是汉语翻译的说法，在藏语中叫做"朱古"（sprul-sku），是"化身"之意。佛教认为佛有三身，其中之一就是化身（又叫应化身、变化身），简单地说，就是佛为了解脱世间众生，根据三界六道的不同情况和实际需要而显现的身形。在佛教教义里，佛的化身可分为事业化身、受身化身、殊胜化身多种类型，所谓"活佛"正是受身化身。受身化身的藏文是 skye-ba-sprul-sku，可被理解为"人生出的化身"或"变化

---

① 历代摄政执政时间：1) 第穆呼图克图阿旺绛贝德勒嘉措，1757—1777；2) 策墨林萨玛第巴克什阿旺粗墀，1777—1780；3) 达擦必里克图丹必衮波，1791—1811；4) 第穆呼图克图阿旺罗桑图丹济美嘉措，1811—1818；5) 策墨林萨玛第巴克什阿旺绛贝粗墀，1819—1844；6) 七世班禅丹必尼玛，1844—1845；7) 热振呼图克图阿旺耶歇粗墀坚赞，1845—1855，1855—1862连任；8) 夏札哇旺旺秋杰波，1862—1864；9) 钦饶旺秋，1864—1873；10) 达擦呼图克图阿旺贝丹曲吉坚赞，1875—1886；11) 第穆呼图克图阿旺罗桑陈列饶杰，1886—1895；12) 第八十六任甘丹墀巴罗桑坚赞，1904—1909；13) 策墨林呼图克图，1910—1912；14) 热振诺门罕呼图克图，1934—1941；15) 雍增打札，1941—1951。

第九章　藏传佛教的发展及其与清廷的关系

生世的化身"。① 值得注意的是虽然活佛可以宣称自己是佛菩萨的"化身",但仅仅依此尚不能被称做"活佛",他们还需要被证明或者被别人承认本人是由上一辈某位"活佛"的肉身转世而来,才是"活佛"。例如:在佛教传入吐蕃之初,"化身"理论就很快为信众所接受,因此把一些对佛教有重大贡献的人或是高僧大德都视为佛菩萨的"化身",可是他们并不是"活佛"。理论上,只有当"化身"理论与"灵魂转世"说结合起来的时候,"活佛"和"活佛转世"在理论上才行得通。以前高僧大德的法位需要继承时,必须经过"转世"(skye-ba,藏语"阶瓦",意为"受生")产生出前任喇嘛的继承人,这个继承人虽然仍被叫做"朱古",但它被赋予的内涵则远较以前为复杂了。②

在藏传佛教中,最初确立可以转世的活佛,一般都是具有一定威望的、佛学造诣被公认很高的高僧大德才具有转世资格。转生办法是在大喇嘛圆寂后通过降神、占卜的签示,寻找和喇嘛圆寂时间相近而诞生的灵童,来继其法位。"活佛转世"首创于藏传佛教的噶玛噶举派。此前,藏传佛教各教派领袖的传承,有的采取家族世袭,有的师徒衣钵相传。比如昆氏家族创立的萨迦派,它的宗教领袖(法王),就是在昆氏家族中由子侄来传承,从而将宗教和政权、上层僧侣和贵族家族的基本利益结合起来。这样有利于在教派之间的复杂竞争中,确保和巩固家族的统治。这种法主继承的方法实质上就是世袭制。

但是,这种承袭制度本身存在着许多问题,一方面它无法防止为承嗣而导致的教派内部斗争和家族分裂趋势,另一方面,也无法确保所有的继承人必然是佛学造诣高深的宗教领袖,所以,世袭制是一种不能维系教派势力长期发展的有效制度。同样,师徒之间的传承,也会招致同一教派中的僧侣明争暗斗,消解该教派的凝聚力。针对宗教领袖传统传

---

① 周炜:《活佛转世的理论基础研究》,嘎·达哇才仁主编:《藏传佛教活佛转世制度研究论文集》,第118页,北京,中国藏学出版社,2007。
② 参见罗润苍:《藏传佛教的活佛转世制度论析》,《中华文史论坛》1995年第2期。

387

袭方式存在的缺陷,13世纪中叶,西藏原有的宗教首领承袭制度发生了重大变化。噶玛噶举派黑帽系为了在同萨迦派进行的斗争中,维护本教派利益,便在藏传佛教史上首次创立了活佛转世制。1283年,噶玛噶举派(黑帽系)领袖噶玛拔希圆寂后,该派遂认定噶玛拔希是该派创始人都松钦巴的转生,追认都松钦巴为本派第一世活佛,噶玛拔希为第二世活佛,此后,攘迥多吉又被确立为噶玛拔希的转世,成为第三世噶玛巴活佛,从此以后世代转生。1332年和1338年,攘迥多吉先后两次亲赴大都,受到元朝统治者的重视,被封为"灌顶国师",并赐玉印,其转世系统正式得到了中央王朝的承认和保护,具有了合法性,至今已传到第十七世①。噶举派的另一支系——红帽系(清朝称做"沙马尔巴")很快也采用了这一制度,形成了与黑帽系并行的红帽系活佛传承,红帽系第一世是扎巴僧格,此后代代相传,到第十世却朱嘉措时,由于他勾结廓尔喀(地在今尼泊尔境内)侵略后藏,大肆劫掠扎什伦布寺,乾隆帝派福康安入藏讨伐,却朱嘉措畏罪自杀于阳布城(今尼泊尔首都加德满都)。清廷遂禁止红帽系再

---

① 历代噶玛噶举黑帽系活佛为:

第一世	都松钦巴	1110—1193
第二世	噶玛拔希	1204—1283
第三世	攘迥多吉	1284—1339
第四世	乳必多吉	1340—1383
第五世	得银协巴	1384—1415
第六世	通哇顿丹	1416—1453
第七世	却札嘉措	1454—1506
第八世	弥觉多吉	1507—1554
第九世	旺曲多吉	1556—1603
第十世	却英多吉	1604—1674
第十一世	意希多吉	1676—1702
第十二世	绛曲多吉	1703—1732
第十三世	堆都多吉	1733—1797
第十四世	台乔多吉	1798—1845?
第十五世	喀恰多吉	1846?—1923
第十六世	日必多吉	1924—1981
第十七世	伍金赤列多吉	1985—

行转世,并令红帽系僧人改宗格鲁派,红帽系活佛从此断绝转世①。

噶玛噶举派建立活佛转世制度后,其他各派相继仿效,如法炮制。但是,"活佛转世"成为一个完备的制度,并广泛地在各地寺庙沿袭相承,则是在格鲁派创立之后。

15世纪初,宗喀巴对佛教进行改革,依靠帕竹噶举政权的支持,创建了格鲁派。在教派的发展中,格鲁派改变了以往各教派只和单一地方封建势力相结合的做法,广泛地与各个地方封建势力建立联系,所以发展迅速。到16世纪中叶,格鲁派寺庙已经发展到阿里、康、甘、青一带,经济实力已经十分强大,形成了一个庞大的寺庙集团。其中势力最为雄厚的是拉萨哲蚌寺,掌握着格鲁派寺庙的实际领导权。但是,一方面,格鲁派戒律森严,不准僧人娶妻生子,这就使得传统寺院领袖在子侄中传承的方法,失去了可能性。而单纯的师徒传承,又可能会因为弟子在社会影响力、佛学造诣甚至家族背景等方面的欠缺而削弱其号召力,从而最终影响本派的发展。另一方面,当格鲁派取得一定的发展之后,保护和继承格鲁派寺庙集团既得的经济利益,并且在与其他宗教势力(如仁蚌巴、藏巴汗)斗争中取得绝对优势是格鲁派迫切需要解决的问题。解决这些问题的关键就是在格鲁派寺庙集团内部产生一个稳定的、统一的首领人物来主持大局,从而维护本派利益。1542年,格鲁派的实际领袖根敦嘉措圆寂后,1546年,哲蚌寺喇嘛从前藏堆龙地方找来了年仅4岁的

---

① 历代红帽系活佛为:

第一世	扎巴僧格	1283—1349
第二世	喀觉旺波	1350—1405
第三世	却贝意希	1406—1452
第四世	却札意希	1453—1524
第五世	衮乔演拉	1525—1583
第六世	却吉旺秋	1584—1635
第七世	意希宁波	1639?—1694?
第八世	却吉顿珠	不详
第九世	却吉尼玛	不详
第十世	却珠嘉措	?—1791(六世班禅之兄)

索南嘉措作为他的转世灵童，成为格鲁派寺庙集团的新一任首领，这是格鲁派正式采用活佛转世制度的开始。明万历六年(1578)，索南嘉措应邀赴青海与蒙古土默特部首领俺答汗(明朝封为顺义王)会面，双方互赠尊号，俺答汗赠予索南嘉错"圣识一切瓦齐尔达喇达赖喇嘛"尊号，从此便有了"达赖喇嘛"的称号。格鲁派最大寺院哲蚌寺的这个活佛转世系统便被称为达赖喇嘛转世系统。以后，格鲁派寺庙集团就按此称号追认宗喀巴的弟子根敦主巴(扎什伦布寺的创建者)为第一世达赖喇嘛，根敦嘉措为第二世达赖喇嘛，索南嘉措是第三世达赖喇嘛，至今已传十四世。17世纪中叶，第五世达赖喇嘛阿旺罗桑嘉措在固始汗的支持下，使格鲁派寺庙集团在政治、经济和宗教上取得优势地位，清顺治十年(1653)，清朝封阿旺罗桑嘉措为"西天大善自在佛所领天下释教普通瓦赤喇怛喇达赖喇嘛"，至此，"达赖喇嘛"这个称号就正式获得中央政府的承认，被确定下来并为世所知，这是格鲁派的第一大活佛转世系统①。

　　达赖转世系统形成不久，格鲁派的另一大活佛转世系统，即班禅转世系统也形成了。这一转世系统以扎什伦布寺为主寺，由日喀则地方的格鲁派寺院恩萨寺(汉译为安贡寺)的转世系统演变而成。当时的恩萨活佛罗桑却吉坚赞于1601年担任扎什伦布寺法台，他同时也是五世达

---

① 第一世达赖(追认)　　根敦主　　　　1391—1474
　 第二世达赖(追认)　　根敦嘉措　　　1475—1542
　 第三世达赖　　　　　索南嘉措　　　1543—1588
　 第四世达赖　　　　　云丹嘉措　　　1589—1616
　 第五世达赖　　　　　阿旺罗桑嘉措　1617—1682
　 第六世达赖　　　　　仓央嘉措　　　1683—1706
　 第七世达赖　　　　　格桑嘉措　　　1708—1757
　 第八世达赖　　　　　绛贝嘉措　　　1758—1804
　 第九世达赖　　　　　隆朵嘉措　　　1805—1815
　 第十世达赖　　　　　楚臣嘉措　　　1816—1837
　 第十一世达赖　　　　克主嘉措　　　1838—1855
　 第十二世达赖　　　　成烈嘉措　　　1856—1875
　 第十三世达赖　　　　土丹嘉措　　　1876—1933
　 第十四世达赖　　　　丹增嘉措　　　1935—

赖之师、当时格鲁派的实际领袖,被人尊称为"班禅"("班智达钦波"的简称,意为"大学者")。因为他对领导格鲁派寺庙集团剿除敌方势力有功,1645年,固始汗赠给他以"班禅博克多"("博克多"是蒙古人对智勇兼备人物的尊称)名号。他圆寂后,五世达赖选定罗桑益希(1663—1737)作为其转世灵童,建立了格鲁派的另一个转世系统——班禅转世系统。罗桑却吉坚赞被称做第四世班禅,罗桑益希为罗桑却吉坚赞的转世,为第五世班禅,同时追认宗喀巴的弟子克珠杰(1385—1438)为第一世班禅,索南乔朗(1439—1504)、罗桑敦珠(1505—1566)为第二世和第三世班禅(此二人为恩萨寺的活佛),至今已传十一世①。1713年,清康熙帝册封五世班禅罗桑益希为"班禅额尔德尼"("额尔德尼"为蒙古语"宝贝"之意),以此填补因五世达赖圆寂而造成的格鲁派权力真空,这就标志着班禅转世系统正式得到了中央的承认。至此,达赖喇嘛和班禅转世制度都得到清政府的确认,并受到封敕。

此后,格鲁派各主、属寺都效法相习,采用活佛转世制度确定寺院寺主,这样在藏区各地都出现了不同等级的大大小小的转世活佛。

活佛在西藏社会上受到了高度尊重,藏族对一般的活佛尊称"仁波且"(rin-po-che,意为"大宝")或者"却朱仁波且"(mchog-sprul-rin-po-che,意为"殊胜化身大宝")。至于高级活佛,像达赖、班禅则被尊称为"唐钦杰巴"(thams-cad-mkhyen-pa,意为"知一切")、"衮色钦波"(kun-

---

① 第一世班禅　克珠杰·格勒巴桑　1385—1438
　 第二世班禅　恩萨·索南乔朗　　1439—1504
　 第三世班禅　恩萨·罗桑敦珠　　1505—1566
　 第四世班禅　罗桑却吉坚赞　　　1570—1662
　 第五世班禅　罗桑益希　　　　　1663—1737
　 第六世班禅　罗桑华丹益　　　　1738—1780
　 第七世班禅　丹白尼玛　　　　　1782—1853
　 第八世班禅　丹白旺修　　　　　1855—1882
　 第九世班禅　曲吉尼玛　　　　　1883—1938
　 第十世班禅　罗桑确吉坚赞　　　1938—1989
　 第十一世班禅　坚赞诺布　　　　1990—

gzigs-chem-po，意为"遍观"），实际上这都是对于佛陀的不同称谓。至于历世达赖喇嘛还有一个专称，就是"杰瓦仁波且"（rgyal-ba-rin-po-che，意为"大佛宝"）。①

在第五世达赖时，格鲁派还建立了另外两大活佛转世系统。一个是外蒙古的哲布尊丹巴系统，一个是内蒙古的章嘉系统。这两个系统也都被清朝封赐，分别掌握外蒙古和内蒙古两地区的藏传佛教。哲布尊丹巴传至八世，第八世于1924年圆寂后，该活佛转世系统遂告终绝。章嘉活佛转世系统，因其第一世系青海互助县红崖子张家村人，名扎巴悦色（1578—1641），其后转世活佛均称章嘉（张家）。清康熙四十五年（1706），受封为"灌顶普善广慈大国师"，并赐掌管漠南蒙古佛教事务，成为内蒙古佛教寺院的活佛转世系统，到清末传六世而终绝。

但活佛转世制度很快就出现了诸多弊端，其中之一就是曾经一度一个大贵族之家连出几个重要的活佛。如贵族拉鲁家出了两辈的达赖，十四世达赖家族出现了4个大活佛，有的活佛甚至被规定要转世在某一贵族之家。这是因为活佛转世制既然是为僧俗统治者的政治、经济的需要而创设的，也就不可避免地为他们所操纵，成为彼此争夺权势的工具。这种流弊在八世达赖时就已很严重，一些大活佛的转世，也"皆以兄弟、叔侄、姻娅递相传袭"，甚至出现了"哲布尊丹巴呼图克图圆寂后，因图舍图汗之福晋有娠，众即指以为哲布尊丹巴呼图克图之呼毕勒罕，及弥月，竟生一女，更属可笑，蒙古资为谈柄，以致物议沸腾，不能诚心皈信"②。难怪乾隆帝斥责道："所生之呼毕勒罕，率出一族，斯则与世袭爵禄何异！"③不仅如此，活佛本人有时也成为权力再分配的牺牲品。1705年，拉藏汗为了巩固其在西藏的统治，废掉六世达赖仓央嘉措，另立意希嘉措为六世达赖。九世、十世达赖在未亲政前就暴亡以及十一世、十二世

---

① 罗润仓：《藏传佛教的活佛转世制度论析》，《中华文史论坛》1995年第2期。
② 《高宗纯皇帝御制喇嘛说》，《西藏志·卫藏通志》，第150页，拉萨：西藏人民出版社，1982。
③ 同上书，第149页。

达赖亲政一年就暴亡,这些事实足可说明西藏政教权力内部斗争的剧烈程度。

针对"活佛转世"制度中存在的种种弊端,乾隆帝曾经直言不讳地说:"此亦无可如何中之权巧方便耳","盖佛本无生,岂有转世?但使今无转世之呼图克图,则数万番僧无所皈依,不得不如此耳"①。后又有六世班禅的同母异父兄噶玛红帽系十世和仲巴呼图克图兄弟为争夺财产而发生内讧,并引廓尔喀入侵西藏之事。于是,1792年,清政府对西藏活佛转世实行"金瓶掣签"法,由清廷制金瓶两个,一个置于拉萨大昭寺,一个置于北京雍和宫。凡西藏、蒙古大活佛,如达赖、班禅和哲布尊丹巴、章嘉等转世时,均需将觅得的若干灵童的名号写在象牙签上,置签于金瓶中,分别由驻藏大臣在大昭寺、理藩院尚书在雍和宫监督掣签,决定转世灵童。"金瓶掣签"制度废除了按旧例由乃穷寺拉穆吹忠②作法降神,擅自指定灵童的方法,最大可能地杜绝了蒙藏贵族操纵宗教大权弊端。但是用抽签法"解决"活佛转世中的争执问题,也不过是另一种方式的"权巧","不得不如此耳"。因为活佛转世制与清朝统治者"辑藏安边"、"安众蒙古"的方略有重要关联,仍是不能废除而要利用的工具。

2. 转世灵童的认定方式

寻访转世灵童是活佛转世制度中最为重要的一个环节。随着活佛转世制度的不断完善,西藏逐渐发展出了一整套寻找、挑选、测试转世灵童的方法。其中,一些重要的活佛系统,尤其像达赖、班禅活佛系统,其转世灵童的寻访、认定会更细致、更复杂些。总的来说,一般重要活佛系统灵童的寻访,都要经过以下几个重要的步骤:

(1) 辨析预言、征兆。这里的预言特指前世活佛生前的某些或明晰或隐晦的有关转世的预言;征兆则指活佛生前、去世后的一些身体等方

---

① 《高宗纯皇帝御制喇嘛说》,《西藏志·卫藏通志》,第149页。
② 吹忠汉译为护法神。这里指专门从事降神作法的僧人。

面的征兆。许多活佛在圆寂前均要预示自己的转生地点,方式包括直接嘱咐、梦示、赞誉某一地方、婉转预示、书面遗嘱等。① 据记载,六世达赖仓央嘉措在病重之际,众位侍从恳请他为利益有情,切勿离世,他回答道:"时间已至,命运难以违拗,然不久即可重会。"②仓央嘉措类似这样的回答,后来都被认为是他很快会转世的一种隐秘表述。仓央嘉措留下了大量的诗歌,其中,"请求白色的大雁,借我凌空双翼,并不远走高飞,理塘一转即回"被理解为仓央嘉措预言他将在理塘转世。另外,根据《九世达赖喇嘛传》记载,八世达赖喇嘛绛贝嘉措十分喜爱多康地区的人,也格外地称赞、偏好康巴方言,他的侍卫以及南杰扎仓的领诵师等也大多只由康巴人担任,"由此显示了将要转世到康巴人中的征兆"③。类似这样的预言、征兆在历辈达赖喇嘛的传记中被大量地记载下来,可见,当活佛圆寂之后,回忆、分析他生前的种种言行是寻找转世灵童工作中第一个展开的环节。

(2) 神谕。也就是"请来"护法神,通过询问神意来决定转世灵童。西藏佛教中存在大量的护法神,其最重要的职能之一就是预言人间世事,因而倍受藏民族的信仰、敬重。神谕主要是通过护法喇嘛作法降神,在"神灵附体"之后,由他人询问转世灵童的转生方向、诞生地及周围的环境等。在所有的神谕中,乃穷护法神的占验尤为重要,几乎历辈达赖喇嘛转世灵童的寻找过程中,都会出现乃穷神谕。例如,在七世达赖喇嘛转世灵童的确认过程中,1760年二月初一,乃穷护法神附体降神,并传达神意:南卡诺布(空行宝,太阳)传教师通哇端丹真身已在拉日岗转世,多吉札丹护法神我也为成就四业而降身。④ 同属于神谕系列的寻找方式还有占卜。占卜术作为预测吉凶的重要方式,早在远古时期已经为藏族

---

① 诺布旺丹:《生命之轮——藏传佛教活佛转世》,第209页,西宁,青海人民出版社,1996。
② 章嘉·若贝多杰、蒲文成编:《七世达赖喇嘛传》,第5页。
③ 第穆·图丹晋美嘉措:《九世达赖喇嘛传》,王维强译,第7页,北京,中国藏学出版社,2006。
④ 第穆呼图克图·洛桑图丹晋美嘉措:《八世达赖喇嘛传》,冯智译,第13页,北京,中国藏学出版社,2006。

先民所掌握。佛教传入西藏地区之后,占卜亦成为佛教僧侣预测未来的重要方式,并被广泛运用于活佛转世之中。具体过程是在寻访灵童之前,于僧侣诵经祈祷之后,由著名高僧打卦,卜算灵童转世的时间、方位等,然后根据卦意进行寻访。

(3) 观湖。如果通过预言、征兆、神谕等只能确定灵童降生的大体方位以及属相等,并不能确定其降生的具体时间、地点时,则需要进入观湖这个步骤。观湖主要是观察拉莫拉措湖湖面上的影像。拉莫拉措湖被藏民称为神湖,位置在拉萨东南的曲科杰地方,该湖四周山脉、森林层峦叠嶂,湖面如镜,常能映现出各种影像,藏民认为这些影像能显现天机,预示未来。因此,一旦遇到重大但又无法抉择的事情(比如寻找转世灵童),就会前往观湖。在寻找十二世达赖喇嘛的转世灵童时,噶厦政府就一方面请乃穷护法降神请示神谕,另一方面派上密院一名堪布前往圣湖查看显影。"被派去观湖的堪布向湖里抛投哈达、宝瓶药料等物,诵经祈祷,向湖内观看灵童转生地方的村庄幻景。"后来,此堪布来到十三世达赖降生的朗敦村时,"发现该地情况和湖中所见幻景完全相似"[1]。而十三世达赖喇嘛圆寂后,则由当时的摄政热振活佛亲自率领诸噶伦前往圣湖观湖。后来,热振活佛向蒙藏委员会呈报说:"十三辈转世之时,父母、房屋等明见于曲科杰神湖之中。"[2]

当然,在寻找转世灵童的过程中,上述环节并非一个前后相扣的必经程序,或只用其一二,或三者并用,也有三者皆不用,而直接由一些高僧指认的特例,不能一概而论。例如,第四世哲布尊丹巴圆寂后,虽然对寻找到的待选灵童也进行了金瓶掣签,但掣签前的程序则较为简略,只是将四世哲布尊丹巴圆寂后十个月内所生的婴孩挑拣十二个,带到布达拉宫,除去"不现佛相者",最终留下三个掣签。[3] 哲布尊丹巴是清代四大

---

[1] 陈庆英等编著:《历辈达赖喇嘛生平形象历史》,第 539、540 页,北京,中国藏学出版社,2006。
[2] 《历辈达赖喇嘛生平形象历史》,第 623 页。
[3] 参见妙舟编撰《蒙藏佛教史》第五篇,第 55 页,扬州,江苏广陵古籍刻印社,1993。

活佛体系之一,对他的转世灵童的确认较之达赖体系而言,尚且简陋许多,其他级别更低的活佛的转世灵童寻访、确认之简略则毋庸多言。

(4)查访。通过前面的方式,确定了或大致确定灵童的待选人之后,就进入了秘密查访这一实质性的阶段。查访就是派出一些德高望重、身份殊要,或者是与前辈活佛关系密切的僧人(如经师),进入一些特定地区,明察暗访符合条件的孩子。十一世达赖喇嘛圆寂后,热振活佛曾下令上报西藏辖区内一切在达赖圆寂后出生的、表现较为灵异的孩子,经过一系列的筛选之后,"桑日、沃卡和达布拉索等三地所报幼童灵异最为卓著"。于是,热振特意派十一世达赖的侍读阿旺诺布和助手阿旺楚臣等人前往上述三地,"详细考察各位幼童的长相、行为,向各自父母分别查询幼童出生前后的征兆等情况。同时向周围地区的僧俗百姓详细查询其他有关幼童出生前后出现的直接和间接征兆等情况"①。实际上,查访阶段,对于所选定的幼童,一般都会考察其出生前后的特异之处,包括其母亲的梦兆、非比寻常的天象等。同时,还会观察幼童的长相,眉清目秀、样貌端正庄严者当然是首选,如果能有异相则更好。例如,按照记载,七世达赖喇嘛年幼时,头如圆伞,天庭饱满,秀眉细长,鼻梁隆起,右臂有莲花图形,左耳轮呈白法螺形,左手心有法轮图形,肩头手腕上钏镯形状明显,下身虎裙形象突出等,被认为完全是大悲观音的体相。② 如果所寻访的幼童已经能开口说话,则还要考察其语言应对以及异于常人的言语等。

除了这些考察相貌、资质之外,还要考察幼童与前世活佛随侍者、经师等人的天然亲昵程度以及对前世活佛所用之物的熟悉程度,也就是是否能从众多的物件之中,很容易地挑拣出前世活佛曾用之物。这一过程被称为密验。例如,在考察七世达赖喇嘛的转世灵童——后来的八世达

---

① 普布觉活佛洛桑楚臣强巴嘉措:《十二世达赖喇嘛传》,熊文彬译,第24页,北京,中国藏学出版社,2006。
② 参见章嘉·若贝多杰、蒲文成编《七世达赖喇嘛传》,第13页。

赖时,据说他"一见卓尼尔格隆遂面带微笑,不加邀请,就认出来者,投入到卓尼尔怀中,用小手捋着他的胡子,显得格外高兴。他对卓尼尔格隆很信赖。卓尼尔叫他到怀中,他总是非常乐意。他每天拜见班禅大师,心中有着无限的慈悲怜悯。当星曜合和的吉日,班禅大师让他辨认前世的喇嘛上衣、水晶念珠、法帽、袈裟下衣、铃杵、瓷碗、净瓶等真假遗物,他因统驾佛法王政缘起齐备,之后,他对索本扎巴塔耶作出甚为珍重的样子,将前世的金身佛像等遗物名字正确地一一说出,并念诵了曼荼罗和供礼经"[①]。卓尼尔格隆是七世达赖喇嘛的近侍,对七世达赖转世灵童的考察就是一个典型的密验范例,而密验是几乎每个灵童都必经的阶段。

(5)认定、坐床。整个查访阶段的情况,一般都必须写成报告,上报高级活佛或中央政府。经过查访阶段,最后确定了转世灵童之后,该活佛所属的寺院派人携带礼物、幼童的名册及有关材料,前往高僧处请求予以认定。如果活佛级别较高,或者寺院势力较大(这两者往往是同步的),就会前往拉萨请求达赖或班禅予以认定。当然,对于重要的活佛,例如达赖、班禅、章嘉、哲布尊丹巴等,在清代还要经过金瓶掣签最后决定(特殊情况下,也可申请免掣签,由政府直接册封)。程序是先将灵童候选人名单上报中央政府,请求通过掣签加以认定,经政府批准后方能进行金瓶掣签。金瓶掣签的过程前面章节已具文备陈,此处不再赘述。

经过净瓶掣签最后决定下来的转世灵童,还要上报中央,得到中央政府的认可之后,即可剃度坐床。如果说"金瓶掣签"是藏传佛教上层僧侣及中央政府对活佛转世的认定,那么,坐床则是广大僧徒对活佛转世灵童的认同,同时也标志着新的灵童拥有了一定的政教统治权力。

活佛转世制度是藏传佛教所独有的一个制度,它从产生伊始,就对西藏佛教的发展产生了重要的影响。一代代通过转世产生的教派领袖,不仅在理论上承袭了前代祖师的佛学造诣、优秀品格,并且在神谕、梦

[①] 陈庆英等编著:《历辈达赖喇嘛生平形象历史》,第342页。

兆、占卜等背景中,具有了更多神秘色彩,使其又超脱了人间祖师的人性特质,拥有了人佛交参的特质,从而使其在政教活动中的行为更具神圣性。

就活佛转世的过程来看,对转世灵童的寻找、确定不可谓不缜密、不严谨。因为在每一个环节,都并非依靠单一的线索即可成立,相反,需要反复的辨析、甄别。例如,在辨析征兆时,不仅要依凭活佛生前的某些征兆,还要依凭其圆寂后遗体的朝向等等。在请示神谕阶段,并非依靠一个护法神的神谕,而是要广泛地征询许多护法神的预示。在确定七世达赖的转世灵童时,拉莫护法断定在西面的某个地方,而其他护法的预言则众说纷纭,一时难以断定。噶伦们于是主张将各护法神集中到班禅大师和章嘉国师前,一起降神明示,以确定方向。"于是,班禅大师、章嘉国师、摄政、驻藏大臣、噶伦等召集拉莫、乃穷、桑耶、噶栋、昌珠等护法神在布达拉宫降神预言,但是,诸护法神的预言仍不相同。"[1]最后,不得不由班禅裁夺。此外,请示神谕和观湖也往往同步进行。在密验阶段,对幼童的考察也非常细致、合理,基本保证了相貌庄严、天资聪慧的孩子才可以成为灵童。所以,理论上,只有当几个环节的结果集中指向某一个幼童时,他才可能成为灵童,这是一个从预设上看应该公平的过程。但是,活佛转世还是滋生了各种各样的营私舞弊现象,这是活佛这个身份所意味着的宗教、政治、经济权力所引发的直接后果,这也是促使清政府最终将这一制度纳入中央政府管理之下的根本原因。

---

[1] 陈庆英等编著:《历辈达赖喇嘛生平形象历史》,第341、342页。

人名索引

陈垣 16—18,21,22,61,63,65,68,69,122,124,135,205,206,281

传灯 98,320

道衍、姚广孝 96

德宝 70,191

德清 186,191,213,265,313—316,344

谛闲 269

费隐通容 62,186,191—193,196,197,204

龚自珍 14,24,161

海明 191—193,197,207,213—217

汉月法藏 19,114,115,191,193,196,197,204,245,264,268,298

弘一、李叔同 266,267,282,289,293,298,314,325

弘赞 265—277,292,295

幻有正传 191,193,197

皇太极 27,31—34,36,37,39—48,50,59,82,93,146,166—168,174,358

晦台元镜 194—196,222

见月读体 265,266,280,281,283,287,288,295,296,298,304

景隆 318

敬安、寄禅、八指头陀 62

觉浪道盛 20,21,194—196,207,222,223,246

康熙 3—9,15,18,20,43,49—51,53,65,68,69,75—91,93—95,97,99,100,102,104,105,109—111,115,118,122,125,131,135,136,143,146,149,157,168,171—175,183,191,196,206,227,229,230,244,247,253,263,264,270,275,278,279,281,283—285,294,296,298,301,311,312,317,323,325,327,334,335,339—341,362—364,384,391,392

空印镇澄 313,316,317

梁启超 14,25,26

了凡 193

吕澂 160

罗桑却吉坚赞 390,391

罗桑益西 391

密云圆悟 70,186,191—193,196,

197,213,214,217

木陈道忞 51,62,67,70,71,123,186,191,193,196—198,282

彭绍升、彭际清 227,249,251,252,259,269,308,343—354

钱谦益 114,158,165,309,311,318,319

乾隆 8,9,17,23,24,35,37,49,50,61—63,66,67,69,70,75,86—88,90,93,111,118,120,122,123,131—148,150—165,168,171,172,174—180,187,194,196,226,228,243—245,253,263,264,269,279,282—284,286,300,306,344,353,355—357,363,364,366,372,385,388,392,393

省庵 226,229,234—238,344

石涛 20,183,185

顺治 1—4,7,8,15,17,18,21,22,27,30,38,39,42,45,49—79,83,85—87,89,94,104,105,110,118,121,123,125,129,133,135,136,143,146,157,168,169,171,174,175,177—181,183—187,191—194,197,206,218,228,253,265,270,280,282,290,291,300,301,326,334,340,341,359,362,364,384,390

太虚 176

谭嗣同 24

天然函昰 20,194—196

通琇 51,62,66,68,70,187,188,193,196,207—213

望月信亨 229

为霖道霈 194—196,207,217—222,244,318,324

魏源 14,24,227,249,253,257

行策 226,229—233

虚云 288,300

雪浪洪恩 280,308—310,314,341,343

杨文会、杨仁山 227,229,354

隐元隆琦 192,193

印光 125,229,230,238,282,354

雍正 6—9,17,49,50,65,67—69,74,75,78,79,93—96,98—135,137,138,143,146,147,150,157,159,165,176—180,182,187—191,193,197,201—204,213,226,247,253,263,264,278,279,286,304—306,331,340,355,363,384

永觉元贤 267,277,318—320

元来 191,194,195,205,213

圆悟 65,70,114,115,191—194,197—204,214

圆悟克勤 73,112

真可 265,314

智旭、蕅益 229,238,242,247,255,258,266,268,277,282,288,300,327,338,344

周克复 227,341—343

朱元璋 52

袾宏、莲池大师 112,113,117,189,215,226,229,246,249,257,267,268,270,274,292,300,301,314,318—320,326,327,332,333,337,338,342,344,346,353